"十二五"普通高等教育规划教材 · 国际经济与贸易学系列

# 国际商法

陈伟　王玉晶　何志勇◎主编

# International Business Law

清华大学出版社

北京

## 内容简介

本书全面、系统地阐述了国际商法的基本理论和规则，主要内容包括国际商法概述、合同法、国际货物买卖法、产品责任法、代理法、商事代理、商事组织法、票据法和知识产权保护法等共九章。

本书可作为高等院校国际经济与贸易专业、法律专业、金融学专业、市场营销专业和经济管理类专业的本科生、研究生“国际商法”课程的教材，同时亦可供大中型企业，外商投资企业，外贸、金融、证券等公司的高层管理者和涉外管理人员作为学习和工作的参考用书。



**图书在版编目（CIP）数据**

国际商法/陈伟，王玉晶，何志勇主编. —北京：清华大学出版社，2017
（“十二五”普通高等教育规划教材·国际经济与贸易学系列）
ISBN 978-7-302-46621-5

I. ①国…　II. ①陈…　②王…　③何…　III. ①国际商法-高等学校-教材　IV. ①D996.1

中国版本图书馆 CIP 数据核字（2017）第 031241 号

**责任编辑**：邓　婷
**封面设计**：刘　超
**版式设计**：牛瑞瑞
**责任校对**：何士如
**责任印制**：李红英

**出版发行**：清华大学出版社
**网　　址**：http://www.tup.com.cn，http://www.wqbook.com
**地　　址**：北京清华大学学研大厦 A 座　　**邮　　编**：100084
**社 总 机**：010-62770175　　**邮　　购**：010-62786544
**投稿与读者服务**：010-62776969，c-service@tup.tsinghua.edu.cn
**质量反馈**：010-62772015，zhiliang@tup.tsinghua.edu.cn
**课件下载**：http://www.tup.com.cn，010-62788903
**印 装 者**：北京密云胶印厂
**经　　销**：全国新华书店
**开　　本**：185mm×260mm　**印　　张**：18　**字　　数**：446 千字
**版　　次**：2017 年 9 月第 1 版　**印　　次**：2017 年 9 月第 1 次印刷
**印　　数**：1～3000
**定　　价**：42.00 元

---

产品编号：056232-01

# 丛书序

我国改革开放三十多年，成就卓越、举世瞩目，取得如此的经济成就，可以归因于成功地抓住了世界经济的梯度转移契机。一次发生在20世纪七八十年代，中国以“市场换技术”战略，全面承接了国际制造业巨头们的“制造产业”，中国人的勤劳和智慧充分发挥，通过“引进、消化、吸收和创新”，中国迅速成为“世界工厂”，进而成为“世界制造中心”。21世纪初，随着新信息技术、全球网络技术的发展，又一次发生了世界范围内的产业转移。作为新兴产业的现代服务业加快了从发达国家向发展中国家的转移速度，其中与全球化进程紧密联系的服务外包产业发展迅速，同时它也推动着全球化进程的深化。

在经济全球化浪潮的推动下，我国于2001年加入世界贸易组织，十几年来我国面临的国际经济与贸易环境发生了翻天覆地的变化。正是在这样的历史大背景下，党中央高瞻远瞩，审时度势，宣布成立中国（上海）自由贸易试验区。上海自由贸易试验区是我国改革开放史上的一件大事，必将在金融创新、商务服务等各方面大有作为。

面对纷繁复杂、千变万化的外部世界，我国国际经济与贸易专业的人才培养必须适应时代的变迁和需要。国际经济与贸易人才的培养经历过20世纪八九十年代的大发展期，2001年加入WTO后的机遇期，以及2005年以来人民币升值后的困难期，该专业人才的培养不仅仅是掌握国际经济与贸易知识和惯例就能满足需求，更重要的是要结合时代的变迁，培养出符合时代要求的专业人才。

“‘十二五’普通高等教育规划教材·国际经济与贸易学系列”丛书的编写正是适应了我国国际经济与贸易专业人才培养的时代需要，强调对基础理论知识的把握，同时注重对高素质应用型人才的培养，兼顾专业发展前沿动态。具体来说，本套丛书主要有以下几个特色。

## 一、内容新颖，关注专业动态前沿，体系完整

丛书关注国际经济与贸易专业发展的最新动态，关注前沿发展，介绍国际经济与贸易的新变化和新发展。例如，在《国际贸易理论与政策》中，强调对服务贸易和服务外包内容的介绍，增加了上海自由贸易区的内容；在《国际贸易实务》、《国际贸易单证实务》和《国际结算》中，对 INCOTERMS 2010 和 UCP600 等作了重点介绍。另外，丛书还采用其他形式介绍了专业动态和前沿发展。

## 二、注重互动式教学内容设计和应用性特色

丛书编写体例统一，每章均以开篇案例的形式出现，用实际案例切入，这有助于引起学生的学习兴趣，提高学生思考问题的能力。为了加强互动式教学，我们在每章中都穿插了案例；为体现应用性和实用性强的特点，在编写教材时与国际经济与贸易类资格考试密切联系，每章后均有练习题，对目前我国经济类各种资格考试有一定的帮助，为了方便教师高效、便捷地使用丛书，我们将通过清华大学出版社数字教学服务平台，建设"'十二五'普通高等教育规划教材·国际经济与贸易学系列"教材网站，主要提供 PPT 课件、每章思考题参考答案、案例讨论、练习题以及实训模拟模块等，并跟踪国际贸易最新发展动态，及时更新网站内容。

## 三、突出特色，强化应用

丛书围绕培养应用型人才的目标，构建应用型本科教材特色，编写遵循"特色鲜明、应用务实"的基本精神，完全符合 2014 年 6 月 24 日教育部在北京召开的全国职业教育工作会议《关于加快构建中国特色现代职业教育体系》有关教育改革的相关精神。参与编写教材的多位作者都是双师型老师，编写内容对学生考取本专业的证书很有帮助，与教育部提出的职业教育要培养"双证书"的学生之理念一致。

清华大学出版社在这样的时代背景下，具有前瞻性眼光，邀请我组织全国高等院校相关老师编写这套应用型系列教材，他们为这套教材的面世倾注了极大的心血，在此我代表丛书编写组表示衷心的感谢！

当然，我们这套丛书也难免有不尽如人意之处，由于丛书的编写者来自不同高校，在编写风格等方面可能存在一些差异，加之水平有限，请全国各地院校使用本丛书的同仁多提宝贵意见，我们将在以后修订的过程中进一步完善。在此我代表丛书编写组和清华大学出版社向大家表示诚挚的谢意！

丛书总主编

上海对外经贸大学　吴国新教授

# 前言

目前，世界经济已显现出生产国际化、贸易全球化、经济一体化的发展趋势。随着我国一带一路战略的实施，我国与国际间的交往日益频繁，世界各国中越来越多的企业积极参与国际竞争，力求在世界范围内实现资源的最优配置。因此，要求现代企业的管理者必须懂得市场经济，掌握和运用国际商法的基本理论和法律规则，熟悉国际公约和国际贸易惯例，具有驾驭企业在激烈的国际市场竞争中求发展的能力。本书就是为了满足我国企业对这种高级管理人才的培养需求而编写的。本书广泛借鉴了国内外有关国际商法理论的研究成果，密切结合我国国民经济发展实际，在注重对基本理论进行系统阐述的同时，努力同我国国际商务活动的实际情况相结合，突出对国际商法理论发展前沿的介绍。本书的主要特点体现在以下几方面。

一是内容新颖，体系完整，便于学习。本书介绍了国际商法的新变化和新发展。增加了知识产权法律、《与贸易有关的知识产权协定》等相关法律。覆盖面广，每章结束都有本章小结和重要概念，便于学生把握重点、掌控学习主线；每章开篇设有案例导入，每章后配有复习思考题和案例分析题，便于学生将理论知识与国际商务实战密切结合，加深对教材内容的吸收和消化，有利于提高教学质量。

二是注重互动式教学内容设计和应用性特色，该部分的知识内容力求与现代企业参与国际商务活动紧密相连，强调案例分析，培养学生分析问题和解决问题的能力。为了加强互动式教学，我们在每章开篇和结束都提供了有关国际商法的典型案例。为了方便教师高效、便捷地使用本教材，我们制作了电子课件，电子课件包括每章 PPT 课件、每章思考题参考答案、案例讨论以及国际商法练习题。

“国际商法”课程是黑龙江省的精品课程，本书由哈尔滨工程大学“国际商法”省级精品课程组的教师结合多年的教学经验和我国企业国际商务活动实践共同编写完成。具体分工为：陈伟撰写第一章、第三章、第八章的第三节；姜波撰写第二章、第四章；何志勇撰写第五章；林金枫撰写第六章；王玉晶撰写第七章、第八章的第一节和第二节。全书由陈伟、王玉晶、何志勇统稿。本书在编写过程中参阅了大量的国内外有关著作和文章，借鉴了现有的研究成果，在此表示感谢！

本书在出版的过程中，得到了清华大学出版社的热情帮助和支持，在此表示感谢。由于作者水平有限，书中错漏之处在所难免，敬请广大读者批评指正。

编者

2017年3月

# 目录

# 第一章　国际商法概述

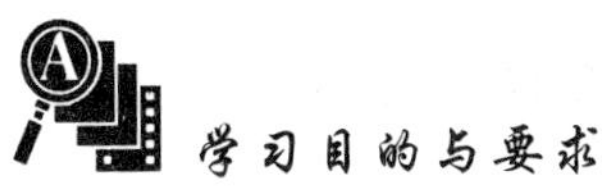

学习目的与要求

国际商法是调整国际商事交易和商事组织各种关系的法律规范的综合，在涉外商务活动中起着十分重要的作用。通过本章的学习要求了解国际商法的渊源、国际商法的产生与发展、罗马法对大陆法和英美普通法的影响；掌握大陆法的结构渊源及其特点，普通法的结构渊源及其特点；了解当代西方国家两大法系的演变。

开篇案例

**【案情】**

我国内地某出口企业与外商签订了一份买卖合同，条件为：铸铁井盖 5 000 公吨，分十批装运，货物由买方提供图样生产，经买方验收后方可接受；品质条款规定：铸件表面应光洁，铸件不得有裂纹、气孔、砂眼、缩孔和其他铸造缺陷；同时规定签约后 10 日内卖方须向买方预付第一批货款金额的 10%作为保证金（25 万元 CNY），买方签署质量合格确认书后 5 日返还保证金，否则买方有权拒收货物；不经双方同意，不得单方面中止合同，否则由终止合同一方承担损失。我方签约后很快将 25 万元 CNY 保证金汇交外商，货样生产出来后即让外商来验货，但外商借口业务繁忙，一拖再拖，实在拖不过去了，就提出先请当地商检部门代为验货。我商检部门仔细审查合同后发现，光洁是一个比较含糊的概念，容易引起纠纷，使卖方处于被动地位。于是封存样品，并要求买方立即前来验货。外商接到通知后，不但不来验货，反而称卖方不能在规定的期限内生产出合格的产品，属于单方面违约，并要求通过法律程序解决。卖方这才意识到，外商是在利用合同进行诈骗。

**【分析】**

本案例中，存在许多买卖双方不公平之处，例如合同中的保证金条款约束了卖方的行为，但合同中没有约束买方的条款，另外在合同制定时，要么对“光洁”一词的概念进行确定，要么规定以样品为标准，避免在国际贸易中产生的违约损失。在国际贸易中，涉及的法律因素是十分复杂的，不同的国家法律政策、文化环境会对合同的有效性产生不同的影响，但国际商法是每个国家需要共同遵守的基本法律，因此深入了解和掌握国际商法的法律法规是国际贸易顺利进行的前提条件，本章将对国际商法进行基本概述。

案例来源：商品品质案例[EB/OL].（2010-11-18）. http://wenku.baidu.com/view/46f35a717fd5360cba1adb56.html.

# 第一节 国际商法的调整对象、范围和渊源

## 一、国际商法的调整对象与范围

国际商法（International Commercial Law）是调整国际商事交易和商事组织的各种关系的法律规范的总和。

随着当代国际经济贸易的发展，国际商法的调整对象与范围由传统商法研究的内容等，扩展到国际技术转让、工业产权与专有技术许可贸易、国际投资、国际合作生产、国际融资、国际工程承包、国际租赁等内容。其调整的范围不仅包括有形商品的国际交易，而且包括技术、资金和劳务在国际流动中所产生的各种关系。

在“国际商法”这一概念中，对于“国际”一词的确定标准，在各国国内立法和有关国际立法中，有的以当事人的营业地或惯常住所地所在不同的国家为标准，有的则以有关合同“与一个以上的国家有主要关联”“涉及不同国家之间的法律选择”或者是影响国际贸易的利益为标准。国际统一私法协会于 1994 年制定的《国际商事合同通则》则并未明确规定这些标准，只是设想要对“国际”合同这一概念给予尽可能广义的解释，“以便最终排除根本不含国际因素的情形”。现在，在国际上从事国际交易的主体基本上是公司、企业等商事组织，而不是国家。它们之间的交易属于不同国家的商事组织之间的交易，而不是不同国家之间的交易。所以在“国际商法”这一概念中，“国际”（International）一词的含义已不再只是一个“国家与国家之间”的概念，而更是一个“涉外”或“跨国”（Transnational）的概念。

国际商法既不同于国际经济法，也不同于国际私法。国际经济法一般被认为属于国际公法，而国际商法则主要是私法。但国际商法也不同于传统的国际私法，传统的国际私法是属于冲突法，其任务主要是为具有涉外因素的私法条件确定准据法，而国际商法则主要是实体法。由于国际商法的这种特殊性，国际上有些学者主张将国际商法作为一个独立的法学领域加以研究。

## 二、国际商法的渊源

法律的渊源是指法律的表现形式。国际商法的渊源有两个：一个是国际条约；另一个是国际贸易惯例。

### （一）国际条约

国际条约是国家间关于权利义务的协议文件的总称，是国家间为调整政治、经济、军事、文化等关系而采用的最常见的法律文体形式。各国缔结的有关国际商业和贸易的国际条约或公约是统一的国际商法的重要渊源。这方面的国际条约可以分为两种：一种是属于统一实体法规则的国际公约，如 1924 年的《统一提单的若干法律规则的国际公约》、1930 年的《关于统一汇票和本票的日内瓦公约》、1967 年修订的《保护工业产权巴黎公约》、1980 年的《联合国国际货物买卖合同公约》等。当这类公约被各国批准或接受时，就可以消除各缔约国在这些领域内的法律冲突。另一种是属于冲突法则的国际公约，如 1985 年的《国际货物买卖合同法律适用公约》、1973 年的《产品责任法律适用公约》等。如果这些国际公约能被各国批准

或接受，各缔约国在这些领域内的冲突规则将得到统一。

**（二）国际贸易惯例**

国际贸易惯例是在国际贸易交往中，由于长期的反复的国际实践而逐渐形成并受到各国普遍承认和遵守的贸易原则和规则。贸易惯例虽然不是法律，不具有法律的普遍约束力，但是，按照各国的法律，一旦当事人在合同中采用了某项惯例，它对合同双方当事人就具有约束力。有些国家的法律还规定，法院有权按照有关的贸易惯例来解释双方当事人的合同。

目前在国际贸易中影响较大的贸易惯例主要有国际法协会制定的《1932 年华沙—牛津规则》，国际商会制定的《1978 年托收统一规则》、1990 年《国际贸易术语解释通则》、1993 年《跟单信用证统一惯例》，国际海事协会制定的《1974 年约克·安特卫普规则》，国际统一私法协会 1994 年制定的《国际商事合同通则》等。这些惯例在世界上已经获得绝大多数国家和地区的承认、采用或尊重。

目前，国际商法仍然处在形成和发展阶段，它的体系和内容还有待于进一步完善。因此，对一些国际商事纠纷有时还要借助法律冲突规则的指引，适用有关国家的民法和商法来处理，各国有关商事和国际贸易的国内法也是国际商法的重要补充和渊源之一。我们在研究和学习国际商法时，还必须了解和研究各国商法的有关规定。

## 第二节　国际商法的产生与发展

商法是随着商品经济的产生而产生，随着商品经济的发展而发展的，是为适应国家间商事交往的需要而不断发展和完善的。国际商法的产生和发展大致可以分为以下三个阶段。

### 一、萌芽与形成阶段

调整国际商事的法律，可以追溯到中世纪时期欧洲的商人习惯法，即商人法。商人法出现于公元 11—15 世纪，最初是地中海沿岸威尼斯、热那亚等城邦国家商人之间的自治规约，后来随着海上贸易的发展，其适用范围逐渐扩及西班牙、法国、德国和英国等。其内容主要包括商事合同、海上运输与保险、汇票、两合公司、破产程序等。其中尤以海商法最为发达。由于商人法是中世纪时普遍适用于西欧各国商人的习惯法，它的典型特征主要有以下几项。

（1）具有国际性和统一性。它普遍适用于各国从事商业交易的商人，成为各国商人从事商业交易的准则。

（2）具有自治性和简易性。它的解释和运用不是由一般法院的专职法官来掌执，而是由商人自己组织的法院来掌执，其性质类似于现代的国际仲裁或调解。其程序较简单、迅速，不拘泥于形式。

（3）强调公平合理原则。它强调按公平合理的原则来处理案件。

### 二、演变与发展阶段

17 世纪后，随着欧洲中央集权国家的兴起，各国开始以立法的形式调整各种商事关系，商法被纳入各国的国内法，具备了国家的强制性因素，从而失去了它原有的国际性和跨国性。

最早的商事立法有法国路易十四时期颁布的《商事条例》(1673 年)和《海事条例》(1681 年)。1807 年拿破仑一世又在这两个条例的基础上颁布了《法国商法典》,1897 年德国颁布了《德国商法典》。一些大陆法国家,如法国、德国、日本,在立法上采取民商分立的形式,把民法与商法分别编为两部独立的法典,把商法从民法中分出来;而另一些大陆法国家则采取民商合一的形式,把商法包含在民法典中,作为民法典的一部分,如瑞士、荷兰、意大利等国家。由于大陆法国家有民、商之分,因此,它们习惯上将民法称为普通私法,而把商法称为民法的特别法。凡是商法典有规定的事项,应适用于商法典的规定;凡是商法典没有规定的事项,则适用于普通民法的规定。

英美法国家商法发展的历史有其不同于大陆法国家的特色。在英美法的历史上只有普通法(Common Law)与衡平法(Equity)之分,而没有民法与商法的区别。在英国,早在 18 世纪中叶,便将商人习惯法吸收到普通法里,成为普通法的重要组成部分。因此,在英美法国家不存在独立的商法。

在这一阶段,由于中世纪的商人习惯法被西方各国以不同形式的国内立法所取代,调整国际商事关系和处理国际商事纠纷主要依赖于各国的国内法,但是各国的国内商法主要是根据本国的商事交易的需要而制定的,在从事国际商事交易活动时,存在着一定的差异,使国际商事交易活动的进行受到了制约。

## 三、国际化与统一化阶段

第二次世界大战以后,特别是 20 世纪 60 年代以后,商法进入了一个新的发展阶段,其主要特点是恢复了商法的国际性和统一性。在许多国际组织,如联合国国际贸易法委员会、国际商会、国际法协会等的积极努力下,国际商法的国际化与统一化取得了重大的进展,制定了一系列国际商事公约和规划,大量的国际商事惯例得以编纂,它们已成为当今国际商法的重要渊源。

国际商法的统一化不仅体现在区域性和全球性条约或公约体系的逐步形成上,而且还充分地体现在西方两大法系的互相靠近和互相渗透上。大陆法系和英美法系的商事法历史有着不同的传统,但是随着国际贸易的开展和国际经济一体化的加速,国际间的交往日益频繁,两大法系之间的商事法律互相影响和借鉴,使之具有国际统一性的趋势。发生上述巨大的变化,有其深刻的经济根源和历史根源。从经济上来分析,第二次世界大战后,随着世界生产力的增长,各国之间的经济联系日益密切,经济生活越来越国际化,互相依赖的程度越来越强。国际经济的这种新发展,在客观上要求建立一套调整国际经济贸易关系的统一的国际商事法律,为国际经济交往提供一个良好的法律环境。从实践上来看,各国在长期的经济贸易交往中已逐渐形成了一些普遍接受的贸易惯例和习惯做法,各国的贸易做法日趋接近。例如,各国在国际贸易中都普遍采用 FOB 或 CIF 条件订立合同,而各国贸易的双方一旦采用了这类贸易术语,则在交货中关于风险费用和责任划分的解释基本上都是相同的。这种情况又为形成统一的国际商法提供了可能。

目前,许多国际组织如联合国国际贸易法委员会,都在积极从事研究和制定统一的国际商法的工作,一个新的、独立的国际商法正在形成之中。

# 第三节　西方两大法系的形成及其特点

## 一、世界主要法系概述

西方国家的法律制度主要可以分为两个体系，即以法国和德国为代表的大陆法体系和英国形成和发展起来的普通法体系。两者相比较，主要有以下两个特点：第一，在大陆法国家，它的私法的大部分领域都是法典化、成文化的，而在普通法国家则主要是实行判例法。第二，在大陆法国家受罗马法的影响很深，有的国家的法典直接继承了罗马法的传统，普通法国家虽然也在一定程度上受罗马法的影响，但其影响的深度和广度与大陆法国家有所不同。

在古代奴隶制各国的法律中，罗马法占有主要的地位，它对后来商法的发展起着十分重要的作用。对世界各国法律制度和国际商法影响深远的这两大法系——大陆体系和普通法系，在其形成和发展的过程中，均受到罗马法的不同程度的影响。

## 二、罗马法对大陆法与英美法的影响

### （一）罗马法的历史渊源与主要内容

罗马法是指罗马奴隶制国家的全部法律，即从公元前 6 世纪罗马国家形成时期起，至东罗马帝国从奴隶制转变为封建制时止的整个历史时期的法律。其主要是指从公元前 5 世纪罗马最早的成文法《十二铜表法》开始，到公元 6 世纪东罗马帝国皇帝优士丁尼安编纂的《国家大全》为止这一时期的法律。

《国家大全》集罗马法之大成，它包括了罗马奴隶制法律的基本原则和制度，以及罗马法学发展的许多主要成果，是研究罗马法的主要文献。《国家大全》主要包括了以下几部分的法律汇编。

（1）《学说汇编》。《学说汇编》是优士丁尼安的法律大全的最重要的部分，它收集了 40 名罗马历史上著名法学家著作的片断，汇编为五十卷。

（2）《法学阶梯》。《法学阶梯》是一种法学教本，它的主要依据是著名法学家盖约的著作，共四卷。

（3）《优士丁尼安法典》。《优士丁尼安法典》是历代皇帝敕令的汇编，但只收集那些尚未丧失现实意义的敕令，并加以审订删改，共编为十二卷。

后来，还有一种新的法令汇编名为“新律”。这是优士丁尼安在编纂上述法典以后颁布的敕令，由私人编纂而成，其中包括优士丁尼安的后继者的若干敕令。

### （二）罗马法对大陆法的影响

在西方各国的法律制度和法律体系中，罗马法对大陆法国家影响最深，是大陆法系最古老的渊源。

大陆法作为一个体系出现于 13 世纪。它是欧洲政治、经济、文化发展史的一个组成部分。它的形成经历了一个漫长的过程。从 8 世纪中叶起，西欧重新回到农耕状态，罗马法也失去了往日的影响。到公元 10 世纪，欧洲在政治上和经济上开始发生了深刻的变化，由于重新开放地中海作为西欧贸易的重要航线，地中海和西欧北部沿海地区的商业和贸易得到了发展。11—12世纪西欧城市的商业的复兴，要求建立一种统一的、普遍适用的法律，以代替自罗马帝国灭亡以后，几个世纪以来由日耳曼部族建立起来的分散的、地方性的法律，从而为罗马法的复兴提供了客观条件。

公元11世纪末，伊利修斯在意大利波仑亚大学讲授罗马法大全，推动了罗马法在西欧各国的传播。到12世纪末，仅在波仑亚的大学里就有上万名大学生专门学习法律。许多罗马法的学者和大学教授被任命为皇家法律顾问或地方法院的法官，在社会上享有很高的荣誉。

欧洲大陆对罗马法的研究主要有注释派、后注释派和自然法学派等三个学派。早期研究罗马法的学者被称为注释派，他们主张探求和讲授罗马法的原意，采取的方法是对优士丁尼安的《国法大全》的各种文本进行解释。注释派的全盛时期是13世纪。14世纪，后注释派兴起，他们主张修改罗马法的原始文本并把它作为发展新的法律部门（主要是商法与国际私法）的依据。17世纪，自然法学派在欧洲占据主导地位。他们在许多方面超越了后注释派，他们仿效自然科学的方法，强调逻辑性和个人的自然权利，主张法是理性的产物，认为从罗马法中得出的法律原则都是符合理性的。大陆法强调成文法的作用，提倡编纂法典，以使法学高度系统化、条理化。

总之，从欧洲大陆各国来看，罗马法对意大利、法国、德国和西班牙等国的影响是很大的。意大利是最早接受罗马法的国家。优士丁尼安的《国家大全》不仅在意大利各个大学的讲坛上是代表理想的法律制度，并且在法院的实践中也得到了贯彻执行。法国和德国虽然接受罗马法较晚，但罗马法对其立法的影响却是深刻和全面的。受罗马法影响最显著的是1804年的《法国民法典》和1900年的《德国民法典》。1804年颁布的《法国民法典》即《拿破仑法典》，在结构上，《拿破仑法典》除序言外，分为人、物、取得财产的各种方法等三篇，这显然是以国法大全中的《法学阶梯》为依据的；在内容上，许多地方都可以看到罗马法的痕迹，特别是关于物权和债权部分受罗马法的影响更显著。1900年的《德国民法典》同样渊源于罗马法，不同之处在于它更多地受到了《学说汇编》的影响，而且它将罗马法的系统化推进到前所未有的水平，被誉为“现代罗马法”“现代学说汇编”。其他欧洲国家，如西班牙、比利时、荷兰、波兰、瑞士以及某些亚洲国家（如日本和旧中国）的法律和法学也直接或间接地受到罗马法的影响。

### （三）罗马法对普通法的影响

普通法是英国在中世纪时期形成的一种法律制度。普通法来源于习惯法，实际上表现在法官的判决中，以判例的形式出现，所以又称为“判例法”。相对于大陆法而言，普通法受罗马法的影响虽然不如某些大陆法国家那样大——后者直接继承了罗马法的传统，但罗马法对英国法律还是有一定影响的，具体表现在以下几个方面。

#### 1. 教会法的影响

教会法原来是由罗马大主教会实施的法律，其渊源主要是罗马法。在英国与罗马教会分离以前，英国的教会法与欧洲大陆各国的教会法是相同的。教会法院主要是管辖有关家庭关系、遗嘱继承和海事方面的案件，在这些领域中，罗马法对英国普通法的形成是有很大影响的。

#### 2. 商法的影响

到18世纪以后，商法已被普通法吸收，成为普通法的一个组成部分。英国的商业习惯法同欧洲各国的商法基本上是一致的，受罗马法的影响很大。

**3. 衡平法**

14 世纪时，英国出现了独有的衡平法的法律形式，衡平法法院成为独立的法院，与普通法法院同时存在。由于衡平法法院法官多由精通罗马法的僧侣担任，而他们又可以参酌罗马法的规定来处理案件，因此，罗马法就渗入了衡平法。

## 三、大陆法的结构、渊源及其特点

大陆法形成于西欧，主要代表是法国和德国，还包括瑞士、意大利、奥地利、比利时、卢森堡、荷兰、西班牙、葡萄牙等国。现在，除西欧外，整个拉丁美洲、非洲的一部分、远东的一些国家都属于大陆法系，甚至在普通法系中的个别地区（如美国的路易斯安那州和加拿大的魁北克）也属于大陆法的范围。我国属于大陆法体系。

### （一）大陆法的结构

大陆法的一个特点是强调成文法的作用。它在结构上强调系统化、条理化、法典化和逻辑性。它所采取的方法是运用几个大的法律范畴将各种法律规则分门别类地归纳在一起。

大陆法各国都把全部法律分为公法与私法两大部分。这种分类法最早由罗马法学家提出。公法是与罗马国家状况有关的法律，包括调整宗教祭祀活动和国家机关活动的法规；私法是与个人利益有关的法律，包括调整所有权、债权、家庭与继承等方面的法规。大陆法继承了罗马法的这种分类方法，并根据现代法律发展的状况，进一步把公法再细分为宪法、行政法、刑法、诉讼法和国际公法；把私法再分为民法和商法等。

### （二）大陆法的渊源

大陆法国家是成文法国家，大陆法系各国都强调成文法的作用。大陆法国家除法律以外，还有其他主要的法的渊源。大陆法的渊源主要有以下几项。

**1. 法律**

法律是大陆法的主要渊源，它包括宪法、法典、法律和条例等。这些法律制定的机关不同，其效力等级也有差异。一般来说，宪法是具有最高权威性和效力最高的法律，其他法律均不得与之相抵触。

**2. 习惯**

习惯作为法律渊源，已得到大陆法各国的普遍承认，但各国对习惯在法律渊源中的地位和在实际中的作用却存在不同理解。但总体来说，这种习惯必须是具有法律意义的，并不得与法律相抵触。

**3. 判例**

由于大陆法国家强调成文法的作用，所以原则上承认判例具有与法律同等的效力并可作为一个独立的法律渊源。一个判决只对当事人和本案有效，而不能约束日后法院对同类案件的审理和判决。但是，进入 20 世纪后，大陆法国家开始重视判例的作用，一些国家开始做出一些例外规定，以使法官受某种判例的约束。如德国规定，联邦宪法法院的判决在“联邦公报”上发表后即具有约束力，并承认由“经常的判例”所形成的规则即属于习惯法规则，法院应予以实施。在阿根廷、哥伦比亚、瑞士、西班牙等国也有相关的规定。

**4. 学理**

一般来说，学理不是法的渊源，但在大陆法发展的过程中，学理曾起过重要的作用。如

12—17 世纪罗马法复兴时期先后产生的注释学派、后注释学派及自然法学派，其理论对大陆法的形成有不可忽视的影响。学理对法律的影响主要表现在：它可为立法者提供法学理论、词汇和概念，通过立法者的活动，制定成法律；它可对法律进行解释，对判例进行分析和评论；通过法学家的著作，培训法律人员，可影响法律实施的过程。

## 四、普通法的结构、渊源及其特点

普通法形成于英国，以后扩展到美国及其他过去曾受英国殖民统治的国家和地区。主要包括加拿大、澳大利亚、新西兰、爱尔兰、印度、巴基斯坦、马来西亚和新加坡等。南非、斯里兰卡和菲律宾原属大陆法系，后来随着英、美势力的渗入，引入了普通法的因素，成了大陆法与普通法的混合物。而英国的苏格兰则属于大陆法系。

普通法系以英国和美国为代表，两国的法律制度有许多共同之处，但两国的法律在自身的发展过程中，也各自形成了一些不同的特点，因此，我们必须把两国的法律分别予以介绍。

### （一）英国法

#### 1. 英国法的特点、结构

英国法与大陆法的区别，不仅表现在英国法是以判例法作为法的主要渊源，大陆法则以成文法作为法的主要渊源上，而且在其他方面也有许多不同之处。

英国法把法律分为普通法和衡平法两部分，这种二元性的结构是英国法的一个主要特点。英国的普通法与衡平法虽然都是判例法，但各有其特点，其主要区别有以下几方面。

（1）救济方法不同。普通法只有两种救济方法：一种是金钱赔偿；另一种是返还财产。以金钱损害赔偿作为主要的救济方法。普通法对于有发生不法行为或违约行为之虞的情况，不能预先采取防止措施，普通法法院不能发出禁令，判令当事人为一定的行为或不为一定的行为。当事人只能等待不法行为或违约行为发生后，才能向法院诉请损害赔偿。

而衡平法则有了一些新的救济方法，主要有以下两种。

① 实行履行。当一方违约时，衡平法法院可判令负有义务的一方当事人按照合同的规定履行其应尽的义务，但以违约所遭受的损害不能以金钱赔偿得到满足，或损害的金额无法确定者为限。

② 禁令。衡平法法院可以发出禁令，命令当事人做某种行为或不做某种行为，以事先防止不法行为和违约行为的发生。

（2）诉讼程序不同。衡平法法院有自己的诉讼程序与证据规则。它与普通法法院不同之处主要是：第一，普通法法院有陪审团制度，衡平法法院则不设陪审团；第二，普通法法院听取口头答辩，采取口头询问方式审理案件，而衡平法法院则采取书面诉讼程序。

（3）法院的组织系统不同。从 14 世纪后半叶起，衡平法法院成为独立的法院，此后，在一个相当长的时期内，英国出现了普通法法院与衡平法法院两种法院并存的局面。直到 1875 年颁布的法院组织法，才取消了普通法法院与衡平法法院的划分，建立了统一的法院体系。普通法和衡平法都在同一法院适用，而且把衡平法优先于普通法的原则，在法律上规定下来。

（4）法律术语不同。为了避免与普通法法院发生冲突，衡平法法院在司法活动中使用它自己所特有的法律术语。

英国法的另一个特点是重视程序法。与此相反，大陆法国家则重视实体法。衡平法有自己特有的诉讼程序，是由法院以判例的形式形成和发展起来的。英国的实体法是通过各种诉讼程序形成的。在英国，如果某种权力缺乏适当的救济方法，这种权力就不能存在，就不能得到法律上的保障。所以英国法有一句格言："救济先于权力"。这里所谓救济是指通过一定的诉讼程序给予当事人以法律上的保护，这是属于程序法的范畴，而权力则是属于实体法的范畴。这表明诉讼程序在英国法中占有十分重要的地位。

**2. 英国法的渊源**

从历史上看，英国是判例法国家，判例法是英国法的主要渊源，成文法属于次要地位。但是，自 19 世纪末、20 世纪初以来，成文法在英国社会生活中的作用日益重要。英国法的渊源主要有以下几项。

（1）判例法。判例法是英国法的主要渊源，它是由高等法院的法官以判决的形式发展起来的法律规则。它的基本要求是：高等法院在判决中所包括的判决理由（Ratio Decidendi）必须得到遵循，即对做出判决的法院本身和对下级法院日后处理同类案件均具有约束力。这也就是所谓"先例约束力原则"（Rule of Precedent）。它包括三方面的内容：第一，上议院的判决是具有约束力的先例，对全国各级审判机关（不包括上议院本身）都有约束力；第二，上诉法院的判决对上诉法院本身和下级法院有约束力；第三，高级法院每一个庭的判决对一切低级法院有约束力。

（2）成文法。成文法也构成英国法的一个重要渊源，它包括由立法机关（国会）制定的法律和由行政机关按照法律制定的条例。但按照英国法的传统理论，成文法只是对判例法所作的补充或修正，它必须通过判例法才能发挥作用。

（3）习惯。主要是指盎格鲁—撒克逊时代通行的习惯法，它是普通法起源的基础。但随着普通法的形成，其在英国法律中所起的作用已很小。根据英国有关法律的规定，只有那些在 1189 年时已经存在的地方习惯才有约束力。

### （二）美国法

美国是 18 世纪后期才成为一个独立的国家的。在这以前，它曾是英、法、荷等欧洲国家的殖民地。独立战争以前，英属北美 13 个殖民地都施行英国法律。美国独立初期，由于普遍存在着对英国统治的敌视，因而英国的普通法也受到反对。许多州都宣布禁止援引 1776 年以后的英国判例。当时有两种主张：一种主张采用英国普通法；另一种主张采用大陆法模式，以法典编纂的方式来建立美国的法律。最后，由于美国毕竟同英国渊源较深，英国普通法在殖民统治时期已经有相当大的影响力，而且两国都以英语作为共同语言。因此，美国最后还是留在普通法体系内，并与英国一道成为普通法中最主要的两个国家。

美国法在法律语言、法律概念和推理方法等方面都与英国法有相同之处，但是，在美国独立以后，两国的法律基本上是独立发展的。美国法律在其发展过程中形成了自己的特点，这些特点不仅与大陆法国家不同，而且与英国法也有所区别。

**1. 美国法的结构**

美国属于普通法体系。美国与英国一样以判例法作为法的主要渊源，而把成文法看作是对判例法的补充或修正。

美国法律分为联邦法与州法两大部分，这是美国法律结构的一个主要特点。凡宪法未授予联邦或未禁止各州行使的权利，均属于各州。各州保留了相当大一部分立法权。但联邦的法律高于各州的法律，如州法与联邦法有抵触时，应适用联邦法。在民事立法方面，联邦的立法权范围主要包括银行、工业、国际贸易、州际贸易、专利权和税收等事宜。但即使在上述范围内也并不排除各州的立法权。各州不得在联邦立法权范围外制定与联邦法律相抵触的法律。

由于美国特殊的历史条件，使各州在立法方面享有很大的权利。尽管进入 20 世纪以来，联邦立法活动大大加强，联邦法的作用不断上升，但在日常生活中，州法仍然起着十分重要的作用。美国各州的法律大体是相似的，但也存在着一些差异。

**2. 美国法的渊源**

美国同英国一样，都属于判例法国家，判例是美国法的主要渊源。但自 19 世纪末以来，成文法的数量大大增加，成文法在社会经济生活中的作用越来越重要。

（1）判例法。判例法是美国法的主要渊源，也是法的主要来源和组成部分。19 世纪以来在英国形成的“先例约束力”的原则，在美国也同样适用。由于美国是联邦制国家，存在着联邦法与州法的区别，因此，在适用先例约束力的原则时，美国也有它的特点。主要体现为：第一，在州法方面，州的下级法院须受上级法院判例的约束，特别是受州最高法院判例的约束。第二，在联邦法方面须受其上级联邦法院判例的约束，特别是受美国最高法院判例的约束。第三，联邦法院在审理涉及联邦法的案件时，须受其上级联邦法院判例的约束，而在审理涉及州法的案件时，则须受相应的州法院的判例的约束，但以该判例不违反联邦法为原则。第四，联邦和州的最高法院不受它们以前确立的先例的约束，它们可以推翻过去的先例，并确立新的法律原则。

美国的判例数量是很大的，仅是各州和联邦最高法院每年大约要判处三万件左右案件，全国每年大约要出版判例汇编 350 卷，要熟悉这样浩繁的判例是很困难的。

为了把各州的判例法统一起来，1923 年成立的美国法学会将涉及商法和部分民法的判例法进行综合整理，编纂成各种判例法汇编，称为《法律重述》，至今已出版近 20 卷。

（2）成文法。美国有两种成文法，即联邦的成文法与各州的成文法。在联邦法律中，美国宪法占有十分重要的地位。美国最高法院认为，宪法不同于一般的法律，而是一切法律之源，美国的一切其他法律，包括判例法，其力量都来源于宪法。因此，凡是违反宪法的法律或判例，美国各法院都有权不予以执行。美国最高法院在解释宪法时，采取所谓“弹性”解释方法，这样就便于最高法院的法官可以根据社会政治经济条件的变化进行匡正，以适应社会经济发展的要求。

美国法律制度的发展，是成文法与判例法相互作用的结果。立法机关可以通过成文法改变判例法中某些已经过时的法律规则，使法律适应社会经济、政治发展的要求。但另一方面，成文法又必须经过法院判例的解释才能起作用，因此，在美国真正起作用的不是法律条文的本身，而是经过法院判例予以解释的法律规则。

## 五、当代西方国家两大法系的演变

法律是上层建筑的主要组成部分，法律不但要依赖于自己的经济基础，而且还要适应自己经济基础的发展。当社会、经济条件发生变化时，法律也应随之而发生变化，以适应这种客观发展规律的要求。

### （一）大陆法系“判例法”的出现及其地位的不断提高

大陆法系国家都强调成文法的作用，因此成文法是其主要的法律渊源。这些国家原则上是不承认判例与成文法具有同等效力的。自 19 世纪末到 20 世纪初，随着社会政治、经济的发展变化，属于大陆法系的各国出现了许多法典和法规所不可能预见的情况，社会经济生活的发展要求对法典和法规所确立的法律原则有所改变。《德国民法典》面对不断变化的形势，也在法典中规定了许多伸缩性很大的一般性条款，如“善良风俗”“诚实信用”等，为法官自由解释和适用法律提供了广阔的余地。

进入 20 世纪以后，大陆法系各国开始重视判例的作用。例如，法国下级法院的法院在新的形势下，不愿冒自己所做出的判决被上级法院否定的风险，就本能地效仿上级法院对同类案件的判决。同时，由于中央集权的日益加强，最高法院的地位也在大大地加强，最高法院对法律未做出规定的问题所做出的判决，对下级法院就具有更重要的意义。

大陆法系的“判例法”的形成有两种情形：一种是通过最高法院的判决确立新的法律原则；另一种是法官在判案中对法典的某些条款作了扩展解释而创造的法律原则。所以，这种“判例法”与英美法系的判例法是不同的。

### （二）英美法系成文法的数量在日益增多

自 19 世纪末到 20 世纪初以来，英美法系国家法律结构发生了深刻的变化，主要是成文法的比重和作用不断上升，成文法也成了英美法的主要渊源。英美法系的成文法包括两种情况：一种是议会制定的法律；另一种是行政机关按照法律制定的条例。

英国从 19 世纪初到 20 世纪中期的 150 年间所颁布的法律，至今仍然有效的共有 4000 余件。20 世纪 30 年代以来美国为了适应社会经济、政治发展的需要，开展了大规模的立法活动，形成了一些新的法律门类，如劳动法、经济法等。这些新的法律不是由普通法院来实施，而是由各行政委员会施行。这些准审判机关在其活动中不适用“先例约束力”的原则。它们虽然接受高等法院的监督，但高等法院对其做出的裁决只作程序上的审查，而不作实体法上的审查。

在美国，由于历史形成的原因，早期就受法国的一些影响，成文法的地位和作用比英国突出。美国是联邦制国家，除联邦有立法权外各州根据联邦宪法的授权，州议会也享有一定的立法权。因此，美国有两种成文法，即联邦成文法和州成文法。联邦成文法主要是联邦宪法，州的成文法除州宪法和刑法典外，大多数州已有刑事诉讼法典，半数的州也有了民事诉讼法典，个别州还有民法典。从 19 世纪下半叶起，美国开始进行联邦立法的整理编纂工作。1926 年颁布了美国法律汇编，开始颁布时包括到 1925 年 12 月为止的全部有效法律，以后每年颁布一卷增补篇，收入当年国会通过的法律。第二次世界大战后，随着行政权力的进一步加强，委托立法的范围也愈发扩大。美国成立了各种各样的委员会，如“州际贸易委员会”“联邦贸易委员会”“联邦股票与交易所委员会”“全国劳动关系局”等。这些联邦的行政机构都有权制定规章、条例，并有权处理有关的争端。它们虽然受法院的监督，但它们在处理案件时，可以不受先例的约束，并可以摆脱一般法院所采用的解释法律的方法。这些行政机构所制定的规章、条例在当代美国社会生活中，尤其是在社会经济领域内起着十分重要的作用。

### （三）两大法系法律渊源的发展趋势

目前西方两大法系法律渊源发展的情况是：英美法系国家，成文法日益增多，判例法有所减少，有些判例所反映的法律原则，通过立法形成了成文法；大陆法系虽没有“遵守先例”的原则，但是在旧法系条文已经不适用的情况下，特别是法典没有明文规定的情况下，判例往往也成为法官判案的参考和依据。西方两大法系法律渊源的发展趋势正在逐步靠近。但两大法系的这种靠近并不意味着两大法系已走向统一，并将逐步汇合而成单一的西方法系。相反，由于两大法系的形成和发展是基于不同的历史传统、社会政治、经济状况和思想、文化特征，因此，其发展趋势也必将受这些客观条件的制约。所以，两大法系的差别还将长期存在，两大法系也仍将是世界各国法律制度的主要代表。

## 本章小结

国际商法的渊源有两个：一个是国际条约；另一个是国际贸易惯例。

国际商法的产生与发展可以分为三个阶段：萌芽与形成阶段、演变与发展阶段、国际化与统一化阶段。西方国家的主要法律制度主要可以分为两个体系，即以法国和德国为代表的大陆法体系和以英国和美国为代表的普通法体系。

大陆法结构将全部法律分为公法和私法两大部分；大陆法的特点是强调成文法的作用；大陆法的渊源主要有法律、习惯、判例、学理。

英美普通法主要以英国和美国为代表，英国法的结构将法律分为普通法和衡平法，英国法的特点以判例为主；美国法的结构将法律分为联邦法和州法，美国法的特点以判例法为主，而把成文法看作是对判例法的补充和修正。

当代西方国家两大法系的演变趋势：西方两大法系法律渊源的发展趋势正在逐步靠近。

## 本章重要概念

国际商法　法律渊源　国际公约　国际贸易惯例　罗马法　大陆法
普通法　禁令　判例法　成文法

## 本章思考题

1. 罗马法的主要内容是什么?
2. 大陆法有什么特点?
3. 简述当代西方国家两大法系的演变。

## 案例分析

我国货船大兴号在驶往目的地新加坡港的途中，为避免某一外轮违章行驶而造成碰船的发生，偏离航线触礁并引起火灾。大兴号在启程前以自己的名义投了一切险。

**分析与思考：**

（1）国际商法在本案例中将起到哪些作用？

（2）试谈如果缺乏国际商法的保护，大兴号将会面临哪些难题？

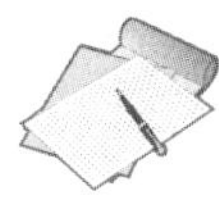

## 学生课后参考阅读文献

[1] 国际商会（ICC）. 国际贸易术语解释通知 2010[M]. 北京：中国民主法治出版社，2010.

[2] 司玉琢. 海商法[M]. 北京：法律出版社，2012.

[3] 张学森. 国际商法[M]. 上海：上海财经大学出版社，2015.

[4] 周新军，刘晓蔚. 国际商法[M]. 北京：清华大学出版社，2014.

# 第二章　合　同　法

## 学习目的与要求

合同是当代经济社会进行各种经济活动的基本工具，合同作为市场经济运行的重要法律保障，对维护国家经济秩序和社会秩序起着十分重要的作用。通过本章的学习，要求了解合同的概念与特征、合同法的基本概念与原则；掌握大陆法、英美普通法和国际货物买卖合同公约关于合同的成立、当事人订立合同的能力、合同的形式、合同必须合法、合同的历史必须真实、合同的解释、合同的履行、合同的让与以及为第三人利益订立的合同、合同的消灭等法律规定。

## 开篇案例

【案情】

甲企业（本题下称“甲”）向乙企业（本题下称“乙”）发出传真订货，该传真列明了货物的种类、数量、质量、供货时间、交货方式等，并要求乙在10日内报价。乙接受甲发出传真列明的条件并按期报价，亦要求甲在10日内回复；甲按期复电同意其价格，并要求签订书面合同。乙在未签订书面合同的情况下按甲提出的条件发货，甲收货后未提出异议，亦未付货款。后因市场发生变化，该货物价格下降。甲遂向乙提出，由于双方未签订书面合同，买卖关系不能成立，故乙应尽快取回货物。乙不同意甲的意见，要求其偿付货款。随后，乙发现甲放弃其对关联企业的到期债权，并向其关联企业无偿转让财产，可能使自己的货款无法得到清偿，遂向人民法院提起诉讼。

【分析】

（1）甲传真订货行为的性质属于要约邀请。因该传真欠缺价格条款，邀请乙报价，故不具有要约性质。乙报价行为的性质属于要约。根据《中华人民共和国合同法》（以下简称《合同法》）的规定，要约要具备两个条件：第一，内容具体确定；第二，表明经受要约人承诺，要约人即受该意思表示约束。乙的报价因同意甲方传真中的其他条件，并通过报价使合同条款内容具体确定，约定回复日期则表明其将受报价的约束，已具备要约的全部要件。甲回复报价行为的性质属于承诺。因其内容与要约一致，且于承诺期限内做出。

（2）买卖合同成立。根据《合同法》的规定，当事人约定采用书面形式订立合同，当事人未采用书面形式但一方已经履行主要义务，且对方接受的，该合同成立。本题中，虽双方未按约定签订书面合同，但乙已实际履行合同义务，甲亦接受，未及时提出异议，故合同成立。

（3）乙可向人民法院提出行使撤销权的请求，撤销甲的放弃到期债权、无偿转让财产的行为，以维护其权益。对撤销权的时效，《合同法》规定，撤销权应自债权人知道或者应当知道撤销事由之日起1年内行使，自债务人的行为发生之日起5年内未行使撤销权的，该权利消灭。

案例来源：叶朱．经济法[M]．北京：中国财政经济出版社，2012.

# 第一节　合同法概述

## 一、合同法与经济秩序

合同，又称契约，是当代社会进行各种经济活动的基本工具。在市场经济的条件下，如果没有各种经济合同，社会经济活动就无法进行，社会的经济秩序也难以维持在当今劳动分工日益细化的条件下，生产、分配以及流通的各个环节都离不开合同。因此，各个国家都将合同法置于十分重要的地位。在西方资本主义国家中，合同法作为其上层建筑的重要组成部分，对维护其经济秩序和社会秩序起着十分重要的作用。在资本主义国家的民法体系中，合同法往往占有很大的篇幅。

我国自改革开放以来，将经济立法放在法制建设的重要地位。从1981年至1986年先后制定并颁布的合同法有：1981年的《中华人民共和国经济合同法》、1985年的《涉外经济合同》和《中华人民共和国技术引进合同管理条例》等法律法规，并于1999年10月1 日颁布了新的《合同法》。这些法律法规对我国国内外的经济贸易往来起着十分重要的作用。

## 二、合同的概念与特征

当今各国对合同所下的定义并不相同，长期以来，大陆法与英美法对合同一直存在不同的理解。

在大陆法系的国家中，法律学者基本上认为合同是一种协议。如在《德国民法典》中将合同纳入法律行为范畴，作为法律行为的一种，其305条规定："依法律行为设定债务关系或变更债务关系的内容者，除法律另有规定外，必须有当事人之间的合同。"所谓法律行为是当事人为了发生私法上的效果而进行的一种合法行为。法律行为包括意思表示和其他合法行为，其中意思表示是法律行为的基本要素。如无当事人的意思表示，就不可能成立合同。在《法国民法典》中没有法律行为这一概念，而是使用"合意"这一比较具体的概念，将合同视作一种合意，如其1011条规定："合同是一人或数人对另一人或数人承担给付某物、做或不做某事的义务的一种合意。"这就从债务的角度提示了合同作为一种发生债物关系的合意的本质。所谓合意是指当事人之间意思表示一致，合同才能成立。

英美法国家强调合同的本质在于当事人所作的允诺，而不只是达成协议的事实，英国《不列颠百科全书》将合同定义成"可以依法执行的许诺，这个许诺可以是作为或不作为。"美国《合同法重述》中规定："合同是一个或一系列的许诺，违反该许诺的，法律给予救济，履行该许诺则是法律所确认的义务。"因此，按照英美法的理论，合同的实质是当事人所表示的许诺，法律强制执行的是法律上认为有约束力的许诺。

尽管英美法和大陆法在合同的概念上存在不少分歧，但实际上它们基本上都把当事人的意思表示一致作为合同成立的要素，我国法律也是如此，我国《民法通则》第八十五条规定："合同是当事人之间设立、变更、终止民事关系的协议。依法成立的合同，受法律保护。"我国《合同法》第二条规定："合同是平等主体的自然人、法人、其他组织之间设立、变更、终止民事权利义务关系的协议。"综合以上所述，我们可以将合同定义为当事人之间产生、变更、终止民事权利义务关系的意思表示一致的法律行为，它具有以下特征。

（1）合同是以产生、变更或终止民事权利义务关系为目的。例如，买卖双方通过订立买卖合同，便在当事人之间产生了买卖关系，如果在买卖合同订立之后，当事人双方同意对原合同进行修改或通过协议终止原来的买卖合同，便变更或终止了他们之间的民事法律关系。

（2）合同是当事人之间意思表示一致的协议。它包括三个方面的含义：第一，合同应具有两个或两个以上的当事人。第二，当事人均做出了意思表示。第三，各当事人之间相互做出的意思表示的内容是一致的，这样合同才能成立。

（3）合同是一种民事法律行为，是合同主体实施的能够引起民事权利和义务产生、变更或终止的合法行为，只有在合同当事人的意思表示合法的前提下，合同才具有法律效力，受到法律保护。

## 三、合同法的概念与基本原则

合同法是调整合同关系的法律规范的总和，其主要规范合同的订立、成立、有效、无效、履行、变更、解除、撤销等方面的问题。

合同法的基本原则是指贯穿于整个合同法律制度和规范的，作为指导合同法的制定、解释、执行等各个方面的基本准则。

从大陆法系来看，合同被视为债的产生原因之一，因此其合同法的基本原则多数体现在其民法典或债务法典之中。而英美法系虽然也有一些有关商事合同的成文法，如英国 1893 年的《货物买卖法》、美国 1906 年的《统一买卖法》和《统一商法典》，但较少涉及合同法的基本原则问题。其合同法的基本原则仍需依照其判例法所确定的规则来处理。我国 1999 年的《合同法》则规定如下的基本原则：（1）平等原则（第三条）；（2）自愿原则（第四条）；（3）公平原则（第五条）；（4）诚实信用原则（第六条）；（5）守法原则、公序良俗原则（第七条）；（6）严守合同原则（第八条）。结合两大法系与我国《合同法》和《国际商事合同通则》的规定，可以认为，合同法应包括以下几大基本原则。

### （一）合同的自由原则

合同的自由原则是近代西方合同法的核心和精髓，与所有权的绝对性、过失主义并列为大陆法系民法的三大原则之一，在许多国家的立法中均有所体现。如 1804 年《法国民法典》第 1134 条明文规定："依法成立的合同在订立合同的当事人之间有相当于法律的约束力。"《瑞士债务法》第 19 条规定："契约的内容在法律规定范围内自由订立。"我国《合同法》第四条规定："当事人依法享有自愿订立合同的权利，任何单位和个人不得非法干预。"而英美法也认为合同法的基本目标就是实现个人的意志。《国际商事合同通则》第 11 条也规定："当事人有权自由订立合同并确定合同的内容。"

合同自由原则的内容主要包括缔结合同的自由，选择相对人的自由，决定合同的内容的自由，变更和解除合同的自由，选择合同方式的自由等。但是，合同自由不是无限制的。从其对社会经济的影响来看，合同自由原则有其积极和消极的方面。积极之处在于可以打破封建团体或职能团体对个体活动的束缚，形成构筑于个人自由活动基础之上的经济关系。但另一方面，无限的自由原则将会导致经济社会强者支配弱者的情况发生。对于弱者来说，几乎没有什么合同自由而言，能够自由订立合同的当事人往往存在于经济实力相当的人们之间，如大型企业之间的合同，而一般民众间的合同倘若是强者与弱者之间的情况，情形则可能变得扭曲，造成对弱者的不公平情况的发生。正是由于这些负面影响的存在，随着社会经济的发展，合同自由原则开始受到越来越多的限制。这些限制主要来自于法律上对合同自由原则所规定的一些限制的内容。主要包括以下几方面。

第一，对于缔结合同的限制。此限制是通过法律规定，给当事人施加必须缔结某种合同的义务，如医院不能拒诊病人，出租车司机不能拒载等。这主要是由于公法上的义务所导致。

第二，关于决定合同内容的自由。该限制主要是为了保护缔约时处于弱势地位的当事人的利益所制定的，如劳动法中关于最低工资的规定，以及有关租房合同中租金率的确定等。

第三，关于合同方式选择的自由。对于某些特定的合同法律要求必须采取书面形式，如我国《担保法》中的担保合同、《合同法》中的租赁合同等。

第四，法律指定或专门设立具有准司法性质的行政机关，对合同进行监督、管理和控制。例如，设立公平交易委员会以维护公平交易；设立反垄断机构以保护自由竞争等。

对于合同自由原则的限制，不仅体现在各国的法律之中，在《国际商事合同通则》中也有体现。《国际商事合同通则》第 1.5 条中规定：“除通则另有规定外，当事人可以排除通则的适用，或减损或改变通则任何条款的效力。”该通则对于具有强制性的规定，一般都明确表示其强制性，例如第 1.7 条关于诚实信用和公平交易的规定，第 3 条关于合同实质效力的规定等。

### （二）诚实信用原则

诚实信用原则是合同法中一项十分重要的基本原则，无论在两大法系中还是有关的国际文件中，该原则都得到了充分的体现，但是对于诚实信用原则本身的意义却有着不同的观点。

（1）主观判断说。此观点认为应当从当事人主观的角度来确定诚实信用的内容。

（2）行为规则说。此观点认为，诚实信用原则是确定诚实守信不欺诈他人的规则，即在商业交易中不违背一般的商业道德基础。

（3）利益平衡说。此观点折中于以上两种观点之间，考量当事人双方之间的利益，谋求当事人之间的利益平衡。

综合以上各种观点，我们认为，诚实信用原则是指合同主体应诚实守信，以善意的方式签订和履行合同，同时维持当事人之间及当事人与社会之间的利益平衡。

在各国法律之中，诚实信用原则均在成文法中做出了规定，如《法国民法典》中第 1134 条规定：“契约应当以善意履行。”《德国民法典》第 242 条规定：“债务人应依诚实和信用，并参照交易上的习惯，履行给付。”《美国统一商法典》第 1-230 条规定：“本法所涉及的任何合同和义务，在履行或执行中均负有遵守诚信原则之义务。”诚实信用原则在《国际商事合同通则》中也得到了确认，该通则第 1.5 条规定：“一方当事人在国际贸易交易中应依据诚实信用和公平交易的原则行事，当事人各方不得排除或限制此项义务。”

合同自由原则和诚实信用原则是合同法所独有的基本原则，除此之外，在其他法律部门通用的原则也作为合同法的基本原则，如合法原则等。

## 第二节　合同的成立

各国法律对合同的有效成立都要求具备一定的条件，即所谓合同有效成立的要件，但各个国家的具体要求不完全相同。综合而言，各国对合同有效成立的要求主要有以下几项。

### 一、要约与承诺

合同是当事人之间意思表示一致的结果。而这种意思表示一致是通过要约与承诺这两个步骤实现的。如果一方当事人向另一方当事人提出一项要约，而对方对该项要约表示承诺，在双方当事人之间就成立了一项具有法律效力的合同。

#### （一）要约

**1. 要约及其构成要件**

要约是一方当事人向另一方提出的愿意按照一定的条件同对方订立合同，并含有一旦要约被对方承诺时，即对提出要约的一方产生约束力的一种意思表示。提出要约的一方被称为要约人，另一方为受要约人。要约可以用书面形式做出，也可以用口头或行动做出。

要约必须符合这样的条件，即一旦它被受要约人承诺，则合同成立。因此一项有效的要约必须符合以下要求。

（1）要约的确定性，即要约的内容必须明确肯定，应具体地说明所建议的交易的条件，一旦受要约人表示承诺，则一项有效合同成立。因此，要达到十分确定，一项买卖要约必须具体写明货物的名称、数量、价格等交易条件。要约中不要求详细写明合同的全部内容，而只要达到足以确认合同内容即可。至于某些条件，可以留待日后确定。在这一点上大陆法与英美法的要求是一样的。要求要约有足够的确定性，体现了这样一条原则：法律为执行当事人订立的合同提供保障，但不为当事人创造合同。这是对契约自由原则的贯彻。

为适应当代国际商事交往的实际需要，避免某些合同因缺少某些条款而不能成立，一些国家采取了更为灵活的规定。如《美国统一商法典》第 2-204 条规定，即使在买卖合同中对某一项或某几项条款没有做出规定，但是只要当事人之间确有订立合同的意思，并有合理的确定的依据给予相应的补救，合同仍然可以成立。据此只不过当事人具有订立合同的意图，其要约具备了货物的数量与名称，就可以视为一项有效的要约，而价格不再是必不可少的条款，可留待日后按照合理的标准来确定。要约须具有确定性的原则为我国《合同法》采纳。该法在第十四（一）条中规定，要约的内容须“具体确定”。

（2）受要约约束的意思表示，即必须表明要约人愿意按照要约中所提出的条件同对方订立合同的意旨。要约的目的在于订立合同，因此要约必须明确表示，一旦要约被对方接受，要约人即受其约束。如果没有接受约束的意思，依照法律规定就根本不存在要约，而仅是一种希望接受人做出要约或表明他是否已准备好进行谈判，或准备好接受客商的邀请。此时将其建议称为要约邀请或要约引诱。

要约邀请或要约引诱的目的虽然也是为了订立合同，但其本身并不是一项要约而只是为了邀请对方向自己发出要约。在要约与要约引诱的区别方面，各国法律发展了一系列反映商业实践做法的规则。其中重要的有以下几个方面。

首先，建议的语言是否表明一旦被接受即产生约束力。要约引诱与要约有时是很容易区分的，如果建议中有表明其本身是具有约束力的要约或是预约、无约束力的要约、没有义务、视协议而定，或其他具有同等效力的词句，就可以从字面上将两者区分，但如果没有这种明确说明的词句，就要考虑建议的其他方面。

其次，建议是否向特定的当事人发出。如果建议是向多人发出、在这种情况下，这一建议很难说是法律意义的要约，因为如果是这样的话，每一受约人都可以通过承诺而订立合同，发出建议的人要对所有那些他不能提供货物或满足其要求的受约人负损害赔偿责任。所以在这种情况下散发出去的只能是价目表和商品目录，或者是广告。实际上，无论什么时候，只要建议是发给许多人，一般不认为是要约。

但是这一原则受到了许多例外的限制，即要约是否必须向特定人发出、能否向特定人发出的问题，各国法律往往是有差异的，这个问题一般与广告有关，因为广告的对象是向公众而不是个别人，广告能否构成要约，要视具体情况而定。悬赏广告被视为一项要约，而普通的商业广告一般不被视作为要约，仅视作要约引诱。不过各国规定也不相同。法国法院认为，如果某人在报纸上发出销售货物的广告，那么，第一个满足要约条件的人便与广告者订立了合同。但是，如果要约人订有承诺人须具有偿债能力和可信赖性等待定条件，而承诺人缺少此条件的情况除外。而在英美法院的一些判例中认为，要约可向某一个人发出，也可以向某一群人，甚至全世界发出，只要广告方案明确肯定足以构成一项允诺，即可视为要约。如 1891 年在英国，一个生产商在报纸上刊登广告，对于任何在吸入他们所宣称的预防性“石炭烟球”后而得流行性感冒的读者，他们愿意赔付 100 英镑，这则广告就被视作要约。在我国《合同法》中对于广告是否构成要约也有相关的规定，在《合同法》第十五条中规定：“商业广告的内容符合要约规定的视为要约。”而北欧各国的法律则认为要约必须向特定人发出，广告原则上不能认为是要约而只是要约引诱。

综上所述，要约与要约引诱的区别就在于要约一经对方承诺，要约人即受其约束，合同即告成立，而要约引诱则即使对方完全同意或接受要约引诱所提出的条件，发出要约引诱的一方仍不受约束。要约原则上应向特定人发出，但并不意味着只有向特定人发出才是要约，向不特定人发出的建议仍可构成要约，但必须满足两个条件：一是明确表示该建议是一个要约；二是必须明确发出人承担向多人发出要约的责任。

（3）要约必须送达受要约人才能生效。要约是一种意思表示，发出要约的目的在于让受要约人知悉要约并对要约做出承诺。要约只有到达受要约人手中，才能使受要约人知悉要约的内容，做出答复，要约才能产生效力。对于要约何时生效，各国法律有不同的规定，大陆法系国家的法律规定，要约必须在送达受约人之后才能生效。例如，有人向对方发出一项要约，同意向对方转让一项物品，而对方在收到要约之前，主动去信表示愿意购买此项物品，尽管此信的内容与要约一致，也不能认为这是一项承诺，只能视为交错的要约，合同并不能成立。《联合国国际货物买卖合同公约》第 15 条、《国际商事合同通则》第 2 条和第 3 条以及我国《合同法》均规定，要约于送达受要约人时生效。至于如何确定送达到受要约人的时间，应视具体情况而定。口头要约或电话要约一旦对方听到即视为到达受要约人，以其他方式做出的要约在其进入受要约人的控制区域或他可能获得该信息时就视为到达，因此，邮寄的要约在要约被投入受要约人的信箱或邮箱或交付给获得受要约人授权代表其收信的某人手中时，视为到达受要约人。英美法系国家一般认为要约在发出时对要约人无约束力，要约送达受要约人时并不发生法律效力。在受要约人做出承诺时，要约才产生法律效力。不过有些国家对此有一些变通的规定，如《美国统一商法典》中规定，在货物买卖合同中，已经签字发出的要约，要约人须受其要约的约束。

**2. 要约的约束力**

要约的约束力包括两个方面的含义：一个是指对要约人的约束力；另一个是指对受要约人的约束力。

一般来说，在受要约人做出承诺之前，要约对受要约人没有约束力，受要约人在接受要约后，做出承诺之前，只是取得了对要约做出承诺的权利，并不受要约的约束，也不因此产生必须承诺或通知要约人其是否承诺的义务。但有些国家的法律规定，在某些情况下，受要约人无论承诺与否，均应通知要约人。例如《德国商法典》和《日本商法典》均规定，商人对于经常往来的客户，在其营业范围内，在接到要约时应立即发出承诺与否的通知，如怠于通知，则视为承诺。

至于要约对要约人是否有约束力，各国的观点基本上都是肯定的，但是具体规定则有所不同，所谓要约对要约人是否有约束力的问题，是指在要约在发出之后对方承诺之前能否反悔，或者变更要约内容及撤销要约的问题。这个问题主要产生于要约已送达受要约人之后而其承诺之前的这段时间。至于要约送达之前，要约人将其要约撤销或变更是没有问题的，因为此时要约尚未生效。例如，当要约人以邮寄的方式发出要约，在其寄达受要约人之前，要约人可以用电话或电传的方式将该项要约撤销或变更其内容。但一旦要约已送达受要约人之后，要约已经生效，此时要约人是否受要约的约束，各国法律有不同的规定和要求。

（1）英美法认为，要约在原则上对要约人无约束力，在受要约人承诺之前，要约人可随时撤销要约或修改要约内容。其理由在于英美法认为，合同实质在于当事人所作允诺，而一项有法律约束力的允诺，必须是由于取得对方的对价，或是由于允诺者在做出允诺行为时，采取了某种法律所要求的特定形式，如签字蜡封等。要约作为要约人所做出的一项允诺，必须有对价或采用签字蜡封的形式才对要约人有约束力。至于对价可以是金钱或其他有价值的东西。如要约人可以在要约中要求对方支付一定数额的金钱来保证要约人在一定期限内不撤销其要约，如果受要约人同意，双方就成立了一个关于保证该项要约在约定期限内不可撤销的担保合同或有选择权合同。在这种情况下，要约人在规定期限内不得撤销或修改要约的内容。

英美法的上述原则则显然不适应当代经济社会的需要，它对受要约人缺乏应有的保障。如在有经常交易往来的当事人之间受要约人可能出于对要约人的信赖，在作承诺之前，已为准备承诺而做出了与他人订立合同或支付费用的行动。要约一旦撤销，则受要约人就要蒙受损失。因此，英美法系国家已经开始改变这一原则。《美国统一商法典》第 2-205 条规定，在货物买卖中，在一定条件下，可以承认无对价的确定要约，要约人在一定期限内不得撤销要约，这些条件是：① 要约人是商人；② 要约已规定期限，或者如果没有规定期限，则在合理期限内不得撤销，合理期限不得超过三个月；③ 要约经要约人签字，以书面做成。英国的法律修订委员会曾于 1937 年建议修改对价原则，对于规定有一定期限的要约，不能因其缺乏对价而认为其没有约束力。

（2）德国法律认为，要约原则上对要约人有约束力，除非其在要约中注明有不受拘束词句。如果在要约中规定了有效期限，则在有效期限届满之前不得撤回或更改其要约；如果在要约中无有效期限，则依通常情形在可望得到答复之前，不得撤回或更改其要约。瑞士、希腊、巴西等国均采用这一原则，要约人可在要约中注明“不受其约束”等词句来排除要约对其的约束力。但一般来说，如果要约中含有了这样的词句，在法律上已经不是要约而是要约引诱，对方据此做出的意思表示才是要约。它必须经过发生要约引诱一方的承诺才能成立合同。

（3）法国法律原则上认为要约在被要约人承诺以前是可以撤销的，但如果要约人在要约中指定了承诺期限，要约人若想在期限届满之前把要约撤销，则必须承担损害赔偿的责任。即使要约中未明确规定承诺的期限，如根据正常的交易习惯或具体地撤销要约，亦须负损害赔偿的责任。在这种情况下，受要约人可以因要约人过早撤销要约提出损害赔偿。

（4）我国《合同法》第十八、十九条认为，要约在受要约人承诺之前对要约人无约束力，但在下列情况中例外：① 要约人确定了期限或以其他形式明示要约不可撤销；② 受要约人有理由认为要约是不可撤销的，并已为履行合同做了准备工作。

由于各个国家在要约的法律规则方面存在分歧，这给国际贸易带来了很大不便。为此许多机构在努力拟定一部关于国际货物买卖的统一法。如联合国国际贸易委员会于 1980 年 3 月 10 日在维也纳通过的《关于国际货物买卖合同公约》中，对于要约的约束力问题做出的规定，要约在其被受要约人接受之前，原则上可以撤销，但有下列情况之一者不得撤销。

① 要约写明承诺的期限，或以其他方式表明要约是不可撤销的。

② 受要约人有理由信赖该项要约是不可撤销的，并已本着对该项要约的信赖行事。

上述公约的规定实际上是把世界各国，特别是英美法国家与大陆法国家之间有关要约的法律规则的分歧加以折中，其内容与我国的合同法相关内容一致。

**3. 要约的消灭**

要约的消灭是指要约失去效力，对当事人双方均不再有约束力。要约消灭以后，受要约人也丧失了承诺的权利，即使其对要约人表示了承诺，合同也不能成立。

要约消灭的原因主要有以下几种。

（1）要约人或受要约人在法律上消失。这主要是指自然人的死亡或法人的解散。

（2）要约人撤回或撤销要约。撤回要约是指要约人在生效之前将要约取消，使其无效。撤销要约是指要约在已送达受要约人，要约已生效之后，消灭要约效力的行为。二者之间最大的区别在于撤回要约是在要约生效之前，而撤销要约是生效之后。在要约生效之前，撤回要约不会影响到受要约人的权利，因此各国法律基本上都允许撤回要约。一般只要求撤回要约的通知应与要约同时或在要约到达受要约人之前到达受要约人。至于撤销要约各国法律的规定有所不同，大陆法一般认为要约对要约人具有形式上的约束力，一经生效就不得随意撤销。英美法则根据对价原则出发，认为要约人可以在受要约人做出承诺之前随时撤销要约。这样可能会产生这样一个问题，在要约人发出撤销要约的通知到达受要约人之前，受要约人已经做出承诺，但承诺通知尚未达到要约人，在此情况下何种通知是有效的？对此，英美法认为承诺有效，因为英美法对承诺采取的是“投邮主义”的原则，即受要约人将承诺通知投入邮箱或送到邮电局，承诺即告生效。因此，在上述情况下，根据英美法，承诺先于撤销要约的通知发出，则承诺有效，合同成立。

（3）要约过期。要约过期的情况应从以下几方面进行分析。

① 如果在要约中规定了承诺的期限，如在期限届满之时，受要约人没有做出承诺，则要

约自动失效。在此之后，即使受要约人做出此承诺，也只能视作一项新的要约，须经原要约人表示承诺之后，合同方能成立。

② 如果在要约中没有规定承诺期限，则此时有两种情况：第一，如果当事人之间是以对话方式进行交易磋商，对于此种情况必须立即予以承诺，否则要约失效；第二，如果当事人分处异地以函电等非对话方式发出要约，那么各国法律规定有所不同。德国、瑞士、日本等大陆法国家规定，在异地人之间发出要约而又未规定承诺期者，如未在相当期间内或依通常情形可期待到达的期间内做出承诺，要约即告失效。英美法认为，如果在要约中没有规定承诺期限，受要约人应在合理的时间内做出承诺，否则要约失效。至于所谓“相当期间”“合理时间”一般为事实问题，应由法院根据具体情况确定。

（4）要约因受到被要约人的拒绝而失效。这里是指受要约人没接受要约所规定的条件，拒绝要约包括受要约人拒绝接受整个要约和对要约的主要条款做出修改两种情况。各国法律均认为，一项要约受到要约人的拒绝，在拒绝通知到达要约人时，要约即告失效。此后即使要约所规定的承诺截止期限未到，受要约人也不得再改变主意提出承诺。受要约人对要约的主要条款做出修改，其效果视作受要约人向要约人发出了一项新的要约，即反要约，经原要约人承诺后，合同才能成立。

### （二）承诺

#### 1. 承诺及其构成要件

承诺是指受要约人按照要约所指定的方式，对要约的内容表示接受的一种意思表示。要约一经承诺，合同即告成立。一项有效的承诺，应具备下列条件。

（1）承诺必须由受要约人发出。受要约人的代理人也可以在其授权范围内代替受要约人做出承诺。受要约人是要约人所选择的，因此只有受要约人才能做出承诺。任何第三人在得知要约的内容后向要约人做出同意的意思表示，都不是承诺，而是向原要约人发出的要约。

（2）承诺必须在要约的有效期间内做出。如果要约规定了有效期，则应该在有效期内承诺；如果没有规定期限，则应在合理期限内做出承诺。如果承诺的时间超过要约的有效期，则称作“迟到的承诺”，仅被视为向原要约人发出的新的要约。对此大陆法与英美法的规定基本上一致，只是大陆法将英美法中的“合理的时间内”表述为“依通常情形可期待承诺到达的时间内”。根据《联合国国际货物买卖合同公约》和《国际商事合同通则》的有关规定，对合理期限可按以下标准进行计算。

① 对于口头要约，除非情况另有表明，原则上应立即承诺。

② 在确定合理的时间时，除口头要约外，其他方式的要约应考虑到要约人使用的通信方法的快捷程度在内的交易的具体情况。具体而言，如要约人在电报或信件中规定了期间的，则应从电报被交发的时刻或信件中载明的发信日起算，如果信上没有载明发信日期，则从信封上所载的日期起算。

③ 在计算承诺期间时，此期间的正式假日或非营业日应计算在内，但如因承诺期间的最后一天是正式假日或非营业日，而使承诺通知未能在承诺期间的最后一天送到要约人的地址，则承诺期间应顺延至下一个营业日。

对于超出要约的规定时限或合理的承诺期限的承诺，根据《联合国国际货物买卖公约》和《国际商事合同通则》的有关规定，可有条件地承认其效力，条件是要约人毫不迟延地通知受要约人该承诺有效。在此情况下，合同的成立是在“迟到的承诺”到达要约人之时，我国的合同法也有类似的规定。

对于因传递错误而非受要约人的错误导致的逾期承诺，上述的国际文件则做出了附条件的无效规定。该条件是受要约人已及时发出承诺，但是由于不可预料的传递延迟导致逾期送达要约人，则只要要约人没有毫不迟延地通知受要约人拒绝该承诺，该逾期承诺仍然有效。在此情况下，载有逾期承诺的信件或其他书面文件必须能够证明，如果传递正常的条件下，它是在能够及时送到要约人的情况下发出的。在我国《合同法》第二十九条有类似的规定。在一些大陆法系的国家中针对逾期的承诺是否有效的问题上要走得更远一些，如在德国法院的一些案件中，其判例认为，在接到逾期的承诺之后，如果要约人保持沉默，即等于接受承诺，其依据在于承诺必须在合理的时间之内到达，但受要约人可能不会准确地知道该期间是多长，迟延是微不足道的，受要约人可能不知道要约人的立场会在该期间届满时改变。

（3）承诺必须与要约的内容一致。承诺是受要约人愿意按照要约内容与要约人订立合同的意思表示，承诺的内容必须与要约完全一致，才能使合同成立。根据两大法系的传统理论，承诺必须与要约完全一致，合同才能成立，否则该项承诺要视作是一项反要约。英美法中的镜像原则就要求，承诺应该像镜子一样反映要约的要求内容。然而在实践中，要求承诺与要约内容绝对一致会不利于很多合同的成立，例如，要约人发出一项出售某种产品的要约，其中载明，数量为 2 000 公吨，单价为每公吨 500 美元，在目的地上海港交货，装船日期为某年 10 月 1 日，付款条件是以即期不可撤销信用证付款。如果受要约人在承诺中将数量改为 1 000 公吨，或价格改为 450 美元，目的地改为香港，时间改为 8 月 1 日等这都不能认为是承诺，而应视作是项新要约或反要约，因为受要约人改变了合同的实质条件。但如果受要约人仅在其承诺中加上了验收条款这一并不改变要约实质条件的建议，是否也应该因其与要约不一致，而将之视作一项新要约或反要约呢？如果将之视为新要约或反要约将会不利于合同的成立。因此，各国的法律对于承诺与要约内容一致的问题采取一些比较灵活的规定。例如，《美国统一商法典》第 2-207 条中规定，在商人之间，如果受要约人在承诺中附加了某些条款，只要在要约中没明确规定承诺中不得附加条件或附加条件对合同作了重大修改，承诺仍然有效，除非要约人在接到承诺后已在合理的时间内做出拒绝附加条件的通知。

在《国际商事合同通则》与《联合国国际货物买卖合同公约》中也有类似的规定，如该通则第 2.11 条规定："对要约意在表示承诺但载有添加或不同条件的答复，如果所载的添加条件没有实质性地改变要约的条件，那么，除非要约人毫不延迟地表示拒绝这些不符，则此答复仍构成承诺……合同的条款应以该项要约的条款以及承诺通知中载有的变更为准。"在我国《合同法》第三十一条中也有类似的规定。

综上所述，对于要约的非实质性内容进行修改，不妨碍承诺生效，除非要约人已事先声明承诺不得对要约作任何更改或要约人在收到承诺后即时提出反对。至于对要约内容做出实质性变更的承诺，则视为一项反要约。至于何为实质性变更则是一个需依据实际情况具体确定的问题。通常变更涉及价格、支付方式、交货时间和地点、当事人一方对他方的责任范围或争议的解决等附加条件或不同条件，这些变更均被视为实质性变更。

（4）承诺的方式必须符合要约所提出的要求，承诺的方式涉及两个方面的问题：一是承诺本身以何种形式表现；二是承诺以何种方式传递给要约人。

承诺的表现形式通常有两种：一种是书面或口头通知形式；一种是行为形式。承诺通知采用要约限定的承诺方式，除非未采用该方式并不会损害要约人的利益，要约人有权对承诺的方式进行限定，这是为各国法律普遍接受的观点。

根据《国际商事合同通则》第 2.6 条规定，受要约人以声明或其他行为表示同意一项要约，即构成承诺。承诺通知在送达要约人时生效，但如果根据当事人之间的习惯做法，受要约人可以通过做出某种行为表示同意，则无须向要约人发出承诺通知，承诺在做出该行为时生效。例如，当一个商人在收到别人向其发出要约时，可以口头或书面的方式通知对方做出承诺，也可以根据双方以前的习惯做法直接向对方发出货物或支付要约中所指的货款，以上两种情况均视为他做出了承诺。但需要指出的是，做出承诺的行为不包括缄默或不作为。缄默或不作为都是指受要约人没有作任何意思表示，也不能确定其具有承诺的意思。但根据某些国家法律以及《联合国国际货物买卖合同公约》的有关规定，在某些特定的条件下，如当事人之间的合同关系或商业关系将缄默或不作为视为承诺，则可将缄默或不作为视为承诺的一种方式。

承诺传递的方式，如果要约人在合同中做出了具体的规定，如指定使用电报或传真方式，则受要约人在承诺时必须按照要约规定的方式进行。如果在要约中没有具体规定，则受要约人在承诺时可采取要约所采用的传递方式。但无论在任何情况下，承诺均可采用较要约指定的或采用的更快捷的方式做出。

**2. 承诺生效的时间**

承诺何时生效，是合同法中一个重要的问题，因为承诺一旦生效，合同即告成立，当事双方均受合同的约束，承担相应的权利和义务。在此问题上，英美法与大陆法特别是德国法有很大的分歧。

英美法采用投邮主义（Mail-Box Rule）的原则，即认为以邮件、电报做出承诺时，承诺一经投递，立即生效，合同即告成立。即使承诺在传递过程中丢失，只要承诺人可证实确已将函件付了邮资，写妥地址，交递邮局，合同仍可成立。其理由是，要约人既然指定受要约人以邮件或电报方式承诺，应视为要约人默示指定邮局作为他接受承诺的代理人，所以受要约人将其承诺交到邮局就如同交到要约人手中一样，应即时生效。英美法的投邮主义的目的在于缩短要约人能够撤销要约的时间。由于英美法坚持对价原则，认为要约人原则上有权在要约被承诺前随时撤销要约，这明显对受要约人不利。通过在承诺生效上采取投邮主义的原则，可以一定程度上缩短要约人能够撤销要约的时间，平衡当事人之间的利益。

大陆法系特别是德国法在承诺生效的时间上，采取的原则与英美法不同。大陆法采取到达主义（Received the Letter or Acceptance）原则，根据此项原则，承诺的意思表示在到达要约人的支配范围时生效。所谓要约人的支配范围，一般是指要约人的营业场所或惯常住所等，而不要求送达到要约人手中。采取到达主义的典型国家是德国。大陆法中的法国法则将承诺的生效时间当作是有待根据具体情况确定的事实问题，并且通常倾向于适用投邮主义。

《国际商事合同通则》第 2.6 条在承诺的生效时间上基本上采用了大陆法的到达主义。在该条第 2 款中规定：“对一项要约的承诺表示于送达要约人时生效。”在《联合国国际货物买卖合同公约》和我国《合同法》中也有类似的规定。

**3. 承诺的撤回**

撤回承诺是承诺人阻止承诺发生效力的一种意思表示。由于承诺一旦生效，合同即告成立，当事人就受到合同的约束，所以撤回承诺必须在承诺生效之前进行。由于各国法律对于承诺生效时间的规定不同，承诺人能否撤回承诺的情况也不同。按照英美法所采用的投邮主义原则，承诺一旦发出即告生效，则承诺人在发出承诺之后就不能撤回承诺。采取到达主义原则的大陆法《国际商事合同公约》和《联合国国际货物买卖合同公约》则认为，受要约人在发出承诺后，原则上仍可把承诺撤回，只要撤回承诺的通知先于或同时与承诺的通知到达要约人。

## 二、当事人订立合同的能力

当事人订立合同的能力是指订立合同的当事人应当具有订立合同的资格和能力。即当事人有权力订立合同并有能力完成合同。这是合同具有法律效力的条件。当事人是否具有订立合同的能力是由法律所决定的，不以当事人的意愿为转移。各国法律对此都有明确的规定，具体包括自然人和法人两方面。

### （一）自然人订立合同的能力

由于任何合同都以当事人的意思表示为基础，并以达到一定的法律效果为目的。因此当事人的理解和判断能力必须达到一定水平，他在法律上才可以被视为具有订约的行为能力。各国法律均明示和默示合同当事人应具有订约能力。就作为合同当事人的自然人而言，各国法律基本都将其划分为有行为能力、限制行为能力和无行为能力的人，但在具体的划分标准上各个国家的规定并不相同。

#### 1. 大陆法

德国法主要对无行为能力和限制行为能力作了规定。《德国民法典》关于无行为能力的规定集中在第 104 条，规定以下情况者无行为能力：（1）未满 7 周岁者；（2）因精神错乱不能自由决定意志者，而按其性质此种状态并非暂时的；（3）因患精神病而受禁治产的宣告者。这些人订立的合同是没有法律效力的。

所谓禁治产是指成年人因患精神病或因酗酒不能处理自己的事务，或者因挥霍、浪费或游手好闲导致陷入贫困或影响家庭义务，其亲属可向法院提出请求，由法院宣告禁止其治理财产。这是大陆法国家民法典普遍规定的制度。

《德国民法典》第 2 条规定成年人的年龄是 18 岁，依该法典第 106 条，7 岁以上 18 岁以下的人为限制行为能力人。其订立的合同必须由其法定的代理人同意方可生效，未经法定代理人同意而订立的合同须经法定代理人的追认后才产生效力，其所作的对该合同效力的追认无效，所作的否认也是无效的。未成年人有完全能力后所作的追认为有效追认，在上述追认之前，相对人有权撤回合同，但如在合同订立时，相对人知道与其订约的为未成年人，且知未成年人订约未征得其法定代理人同意，则相对人不得撤回合同。

法国法仅将自然人作有无缔约能力的区分，依据《法国民法典》第 488 条第 1 款的规定，年满 18 岁为成年，有能力签订一切合同。第 481（1）条又规定，未成年人解除监护后，具有与成年人同等的民事行为能力。解除监护的法定程序是：通过结婚而取得行为能力；或者，在具有合法理由的情况下，由监护法院经父母双方或其中一方的请求而宣布解除监护权。《法国民法典》第 1124 条规定无缔约能力的人包括：（1）未解除亲权的未成年人；（2）受法律保护的成年人，包括功能衰退以致无法独立保障其利益的成年人，精神功能由于疾病、残废或年老体弱而失常的成年人，因其挥霍、浪费或游手好闲以致陷入贫困或影响家庭义务的成年人。未成年人和受法律保护的成年人订立的合同必须由其监护人或管理人同意方可生效。

**2. 英美法**

在英美法系国家，无缔约能力的自然人包括未成年人、有精神缺陷的人和酗酒者。

（1）未成年人。在英美法系国家，根据普通法，21 周岁以下的人为未成年人。1969 年，英国通过《家事法改革法案》（*the Family Law Reform Act*），将成为成年人的年龄降低到 18 岁。在美国，几乎所有的州都已通过制定法把成年的年龄定在 18 岁。

在英美法国家，未成年人原则上没有订立合同的权力，对于其已订立的合同，根据普通法院在早期的审判实践中创立的规则，当合同一方是未成年人时，该合同可以由未成年人撤销。如果合同已经履行，未成年人还能不能撤销合同，使双方恢复原状呢？关于这一问题，英国法的原则是，如果双方均从合同的履行中获得了利益，合同便不能再撤销；如果未成年人履行了合同，另一方没有履行合同，未成年人可以要求另一方返还利益。与英国不同，在美国，在双方均已履行的情况下，未成年人仍可行使撤约权。关于谁有权撤销未成年人为一方的合同，在英美法国家，这一权利只能由未成年人行使或由其法定代理人行使。此外，未成年人的遗产管理人和遗嘱执行人在未成年人死后也可以行使该权利。法院不能以一方未成年为由主动否认合同的效力。

（2）有精神缺陷的人。有精神缺陷的人在被宣告精神错乱以后订立的合同，一律无效。对于在被宣告精神错乱前所签订的合同，可以要求予以撤销。间歇性的精神病人，一旦精神恢复正常，可以追认或否认其以前订立的合同。

（3）酗酒者。确认酗酒者在订立合同时是否清醒、有无判断力和理解力，对于认定合同的效力具有决定性的意义。但是，在司法实践中确认起来很难。依照英美的判例，酗酒者订立的合同，原则上应有强制执行力，但如酗酒者在订立合同时，由于醉酒而失去缔约能力，则可要求撤销合同。

**3. 中国法**

按照我国《民法通则》的规定，当事人的缔约能力分为以下三种。

（1）完全民事行为能力。《民法通则》第十一条规定："十八周岁以上的公民是成年人，具有完全民事行为能力，可以独立进行民事活动，是完全民事行为能力人。十六周岁以上不满十八周岁的公民，以自己的劳动收入为主要生活来源的，视为完全民事行为能力人。"具有完全民事行为能力的人，可以独立进行民事活动，包括订立各种合同。

（2）限制民事行为能力。《民法通则》第十二、十三条规定，十周岁以上的未成年人及不能完全辨认自己行为的精神病人是限制民事行为能力人。他们可以从事与其年龄、智力、精神健康状况相适应的民事活动。其他民事活动由其法定代理人代理，或者事先征得其法定代理人的同意。

（3）无民事行为能力。在我国，无民事行为能力的人有两种：一是不满 10 周岁的未成年人；二是不能辨认自己行为的精神病人。对这两种人，法律不赋予其行为能力，他们不能实施有效的法律行为。因此，他们签订的合同是无效的，必须由其法定代理人代为进行。

### （二）法人的行为能力

法人是国际商事活动的基本主体。法人是指拥有独立的财产，能够以自己的名义享受民事权利和承担民事义务，并按照法定和法定程序成立的法律实体。法人的主要形式是公司，因此法人的行为能力主要是指公司的订约能力。

按照各国的法律规定，公司必须通过它授权的代理人才能订立合同，并且其活动范围不得超出公司章程的规定。如果公司订立的合同超出了公司章程的规定，则属于越权行为，在法律上无效。中国的司法实践也曾采取了这一做法。然而随着经济的发展，这一原则已日益不能适应现代商事的发展，为此许多大陆法国家的公司法都规定，公司缔约行为超越章程范围时如不能证明相对人为恶意，那么合同仍为有效；在此情况下，仅发生有关负责人对公司的民事责任。这一规定的目的在于保护善意合同当事人，促进和鼓励交易的进行。

## 三、对价与约因

在大陆法系和英美法系的国家中，一项在法律上有效的合同，除了当事人之间的意思表示一致之外，还必须具备另一项要素。这个要素，英美法称之为“对价”，法国法称之为“约因”，并以有无对价或约因作为区分有诉权的合同（Actionable Contracts）与无强制执行力的约定（Unenforceable Pacts）的根本标志，即对价或约因是合同可否强制执行的依据。德国法与法国法不同，德国法并不将约因作为合同有效成立的要件，但约因这一概念在其他方面仍有其一定的作用。

### （一）对价

对价是英美普通法中所特有的概念，英美法认为合同的实质在于当事人所作允诺，而不只是达成协议的事实，对于法律能否强制执行允诺的首要根据在于允诺有无对价。英美法将合同分为两类：一类是签字蜡封合同（Deed Contract Under Seal），该种合同由当事人签字加签并将它交予对方而做成，其有效性完全由其所采用的合同形式所决定，无须对价即可生效；另一类是简式合同（Simple Contract），包括口头合同和并非以签字蜡封形式作成的一般的书面合同，这类合同必须有对价方可生效。

按照1875年英国高等教育法院在Currie诉Misa案的判决中所下的定义，对价是指“合同一方得到的某种权利、利益或好处，或者是指他方当事人克制自己不行使某项权利或遭受某项损失或者承担某项义务”。在解释对价的定义时，主要强调当事人之间必须存在“相互给付”的关系。英美法院在确定合同有无对价时主要是看当事人一方是否随了法律上的损失以换取另一方的允诺。例如买卖合同中卖方交货是为了换取买方支付货款，买方付款是为换取卖方交货。至于作为对价的这种法律上的损失在价值或数量上是否充分，或在道义上是否公平，对于法院并不重要。由于英美法这种在对价上过于形式化的要求，在实际上可能导致十分不公平的结果，在某些特定的情况下，无对价的允诺也能得到法院的强制执行。

按照英美法的解释，一项有效的对价应具备以下条件。

（1）对价必须是合法的。凡是以法律所禁止的东西作为对价的合同都是无效的。

（2）对价必须具有某种价值，但不要求充足。对价必须是真实的，具有一定价值，这里所说的价值是指法律上的价值。换言之，当事人必须遭受法律上的损失。法律上的损失是指履行或约定履行某种在法律上没有义务的行为，或者约定不履行或实际不履行某种在法律上有权利履行的行为。法律上的损失并不意味着受约人实际受到任何损害。例如甲聘乙为雇员，约定每周100美元。在这里甲付给乙钱、乙为甲工作均是在法律上没有义务的行为，仅仅是完成约定而随的在法律上的损失，所以这项合同是有对价的。至于每周100美元的工资是否与乙所提供的劳务相当，只要其没有低于法律所规定的最低工资标准，法院一般是不予过问的。同样在商业交易中，商品的价格与价值是否相符，法院也不予查究。对此英国法院的解释是，对价是否充分的问题，应由双方当事人在订约时自行考虑决定，而不应在谋求强制执行时由法院来决定。

但是，如果对价极不充分，足以构成欺诈（Frand）或错误（Mistake）的话，当事人可以请求衡平法上的救济，要求撤销合同。

（3）对价必须是待履行的对价（Executory Consideration）或已履行的对价（Executed Consideration），而不能是过去的对价（Past Consideration）。

待履行的对价是指双方当事人允诺在将来履行的对价。例如，双方当事人于某年 1 月签订了一份合同，其中规定卖方在 2 月份付货，买方在货到后付款，在这个合同中，交货与付款均属于待履行的对价，是有效的对价。

已履行的对价是指当事人中的一方以其作为要约或承诺的行为，已全部完成了它依据合同所承担的义务，只剩下对方尚未履行义务。这有两种情况：一种当事人一方的行为是作为要约做出的。例如，一方以向对方发出货物作为要约，对方通过接受货物表示承诺而使合同成立。合同成立时，一方已完成其交货义务，对此另一方有支付价金的义务。另一种情况是当事人一方的行为是作为承诺做出的，例如，某人在其侄子 18 岁时向其允诺，如果他在 23 岁之前不抽烟不喝酒，就向其支付 5 000 美元，其侄子诚实地履行了这一约定，则合同即告成立，其侄子的行为就属于已履行的对价，某人有支付约定报酬的义务。

过去的对价是指一方做出允诺之前全部履行完毕的对价，它不能作为双方后来做出允诺的对价。英美法有一项原则："过去的对价不是对价"。英美法法院在确定允诺有无对价时，主要是看一方当事人是否承受了法律上的损失以换取对方的约定。而过去的对价是指当事人一方在允诺前已经做过的事情，这样在其允诺之后，对其并没有造成新的法律上的损失，则其新的对价并不存在，故允诺是无效的，所以，过去的对价不是对价。

已履行的对价与过去的对价主要的区别在于：已履行的对价是在对方做出允诺之时提供的，是其为了换取对方的允诺而承担的法律上的损失，并以此作为对价；过去的对价，是在对方做出允诺之前就已经完成了的事情，在允诺之后并不会使其遭受新的法律上的损失，因此不能作为对价。例如甲向乙支付 500 美元，乙答应为其去纽约做一笔交易。在这里 500 美元作为甲在允诺时所遭受的法律上的损失，其目的是乙为其去纽约做交易，所以是已履行的对价。如果乙未同甲联系，自行到纽约完成交易，回来再告诉甲，甲允诺给乙 500 美元，此时就属于过去的对价，因乙所提供的服务是在允诺之前完成的，在甲做出允诺之后，乙并没有与之相应的法律上的损失。

（4）已经存在的义务或法律上的义务不能作为对价。所谓已经存在的义务是指当事双方在原有的合同上已经存在的义务不能作为一项新的允诺的对价。英国法院的一则判例最能说明这个原则：船方雇用一批海员作一次往返于伦敦与波罗的海的航行，途中有两名海员逃走，船长答应其他海员，如果他们将船开回伦敦，他将把逃走海员的工资分给他们。事后船长食言，船员到法院起诉。法院判决，船长的允诺是无效的，因为缺乏对价。其理由是，船员在开始时已负担了义务，在航行中遇到意外时应尽力而为。有两名船员逃走就属于意外情况，余下的船员应该按其原来签订的合同有义务将船安全开回目的港。此外，凡属履行法律上的义务的，也不能作为对价。

（5）对价必须来自受许诺人，即只有对某项允诺付出了对价的人，才能要求强制执行该允诺。

英美法关于对价的原则已不能适应当代经济生活的需要，因为按此原则，当事人在签订合同之后，如果有需要改变原来的合同，就会因缺乏对价而不能成立。因此，为适应当事人商事发展的需要。英美法对对价采取了越来越灵活的态度。如《美国统一商法典》第 2-209 条规定，关于改变现存合同的协议即使没有对价也具有约束力。此外为了防止在某些情况下由于缺乏对价而产生不公平的结果，还形成不得反悔原则（Promissory Estoppel），即如果允诺人在做出允诺时，应合理地预料到受允诺人会依赖其允诺而做出某种实质性的行为或放弃去做某事，并已在事实上引起了这个结果，只有强制执行该项允诺才能避免产生不公平的后果，那么，即使该项允诺缺乏对价，亦应强制执行。近年来，英国法的判例也有朝着美国法的方向发展的趋势。

**（二）约因**

约因主要在法国法中有明确规定。法国法将约因作为合同有效成立的要素之一。按照法国法的解释，债的约因是指订约当事人产生该项债务的所追求的最接近和最直接的目的。

法国法强调将约因与当事人的动机区别开来。以买卖合同为例，买方向卖方购买某物，无论其购买某物的动机是什么，其在合同中最直接的目的就是为了获得该物的所有权，同样卖方最直接的目的是为了获取金钱。

《法国民法典》第 1131 条规定："凡属于无约因的债，基于不法约因或错误的约因的债，都不发生任何效力。"即任何债的产生都必须有约因，否则就不发生效力。而约因不合法或违背善良风俗或公共秩序，也不发生效力。由此可见，约因虽然其名称与对价不同，但在本质上有近似之外。例如，买卖合同中法国法将一方付款、另一方交货视为两个对应的约因，英美法则将此视为两个对应的对价。

一般而言，在双务合同中，存在着两个约因，即当事人之间存在着相互给付的关系。如在买卖合同中，买卖双方付款与交货义务即互为约因。在赠与或无偿等合同中，只一方有义务，此时，存在缺乏约因的情况，使合同无法成立。但实际上法国法对于此类合同都要求有一定的形式，并将其视作约因原则的例外，承认其合同有效。

在德国法中，不认为约因是合同成立的必要条件。这是因为，许多大陆法学者认为，在双务合同中，双方当事人互为允诺，互为给付，此为双务合同的特点，其本身就是合同成立的条件，而对于无偿合同与赠与合同，各国法律都有形式上的规定，或是必须在公证人面前订立或是依法院裁决等，均无须约因。因此，在德国及一些受德国法影响较深的国家，如瑞士、日本等国的法典中，都不把约因作为合同成立的必要条件。

但是，在《德国民法典》第 812 条的规定中有不当得利的制度。所谓不当得利是指无法律上的原因，取得他人的财产或利益。在这种情况下，由于缺乏法律上的原因，取得他人的财产或利益的一方无权保留这些财产或利益，而必须将之归还真正的所有人。

由此可见，德国法虽然不将原因（即约因）作为合同成立的要件，但实际上，"原因"在德国民法的其他方面还是起到了很大的作用。

大陆法和英美法中有关约因和对价的规定并未被国际文件所采纳。如《国际商事合同通则》第 3.2 条规定："合同仅由双方的协议订立、修改或终止，除此之外别无其他要求。"《联合国国际货物买卖合同公约》第 29 条则明确规定，当事人变更和终止合同，不要求有对价。

## 四、合同的形式

根据法律的规定，合同必须具备一定的形式，合同可分为要式合同和不要式合同。所谓要式合同是指合同订立时必须按照法定的形式或手续订立才能生效的合同。不要式合同是指法律上不要求特定的形式订立的合同。在实践中，当事人在订立合同时具体采用哪种形式，往往依据具体情况而定。

为方便经济活动，在两大法系当中一般原则上不要求合同具有特定形式，不过各国法律都有关于在缺少特定形式时使合同无效的规则。这种规则被视为例外规则，要求合同采取特定形式的理由有以下两个。

第一，在英美法与大陆法的一些国家中，以对价或约因作为合同有效成立的要件，而某些单向或赠与合同往往缺乏法律上所要求的对价或约因，合同如不依法定的形式订立，就不能发生法律的效力，此时，形式被作为合同生效的要件。

第二，是这种特定的形式被用作证明合同存在的依据，在这种情况下，没有按法定形式签订合同并非无效，而在发生诉讼时，由于没有确切的证据或证言无法强制执行。

针对以上这两种理由，各国法律在进行解释时其侧重点往往不一致，德国法侧重将其作为合同有效成立的要件，法国法侧重于作为证据要求，英美法则根据不同类型的合同有不同的要求。现分别介绍如下。

### （一）大陆法

大陆法在合同形式问题上采取的是不要式合同原则，只有某些特殊的合同才要求具备法定的形式，其他合同都不要求具备特定的形式。

在法国法中，商事合同是不要式合同，不需要特定的形式，可以用口头方式，也可以用书面形式。对于一些特殊的民事合同，法国法要求必须采用要式合同，并将之分为两种情况：第一种是法定形式作为合同成立的要件，这类合同数量极少，仅限于赠与合同、夫妻财产合同、代位清偿债务的合同、设定抵押权的合同和某些种类的不动产合同。第二种情况是将合同形式作为证据，用以证明合同的存在及其内容。在这种情况下，合同如果没有采取法律上所规定的形式，则无法证明其存在，法院将不予以强制执行。但如果经当事人承认或宣誓，合同仍然有效。如《法国民法典》第三章 1341 条规定，金额超过 50 法郎的合同应采取公证式书面方式方可强制执行。

德国法将合同视作是一种法律行为。法律行为必须按照法律规定的方式执行。法律行为必须严肃认真。对于要式合同而言，是否遵守法定形式是合同当事人是否严肃认真的主要标志，如合同没有按照法定形式办理，说明当事人在订立合同过程中缺乏严肃认真的意思，合同即告无效。由此可见，在要式合同问题上，德国法与法国法不同，德国法将形式视作合同有效成立的要件。《德国民法典》在要式合同问题上，不仅将其作了原则上的规定，而且还针对不同类型的合同所应采取的形式作了具体的规定，有的合同要求必须使用书面形式，有的要以公证证明等。例如《德国民法典》第 518 条规定，为使以赠与方式约定为给付的合同有效，其约定应有公证加以证明。同其他大陆法一样，要式合同在德国法有关合同形式上也属于例外情况，只有某些合同才要求具备法定的形式，其他合同都不要求具备特定的形式。

### （二）英美法

英美法将合同划分成两类：一类是签字蜡封合同（Deed Contract Under Seal），这种合同不要求对价即可生效，即以合同形式作为合同成立的要件，属于要式合同；另一类合同是简式合同（Simple Contract），包括口头合同和非以签字蜡封形式作成的一般的书面合同，这类合同必须有对价方可生效。简式合同不是不要式合同，在简式合同中，一般是不要式的，当事人可以任意选择合同的形式，但一些特殊的简式合同则必须依据法定形式订立，属于要式合同。

签字蜡封合同属于要式合同，其订立必须遵守特定的形式。合同必须以书面作成，有当事人的签名，加盖印戳，并须把它交付给合同的当事人。依据英国的法例，下列合同必须采用签字蜡封形式订立：（1）没有对价的合同；（2）转让地产或地产权益合同，包括租赁土地超过三年的合同；（3）转让船舶的合同。在美国大多数州已经废止了签字蜡封合同，并且在大多数情况下不再把合同的书面形式视作合同成立的要件，而是将之视为法律强制执行合同的依据。

简式合同，当事人可以任意选择合同的形式，但并不完全是不要式的合同，有些简式合同必须以书面方式做出。依照英国的法例，将必须以书面形式作成，否则无效。简式合同分成以下两类。

（1）要求以书面形式作为合同有效成立的要件。依照英国的法律，下列合同必须以书面作成，否则无效。① 汇票与本票；② 海上保险合同；③ 债务承认；④ 卖主继续保持占有的动产权益转让合同（Bill of Sale）。

（2）要求以书面文件或备忘录作为证据的合同。此类合同的书面形式的要求主要来源于英国 1677 年制定的《防止欺诈和伪证法案》，其目的在于防止原告捏造事实，在根本不存在合同的情况下提出诉讼，进行诈骗。因此，这种合同形式的要求的基本用意是出于证据上的考虑，即提供合同的存在及条款的证据。因此，这类合同即使没有以书面形式订立，如果双方当事人自愿履行，也是有效合同。但在发生纠纷时，由于不能以口头证据来证实合同及其条款的存在，因而不能强制执行。

随着英国法律的变革，此类合同的书面形式要求在英国已基本取消，仅以下三种合同仍要求以书面形式作为证据：① 保证合同；② 有关土地买卖或处分土地权益的合同；③ 金钱借贷合同。除欺诈法，英国还在其他一些成文法中对某些合同的形式的要求做出了具体的规定。

美国有关合同书面形式的要求源自英国的欺诈法，但与英国法律的变化不同，美国法对于合同的书面形式要求有逐渐扩大的趋势。从各州法律来看，大体上都制定有自己的法律，对下列合同要求必须采用书面的形式作为证据：① 不动产买卖合同；② 从订约时间起不能在一年之内履行的合同；③ 为他人担保债务的合同；④ 价金超过 500 美元的货物买卖合同。《美国统一商法典》第二篇 2-102 条也规定，凡价金超过 500 美元的货物买卖合同，除该法典另有规定外，均以书面的形式作成，否则不能向法院起诉要求强制执行。但该法典也规定了若干例外情况，在这些情况下，即使不具备书面形式的要求，合同也可以强制执行。这些情况一般包括货物买卖合同的部分履行，不动产合同的部分履行，履行期在一年以上的合同的完全履行和因信赖而导致的对书面形式的免除。

### （三）我国法律关于合同形式的规定

我国《合同法》第十条规定："当事人订立合同，有书面形式、口头形式和其他形式。法律、行政法规规定采用书面形式的，应当采用书面形式。当事人约定采用书面形式的，应当采用书面形式。"依此规定，除非法律另有规定或当事人另有约定，否则，合同的订立以非要式为原则，即可以依包括口头形式和其他形式在内的任何方式订立。

关于书面形式的含义，该法规定："书面形式是指合同书、信件和数据电文（包括电报、电传、传真、电子数据交换和电子邮件）等可以有形地表现所载内容的形式。"（第十一条）；"当事人采用合同书形式订立合同的，自双方当事人签字或盖章时合同成立。"（第三十三条）。可见，书面形式不仅限于双方共同签署的合同书，一切可以有形地表现所载内容的形式均为书面形式，而签字并不是在所有的情况下都为必经程序。

《合同法》规定的须采用书面方式签署的合同包括借款合同（第一百九十七条）、租期 6 个月以上的租赁合同（第二百一十五条）、融资租赁合同（第二百三十八条）、建设工程合同（第二百七十条）、技术开发合同（第三百三十条）、技术转让合同（第三百四十二条）。对于赠与合同没有规定必须以书面形式订立，但规定赠与人在赠与财产的权利转移之前可撤销赠与（第一百八十六条）。这可以被理解为该权利的转移，是此种合同成立的形式要件。

《合同法》并没有就所有种类的合同的订立形式做出规定。例如，担保合同的形式是由《担保法》规定的。该法要求保证人与债权人以书面形式订立保证合同（第十三条）。又如，中外合资经营企业的合资各方订立的合营协议，依《中外合资经营企业法》，须报国家对外经济贸易主管部门审批（第三条），故该种合同必须以书面形式订立，同时，主管部门的批准也可理解为合同成立的形式要件。

关于合同的订立不符合法定或约定的形式的后果，《合同法》第三十七条规定："采用书面形式订立合同，在签字或盖章之前，当事人一方已经履行主要义务，对方接受的，该合同成立。"由此可见，该法未就合同形式瑕疵的后果做出全面的规定。

### （四）有关国际法律文件的规定

《国际商事合同通则》和《联合国国际货物买卖合同公约》中对国际商事合同的形式原则上不加以任何限制。《联合国国际货物买卖合约》第十一条明确规定："买卖合同无须以书面形式订立或证明，在形式方面不受任何其他条件的限制。买卖合同可以用包括证言在内的任何方法证明。" 同时考虑到一些成员国在合同形式上的硬性规定，该公约允许成员国在参加公约时对该条提出保留。《国际商事通则》对合同的形式要求与《联合国国际货物买卖公约》一致，但在其第 2.13 和 2.18 条中规定，允许当事人就合同形式达成协议，如当事人不能就此达成协议或不能满足双方对合同形式的协议，如当事人不能就此达成协议要求，则合同不能成立。

## 五、合同必须合法

从法律上看，合同之所以能够产生法律效力，就在于合同符合法律规定，合同自由是合同法的基本原则，但合同自由必须建立在合法基础之上。对此各国法律都有相应规定，要求合同不得违背强制性法律规定、社会公共利益和社会公德，现将各国有关违法合同及其后果的主要规定介绍如下。

### （一）大陆法

大陆法系各国对合同违法、违反公共秩序和善良风俗的情况和后果都有相应的规定，但各国的处理方法有所不同。

大陆法系国家的法律实践中一般将合同违法、违反善良风俗与公共秩序区分成两种形式：合同违法与不道德。在法国，有关合同合法性的制度是依据《法国民法典》第 6 条规定的基本原则确立和发展的。该条规定："当事人不得以特别约定违反有关公共秩序和善良风俗的法律。"这一规定使"合同不违背公共秩序和善良风俗"成为合同有效成立的条件。

法国法将违法与不道德合同的约因与标的联系在一起。如《法国民法典》第 1128 条规定："得为合同标的之物件以许可交易者为限"。第 1133 条规定："基于错误原因或不法原因的债，不发生任何效力"。接着，又在 1133 条对何谓不法原因做出定义，根据该条的规定："如原因为法律所禁止，或原因违反善良风俗公共秩序时，此种原因为不法的原因"。从上述规定可以看出，法国法将合同违法分成两种情况：一种情况交易的标的物是法律不允许进行交易的物品，如毒品或其他违禁品等；另一种是合同的约因不合法，即合同所追求的目的不合法，如 A 付钱给 B 让他为己作伪证，这样的合同是无效的，因为其所追求的目的是违法的。

德国法将合同视作法律行为，对于合同违法的判定侧重于法律行为和整个合同的内容是否违法。《德国民法典》第 134 条规定："法律行为违反制定法的禁止性规定时无效，除非可以从制定法推定出不同动机。"该法典第 138 条规定："（1）违反善良风俗的法律行为无效。（2）特别是，某人以法律行为利用他人急迫情况、无经验、缺乏判断能力或意志薄弱，使其向自己或第三人对一项给付作约定或给予财产利益，而此种财产利益与给付明显不成比例的，该法律行为无效。"由此可见，法律行为违反法律、违反善良风俗者均属无效合同。

从大陆法系国家的审判实践来看，合同的道德与否是属于道德伦理和政治的范畴，其审判的结果随着时间及社会道德的发展而变化。例如德国法院过去一直认为，将一所房子租给妓女作为妓院使用这一事实本身就是不道德的。这一租赁行为自动无效。今天，此种租赁只有在特定案件中的特定情况下才会被视为无效。因此可见，对于合同的道德与否，法官有很大的自由裁决权，可以根据不同情况判定合同是否有效。

从违法合同的法律的后果来看，无效合同的任何一方都不能要求对方履行，也不能因对方不履行而提出赔偿损失。然而，据无效合同而给付的利益是否可索回则是一个问题，对此大陆法各国法律及审判实践不尽相同，但有一项规则是肯定的，即如果获利一方是非法或不道德行为的主要责任人则应当允许恢复原状。如《德国民法典》第 817 条规定，如给付的目的是在于使受益人因受领给付而违反法律禁止或善良风俗者，受益人应负返还义务。但给付人对于此项违反亦应负同样责任者，不得请求返还。

### （二）英美法

英美法认为，一个有效的合同必须具有合法的目标或目的，否则就是非法的。由于英美法以判例法为主体，因而不能将合同违法的情况进行高度概括，只能根据某些成文法的规定和判例法的原则，将违法的情况大致分为违反公共政策、合同不道德、合同违反法律三类。

违反公共政策是英美法所独有的概念。违反公共政策的合同是指损害公众利益，违反某些成文法所规定的政策目标或旨在妨碍公众健康、安全、道德以及一般社会福利的合同。公共政策这个概念十分广泛，但往往同一个国家的政治和经济的政策有关，如违反反托拉斯法的合同、妨碍司法公正的合同等，此类合同不仅无效，而且当事人往往还要被追究到刑事责任。

通常，如果合同的订立或履行与制定法的禁止性规定相抵触，就会导致违法的后果。例如，在美国，有些州的制定法禁止在星期日从事商事交易，当有人在星期日订立从事商事交易的合同或订立了要求在星期日从事商事活动的合同时，该合同成为违法合同。又如，在一个英国的案例中，制定法规定，出售化肥的一方应向买方提供标明产品化学成分的证明，由于卖方未能提供这样的证明，法院判决该方不能要求强制执行该合同。在后一例子中，虽然合同本身不违法，但卖方的履行与制定法的强制性规定相抵触，从而使该方不能依合同得到法律的救济。

不道德的合同是指那些违反社会公认的道德标准，如果法院予以承认将会引起正常人愤慨的合同。道德标准往往与一个国家的社会公众对于道德的共同认识有关，各国法律对此的解释也不一致，因此对于某种合同是否符合道德标准，也有不同的看法。例如，在有关律师费用的问题上，大陆法国家认为以胜诉或按胜诉判决获得金额的百分比计付律师费用的合同都是不道德的，因而无效，而按美国法律则是正常做法。

违法的合同所包括的范围较广，只要是违反法律或按法律规定必须有执照才能开业的专业人员无照经营，均属于违法合同。如以诈骗为目的的合同、无照医师与病人的医疗合同等均属违法合同。

从合同违法的后果来看，英美法与大陆法的规定是近似的，即此类合同均属于无效合同，既不产生权利，也不产生义务。当事人不能要求履行合同，也不能要求赔偿损失。为阻止这种非法的交易，原则上法院也不允许以此类合同提起诉讼，除非一方是在受骗、被威胁或受到经济上的压力而订立的违法合同，对其已履行的部分，可以要求对方返还。

#### （三）中国法

我国《民法通则》和《合同法》对合同合法作了明确的规定。按照《民法通则》第五十五条的规定，民事法律行为不得违反法律或者社会公共利益。《合同法》第七条规定："当事人订立、履行合同，应当遵守法律、行政法规，尊重社会公德，不得扰乱社会经济秩序，损害社会公共利益。"《合同法》第五十二条规定的应认定合同无效的五种情况，均与合同的合法性有关，其中包括：（1）一方以欺诈、胁迫的手段订立合同，损害国家利益。（2）恶意串通，损害国家、集体或者第三人的利益。（3）以合法形式掩盖非法目的。（4）损害社会公共利益。（5）违反法律、行政法规的强制性规定。凡是不合法的合同都是无效的。

关于合同无效的后果，依《合同法》，无效的合同自始没有法律约束力（第五十六条）。在合同被认定无效之后，当事人因合同取得的财产，应予以返还；不能返还时，应当折价补偿；有过错的一方应当赔偿对方因此所受到的损失；双方都有过错的，应当各自承担相应的责任（第五十八条）。当事人恶意串通，损害国家、集体或者第三人利益的，因此取得的财产收归国家所有或者返还集体、第三人。

### 六、合同的意思必须真实

合同是当事双方意思表示一致的结果，但意思表示一致并不代表意思表示真实，如当事人的意思有错误或意思与表示不一致等。在国际商事交往中，对合同的异议，多数是与当事人的意思表示是否真实有关。对于这种意思表示不真实的情况下签订的合同是否有效，以及如何判定意思表示是否真实，是合同法上一个十分重要的问题。

各国合同法通常将意思表示不真实分成以下几种。

### （一）错误

根据《国际商事合同通则》第 3、4 条的规定，错误是指在合同订立时对已存在的事实或法律所作的不正确的假设。纵观各国法律与审判实践，在决定一个合同是否可以因错误而被当事人主张无效或撤销的观点是非常多的，但被各国法律都接受的首要原则是，合同不能仅因为一方的意图是以误解为基础或未得到准确表达而被撤销或宣告无效。这就是所谓合同优先的原则。因为在这种情况下，一方当事人急于撤销合同，而另一方却依赖于合同的有效性行事，这样交易的安全就难以保证。只有在例外的情况下，才允许以错误为由撤销或宣告合同无效。至于这种例外情况，各国法律有不同的规定和要求。

**1. 大陆法**

大陆法对于有关错误的表述源自罗马法关于错误的传统分类而将错误区分为“实质错误”和“人的错误”，并认为只有在出现本质或重大性错误的情况下才能导致合同无效或被撤销。这种错误可包括对合同性质、当事人、标的物及其他合同重大事项方面的错误。

（1）法国法。《法国民法典》第 1110 条规定：“错误，仅在涉及契约标的物的本质时，始构成无效的原因。”这一规定为法国法发展这一领域的制度奠定了基本原则。与“事物实质”有关的错误才是有意义的错误，但法国法院在实践中发现这一说法范围过于狭窄，遂在其解释中将其范围扩展到只要错误是“实质性的”就可以作为合同无效的原因。依法国法，将可构成合同无效的错误分成两类：标的物的性质方面的错误和人的错误。

① 关于标的物的性质方面的错误。对于何为标的物性质“本质”的错误，法国法院有许多灵活的解释，如将之称为“基本品质”“决定性的考虑”等。这里有一个重要的问题，即采取什么标准来确定当事人对标的物的“基本品质”有错误理解，如果不考虑当事人的主观意思来确定，而是由法院根据合同的具体情况来确定，这就是客观标准。相反，如果按照当事人的主观意思，即探求当事人在出售或购买标的物时把“决定性的考虑”集中在标的物的某一品质上来确定，那就是主观标准。在这个问题上，法国法院往往采用的是主观标准。如 1992 年 5 月 25 日法国最高法院民事庭的判例：一个人以 55 000 法国法郎买了一幅油画后，经其修复，结果证明是法国著名画家 Fragonard 的真迹，他将该画以 5 150 000 法国法郎卖给卢浮宫。卖方被允许以错误为由撤销合同，法院判决的理由是如果卖主知道是 Fragonard 的真迹的话不会以如此低的价格出售，但对于买方在修复及验明过程中的花费，卖主由于不当得利向买主支付 1 500 000 法郎。

② 关于涉及与其订立合同的对方当事人所产生的错误，即所谓人的错误。依照法国法，这里所说的对方当事人的错误，并不仅仅是指在认定谁是订立合同的对象上产生错误，而是指订约对象是其订立合同的最主要的原因的情况下，错认当事人而产生的错误。这种情况仅限于对方当事人本身具有的特别重要意义的合同，如承包合同、雇佣合同或借贷合同等。因为在这些合同中，对方当事人的身份、能力、技能和品格对当事人决定是否同其订立合同具有重大意义。法国法认为，动机上的错误原则上不能构成合同无效的原因。

对于因错误而订立的合同，《法国民法典》第 1117 条规定：因错误、胁迫或欺诈而缔结的契约并非依法，当然无效，而是发生请求宣告无效或撤销错误契约的诉权。依此规定，因错误而订立的合同属相对无效的合同，即可撤销的合同。

（2）德国法。《德国民法典》第 119 条规定："表意人所作的意思表示的内容有错误时，或表意人根本无意为此种内容的意思表示者，如可以认为，表意人若知悉情事并合理地考虑其情况而不会作此项意思表示时，表意人得撤销其意思表示。"《德国民法典》第 119 条第二款还规定："关于人的资格或物的性质的错误，如交易上认为重要者，视为意思表示内容的错误。"由以上规定可以看出，德国法也将错误区分为"事物实质"与"人的错误"，但其所强调的内容与法国法不同，德国法更侧重于意思表示"内容"的错误，并且对错误所导致的后果规定也不同，德国法强调的是撤销合同，法国法强调的是合同无效。

德国法根据错误产生的情况，将可导致合同被撤销的错误分成两类：意思表示内容上的错误和意思表示形式上的错误。

关于意思表示内容的错误，即表意人在订约时受到错误的影响而做出的意思表示。如德国法院的一项判例，原告按照被告所声明为现价的价格从被告处购买了股份，但实际现价要低一些，法院判决原告有权撤销合同或要求损害赔偿。

关于意思表示形式上的错误，即表意人对意思表示内容的理解并没有错，只是在表述时发生了错误，如将欧元误写为美元。对此，法院将视表意人最终想得到何物而定。

在对于错误的判定标准上德国法采用了客观标准，由法院根据合同的具体情况来判定表意人究竟所要达到的目的，来决定错误是否足以导致撤销合同。

**2. 英美法**

在英美法上，错误（Mistake）是指合同当事人对有关事实情况的误解，如果没有这样的误解，该当事人就不会依现有的合同条件签约。在英美法中，错误与误解（Misunderstanding）是不同的概念。误解是合同双方对于相对方"关于合同条件的认识"的错误理解。错误与误解都是认识上发生的偏差，但认识的对象不同：错误所涉及的认识对象是特定的事实，误解所涉及的认识对象是相对方的认识。在英国法院 1864 年审理的 Raffles V. Wichelhaus 案中，货物从印度的孟买港装运，运货的船的名称是皮尔莱斯号，当时孟买港有两艘船都叫皮尔莱斯号，其中一艘在 10 月离港，另一艘在 12 月离港。买方声称，合同项下的船应是 10 月离港的那一艘，而卖方主张该船应是 12 月离港的那艘。如果双方都认为自己的想法恰恰是对方的想法，则双方发生了误解。对于存在误解的情况，解决的办法有两个：一是通过解释当事人的意思，认定其中一方的意思属于双方的共同意思，并以之为合同条件。此时，误解属于合同的解释问题。二是因重大误解而宣布合同未成立，理由是双方之间不存在合意。在 Raffles 案中，法院采用的就是后一方案。

与大陆法不同，原则上英美法不允许以单方面的错误为理由而使合同无效或撤销合同。由于英美法系以判例法为主，因此并没有概括性的关于错误的条文，而是根据判例列举出可导致合同无效或撤销合同的错误。

英国的普通法认为，订约当事人一方的错误，原则上不能影响合同的有效性。只有当该项错误导致当事人间根本没有达成真正的协议，或者虽已达成协议，但双方当事人在合同的某些重大问题上都存在同样错误时，才能使合同无效。按照普通法，错误会导致合同自始无效；而按照衡平法错误通常只是导致一方撤销合同。按照英国的判例，下列错误都不能使合同无效。

（1）一方当事人意思表示的错误。例如，一方当事人在计算价格时发生错误。

（2）一方在判断上发生差错。例如，某人购买股票认为日后会上涨，结果却下跌了。

（3）一方当事人对自身的履约能力估计错误。例如，建筑商甲同意为某大学乙建筑宿舍楼，合同约定于9月1日竣工，实际上建至12月1日才完工。

（4）在凭说明的买卖中，对说明的含义的理解发生错误。

但是，如果某项错误导致双方当事人间根本没有达成真正协议，则可以使合同无效，这主要包括以下几方面。

（1）在合同性质上发生错误。例如，把借贷误作捐赠。

（2）在认定当事人上发生错误，但须当事人是订立合同的要素，而且对方也明知有此种误会时，才可以使合同无效。

（3）在认定合同的标的物时，当事人双方都存在着错误。例如，甲拟买的是黑色车，乙拟出售的是白色车。

（4）在合同的标的物存在与否或在合同的重大问题上，双方当事人发生共同的错误。例如，在订立合同时，双方当事人都以为合同标的物是存在的，但实际上已被烧毁，在这种情况下，合同不能成立。

（5）允诺一方已经知道对方有所误会，在这种情况下，对方可以主张合同无效。

衡平法根据不同情况下错误对合同产生的不同影响，给予不同效果的救济。

① 对合同性质的误解。错误人因为疏忽而被欺诈并在合同上签字，只要没有善意第三人信赖该合同，他就可撤销合同。② 对主体身份的误解。当有关错误不涉及合同实质时，衡平法赋予因受欺诈而与对方缔约的错误人以撤销合同的权利，但不得因此对抗善意第三人。③ 对当事人自身表示的错误。衡平法认为，仅在对方不知情时，基于自身表示的错误不影响合同的生效，否则错误人得以合同不可强制执行抗辩。例如，乙拒绝了甲在来函中提出的欲以15 000镑购买自己的汽车的请求，但在回复时误将15 000镑写成了5 000镑，甲予以承诺，并要求乙履行。此时，乙得以衡平法的原则提出抗辩。④ 对合同标的物品质的错误。只要错误是严重的，当事人可撤销合同。⑤ 规定了两种独特的错误救济制度：废止与纠正。所谓废止，即法院使当事人就其协议再行谈判或将错误造成的损失分配给当事人，原合同终止履行；纠正则是法院命令以书面协议修正以前的口头协议使其更加完善并得以执行。

美国法中对两种不同类型的错误对合同生效的影响作如下区别：① 基于自身的原因出现的单方面的错误（Unilateral Mistakes），对合同的生效无任何影响。如果对方当事人明知或应知错误的存在仍与之订立合同的，则另当别论，此种合同为不可强制执行的合同。② 至于双方当事人彼此都有错误时，则要根据错误的对象和程度决定其对合同生效的影响。非实质性错误对合同生效无任何影响；实质性的错误，如涉及合同的重要条款、认定合同当事人或合同标的物等重大事项的错误，要么使合同不成立，要么使合同无效。如果双方当事人仅在书面表达时出现了表意瑕疵，法院将给予更改的救济，允许将错误的表达改正过来。

美国《合同法重述》第152节规定："如果在合同订立时，双方基于合同订立所依据的基本前提条件的错误判断，对于合同的订立发生重大影响时该合同可由受不利影响的一方宣布无效，除非该方承担了错误存在风险。根据上述规定，使合同失效的错误必须满足以下条件。

第一，与合同订立时存在的事实有关。即被合同双方加以错误判断的事实必须是在订立合同时存在的事实，而不是在订立合同后将要发生的事实。例如，甲在向乙订购土地，双方都认为所购的土地面积有20公顷，而实际上只有18公顷，这样的错误就属于对合同订立时的事实判断有误。

第二，与合同订立时所依据的基本前提条件有关。假设在三月份，一位农场主签订一项合同，按当时的市场价格出售将在六月份收获的小麦，则订立合同时的小麦市场价格便构成了合同订立所依据的基本前提条件之一。

第三，对合同订立发生重大影响。至于什么样的错误构成对合同的订立发生重大影响的错误，由法院根据具体情况加以判断。

第四，受错误不利影响的合同方不承担错误产生的影响。

合同当事方如果要按合同的单方错误主张合同无效，除必须证明双方错误所要具备的上述条件外，还必须证明将导致合同的执行产生不公平的结果或另一方事先有理由知道错误的存在或对错误的造成负有过失。

**3.《国际商事合同通则》**

《国际商事合同通则》对错误的确定标准和错误的后果均做出了规定。依据该通则第 3.5 条，错误可导致合同无效，但必须由一方当事人宣告无效。可导致合同无效的错误应符合以下条件。

（1）错误必须是与订立合同相关的重大错误。确定重大错误的标准是“一个通情达理的人处于犯错误的当事人的相同情形时，如果知道事情真相，就会按事实订立不同的条款，或者根本就不会订立合同”。

（2）在宣告合同无效时，另一方当事人尚未依其对合同的信赖行事，或者是另一方当事人与一方所犯错误有关联。这种关联包括三种情况：一是共同错误；二是一方的错误是由另一方所造成；三是另一方当事人知道或理应知道错误方的错误，但却有悖于公平交易的合理商业标准，使错误方一直处于错误状态之中。

为避免当事人滥用错误这一理由来宣告合同无效，通则第 3.5 和 3.7 条明确规定以下错误不能被错误方用来宣告合同无效。

（1）错误是由错误方的重大过失所致。

（2）错误方已经意识到了有关错误的风险，或根据具体情况，这种风险应由错误方承担。

（3）错误方当事人所依赖的情形可以或本可以提供不履约救济。

**4. 中国法**

我国《民法通则》第五十九条规定：行为人对行为内容有重大误解的，一方有权请求人民法院或仲裁机关予以变更或者撤销。所谓行为人对行为的内容有重大误解，是指行为人因对行为的性质、对方当事人、标的物的品种、质量、规格和数量等的错误认识，使行为的后果与自己的真实意思相悖，并造成较大损失。由于意思表示存在重大误解而订立的合同，有关当事人有两种选择：如果当事人请求变更，人民法院应当予以变更；如果当事人请求撤销，人民法院可以酌情变更或撤销。

中国最高人民法院《关于贯彻执行〈中华人民共和国民法通则〉若干问题的意见（试行）》（以下简称《若干问题的意见》）第七十七条规定了传达错误的情况：“意思表示由第三人义务传达，而第三人由于过失传达错误或者没有传达，使他人造成损失的，一般可由意思表示人负赔偿责任。但法律另有规定的或双方另有约定的除外。”该条没有对有偿传达的情况做出规定，还有待立法的进一步完善。另外，误解人的过失是否影响其行使请求变更可撤销合同的权利，法律和司法解释都未作规定。

### （二）欺诈

欺诈，又称诈欺，是指以使他人发生错误为目的，并因此从对方的损失中获利的故意行为。各国法律基本上都认为，对于因受欺诈而订立的合同，受欺诈方可以撤销合同或主张合同无效。欺诈和错误的相同之处在于，被欺骗的人是基于错误而签订合同；不同之处在于，欺诈中的错误是对方有意造成的。

#### 1. 大陆法

大陆法规定，影响合同生效的欺诈必须符合以下条件。

（1）必须有欺诈行为的存在。

（2）必须存在欺诈人的主观故意。

（3）欺诈行为与表意人所陷入的错误以及因此做出的意思表示有因果关系。

（4）欺诈行为达到有悖诚实信用的程度。

大陆法一般认为，在合同谈判中，当事人负有告知信息的合同前义务。如果当事人有义务却没有告知对方，只要在他知道应当告知的事实，并且知道他的沉默会导致对方误订合同的情况下，就构成欺诈责任。例如，1981 年 2 月 3 日在法国最高法院审理的一个案件中，卖方将得到当局建房许可的土地分为三块出售，其中之一为本案原告所购得，他打算在其上建房。结果发现，当局不同意将土地分割，原告所购买的那块土地没有建房许可。法院经过判决，买方成功宣告合同无效。因为买方是公民私人，而卖方是一个具有专业知识的财产公司，有义务告知他确切的信息。

法国法与德国法对欺诈的处理有不同的原则。按照《法国民法典》第 1116 条的规定，“如当事人一方不实行欺诈手段，他方当事人决不签订合同者，此种欺诈构成合同无效的原因”，即欺诈的结果将导致合同无效。该条第 2 款规定：“诈欺不得推定，而应加以证明”。即欺诈的构成是以有故意的动机为前提的。受欺诈方在宣告合同无效时，应证明欺诈方有故意欺诈的行为。为了避免上述规定导致的不合理结果，法国法院允许当事人依《法国民法典》第 1382 条对作不真实表示的人提起侵权之诉，该条的内容是：“任何行为使他人受损害时，因自己的过失而致使损害发生之人，对该他人负赔偿的责任。”1975 年 2 月 4 日，法国最高法院在一个案件中允许贷款人对借款人提起侵权之诉，该借款人在披露信息方面存在过失，从而使贷款人有权依第 1382 条起诉。

《德国民法典》第 123 条规定，“因被欺诈或被不法胁迫而为意思表示者，表意人得撤销其意思表示。”按照这一规定，欺诈的结果是导致撤销合同。不过在德国，欺诈的成立并不以欺诈者具有损害相对方的动机为前提，只要欺诈者没有诚实地行事，即可构成欺诈。进一步说，一方让第三人帮助他进行谈判时，要就第三人的欺诈行为承担责任，不管他对该欺诈是否知情。

#### 2. 英美法

英美法与大陆法不同，不接受当事人在订立合同前的谈判中有任何告知信息的一般性义务的观念，但要求在谈判中所作的任何陈述都必须准确。英美法把欺诈称为“欺骗性的不正确说明”（Fraudulent Misrepresentation）。英国 1976 年不正确说明法（Misrepresentation Act，1976）把不正确说明分为两种：一种叫作非故意的不正确说明（Innocent Misrepresentation）；另一种叫作欺骗性的不正确说明。

所谓不正确说明（Misrepresentation）是英美法的术语，它指的是一方在订立合同之前，为了吸引对方订立合同而对重要事实所作的一种虚假的说明。它既不同于一般商业上吹嘘，也不同于普通的表示意见看法。按照英国法的解释，如果做出不正确说明的人是出于诚实地相信真有其事而做的，那就属于非故意的不正确说明；如果做出不正确说明的人并非出于诚实地相信有其事而做的，则属于欺骗性的不正确说明。英国法律对于欺骗性的不正确说明在处理上是相当严厉的，蒙受欺诈的一方可以要求赔偿损失，并可撤销合同或拒绝履行其合同义务。

对于非故意的不正确说明，英国法区别两种情况：一种是非故意但有疏忽的不正确说明；另一种是非故意而且没有疏忽的不正确说明。在前一种情况下，蒙受欺骗的一方有权请示损害赔偿，并可撤销合同。但法官或仲裁员有自由裁量权，他们可以宣布合同仍然存在，并裁定以损害赔偿代替撤销合同。在后一种情况下，受欺骗的一方可以撤销合同，但法官或仲裁员同样有自由裁量权，他们可以宣布维持原合同并裁定以损害赔偿代替撤销合同。两者的主要区别是：在后一种情况下，蒙受欺骗的一方无权主动要求损害赔偿，而只能由法官或仲裁员根据具体情况酌定是否可以以损害赔偿代替撤销合同。但无论在什么情况下，都只有受欺骗的一方才能要求撤销合同，至于做出不正确说明的一方则不能以其自身的错误行为作为撕毁合同的借口。

由以上可知，英美法在判断合同当事人的行为是否构成欺诈时，往往以陈述是否正确作为判定原则。对于当事人仅仅保持缄默是否构成欺诈的判定，从原则上看，英美法不认为单纯沉默是构成欺诈的要件。因为一般来说，合同当事人没有义务把各项事实向对方披露，即使他知道对方忽略了某种重要事实，或他认为对方可能有某种误会，他也没有义务向对方说明。但是，在某些情况下，英国法也认为当事人负有披露实情的义务，主要有以下几种。

（1）如果在磋商交易中，一方当事人对某种事实所作的说明原来是真实的，但后来在签订合同之前发现此项事实已经发生变化变得不真实了，在这种情况下，即使对方没有提出询问，该当事人也有义务向对方改正其先前做出的说明。

（2）凡属诚信合同，如保险合同、公司分派股票的合同、处理家庭财产合同等，由于往往只有一方当事人了解全部事实真相，所以，该当事人有义务向对方披露真情，否则即构成不正确说明。

（3）如果在磋商交易中，一方当事人的行为已足以使另一方当事人有义务透露有关事实的话，则另一方当事人选择保持沉默就构成欺诈。如美国法院的一项判例，1969 年卡纳沃欺诈安尼诺案中，被告将其改造后的住房出售，被告在改建中没有得到有关的政府许可，而且其住宅的改建违反了当地的规划条例。原告在购房过程中告知了被告其购买用途，而其用途在此类住房中按照当地的规划条例是被禁止的，原告如果知道这一情况决不会购买。被告保持沉默。原告在买下后不久，就受到了政府的处罚，法院确认被告在本案中没有透露事实的行为构成了虚伪陈述，原告有权废止其依赖被告的虚伪陈述而与被告订立的住宅合同。

此外，还有一个问题：如果欺诈行为不是由债权人而是由债权人以外的第三者所施行时，对方能否撤销合同？关于这个问题，一般认为其中有当债权人知道或应该知道有欺诈行为，或者该欺诈行为应归责于债权人时，对方才可以撤销合同。德国、瑞士及英美法都基本采用这一规则。

《国际商事合同通则》第 3.8 条将欺诈分为欺诈性的陈述和欺诈性不披露。前者包括欺诈性语言和做法，后者是指对方当事人根据公平交易的合理商业标准应予披露的情况未予披露。根据该通则的规定，如果合同是基于一方的欺诈而订立的，则受欺诈方可宣告合同无效。

**3. 中国法**

我国最高人民法院《若干问题的意见》第六十八条对欺诈行为下了定义："一方当事人故意告知对方虚假情况，或者故意隐瞒真实情况，诱使对方当事人做出错误意思表示的，可以认定为欺诈行为。"根据此定义，构成欺诈必须以故意为主观要件，体现在行为人有意通过其虚假行为，妨碍对方做出正确的意思表示。另外，必须将故意隐瞒真实情况与正当的沉默区分开来，标准是行为人是否有告知的义务。实践中，如何判断具有告知的义务，通常包括以下几种情况：法定的告知义务；合同约定的告知义务；习惯上的告知义务等。

我国《民法通则》第五十八条规定，凡一方以欺诈、胁迫手段或乘人之危，使对方在违背真实意思的情况下所为的民事行为无效。由此可见，依据中国的法律，以欺诈手段订立的合同都是无效的，因为它违背了当事人的真实意愿。所谓乘人之危，就是利用别人危难之际，为牟取不正当利益，违反社会公德，趁火打劫，提出损害对方利益的条件，迫使对方接受，这种合同也是无效的。

### （三）胁迫

胁迫是指以将来要发生的损害或以直接加以损害相威胁，使对方产生恐惧并因此而订立合同的行为。大陆法和英美法均认为，凡在受胁迫的情况下签订的合同，受胁迫的一方可以主张合同无效或撤销合同。因为在胁迫条件下做出的意思表示，违背合同自由原则，不是当事人自由的意思表示，不能产生法律上的效力。

胁迫必须具备以下法律要件：有胁迫行为的存在；胁迫人有主观上的胁迫故意；受胁迫人在胁迫下做出了与其真实意思相悖的意思表示；胁迫是违法或不当的。

**1. 大陆法**

在大陆法系的所有国家中，胁迫被视为意思表示不真实的构成因素之一。按照大陆法系国家的法律，当事人在遭到对方的恫吓，理由充分的恐惧、暴力、威胁或道德上的要挟，到了一种危险境地，害怕他或与他亲近的人的性命、荣誉或财产受到迫在眉睫的和严重的威胁，为避免危险而签订了合同，他可以要求不受该合同的约束，即合同是没有法律效力的。

德国法区别胁迫与乘人穷困等情况。按照德国法，因被胁迫而为意思表示者，表意人得撤销其意思表示；但如果法律行为是乘他人穷困、无经验、缺乏判断能力或意志薄弱，使其为对自己或第三人的给付作财产上的利益的约定或担保，而此种财产的利益比之于给付，显然为不相称者，该法律行为无效。高利贷就是其中的典型例子。《法国民法典》第 1111 条则明确规定，对于订立合同承担义务的人进行胁迫，构成合同无效的原因。

**2. 英美法**

传统上，英美法将胁迫分成两大类，即对人身安全构成威胁的胁迫与通过其他不正当方式进行胁迫。其中前一类胁迫是英美法普通法所规定的胁迫，此种合同可以胁迫为由宣告无效。而第二类胁迫则由于难以确认，并且不在普通法的管辖范围之内，法院只好以衡平法中的不正当影响这个概念来弥补这个空白。如果当事人使用不正当的压力迫使对方当事人订立合同，或者如果双方当事人之间存在着特殊的信任关系而对方当事人滥用了这种信任，不正当影响规则允许当事人不受对其不利的合同的约束。普通法认为胁迫可导致合同无效，衡平法认为胁迫可导致合同被撤销。

**3. 中国法**

我国《民法通则》认为受胁迫而签订的合同是无效的。

**4.《国际商事合同通则》**

《国际商事合同通则》也允许合同因胁迫而被一方当事人宣告无效。根据该通则第 3.9 条的规定，据以宣告合同无效的胁迫应是另一方当事人的不正当之胁迫。不正当之胁迫可包括以下几种情形。

（1）胁迫是急迫的、严重的，足以使一方当事人无其他合理选择。

（2）使一方当事人受到胁迫的行为或不行为本身属错误行为。

（3）另一方当事人的行为或不行为本身虽无错误，但如将其用作实现合同订立的手段则属错误。

关于来自订约双方当事人以外的第三者所施行的胁迫，各国法律的处理略有不同。德国法认为，胁迫较欺诈更为严重，应当让受胁迫者更容易从合同的拘束中解脱出来。因此，德国法认为，如胁迫是由第三者所为，即使合同的相对人不知情，受胁迫的一方也有权撤销合同。法国、意大利、西班牙等国的法律也有类似的规定。但英美法则把第三人所作的胁迫与第三人所作的欺诈同样看待，也就是说，对于来自第三人的胁迫，只有合同的相对人知道有胁迫情事时，受胁迫的一方才能撤销合同。

以上所介绍的要约与承诺、对价与约因、当事人须有订约能力、合同的形式、合同必须合法以及意思表示必须真实等，都是合同有效成立所必须具备的条件，如果有任何一项不符合法律规定的要求，合同就不能有效成立。

**（四）显失公平**

显失公平（Grossly Unfair）与错误、诈欺、胁迫一样，都属于不能体现当事人真实意思的情形。这项制度最先起源于罗马法，《查士丁尼法典》首创了“短少逾半规则”，即买卖价金少于标的物价值一半时，出卖人可以解除合同，返还价金并请求返还标的物。现代各国法律及判例均规定，在显失公平情况下订立的合同，准许处于不利的一方请求撤销或予以变更。

**1. 大陆法**

《法国民法典》第 1674 条完全继承了罗马法，明确规定：如出卖人因低价所受损失超过不动产价金 7/12 时，有权请求取消买卖。只是这一规定仅适用于不动产买卖合同的出卖人及未成年人。《德国民法典》第 138 条规定，显失公平的行为就是乘他人穷困、无经验、缺乏判断力或意志薄弱而实施的法律行为，基于这种情形订立的合同，不利方得主张撤销合同。

**2. 英美法**

英美法国家特别强调对“显失公平”合同中的受害人的保护。《美国统一商法典》第 2-302 条明确规定：如果法院发现合同或合同的任何条款在签订时显失公平，法院可以拒绝强制执行，或仅执行显失公平部分以外的其他条款，或限制显失公平条款的适用，以避免显失公平的后果。但是，受害人对合同的“显失公平”具有举证的义务，以帮助法院做出裁决。《美国合同法重述（II）》也有类似的规定。可见，显失公平制度已成为美国合同法的一个重要制度。

根据英国的衡平法，如果合同的内容显失公平且“触动了法官的良知”，则该合同不能得到执行。

至于实践如何确定显失公平的具体标准，在美国 1969 年琼斯诉明星信贷公司一案中，法院认为，合同价等于零售价的三倍，即构成显失公平。

**3. 中国法**

我国《民法通则》第五十九条以及《合同法》第五十四条第二款都规定，在订立合同时显失公平的，当事人有权请求变更或撤销。对于何谓“显失公平”，最高人民法院《若干问题的意见》第七十二条对此作了解释：“一方当事人利用优势或者利用对方没有经验，致使双方的权利与义务明显违反公平、等价有偿原则的，可以认定为显失公平。”

至于“显失公平”的标准，我国至今未能量化。

**4.《国际商事合同通则》**

《国际商事合同通则》在第三条规定，如果在订立合同时，合同或个别条款不合理地对另一方当事人过分有利，则一方当事人宣告该合同的或该个别条款无效。确定显失公平时应考虑的因素包括：不公平的谈判地位；合同的性质和目的；其他因素等。

对显失公平的合同有两项处理原则：（1）法院根据受害人的请求，可做出裁定修改该合同或其条款，以使其符合公平交易的商业标准；（2）受害人收到宣告合同无效的通知后，也可请求法院修改合同或其条款，条件是他必须在收到此通知后，对方信赖该通知停止行事之前，立即将其请求通知对方当事人。

## 七、合同的解释

合同是当事双方意思表示一致的结果。但商事交易中即使合同当事人同意他在合同中所说和所写的内容，也会在理解它们的含义上产生分歧，这需要对合同进行解释，以此来明确当事双方的权利和义务。

从当前各国法律对有关合同解释的规定来看，有两种观点：一是根据当事人意思自治的原则，法律义务的产生是由当事人的自由意志所决定和判定的，应当优先考虑当事人的意思，即强调探求当事人的真实的意思表示。另一种是优先考虑外部现象，即意思表示的外部事实，因为社会与商业交易中要求保护信赖，而信赖体现在人们实际说出口的话上，不体现在他们所意指的含义上。前者为意思说，后者被称为表示说。各国法律所采取的原则是不同的，法国法采用意思说，英美法为表示说，而德国法在原则上采用意思说，但在涉及商事方面的问题时例外。

### （一）法国法

法国法在解释合同时强调探求当事人的真意。《法国民法典》规定：“解释合同时，应寻求订约当事人的共同意思，而不拘泥于文字。”并规定，如一个条款可能作两种解释时，应采取最适合于合同目的的解释；有歧义的文字应依订约地的习惯进行解释；凡习惯上的条款，虽未载明于合同，但解释合同时亦可用作补充；合同的全部条款可以互相解释，以便确定每一条款在整个合同中的含义。此外，民法典还规定，如合同有疑义时，应作不利于债权人而有利于债务人的解释。在买卖合同中，应作不利于卖方的解释。法国法虽然采取意思说，但在实践中，法官很难确定已经成为过去的当事人的实际意思，所以往往不可避免地要考虑客观因素。这样在某些情况下，受到表示说的影响。

### （二）德国法

《德国民法典》反映了意思说与表示说的矛盾。一方面，《德国民法典》像《法国民法典》一样，在第133条中明文规定：“解释意思表示，应探求其真意，不得拘泥于文字。”另一方面又在第 157 条中规定："合同应按照诚实信用的原则及一般交易上的习惯进行解释。"前条强调的是当事人的主观意思，后者则强调客观标准。德国的法学者在解释《德国民法典》时，也是有时强调意思说，有时强调表示说。德国法也同法国法一样，认为如果相对人因为信赖表意人的意思表示，而采取了行动，则应受到法律上的保护，在这种情况下就不应适用第 133 条关于探求真意的规定，而使相对人蒙受损失。德国最高法院认为，当合同有漏洞需要补充时，法官并不是补充当事人的意思，而是补充合同。在这种情况下，法官应适用诚实信用的原则及一般交易上的习惯来补充当事人在订立合同时所未能预料到的事项。

### （三）英美法

英美法采取表示说，在解释合同时强调合同的文词，而不是去探求当事人的主观意思。《合同法重述》第 20 条的注释说，"法律所要求的不是相互间的同意，而是这种同意的外部表示"。英国的著名法学家切沙尔指出："不是从当事人心里想什么，而是从他们说了些什么、写了些什么去衡量当事人……英国法院的任务不是去探求捉摸不定的思想活动，而是在实际经验许可的范围内，保证老实人的合理期望不致落空。"美国的一位著名的法官也说过："法院按合同文词执行合同，至于当事人是否确实如此解释则丝毫不予以考虑。"因此，英美法在解释合同方面，尽量以合同的文词为准，很少考虑其他情况。

在解释合同时，有一个十分重要的问题，在合同成立前和合同成立时的口头协议，能否改变书面合同的内容。

在这个问题上，英美法坚持表示说的原因。英美法院认为，在订立书面合同的场合，当事人应把一切事项订入合同，法院原则上不接受证言，即不允许以口头协议改变书面合同的内容。这一原则称为"证言规则"。但在实行这一规则时，也有一些例外的情况。例如，在下列情况下，法院可以允许当事人提出口头证据。

（1）涉及书面合同的有效性的问题，例如，欺诈、缺乏对价、错误、非法、胁迫或违反公共政策等，当事人可以提出与书面合同不同的口头证据，用以证明该项书面合同并未有效成立。

（2）涉及书面合同生效的前提条件，如当事人间曾约定，在书面合同生效前必须履行某种前提条件，则可允许当事人以证言证明由于该前提条件未履行，所以在当事人之间根本不存在合同关系。

（3）在书面合同订立以后，可以用口头协议加以更改，但该口头协议必须有对价，而且必须符合欺诈法案的要求。

（4）如果书面合同的文字有含糊不清之处或遗漏，也允许当事人提出证言予以解释，但证言不得与书面合同的条款相抵触，而且在司法实践中，英美法院不轻易做出接受证言的决定。

在这个问题上，《美国统一商法典》也有一些例外的规定，该法典第 2-202 条规定：当事人对于作为他们的协议的最后的书面文件，不得提出在订立该协议之前或与此同时订立的、与书面文件相抵触的口头协议作为证据。但可以用交易的过程、行业的惯例或履约的过程来加以解释或补充，也可以用与书面文件一致的补充条款来加以解释或补充，但如法院认为该项书面文件是当事人把它作为他们的协议的完整的、唯一的文件时除外。

大陆法也有类似的规则，但在掌握上没有英美法那样严格。《法国民法典》第 1341 条关于人证的问题规定：凡超过一定金额的合同，均须在公证人前做成证书，或由双方签名做成私证书。证书做成后，当事人不得主张与证书内容不同而以人证来做证明，也不能主张在证书做成之时或之前或其后有所声明的事项，而以证人作证明。但这一规定不适用于商事合同。其次，法国法院接受听取证言，如一方受骗订立书面合同，可用证言作为证据；当合同条款晦涩或含糊不清时，也可以用语言证明。

在德国法中，书面合同的证据力更弱。当事人订立的书面协议，在法律上只起到推定该合同文件正确完整的作用，当事人可以采用其他证据证明除书面合同之外还有与此并存的协议，从而可以改变书面合同文件的内容。

## 第三节　合同的履行

### 一、合同的履行

合同的履行是指合同当事人完成合同义务，实现合同内容的行为。各国法律都认为，合同当事人在订立合同之后有履行合同的义务，如果违反应履行的合同义务，就要根据不同情况，承担相应的法律责任。

合同的履行是依法成立的合同所必然发生的法律后果，也是构成合同法律效力的主要内容。在实现合同履行的过程中，应遵循的一项基本原则就是适当履行原则。适当履行原则又称正确履行原则或全面履行原则，是指当事人按照合同规定的标的、质量、数量等，由适当的主体在适当的履行期限、地点，以适当的履行方式，全面完成合同义务。适当履行与实际履行既有区别又有联系。实际履行强调债务人按照合同约定实施履行，至于该履约行为是否适当，则无力顾及。适当履行即要求债务人实际履行，也要求履行行为要符合合同和法律的规定，可见，适当履行必然是实际履行，而实际履行未必是适当履行。适当履行时不存在违约责任，实际履行不适当时则产生违约责任。此外，适当履行原则也比实际履行原则具有更大的灵活性，使债务人能够在合同无约定或约定不明确的情况下，有可能根据法律或惯例认为适当的方式和内容来履行合同。《国际商事合同通则》第 4 条、第 5 条和第 6 条有关合同的解释、内容和履行的规定中就充分体现了适当履行的原则，允许在无合同规定的情况下，根据其他适当标准来解释和履行合同。

现将各国法律有关合同的履行的规定介绍如下。

#### （一）中国法

我国《合同法》第六十条规定："当事人应当按照约定全面履行自己的义务。当事人应当遵循诚实信用原则，根据合同的性质、目的和交易习惯履行通知、协助、保密等义务。"《民法通则》第一百六十条规定："公民、法人违反合同或者不履行其他义务的，应当承担民事责任。"并规定："当事人一方不履行合同义务或者履行合同义务不符合约定条件的，另一方有权要求履行或者采取补救措施，并有权要求赔偿损失。"这些规定表明，合同一旦依法成立，当事人就有履行合同的义务，如果不履行合同，就要求承担民事法律责任。由以上规定可知，在合同的履行上，我国坚持的是适当履行原则并要求当事人在履行合同时，遵守诚实信用的原则。

**（二）大陆法**

大陆法认为，当事人在订立合同之后，必须受合同的约束，履行合同所规定的义务。

《法国民法典》第 1134 条明文规定："依法成立的合同，在订立合同的当事人间具有相当于法律的效力。"该法典第 1147 条又进一步规定：如债务人不能证明其不履行债务是由于不应归其个人负责的外来原因时，即使在其个人并无恶意，债务人对其不履行或迟延履行债务，应支付损害赔偿。

德国法认为，债务人应依据诚实信用的原则，根据债务关系与交易惯例，向债权人履行其给付的义务。给付是指履行合同的内容，可以是作为或不作为。作为是指债务人必须作某种行为，如买卖合同中卖方的交货义务和买方的付款义务都属于作义务，不作为是指债务人不作为某种行为，如技术交易合同要求对方承担保密义务，不得向第三方泄露技术秘密等就属于不作为义务。

**（三）英美法**

英美法认为，当事人在订立合同之后，必须严格按照合同条款履行其义务。

根据英美的法律与判例，合同当事人在履行合同时，其所承担的义务可以是绝对的。即如果在合同中规定了履约时间，当事人就必须在规定的期限内履行合同，否则即构成违约。如果履约时间不是合同要素，债权人有权解除合同并要求损害赔偿；如果履约时间不是合同要素，债权人可要求赔偿其实际损失。

但是，有些时候，当事人所承担的义务是有条件的。这里所说的条件，依照美国《合同法重述》第二版第 224 条规定：有条件是指未必发生的事件，除非被它免除，只有它发生之后，合同才能履行。换而言之，条件即发生在承诺与合同解除之间的事情，它决定履行合同义务的时机和先后次序。条件可分为明示条件和认定条件。明示条件是指合同当事人在合同中明文规定的履行义务的前提。如在买卖合同中，如合同明确规定，卖方只有在买方交付货款之后才履行其交货义务，此时买方必须先交付货款是卖方履行其义务的明示条件。

认定条件是指在合同当中没有明确确定，由法院依据惯例及其公正观念的理论所提出的条件。如在保险合同中，投保人承诺定期交纳保险费，不管有没有意外发生；保险公司则承诺在某种意外的事件发生时支付一笔保险金。法院认为当事双方所作的承诺是彼此独立的承诺，任何一方可以向另一方索赔因其违反承诺而给自己造成的损失，而被告不能以原告违反其承诺作为拒绝赔偿的借口。所以在意外情况发生时，保险公司不能以投保人没有交保险费为由拒付保险金。此时彼此独立的承诺，就是法院认为的认定条件。

依照英美法，在履行合同的过程中，有一个重要的步骤叫作"提供"（Tender）。所谓提供就是合同当事人旨在履行其合同义务的一种表示。在许多情况下，合同一方当事人在履行其合同义务时，必须有对方的配合才能完成。例如，卖方交货时，必须买方接受货物才能使他完成交货义务；同样，当买方付款时，也必须卖方接受其货款才能使买方完成其付款义务，如果一方拒绝接受对方的提供（Tender），对方就无法履行其合同义务，而被对方所拒绝，则日后如对方指控其不履行合同，他就有权以自己已经提供过履行作为抗辩理由。例如，在买卖合同中，如果卖方已按合同规定的时间、地点、数量和质量向买方提供货物，而买方却拒绝受领，则卖方就可以解除其交货的义务。提供包括提供货物或其他财产，也包括提供应支付的款项。但在提供应支付的款项方面，其情况同提供货物略有不同。债权人如拒绝接受提供的款项，并不能解除债务人的债务，但可以产生以下三种重要的法律后果：第一，如该项债务有担保利益，例如，以抵押作为该项债务的担保等，则自债权人拒绝适当提供给他的款项时起，该项担保利益即告消灭；第二，该项债务的利息亦自债务人提供款项之日起停止计算；第三，如债权人日后就该项债务提起诉讼，不能取得高于原来提供的金额，且必须负担诉讼的费用。但是，“提供”必须是无条件的，而且必须与合同规定的时间、地点和履约的方式相一致。如果债务人在债务清偿期以前做出提供，这就能认为是适当的提供，债权人有权拒绝受领，在这种情况下，该项债务的利息仍应照常计算。

## 二、违约

违约是指合同当事人完全没有履行其合同义务，或没有完全履行其义务的行为。依照各国法律规定，除不是因当事人的过错造成的合同不能履行之外，其余的行为均构成违约，违约的一方应承担违约责任。

### （一）归责原则

归责原则是确认违约当事人的违约责任的基本原则。目前，各国法律实践中，普通存在的归责原则包括过失责任和严格责任原则。过失责任原则是违约责任的主要原则，指在一方不履行合同时，应以不履行方是否犯有过失作为确定是否违约的原则。严格责任又称无过失原则，指在违约一方不履行合同时，应以违约的结果是否因一方的行为造成，而非一方是否存在过失，作为确定违约责任的要件和依据。国际商事合同中，适用范围最广的就是过失责任原则。

大陆法采用的是过失责任原则。即只有合同债务人存在着可以归责于他的过失时，才承担违约的责任。如《法国民法典》第 1147 条规定：凡不履行合同的由于不能归责于债务人的外来原因所造成的，债务人即可免除损害赔偿的责任。《德国民法典》第 276 条规定：债务人除另有规定外，对故意或过失应负责任，债务人基于故意的责任，不得预先免除。

英美法原则上采用严格责任原则。如美国《合同法重述》第 314 条对违约所下定义：“凡没有正当理由的不履行合同中的全部或部分允诺者，构成违约。”英美法一般不认为允诺人是否犯有过失是构成违约的必要条件。不过，从英美法院的判例来看，其对于违约责任的实际处理结果与大陆法的许多情况下是相同的。

与过错责任相比，严格责任的适用范围有一定的局限性。一般来说，在大陆法系的国家中，严格责任都是法律明确加以规定的。例如，大陆法民法典大都规定，一方当事人延迟履行合同债务之后，应对逾期履行期间发生不可抗力所致的损害负责。

### （二）催告

催告是债权人向债务人请求履行合同的一种通知。催告是大陆法的一种制度。主要是在合同没有明确规定履行日期的情况下采用的。在此情况下，债权人必须首先向债务人发出催告，才能使债务人承担延迟履行的责任。如果在清偿期届至后，不向债务人做出催告，就表示债权人不拟追究债务人延迟履约的责任。依照大陆法的解释，催告的作用主要有以下三点。

（1）自催告生效之日起，不履约的风险完全由违约一方承担。

（2）债权人有权就不履行合同请求法律上的救济。

（3）从送达催告之日起，开始计算损害赔偿及其利息。

至于催告的方式，法国法与德国法不同。法国法要求以书面方式作成，并由法警送达债务人。德国法则对方式没有要求，只要求催告必须送交债务人。

在英美法中没有催告这个概念。英美法认为，如果合同有规定履行期限，债务人就必须按期履行；如果没有规定期限，则应于合理的期限内履行合同否则构成违约。

## 三、违约的形式

违约的形式有很多情况，有的是部分或全部不履行合同，有的是没有按期履行合同，有的是没有按照合同规定的方式或其他要求履行合同等。由于违约的情况不同，违约方应承担的违约责任也有所区别。现将各国有关违约的法律介绍如下。

### （一）大陆法

大陆法中的《德国民法典》将违约分成给付不能（Impossibility of Performance）和给付延迟（Delay in Performance）。

给付不能是债务人由于种种原因不可能履行其合同义务，包括自始不能和嗣后不能两种情况。自始不能是指在合同成立时该合同就不能履行。嗣后不能是指合同成立时可能履行，但在合同成立后，由于出现了阻碍合同履行的情况而使合同不能履行。对于这两种不同情况，其法律后果也有所不同。在自始不能的情况下，根据当事双方在签订合同时有无错误，德国法律的判定是不同的。在合同双方均无过失的前提下，根据《德国民法典》第 306 条规定，凡是以不可能履行的东西为合同的标的者，该合同无效；在一方当事人已经知道或应该知道合同的标的是不可能履行的情况下，则因信任合同有效而蒙受损失的对方当事人有权提请损害赔偿。

同样，根据过失原则，对于嗣后不能的情况也有相类似的规定。非因债务人过失所引起的给付不能，根据《德国民法典》第 275 条规定："在债务关系发生后，非因债务人的过失而引起给付不能者，债务人得免除给付的义务。"债务人不承担不履行合同的责任。如在国际商务合同中的不可抗力等。由于债务人的过失而引起的给付不能者，债务人应对债权人赔偿因不履行所产生的损害。在这种情况下，原则上债务人对其不能履行的部分负损害赔偿责任。但如果部分履行对债权人无利益时，债权人可以拒绝部分履行而要求全部的损害赔偿。不可归责于任何一方而引起的给付不能，按照《德国民法典》第 323 条的规定：合同双方的当事人，因不可归责于双方当事人的事由，致使自己不能履行的给付者，双方均可免除其义务。

给付延迟是指债务已到履行期，而且是可能履行的，但债务人没有按期履行合同。依据归责原则，只有债务人有过失的给付延迟负迟延责任。根据《德国民法典》的规定，凡在履行期届满后，经债权人催告仍不为给付者，债务人自受催告时起应负迟延责任。对于在迟延中造成的给付不能，债务人应承担严格责任。即在给付迟延时因其他原因造成了给付不能，债务人无论有无过失，都要承担违约责任。

《法国民法典》将违约形式分成不履行债务和延迟履行债务两种。《法国民法典》第 1147 条规定：债务人对于其不履行债务或延迟履行债务，应负损害赔偿的责任。

### （二）英美法

在英美法中，英国法将违约区分为违反条件（Breach of condition）、违反担保（Breach of Warranty）和违反中间性条款（Breach of Intermediate Terms）。

违反条件是指违反合同的主要条款，例如有关履约的时间、品质及数量条款等。至于在具体案件中哪些构成条件，则属于一个法律问题，应由法官根据合同的内容和当事人的意思做出决定。在英美法中条件除用来表示合同的主要条款外，还可以用来指定合同中的约定事项，将之分为明示条件与默示条件。明示条件是指当事人在合同中明文规定的条件，如合同中所明确规定的双方的义务等。默示条件是依照法律或按照解释当事人的意思理应包括在合同中的条件。如在凭样买卖中，应包含有卖方所交的整批货物均须有与样品品质相符的默示条件。对于默示条件，即使合同当事人没有将其写进合同中，只要当事人在合同中没有表示将其排斥，他们的合同即解释为理应包含这些默示条件。如一方当事人违反条件，对方有权解除合同，并要求损害赔偿。

违反担保是指违反合同的次要的或从属的条款。违反担保的法律后果与违反要件不同。当一方违反担保时，对方不能以此为理由拒绝履行其合同义务，而仍须继续履行其义务，但他有权以违反担保为由请求损害赔偿。同条件一样，担保也有明示担保和默示担保之分。违反默示担保，也要承担违反担保的法律责任。

在英国法的判例中，当一方当事人违反条件时，受损害的一方可采取两种行为：一是以违反条件为由，要求解除合同，并要求损害赔偿；二是他可以将违反条件当作违反担保看待，即不要求解除合同，继续履行自己的义务，同时就对方违反担保提出损害赔偿。

违反中间性条款是指违反只要采用损害赔偿的办法即可使其违反合同所造成的损失得到弥补的条款。中间性条款是有别于条件和担保的条款，当一方违反中间性条款时，对方能否有权解除合同，须视此种违约的性质及其后果是否严重而定。如果违反这类条款的性质及后果严重，守约的一方有权解除合同，否则就不能解除合同。此类违约类型是英国法为解决传统上违约形式两分法的不足而发展出来的。因为按照传统的两分法，一方违反条件，守约一方就有权解除合同，而不管违约的情节及造成的后果是否严重。这种做法明显是不适当的。因此，按照英国法院的一些判例，如果合同中的某项条款即使遭到违反，但仅是轻微的，而且只要通过损害赔偿的办法就可得到弥补，则这种条款就可能被认为是中间条款。

美国现已不使用“条件”与“担保”这两个概念，而是将违约分成轻微违约和重大违约两种形式。轻微违约是指债务人在履行中尽管存在一些缺点，但债权人已经从中得到该项交易的主要利益。在此种违约中，当事人可以要求赔偿损失，但不能拒绝履行自己的合同义务。重大违约是指由于债务人没有履行合同或履行合同有缺陷，致使债权人不能得到该项交易的主要利益。在重大违约的情况下，受损害的一方可以解除合同并要求赔偿全部损失。

以上我们所述的违约形式都是指合同在履约过程中的违约行为，但在合同签订之后，约定履行的期限到来之前，一方以语言或行为向另一方表示他将不恪守合同，另一方该如何去做呢？这就是所谓提前违约的问题。提前违约是指一方当事人在合同规定的履行期到来之前，即明确表示他届时将不履行合同。这种表示可以用行为来表示，也可以用言词或文字来表示。依据 1853 年英国法院在霍切斯特诉德拉图尔的判例和美国《合同法重述》第二版第 253 条规定，当一方当事人提前违约时，对方可以解除自己的合同义务，并可立即要求给予损害赔偿，而不必等到合同规定的履行期来临时才采取行动。同时依据上述判例，受损害一方可以拒绝接受对方提前违约的表示，坚持合同仍然存在，等到合同履行时再决定采取何种法律上的救济方法。不过，这是不明智的，因为在这种情况下，他就必须承担在这段时间内情况变化的风险。如果在这段时间内，出现了如不可抗力这样的意外事故，使合同因此而宣告解除，提前违约的一方就可以不承担任何责任。

### （三）国际法律文件

《联合国国际货物买卖合同公约》把违约分为根本违约( Fun-damental Breach of Contract ) 与非根本违约两种情形。该公约第 25 条规定："一方当事人违反合同的结果，如使另一方当事人蒙受损害，以致实际上剥夺了他根据合同有权期待得到的东西，即为根本违约，除非违反合同的一方并不预知而且一个通情达理的人处于相同情况下也没有理由预知会发生这种结果。"根据公约的规定，不论是在根本违约还是在非根本性违约的情况下，当事人都有权要求损害赔偿，同时在根本性违约的情况下，当事人还可以要求撤销合同。《国际商事合同通则》第 7.1.1 条将不履行分为瑕疵履行（ Defective Performance ）和延迟履行（ Late Performance ），同时，该通则第 7.3.1 条有关合同的终止规定中，又从另一角度将合同不履行区分为根本不履行（ Fundamental Non-Performance ）和非根本不履行。通则中还规定，在确定不履行是否构成根本不履行时应采用过失原则来进行判定，以及是否存在实质性地剥夺了受损害方的根据合同有权期望的利益，对不履行义务的严格遵守是否为合同项下的实质内容等。

## 四、违约的救济方法（ Remedies for Breach of Contract ）

违约的救济主要是英美法的概念，在大陆法中将其称为违约责任或不履行的责任。救济方法是指一个人的合法权益被他人侵害时，法律上给予受损害一方的补偿方法。

各国法律及国际文件对于不同的违约行为，都规定了相应的救济方法。现将这些救济办法介绍如下。

### （一）实际履行（ Specific Performance ）

实际履行亦称依约履行，包括两层含义：一是指债权人要求债务人按合同的规定履行合同；二是指债权人通过国家强制力使债务人按合同的规定履行合同。如在买卖合同中，当卖方拒绝交出合同所规定的货物时，如果买方不愿意取得金钱的赔偿，买方可向法院提出实行履行之诉，要求卖方交付合同所规定的货物。如果法院判买方胜诉，买方即可根据法院的判决，要求法院强制执行，令卖方交出货物。但各国对于实际履行有不同规定和要求。

**1. 中国法**

我国《民法通则》第一百一十一条规定："当事人一方不履行合同义务或者履行合同义务不符合约定条件的，另一方有权要求履行或者采取补救措施，并有权要求赔偿损失。"这里所说的"要求履行"是指守约的一方有权要求违约的一方按照合同规定的条件履行其义务，即要求实际履行。由此可见，《民法通则》将实际履行作为违约的主要救济方法。当事人在要求实际履行的同时还可要求损害赔偿。

我国《合同法》第一百零七条、第一百一十一条规定实际履行是违约的一种主要救济方法。原则上所有金钱债务、非金钱债务都可被要求实际履行，但是，对于下列情形的非金钱债务不履行，不要求继续实际履行：（1）法律上或事实不能履行，如标的物已被消灭；（2）债务的标的不适于强制履行或履行费用过高；（3）债权人在合理期限内未要求履行。

**2. 大陆法**

在大陆法中，德国法将实际履行视作对不履行合同的主要的救济方法。《德国民法典》第 241 条明文规定："债权人根据债务关系，有向债务人请求履行债务的权利。"即债权人有权请求法院判令债务人实际履行合同。但通过德国法院的判例来看，只有在债务人履行合同尚有可能时，法院才会作实际履行的判决，如在演出合同中，如果演员因病无法演出，则债权人就不能要求实际履行，因为实际履行已不可能。当德国法院在执行判决时，应按德国民事诉讼典的规定程序执行。《德国民事诉讼法典》对不同类型的诉讼，规定了不同的执行程序。关于判令交付财产的判决，其执行办法是由司法警察从债务人手中取得财产，然后把财产交给债权人。如判决判令债务人做交付财产以外的某种积极行为，则应区别以下两种情况：第一种情况是，这种行为完全可以由另外的人去完成，而不必由债务人亲自去完成，即所谓“可以替代”的行为，其执行办法是债权人根据法院的授权由第三人去完成这种行为，而由债务人承担一切费用，这在民事诉讼法中称为“代位履行”。第二种情况是债权人所要求的履行只能由债权人本人去完成，即所谓“不可能替代”的行为，其执行办法是用罚款或监禁的方式来威胁债务人履行其义务。根据该法典的规定，监禁不得超过六个月，至于罚款的最高金额则没有限制，但罚款归国库收入，而不是作为对债权人的损害赔偿。如果判决令债务人消极地不作为，如债务人不服从法院的判决，法院也可以采取罚款与监禁的措施。

法国法也认为，如债务人不履行合同，债权人有权提起实际履行之诉，即将实际履行作为不履行合同的救济法之一。并且也要求只有在债务人履行合同尚有可能之时，债权人才可提出实际履行之诉。此外法国法将债分为“作为或不作为之债”与“给付财产之债”。在“给付财产之债”中，如果债务人不交付有关的财产，债权人可以请求实际履行，例如在买卖合同中，如卖方不交付已特定化了的标的物，则买方可提起实际履行之诉。“作为或不作为之债”主要是指必须由债务人本人去做某种行为或不做某种行为的债务。对此，法国法从“人身自由不得侵犯”原则出发，认为如债务人不履行其作为或不作为的义务，债权人不能请求实际履行，只能请求损害赔偿或代位履行。与德国法不同，根据《法国民法典》第1184条规定：双务契约当事人的一方不履行其债务时，债权人有选择之权；或者在合同的履行尚属可能时，请求他方当事人履行合同，或者解除合同并请求损害赔偿。即实际履行只是一种可供选择的救济方法。在债务人不履行合同时，债权人只能在要求实际履行或请求解除合同要求损害赔偿上选择其一。

**3. 英美法**

英美法对待实际履行的态度同大陆法有所不同。英美普通法认为，如同一方当事人不履行其合同义务，对方唯一权利是提起违约之诉，要求损害赔偿。因此，普通法中没有实际履行这一救济方法。虽然英美衡平法的一些判例中，如果原告能够证明仅仅用损害赔偿的办法不能满足他的要求，可以使用实际履行这种救济方法，但综合来看，实际履行在英美法中只是一种例外的救济方法，而不是主要的救济方法。根据英美法院的审判实践，在下列情况中法院将不再做出实际履行的判决：（1）凡金钱损害赔偿已可作为充分的救济方法者；（2）凡属提供个人劳务的合同；（3）凡法院不能监督其履行的合同，如建筑合同因需一定的时间和专业知识方可监督其履行。（4）当事人一方为未成年人的合同；（5）如判决实际履行会造成对被告过分苛刻的负担。

为执行法院的判决，英美法将不履行法院的判决作为“藐视法院”的行为，可以用监禁或罚款的方式予以惩处。

**4. 国际法律文件**

《联合国国际货物买卖合同公约》为调和大陆法和英美法在实际履行上的分歧，采取了较为折中的规定。在该公约第 26 条规定："如果按照公约的规定，当事人一方有权要求他方履行某项义务，法院没有义务做出判决，要求实际履行此义务，除非法院依照其本身的法律对不受本公约支配的类似买卖合同可以这样做。"通过这项规定，公约给了法院很大的自主权。即法院在判定属于公约范围内的国际买卖合同时，可根据法院在对非公约范围内的买卖合同的判决，来决定是否做出实际履行的判决。

《国际商事合同通则》对于实际履行问题的规定，与《联合国国际货物买卖合同公约》略有不同，主要将债务的履行区分为金钱债务的履行（Performance of Monetary Obligation）和非金钱债务的履行（Performance of Non-Monetary Obligation），并对此做出了不同的规定。对于金钱债务，该通则第 7.2.1 条规定："如果有义务付款的一方当事人未履行其付款义务，则另一方当事人有权要求付款"，即另一方当事人有权要求实际履行。对于非金钱债务，该通则第 7.2.2 条规定：如果一方当事人未履行其非属支付金钱的债务，另一方当事人有权请求实际履行，但是在以下情况下该另一方当事人不能请求实际履行：（1）履行在事实上或法律上不可能。（2）实际履行会给债务人带来不合理的负担或费用。（3）该另一方当事人可能合理地从其他渠道获得履行，即替代履行（Replacement Transaction）。（4）履行带有排他性人身性质（Exclusively Personal Character）。排他性人身性质的履行是指不可代理的、需要独特艺术或科学技能的履行，或指涉及机密或人身关系的履行。（5）该另一方当事人已经知道或理应知道该不履行后的一段合理时间之内未要求履行。

考虑到各国法律对实际履行存在着比较大的差异，为保护债权人的利益，公约允许债权人采取其他补救措施。但因为公约将实际履行作为主要的救济方法，所以规定只有在请求实际履行的一方当事人未能在规定的或合理的时间内获得履行，或有关实际履行的法律判决不能得到执行时，方可寻求其他救济手段。

### （二）损害赔偿（Damages）

损害赔偿是指违约方因不履行合同而给对方造成损失，依据法律或合同而应承担的损害赔偿责任，它是不履行合同责任中最常见、最广泛使用的形式。各国法律对于损害赔偿责任的成立、损害赔偿的方法及损害赔偿的计算，各有不同的规定和要求，现分别介绍如下。

#### 1. 损害赔偿责任的成立

大陆法认为，损害赔偿责任的成立必须具备三个条件：（1）必须有损害的事实。对于发生的损害事实，一般须由请求损害赔偿的一方予以证明。（2）须有归责于债务人的原因。原则上债务人仅对其故意或过失造成的损失负责。例如，《法国民法典》第 1382 条规定，任何人的行为使他人受损害时，因自己的过失而致行为发生的人应对他人负赔偿责任。第 1147 条规定，凡债务人不能证明其不履行债务是由于不应归其个人负责的外来原因时，即使在其个人方面并无恶意，债务人对于其不履行或延迟履行债务，应支付损害赔偿。（3）损害发生的原因与损害之间必须有因果关系，即损害是由于债务人应予负责的原因造成的。

与大陆法不同，英美法对于违约采用严格责任原则。即只要有一方当事人违反合同，无论有无损害或违约一方有无过失，对此当事人均可提出损害赔偿之诉。如果违约的结果并没有造成损害，债权人仍可提请名义上的损害赔偿。

#### 2. 损害赔偿的方法

损害赔偿的方法有恢复原状和金钱赔偿两种。前者是指恢复损害发生前的原状；后者是指以支付金钱来弥补对方的损害。这两种方法互有利弊，如恢复原状可以完全达到损害赔偿的目的，但有时很难实现，如特定物的损害就无法恢复，而金钱赔偿有时又难以满足损害赔偿的宗旨。因此，各国法律一般都同时采用这两种方法，只是适用的主次顺序不同。

（1）大陆法。《德国民法典》第 249 条规定："负损害赔偿的义务者，应恢复负赔偿责任的事故发生前的原状。如因伤害身体或毁损物体而应为损害赔偿时，债权人得请求必要数额的金钱以代替恢复原状。"由此可以看出，德国法对于损害赔偿原则上采用恢复原状，而金钱赔偿只是例外。

按照《德国民法典》的规定，债权人仅在下列情况下才可以要求金钱赔偿：① 人身伤害或损坏物件；② 债权人对债务人规定一个相当的时间，令其恢复原状，并声明如逾此时间未能恢复原状，债权人即可于期限届满后请求金钱赔偿；③ 如所受损害不能恢复原状，或恢复原状不足以赔偿债权人的损害时，债权人可以要求金钱赔偿；④ 如债务人须付出过高的费用才能恢复原状时，债务人也可以用金钱来赔偿债权人的损失。

至于财产损害之外的损害，德国法规定必须采取恢复原状的损害赔偿方式，除非在法律上有相应规定时例外。其中包括对名誉上、道德上的损害。

法国法与德国法不同，法国法是以金钱赔偿为原则，而以恢复原状为例外。按照法国法，在大多数情况下，一方当事人违反合同义务都可以转变为损害赔偿之债，对方所得到的赔偿是适当数额的金钱。

（2）英美法。在英美法的规定中，损害赔偿只有金钱赔偿一种方法，并将其称之为"金钱上的恢复原状"。英美法认为，损害赔偿的目的，是在金钱可能做到的范围之内，使权利受到损害的一方处于该项权利得到遵守时同样的地位。所以，英美法院对损害赔偿之诉，一般都是判令债务人支付金钱赔偿。

**3. 损害赔偿的范围**

从各国的立法来看，损害赔偿主要被视为是一种补偿性的救济方式。英美法明确强调损害赔偿具有补偿性，大陆法强调损害赔偿应赔偿受害人的全部损害，恢复到损害发生前的状况，而不强调损害的惩罚性。但对于该救济方法所应赔偿的损害的范围，即损害赔偿的范围，各国法律规定并不一致。

损害赔偿的范围是指在发生违约情形以后，在请求损害赔偿时，应根据什么原则来确定损害赔偿的金额以确定损害的范围。从对损害赔偿的规定来看，损害赔偿可分为约定损害赔偿和法定损害赔偿。约定损害赔偿是指合同当事人在订立合同时，预先约定一方违约时应向另一方支付一定的赔偿，该赔偿可以用一定的金钱形式确定，也可以用特定的非金钱形式确定，在约定损害赔偿的情况下，如果违约没有造成损害或造成的损害小于约定损害赔偿，则约定损害赔偿在此时又具有一定的违约金的作用。由于英美法对损害赔偿强调补偿性，而不是惩罚性，因此如果当事人约定的损害赔偿具有惩罚性，英美法院可能不予以确定赔偿范围和金额。关于约定的损害赔偿将与有关违约金的问题一起讨论，下面主要介绍法定损害赔偿的范围。

《德国民法典》认为，损害赔偿的范围应包括违约所造成的实际损失和所失利益。实际损失是指合同所规定的合法利益，由于可归于债务人的事由而受到损害。如在国际买卖合同中，卖方应按合同规定向买方交付一等品的农产品，结果运到后发现是二等品。所失利益是指如果债务人不违反合同，债权人本应能够取得的利益，但因债务人违约而丧失的利益。一般地说，实际损失比较容易确定，而所失利益则较难确定。因此，《德国民法典》规定，凡依事物通常过程，或依已进行的准备、设备或其他物别情形，可以预期得到的利益，即视为所失的利益。如在国际贸易中，甲从乙购买某种货物，准备在国内市场上销售，此时若乙违约，则甲国内价格与乙国内价格之差值可视为所失利益，但如果甲国内此类产品价格因某种原因上升，远远超过了正常价格，则此时的全部价格差额不能视为甲的所失利益，应由法院根据正常情况来计算其所失利益。

法国法与德国法有相类似的规定，根据《法国民法典》第 1149 条的规定，对债权人的损害赔偿，一般应包括债权人所受现实的损害和所失可获得的利益。即法国法也认定损害赔偿的范围包括现实损害和所失利益两个方面。

英美法认为，合同双方于一定的商业目的进行交易，出现违约时，受损方的期望受到损失。受损方可以用损害赔偿金买到合同所交易的货物或服务。赔偿金的目的是使受损方取得在合同履行下可享受的利益。因此供计算损害的基本原则，是使由于债务人违约而蒙受损害的一方，在经济上能处于该合同得到履行时的同等地位。

近代英国法律中关于计算损害赔偿范围的原则，是由英国法院在哈德里诉巴辛达尔一案中的判决形成和发展起来的。

该案的案情是：一家磨坊的机轴破裂了，磨坊主把坏机轴交给承运人，委托他找一家工厂重做一个新的机轴。承运人交货迟延未能在合理时间内交付新的机轴，因而使磨坊停工的时间超过了必要的时间。磨坊主要求承运人赔偿由于延迟交付机轴所造成的利润损失。但由于磨坊主并未预先告知承运人如不能及时把新机轴送到即将产生利润损失，因此，法院判决承运人对迟交期间的利润损失不承担赔偿责任。法院在做出这一判决时，对损害赔偿的范围提出了以下两项原则。

（1）这种损失必须是自然发生的，即按照违约事件的一般过程自然地发生的损失。

（2)这种损失必须是当事人在订立合同时,作为违约可能产生的后果所合理地预见到的。

在本案中由于磨坊主并没有将迟交机轴可能产生的利润损失告知承运人，后者无从预见到这样的后果，因此承运人对迟延交货所造成的利润损失不承担责任。但是如果违约的一方可能预见到他的违约行为将引起利润损失，则受损害的一方可以要求违约方赔偿利润损失。在国际货物买卖中，如果买方是从事货物买卖的贸易公司，则卖方就理应预见到他的违约行为会给买方带来利润损失。

美国对于损害赔偿范围的计算方法与英国类似，按照《美国统一商法典》的规定，在损害赔偿中还包括附带的间接的损失。此外，按照英美法的要求，当一方违约时，受损害的一方有义务采取一切合理的措施以减少违约所造成的损失。如果是由于受损害一方的疏忽，没能采取合理的措施去减轻损失，则受损害的一方对于违约发生之后，本来可以合理避免的损失，不能要求给予赔偿。

我国《民法通则》第一百一十二条规定，当事人一方违反合同的赔偿责任，应当相当于另一方因此而受到的损失。我国《合同法》在坚持损害赔偿的补偿性的同时，也认为损害赔偿具有惩罚性，如《合同法》第一百一十三条第二款规定，经营者对消费者提供商品或者劳务有欺诈行为的……承担损害赔偿责任。按照我国法律，在确定损害赔偿的责任范围时，主要有以下原则。

（1）对损害赔偿采取完全赔偿的原则，既包括实际损失，也包括可得利益。如我国《合同法》第一百一十三条规定，当事人一方不履行合同义务或履行合同义务不符合约定，给对方造成损失的，损失赔偿额应当相当于因违约所造成的损失，包括合同履行后可以获得的利益。

（2）赔偿的责任不得超过违约一方订立合同时应当预见到因违反合同可能造成的损失。

**4. 损害赔偿的限制**

尽管根据损害赔偿原理，受损害方有权就其因不履行所受到的损害获得赔偿，但这并不意味着在任何情况下都可就所有损害取得赔偿。各国法律及一些国际文件均对损害赔偿做出了若干限制。这些限制包括以下几方面。

（1）损害应具有可预见性和肯定性。所谓可预见性是指负有损害赔偿责任的合同当事人仅对在合同订立时，他所能预见到或理应预见的因其违约而对受损害的一方造成的损失负责，而对于因意外情况或不能预见的损失不承担违约责任，对此各国法律都有类似的规定。《联合国国际货物买卖合同公约》第 74 条规定："损害赔偿不得超过违反合同一方订立合同时，依据他当时已经知道或理应知道的事实和情况，对违反合同预料到或理应预料到的可能损失。"这一规定事实上是将损害赔偿范围限制在违约方能够合理预见到的损害范围。《国际商事合同通则》第 7.4.4 条也对此作了类似的规定，即不履行方当事人仅对在合同订立时他能预见到或理应预见到的，可能因其不履行而造成的损失承担责任。除预见性之外，各国法律和国际有关法律文件还要求损害必须有肯定性，如《国际商事合同通则》第 7.4.3 条规定："赔偿仅适用于根据合理的肯定程度而确立的损害，包括未来损害；对于机会损失的赔偿可根据机会发生的可能性程度来确定。"对于损害的可预见性和肯定性并不是绝对的。在诸如国际运输等领域中就不要求损害具有可预见性。

（2）损害的减轻。损害的减轻是指在一方当事人违约之后，另一方应及时采取措施防止损害的扩大，否则，该另一方当事人应对扩大部分的损害负责。对此，各国法律和国际法律文件都有相似的规定。《联合国国际货物买卖合同公约》第 77 条规定："声称另一方违反合同的一方，必须按情况采取合理措施，减轻由于该另一方违约而引起的损失，包括利润方面的损失。如果他不采取这种措施，违反合同一方可要求从损害赔偿中扣除原可以减轻的损失数额。"《国际商事合同通则》第 7.4.8 条也规定，不履行方对于受损害方所受到的本来可以采取合理措施减少的那部分损害不负责任；受损害方有权就因试图减少损害而发生的一切合理费用要求赔偿。

（3）损益相抵。损益相抵是指受损害方基于损害发生的同一原因而获得某种利益时，在其应得的损害数额中，应扣除其所获得的利益部分。如在商事合同中，如受损害方因对方违约而不必完成其履行义务而节约了费用，这笔费用就应在损害赔偿数额中扣除。对此，各国的法律和有关的国际法律文件均采用了相同的观点。如《国际商事合同通则》中第 7.4.2 条规定，在计算受损害的损失中，应考虑扣除受损害方因避免了成本或损害而获得的收益。《德国民法典》第 324 条规定，在确定损害赔偿时，"因免除给付义务所节省的或因其劳务移作他用而取得的价值应予扣除"。《法国民法典》第 1149 条规定："应付给债权人的损害赔偿，一般应包括债权人所受的损失和所失的或所得的利益。"英美法也认为，如果违约后受损害方因不必履行其义务而节约了费用，则该笔费用应从其应得的赔偿金中扣除，但是，与违约无关的，由受损害方自己努力争取的多出正常市场利益的那部分利益不应计入应扣除的利益中。

### （三）解除合同

**1. 解除权的发生**

基本上各国法律与国际法律文件都规定，当一方违约时，另一方有权解除合同，但其对解除合同所要求的条件不同。

法国法认为解除合同的真正依据在于缺乏有效的约因。根据《法国民法典》第 1184 条的规定，双方当事人一方不履行其义务时，应视为有解除条件的约定。德国法与此持有同样的态度。《德国民法典》第 326 条、325 条明文规定，在一方当事人履行不可能或履行迟延的情况下，对方有权解除合同。

英美法的做法与大陆法不同。英国法将违约分成违约条件和违反担保；美国法将违约分成重大违约和轻微违约。英美法认为只有在一方当事人违反条件或重大违约时，另一方当事人才能解除合同，如果只有违反担保或轻微违约，则不能解除合同，只能申请损害赔偿。

根据我国《合同法》第九十四条的规定，有下列情况之一的当事人可以解除合同。

（1）因不可抗力致使不能实现合同目的。

（2）在履行期限届满之前，当事人明确表示或以自己的行为表明不履行主要债务。

（3）当事人一方迟延履行主要债务，经催告后在合理期限内仍未履行。

（4）当事人一方迟延履行债务或者有其他违约行为致使不能实现合同的。

（5）法律规定的其他情形。

应当指出，以上情形只有中间三项是属于违反合同的补救方法，其他两项则是非由一方当事人违反合同引起的，不属于违约责任范围。

**2. 解除权的行使**

对此各国法律规定不同。一般认为，行使解除权有两种方法：一种是由主张解除合同的一方当事人向法院起诉，由法院做出解除合同的判决；另一种是无须经过法院，只需向对方表示出解除合同的意思即可。

法国法采取第一种方法。根据《法国民法典》第 1184 条规定，除非双方当事人在合同中订立了明示的解除条款，否则债权人解除合同必须向法院提起。

德国法与英美法采取第二种方法，认为债权人解除合同无须向法院提出，只要将解除合同的意思传达给对方即可。

我国《合同法》认为，主张解除合同的一方，除国家法律中有特别规定之外，当事人只需将解除合同的意思传达给对方，无须通过法院判决。

**3. 与损害赔偿能否同时请求**

对此各国法律的规定不一致。根据《德国民法典》第 325 条、第 326 条的规定，债权人只能在解除权与损害赔偿请求权二者间选择其一，而不能同时享有两种权利，即两者不能就同一债务关系并存。如果债权人要求解除合同，他就不能要求损害赔偿；反之，如果要求损害赔偿，就不能解除自己应承担的合同义务。

除德国外，其他主要大陆法及英美法系国家和我国都认为，当一方当事人违反合同时，没有违约的一方解除合同时，不影响其要求损害赔偿的权利。如在法国法中，《法国民法典》第 1184 条规定，在双务合同一方当事人不履行债务时，债权人得解除合同并请求损害赔偿。《日本民法典》第 545 条也规定，解除权的行使，不妨害损害赔偿的请求。

《国际商事合同通则》第 7.3 条也规定，如果一方当事人根本不履行或预期根本不履行合同，另一方当事人有权书面通知该当事人一方终止合同，而且对合同终止权利的行使并不排除另一方当事人对不履行要求损害赔偿的权利。

**4. 解除合同的后果**

解除合同将消灭合同的效力。所谓解除合同的后果是指合同效力的消失溯及已往还是指向将来。

大陆法系的国家一般认为解除合同的效果是溯及已往。即合同自始就不存在，当事双方回到尚未签订合同时的状态，此时，发生了恢复原状的问题。《法国民法典》第 1183 条规定，解除条件成立时，使债的关系归于消灭，并使事物回复至订约以前的状态，就像从来就没有订立过合同一样。因此，在解除合同时，各方当事人应把从对方得到的东西归还给对方，如应返还的物品因毁损、消耗而无法返还时，则应偿还其价额。在这个问题上，德国法与法国法的处理办法基本上是相同的。《德国民法典》第 346 条规定，在解除合同时，各方当事人互负返还其受领的给付的义务。如已履行的给付是劳务的提供或以自己的物品供给对方利用者，因无法恢复原状，应补偿其代价。

英美法对于解除合同的后果存在分歧，美国法的规定与大陆法类似，认为解除合同产生恢复原状的后果。即合同的效力自由——相当于没有签订过此合同，当事人均应将从对方得到的东西归还给对方，尽可能恢复原来的状态。英国法认为，由于违约造成的解除合同，并不使合同自始无效，而只是指向将来，即只是在解除合同时尚未履行的债务不再需要履行。至于已经履行的债务原则上不产生返还的问题。因此，在一方当事人违约之后，另一方当事合同人可以提出解除合同，但无权要求对方归还他已交付给对方的东西，他可以对全部违约提请损害赔偿。

**（四）禁令（Injunction）**

禁令是英美法采取的一种特殊的救济方法。它是指由法院做出禁令，强制执行合同所规定的某项消极的义务（Negative Stipulation），即由法院判令被告不许做某种行为。禁令是衡平法上的一种救济方法，英美法院仅在下述情况下才会给予这种救济：（1）采取一般损害赔偿的救济方法不足以补偿债权人所受的损失；（2）禁令必须符合公平合理的原则。

禁令常常出现在提供个人劳务的案件中，如在英国那姆利诉瓦格纳案中，普鲁士歌手乔安娜·瓦格纳同伦敦陛下戏院老板杰利明·那姆利签订了三个月的独家演出合同。可是后来伦敦考文特花园大戏院答应付瓦格纳更高的演出费，瓦格纳遂决定到考文特花园演唱。那姆利诉至法院。法院颁布禁令，禁止瓦格纳在原合同内到陛下戏院之外的其他戏院演唱。禁令可以单独被使用，也可以与其他救济方法同时使用。

**（五）违约金（Liquidated damages）**

违约金是指以保证合同履行为目的，由双方当事人事先约定，当债务人违反合同时，应向债权人支付的金钱。在理论上，违约金被分成处罚性违约金和补偿性违约金，后者在实践中被认为是约定损害赔偿。各国法律对违约金的规定不同，现分别介绍如下。

**1. 大陆法**

德国法将违约金视作对债务人不履行债务的一种处罚。因此当债务人不履行债务时，债权人有权在请求违约金之外，同时请求由于违约所造成的损害赔偿。如《德国民法典》第 340 条规定：债权人有基于不履行之损害赔偿请求权时，得请求以违约金作为损害赔偿的最低额，但不妨害其主张其他损害赔偿。《德国民法典》第 339 条规定：“债务人对债权人约定在不履行债务或不以适当方法履行债务时，应支付一定金额作为违约金者，于债务人延迟时，罚其支付违约金。”

法国法认为，违约金的性质是属于事先预期约定的损害金赔偿总额，《法国民法典》第1229条规定：“违约金是对债权人因主债务不履行所受损害的赔偿。”由此规定可以看出，法国法将违约金视作约定损害赔偿。其目的在于一旦发生合同违约时，可以简单确定债权人所请求的赔偿金额，而无须证明损害之发生及损害金额之多寡。所以原则上法国法不允许将损害赔偿与违约金同时使用。但在处理一些例外情况时，如在国际贸易中，一方延迟履约，债权人可以要求其支付违约金，并继续履行合同。

**2. 我国法律有关违约金的规定**

根据我国《合同法》的规定，违约金原则上被认为补偿性违约金，因此若在合同条款中出现违约金条款的话，原则上当发生违约时，受损害一方只能选择违约金和损害赔偿二者之一，不能并用。

**3. 英美法**

英美法原则上认为，违约只能要求赔偿，不能惩罚。因此，从英美法院对合同违约金条款的判例上看，一般将违约金区分为惩罚性违约金和约定的损害赔偿两种。对于前者法院不予承认，被违约方只能取得他所遭受的实际损害赔偿；对于后者，法院予以承认。由此可知英美法对于损害赔偿和违约金也认为，二者只能取其一，不能并用。至于法院如何对违约金进行判断，一般是由法院根据合同的实际情况和违约金所定金额的高低来进行。若违约金所定金额远高于合同违约所造成的实际损失，则被认为罚金，法院不予承认，受损害的一方只能按照通常的办法对实际损失请求损害赔偿。

**4. 违约金的增加或减少**

对于法院可否对当事人约定的违约金数额进行变动，即是否有法定违约金的问题，各国法律有不同的规定。

我国《合同法》认为，如果约定的违约金过高或过低于违反合同所造成的实际损失，当事人可以请求法院或仲裁机关予以减少或者增加。对于约定违约金低于实际损失的应提高至实际损失，高于实际损失的可“适当减少”。

德国法原则上认为，法院有权对违约金予以减少或增加。一些受德国法影响较深的大陆法国家也有同样的规定。《德国民法典》第343条规定：“约定的违约金额过高者，法院得依债务人申请以判决减至适当数额”。《瑞士债务法典》第163条也规定，如债权人所受损失超过违约金额时，如债权人能证明债务人有过失，得要求增加金额。法国法原则上不同意法院可以更改违约金的金额，但是在一些特殊的情况下，法院可以予以改动。按照《法国民法典》第1152条规定：“如合同载明，债务人不履行债务，应支付一定数额的损害赔偿时，不应给予他方当事人较高或较低于规定数额的赔偿。”“如果赔偿数额明显过大或过低时，法官得减少或增加原约定的赔偿数额。一切相反的约定视为未订。”

**5. 国际上有关文件对违约的决定**

由于各国法律对于违约金及约定损害赔偿的态度和处理方式存在很大的分歧，使该类条款的性质和有效性经常处于不确定状态，阻碍了国际贸易的发展，因此各种与合同有关的国际法律文件都在试图建立一个适用于这些条款的法律规则。

联合国大会1983年通过了由联合国国际贸易委员会制订的《关于在不履行合同时支付约定金额的合同条款的统一规则》(Uniform Rules on Contract Clause for an Agreed Sum Due upon

Failure of Performance)，建议各国将规则付诸实践，现将这项规则的适用范围及主要内容简介如下。

(1)《统一规则》的适用范围。《统一规则》适用于当事人约定在一方不履行合同时，另一方有权取得约定的金额时的国际合同(International Contracts)，不论此项约定的金额是作为罚金(Penalty)还是作为赔偿金(Compensation)。

(2)《统一规则》的实体规定。《统一规则》的实体规定有以下几项。

① 如果债务人对不履行合同没有责任，债权人无权取得约定的金额；换言之，只有债务人对不履约应承担责任时，债权人才能取得这项约定的金额。

② 如果合同规定，一旦延迟履行，债权人无权取得约定的金额时，则债权人在有权取得约定的金额的同时，还有权要求履行合同义务。

③ 如果合同规定，当出现延迟履行以外的不履约情形时，债权人有权取得约定的金额，则债权人有权要求履行合同，或者要求支付约定的金额；但是，如果说约定的金额不能合理补偿不履约所造成的损失，则债权人有权在要求履行合同的同时，要求支付约定的金额。

④ 如果债权人有权取得约定的金额，则在该项约定金额所能抵偿的范围内的损失，债权人不得请求损害赔偿；但是，如果损失大大超过约定的金额，则对于约定金额所不能抵偿的部分，债权人仍可请求损害赔偿。

⑤ 除非约定的金额与债权人所遭受的损失很不相称，法院或仲裁庭均不得减小或增加合同约定的金额。

⑥ 当事人可以删除或改变上述①、②、③项的效力。

## 五、免责的合同不履行

所谓免责的合同不履行，是在合同签订之后，由于出现了某种意外情况而使合同履行不可能，或如果履行将会使债务人遭受很大的损失从而造成极不公平的后果，在这种情况下，合同当事人可以不履行合同，且无须承担违约责任。对此各国法律都有相类似的规定。《德国民法典》第275条规定："债务关系发生后，因不可归责于债务人的事由，以致给付不能者，债务人免除给付义务。"《瑞士债务法典》第119条也规定："因不可归责于债务人的事由，致给付不能者，视为债务消灭。"对此种意外情况，各国法律分别采用了情势变迁、合同落空、不可抗力和抗辩权等来表述。

### (一)情势变迁原则(Clausula Rebus Sic Stantibus)

情势变迁是大陆法国家所采取的一种原则。所谓情势变迁是指在法律关系成立之后，作为该项法律关系的基础的情势，由于不可归于当事人的原因，发生了非当事人所能预料到的变化，如果仍然坚持原来的法律效力，将会产生显失公平的结果，有悖于诚实信用的原则，因此应当对原来的法律效力作相应的变更的一项法律原则。

大陆法虽然承认情势变迁原则，但在民法典中并没有对情势变迁的效力做出明确规定，往往仅在法院通过对法律条文的解释来执行情势的变迁原则。德国法院把所谓"经济上不可能履行"解释为《德国民法典》第276条所指的履行不可能。根据该条的规定："在债务关系发生后，非因债务人的过失致使履行不可能者，债务人免除履行的义务。"按照这一规定，德国法院认为，如果在合同订立之后，发生当事人在签订合同时所不能预见、无法克服的意外情况而使债务人不能履行合同时，债务人免除履行的义务。

法国法对于以情势变迁为由要求免除履行的抗辩要求非常严格，原则上不予接受，除非在当事人提出此项要求时，他可以证明所发生的意外情况是不可归责于当事人的，在合同签订时无法预见的，使债务人在相当期间内不可能履行的情况，如台风、地震等，才能免除当事人的履约义务。

意大利的法律同法国的法律相比，相对较为宽松，在其民法典中明确规定，凡是在长期之后才履行的合同或分批履行的合同，如一方提出由于发生非常的、不可预料的事件，使合同履行负担沉重时，法院得宣布解除合同。但对此有限制，即要求此风险不能是合同的正常风险以及当事人可建议公平地修改合同而反对解除合同。

情势变迁在《国际商事合同通则》中被表述为“艰难情形”。根据通则第 622 条规定，艰难情形是指使一方当事人履约成本增加或所获履约的价值减少，从而根本改变了合同均衡的事件。构成艰难情形的事件应符合五个条件：第一，该事件在合同订立后才发生或为处于不利地位的当事人所知；第二，处于不利地位的当事人在订立合同时不可能合理地考虑到该事件；第三，事件不能为处于不利地位的当事人所控制；第四，事件的风险未由处于不利地位的当事人承担；第五，事件根本改变了合同的均衡。由此可见，该通则对艰难情形的定义与情势变迁是十分近似的。但在处理后果上，艰难情形与情势变迁的规定不同，大陆法允许在出现情势变迁时修改或解除合同。根据通则的要求，处于不利一方的当事人必须首先毫不延迟地要求重新谈判合同，而只有当事人不能在合理时间内达成协议时，一方才可诉诸法院，请求法庭终止或修改合同。

### （二）合同落空（Frustration of Contract）

合同落空是英美法的一个术语，是与大陆法的情势变迁原则相对应的。合同落空是指在合同成立之后，非由于当事人自身的过失，而是由于事后发生的意外情况，对于未履行的合同义务，当事人得予免除责任。按照英国法的解释，只有在发生以一个通情达理的人看来，合同的当事人如果在定约前事先知道会发生这种变化就不会订立合同的事情，才允许合同落空。依照英国的法律，合同落空的情况有以下几种。

#### 1. 标的物灭失

这种情况是合同的标的物是某一特定的标的物，没有可替代的物品，如果合同签订之前存在，但于签订之后标的物灭失，履约已不可能，当事人可免除履行义务。例如，在特定物买卖中，订立合同后非由于当事人双方的过失，该特定物在风险转移之前灭失，双方当事人均无履行合同义务。

#### 2. 违法

这里所说的违法，不是指合同订立时就已违法，而是指在合同订立之后，由于国家的法律变动或对外政策发生变化，而使继续履行合同成为违法行为。在此情况下，合同可作为落空处理。

#### 3. 情况发生根本性变化

这里指在合同订立之后发生意外情况，致使合同失去了基础，则该合同可作落空处理。从英国法院的判例来看，在判断是否合同落空时，往往要结合实际情况，只有在情况变化十分严重足以使合同无法履行或仍可履行但已使合同失去约束力的情况下，才允许作合同落空处理。

**4. 政府实行封锁禁运和进出口许可证制度**

这种情况必须根据具体案件做出具体分析，并不会必然构成合同落空。美国《合同法重述》第 288 条对“落空”作了如下定义：“凡以任何一方应取得某种预定的目标或效力已经落空或肯定会落空，则对于这种落空没有过失或受落空的损害的一方，得解除其履行合同的责任，除非发现当事人另有相反的意思。”根据此定义，《美国统一商法典》对在什么情况下，卖方延迟交货得免除责任做出规定。根据该法典第 2-615 条的规定，未能按时交货的卖方在下列情况下，不负违约责任。

（1）如果由于发生了某种意外事件使合同变得实在难以履行（Impraciticable），而这种事件按照当事人订立合同时的“基本假定”（Basic Assumption）是不会发生的。

（2）由于卖方恪守外国政府或本国政府的规章而使得合同实在难以履行。按照《美国统一商法典》的官方解释，卖方如果要援引这一条免除责任，必须满足两个条件：第一，按当事人订约时的“基本假定”，这种事情是不会发生的；第二，其后果是使合同的履行“在商业上实在难以做到”。在商业上实在难以做到，不是实际上不能履行，而是指在此情况下，继续要求卖方履行，会使卖方的费用大大增加，以致使之显得极不公平，达不到合同所想实现的商业目的。在这种情况下可以免除卖方的履约责任。

**（三）不可抗力**

不可抗力事件是合同当事人在合同签订之后发生的，在合同签订时无法预见到的，并且事件发生时，当事人是无法控制的；造成损害的事件是当事人无法克服的自然情况（如地震、台风等）和社会情况（新法律、战争等）。不可抗力往往是商事合同的主要免责条款。由于大陆法所使用的情势变迁原则与英美法所使用的合同落空原则在实践当中判断起来十分困难，因此，合同当事人在签订合同时往往都将不可抗力的情况约定在合同当中，当发生此类情况时，不论其是情势变迁还是合同落空，都可以使当事人延迟履行合同或解除履行义务。

关于不可抗力对履约责任的影响，各国法律都有规定，大陆法国家的法律明确任何不可抗力事件的发生可免除当事人不履行合同的责任。我国法律将不可抗力视作免责的原因。

当不可抗力事件发生后，往往会造成两种可能的后果：一是履行已不可能，此时应解除合同；二是使履行迟延，此时需要看继续履行是否会给合同当事人造成显失公平的后果，如果不是，则可延迟履行合同，遭受不可抗力的一方不承担违约责任。《国际商事合同通则》对不可抗力的定义，包括了普通法系中的合同落空和履行不能以及大陆法系中的不可抗力、不可能性等。该通则第 7.1.7 条规定：“若不履行的一方当事人证明，其不履行是由于非他所能控制的障碍所致，而且在合同订立之时该方当事人无法合理地预见或不能合理地避免、克服该障碍及其影响则不履行一方当事人应予免责。对于不可抗力对履约责任的具体影响，该条约规定，如果不可抗力形成的履约障碍只是暂时的，免责只能根据该障碍对合同履行的影响，在一个合理期间内具有效力。换言之，如果不可抗力造成的合同不履行不是根本性的，那么在该不可抗力对履约的影响消除后，当事人应继续履行合同。但是，该通则并不阻止当事人一方根据法律或合同的规定，行使终止合同、拒约履行的权利。

从不可抗力与情势变迁、合同落空的定义上来看，它们之间具有相似之处，都是由于当事人事先无法预见，发生时无法控制，对后果无法克服的影响合同履行的事件。但是它们也有一定的区别：第一，它们的功能不同。不可抗力是属于法定的免责事由，即一旦不可抗力发生，债务人就可依法被免予承担不履行合同的责任，而情势变迁和合同落空则是主要指导原则，即在合同履行中因出现情势的变化而使当事人继续履行合同有悖诚实信用原则，允许当事人变更或解除合同。第二，二者的适用情形不同。不可抗力适用于因不可抗力造成的合同不可能履行的情形，而情势变迁和合同落空主要适用于因意外情况造成合同履行虽然可能，但却会根本改变合同均衡（当事人双方在合同经济利益的均衡）的情形。需指出的是，实践中可能存在某种既可视为不可抗力，又可视为情势变迁的情况，如地震，当事人既可将其视为不可抗力，又可将其视为情势变迁。当事人可根据自己的需要来决定寻求何种救济手段，如欲免责，则主张不可抗力；如主张情势变迁，则首先是以重新谈判合同为目的，以便合同修改后继续存在，且只有在谈判不能达成协议时，才可提出终止合同。

### （四）抗辩权（Excuse for Non-Performance）

合同不履行的抗辩权是指不履行合同的一方对抗或否认另一方当事人要求其履行合同的权利主张的权利，抗辩权可被分为同时履行抗辩权和不安抗辩权。

同时履行抗辩权是指合同双方的当事人一方在他方未作对等给付之前，有权拒绝自己的履行。但这种权利并非是绝对的。各国法律对此都做出了限制。大陆法系以诚实信用原则对同时抗辩权的使用做出限制，认为如对方的违约是轻微的，则另一方在此情况下援用同时抗辩权来拒绝对方的履行并拒绝履行自己的义务是违背诚实信用原则的。英美法则采用“分离性义务”理论对同时抗辩权进行限制，认为对于完整的、不可分割的义务必须全部履行。如果一方当事人没有履行该义务，如在分批交货的合同中，卖方只交付了前几批货物而没有完全交货，则买方只能拒付卖方没有交货部分的货款，而不能全部拒付。

同时履行抗辩权仅能使对方的请求履行权在一定期限内不能行使，但不具有消灭对方请求权的效力。即一方在行使同时履行抗辩权时，只是使自己的履行义务延迟，而不是消灭自己的履行义务，所以同时履行抗辩权属于延期的抗辩权。

《国际商事合同通则》第 7.1.2 条和第 7.1.3 条对同时履行抗辩权分别作了三种情况的规定：第一，凡当事人各方应同时履行合同义务的，任何一方当事人可在另一方当事人提供履行前拒绝履行；第二，凡当事人各方应相继履行合同义务的，应后履行的一方当事人可在应先履行的一方当事人完成履行之前拒绝履行；第三，对于因一方的作为或不作为或承担的风险而导致的另一方的不履行，一方不得依据另一方的不履行而拒绝履行。

不安抗辩权是指一方当事人在另一方当事人履行合同期到来之前，其有理由相信或有事实证明另一方当事人将会不履行或不可能、无能力履行合同，从而有权拒绝本应由自己先于另一方当事人履约的义务。不安抗辩权是大陆法的概念。从定义上看，与英美法的预期违约非常接近。但其主要不同之处在于：第一，权利主体不同。不安抗辩权人要求其行使主体必须是具有先行履行义务的一方，预期违约的主体可是合同的任意一方。第二，依据原因不同。大陆法规定行使不安抗辩权的一方可以行使不安抗辩权的条件是对方财产在订约之后明显减少并难以给付，例如在买卖合同中规定，在未来某期，卖方应先向买方交货，买方收货后付款，但卖方在订立合同之后，发现买方此时债台高筑已无力给付，此时他可以行使不安抗辩权，中止其履约义务。而英美法则规定预期违约的依据不仅包括财产也包括商誉及债务人的行为等。第三，救济方法不同。不安抗辩权的救济方法是权利人可中止自己的给付，一旦对方提供了充分的担保后应继续履行义务，即不是解除合同。预期违约的情况下，如属明示的预期违约，另一方可解除合同并要求损害赔偿；或者置之不理继续保持合同效力，等待对方在履行期到来之时履约，若对方仍不履约，则提起违约赔偿之诉；如果属于默示的预期违约

（即在履行期到来之前，一方当事人有确凿的证据表明另一方当事人将不能于履行期到来时履行合同，而另一方又不明确表示），预见他方违约的一方可以中止履行义务，请求对方提供履约担保。如果对方在合理的时间内不能提供履约充分担保，可解除合同并请求损害赔偿。

《联合国国际货物买卖合同公约》和《国际商事合同通则》均采纳了预期违约的概念，不过没有显示预期违约和默示预期违约之分。前者第71条和第72条规定，如果一方当事人在订立合同后，其履行能力或信用严重缺失，或在准备履行或在履行合同中的行为表明他显然将不履行其大部分义务，另一方可通知该方中止履行自己的义务，但如果另一方当事人对履行义务提供了充分保证，其应继续履行义务；如果一方在另一方履行合同日期到来之前明显看出另一方当事人将根本违反合同，可以宣告合同无效，但在时间允许的情况下，该一方当事人应向另一方当事人发出合理的通知，使他可以对履行义务提供充分保证。后者第7.3.3条、第7.3.4条、第7.3.5条规定，如果在一方当事人履行合同日期之前，该方当事人根本不履行其合同义务的事实是明显的，则另一方当事人可通知终止合同；如果一方当事人有理由相信另一方当事人将根本不履行，可要求对方对履行提供充分保证，并可同时拒绝履行自己的合同义务。若对方不能在合理时间内提供这种保证，则该一方当事人可终止合同，同时对不履行要求损害赔偿。

## 第四节　合同的让与以及为第三人利益订立的合同

### 一、合同让与

合同的让与是指合同当事人一方将其合同权利和义务全部或部分转让给第三人。合同的让与实际就是合同主体的变更，即合同权利的受让人成为合同之债的新债权人，合同义务的受让人成为合同之债的新债务人，而合同的内容保持不变。前者即所谓债权让与，后者是债务承担。

各国对合同让与的有关规定存在很大分歧，现介绍如下。

#### （一）债权让与

债权让与是指合同的债权全部或部分地转让给第三人。后者基于债权让与成为新债权人，他取代了原债权人的地位，如债务人不履行义务，新的债权人有权以自己的名义向债务人提起诉讼，请求依法予以救济。

债权让与有两种方法：一种是民法上的债权让与；另一种是商法上的债权让与。民法上的债权让与须遵守以下原则：第一，必须把债权人的变更通知债务人；第二，新债权人所取得的权利不得优于原债权人，凡债务人得以对抗原债权人的抗辩，同样亦得用以对抗新债权人。商法的债权让与较民法上要简单一些，其办法是以背书方式进行转让，无须通知债务人。同时，债务人得以对抗原债权人的抗辩不得用以对抗新债权人。商法的债权让与主要适用于流通证券的转让，将在票据法中介绍，这里所说的是民法上的债权让与。

债权让与涉及三个方面：让与人（Assignor），即原债权人；受让人（Assignee），即新债权人；债务人（Debtor）。

在实践中，绝大多数的债权都是可以转让的，但是对于以下合同权利，许多国家的法律一般不允许随意转让：（1）根据合同权利的性质不能转让的债权，即合同只能在特定当事人之间成立，如果转让给第三人就会影响合同内容的履行，从而违背当事人订约的目的。这类合同包括信托权利、表演或出版权利、受聘权利等。（2）法律禁止转让的权利。（3）原合同当事人约定不得转让的权利。

债权转让是让与人与受让人之间订立的合同，按照这种合同，让与人将其债权转让给受让人。但是，这种合同与债务人有密切联系，如何保护债务人是十分重要的问题，各国法律对此都有一些规定。

**1. 大陆法**

《德国民法典》第 398 条规定："债权得依债权人与第三人的合同而转移于第三人，新债权人依合同的成立取得债权人的地位。"按照这一规定可知，德国法对债权让与采取的是自由主义的观点，即债权转让合同依原债权人与新债权人之间的合同即可成立，不必征得债务人的同意，也不必通知债务人。如果未通知债务人，而债务人仍旧向原债权人做出清偿，则债务人已清偿的债务可告解除；如果债务人已被通知或知悉债权的转让，则不论其是从何处得悉该债权让与的，都必须向新债权人清偿，否则其义务不能解除。如甲欠乙 1 000 元，乙将这一债权转让给丙，乙并没有通知甲，如甲在不知情的情况下还给乙 1 000 元，则甲完成其清偿义务；而如果甲在已知乙将债权转让给丙后，不把钱清偿给丙，即使其将钱给乙，也不视为其完成清偿义务。

为了保护债务人的利益，《德国民法典》第 404 条规定："债务人在债权让与当时对原债权人的抗辩，均得向新债权人主张。"这一规定是因为债权让与只是改变了债权的主体，债权的内容并没有改变，如果原债权含有瑕疵（如合意不真实等），这种瑕疵亦必须随同债权转让给受让人，受让人不能取得优于让与人的权利，所以债务人得以对抗原债权人的事由，均可以对抗新债权人。例如，债务人在被欺诈的情况下与债权人订立了一项合同，答应付给债权人 10 万元，原债权人将此项债权转给新债权人，则债务人仍有权以欺诈为理由，向新债权人主张合同无效。

为了便于债权的连续让与，保护第二受让人，德国法将债权让与视为抽象的法律行为，原债权人向受让人转债权的合同是一种不要因合同，即这种合同是与作为它的基础的合同分离独立的，不因基础合同的瑕疵而受影响。即使原债权人与第一受让人所作的债权让与合同有瑕疵或缺乏原因，但该债权让与仍然有效不受影响，在这种情况下，原债权人可向第一受让人请求不当得利的返还作为救济办法。如第一受让人已将债权让与第二受让人，则第二受让人的权利不因原债权人与第一受让人之间在债权让与方面的原因有任何瑕疵而受到影响。

法国法虽然也承认债权转让制度，认为债权人有权不经债务人的同意而把债权转让给第三者，但其与德国法的规定不同：首先，法国法不认为债权让与是一项不要因合同，而是认为债权让与是一种以债权为标的物的买卖行为。其次，法国法把债权让与合同对让与人与受让人的效力加以区别。根据《法国民法典》第 1689 条的规定，债权让与，在让与人向受让人交付权利证书时，即认为已履行交付的义务。《法国民法典》第 1690 条规定："受让人，仅依对债务人所为关于转让的通知，始对于第三人发生权利占有的效力。"按照《法国民法典》的解释，债权让与合同须以通知债务人或由债务人在公证文书上做出承诺作为对第三人发生效力的必要条件。由这些规定可知债权让与合同一经生效，让与人就与债权无关，而对于债务人来说，债权让与合同对其发生效力。根据法国法院的判例，债务人是否完成其清偿义务，应视其在债权让与合同生效前后的行为而定，如其在让与合同生效之前向债权受让人清偿，或在债权让与合同生效之后向原债权人清偿，均不认为债务人完成清偿义务。第三，法国法认为，如原债权人在与受让人签订债权让与合同之后，又把同一债权让与第二受让人时，由哪一个受让人取得债权的问题，依据哪一个受让人先将债权让与的事实通知债务人而定。因为，法国法认为受让人将债权让与通知给债务人是债权转让合同对债务人生效的条件。例如，原债权人分别把同一债权转让给第一、第二受让人，而第二受让人先把债权转让的事实通知债务人，则债务人只有向第二受让人清偿债务才算视作其完成了清偿义务。而德国法采取的是自由主义原则，即无须通知债务人，债权转让合同即对债务人生效，因此，在一个债权先后让给几个人的情况下，应适用优先原则，即主张第一受让人取得债权。但这只是对两个或两个以上受让人之间谁有权取得债权而言，至于对债务人而言，在同一债权发生多次转让的情况下，究竟应向谁清偿债务，则仍须取决于债务人对债权转让情事是否知情。

**2. 英美法**

与德国法一样，英美法对债权让与情事是否通知债务人采取了自由主义的原则，即不必征求债务人的同意，也无须通知债务人。经过多年的法律演变，英国的债权让与制度如下。

（1）英国法原则上承认债权可以转让，但有例外，即以下权利不得转让，如薪金权利、赡养权利和抚养权利、高度私人性质的权利等。

（2）英国法对债权让与有两种不同的处理办法：一种是按成文法规定进行的债权让与（Statutory Assignment）；另一种是按衡平法的原则进行的债权让与（Equitable Assignment）。按成文法进行的债权让与必须符合 1925 年财产法（Law of Property Act，1925）所规定的三项要求：① 必须以书面做成，并由让与人签字；② 债权让与必须是绝对的、无条件的，应包括全部债权，而不是债权的一部分；③ 必须以书面通知债务人。

如符合法律规定的要求，受让人即可以用自己的名义对债务人提起诉讼。按成文法进行的债权让与不要求对价。在某些情况下，如果债权让与由于欠缺成文法所要求的转让条件，但如当事人确有债权让与由于欠缺成文法所要求的转让条件，而当事人确有债权让与之意，则按衡平法的规定是有效的，也无须通知债务人。但通知债务人可起到以下作用：① 可取得优于原债权人的地位，即债务人在接到债权通知以前所得的原债权人提出的抗辩，均得以对抗受让人。但在接到债权让与通知之后产生的对抗原债权人的抗辩事由，就不能用以对抗受让人。② 如同一债权经原债权人多次转让，则先向债务人发出债权让与通知的受让人可对该项债权取得优先权。

美国法有关债权让与的规定情形与英国法类似。根据《美国统一商法典》的规定，除当事人另有协议外，买方或卖方都可以把他们的权利转让给第三人，除非这种转让会大大改变对方的义务，或者大大增加对方的负担，或严重损害对方获得履行的机会。但是，凡属于按“需要”或按“产出”（Needs or Output）供应货物的合同，原则上都不能转让，因为债权让与是以新的债权人来取代原债权人的地位，而不同的债权人其“需要”或“产出”也可能会有很大的不同。

在同一债权多次转让的优先权问题上，美国法与英国法不同，其规定与德国法类似，即美国法认为第一受让人取得该项债权。其理由是，让与人在将债权转让给第一受让人之后，让与人已失去了该项债权，他不能把他没有的权利转让给他人。

### （二）债务承担

债务承担是指由新债务人代替原债务人承担债务。新债务人称为承担人。债务承担只是更换了债务人，债务的内容并没有发生改变，但债务承担与债务让与相比其问题更为复杂，债权让与只是更换了债权人，一般不会对债务人的履约能力产生影响，但是债务转移却要更换债务人，不同的债务人的履约能力有所不同，可能会影响到债务的清偿，因此债务承担与债权让与在法律上的规定差异较大。债权让与原则上无须债务人的同意，甚至不必通知债务人，但是债务承担必须经债权人的同意才能进行。有些国家法律不同意进行债务承担，而是通过债务更新来转移债务。所谓债务更新是由原债权人应债务人的请求，同愿意承担该项债务的第三者订立一个新的合同，由后者来承担原债务人的债务。现将各国法律有关债务承担的规定介绍如下。

**1. 德国法**

《德国民法典》第五章对债务承担作了具体规定，允许债务承担，认为债务承担是一种合同关系。债务承担合同有以下两种方式。

（1）是由债权人与承担人订立合同，代替原债务人承担其债务。

（2）由承担人同债务人订立债务承担合同，让承担人向债权人履行债务，但这种债务承担合同必须经债权人的追认才能发生效力。《德国民法典》第 415 条明文规定："第三人与债务人约定承担债务者，须经债权人的追认始生效力。"这是因为，债务人的更换对债权人关系甚大，为了保护债权人的利益，法律特别规定这一种债务承担合同必须取得债权人的同意。

从德国法的规定上看，债务承担的效力主要体现在以下两个方面。

第一，在让与人与承担人的关系上，德国法认为，债务承担合同一经生效，就由承担人代替原债务人承担债务，从而使原债务人脱离债务关系免除了他的债务。

第二，在对承担人与债权人的保护上，《德国民法典》第 417 条规定："原债务人与债权人间因法律关系，所得对抗债权人的事由，新债务人（承担人）亦得向债权人提出。"由此规定可以看出，德国法为保护承担人的利益，允许承担人援用原债务人的抗辩事由。例如，如果债权人与原债务人之间的合同由于违法而无效时，该项债务的承担人亦可向债权人主张合同无效。另一方面为保护债权人的利益，《德国民法典》明确规定："新债务人（承担人）基于自己与债务人承担债务原因的法律关系所有的抗辩，不得向债权人提出。"由于德国法将债务承担合同视作是一项抽象的法律行为，是不要因的合同，所以债务承担人与原债务人之间的法律关系不会影响承担人与债权人之间的债务承担合同。这是债务承担赖以存在的基础。否则，债权人就会因债务承担风险太大而拒绝债务承担。

**2. 法国法**

法国法与德国法不同。法国法并没有在其民法典上专设条目来规定债务承担，而是采取一些变通的办法来实现债务承担的目的。法国法原则上允许第三人代替原债务人向债权人清偿债务，但将变更债务的权利赋予债权人。法国法认为原则上债务是不能转让的，但是可以通过债的更新来实现债务的转让，如《法国民法典》第 1271 条第 2 款规定："债权人得解除旧债务人的债务由新债务人代替之。"这就是说，当事人如果想要进行债务承担，就必须由债权人先与旧债务人解除合同，再与新债务人签订新的合同，将原债务人的债务加之于新债务人。此外，法国法承认概括承受。所谓概括承受是指在自然人死亡或法人合并时，由其继承人概括性继承一切财产，包括债权和债务，这也可以说是债务承担的一种方式。

**3. 英美法**

在原则上，英国法与法国的规定一致，即认为合同的债务非经债权人的同意不能转移，债务转移只能通过债务更新来实施。债务更新合同的效力在于解除原债务人的债务，并把这项债务加之于新债务人。

美国法在原则上认为合同的债务非经债权人同意不能转让，但也允许在某些特定的情况下代行债务，即允许他人代替原债务人履行债务，但债权人不能因此而解除自己的义务。《美国统一商法典》第 2-210 条规定，除合同当事人另有协议，或债权人对由原债务人履行合同具有重大的利害关系者外，债务人得通过他人代其履行义务。替代履行并不解除债务人的履行义务或对违约所产生的责任。

**（三）我国法律有关合同转让的规定**

根据我国《民法通则》和《合同法》的有关规定，允许一方当事人将合同的权利和义务转让给第三方。如《合同法》第七十九条规定："债权人可以将合同的权利全部或部分转让给第三人，但有下列情形之一的除外：（1）根据合同性质不可转让；（2）当事人约定不可转让；（3）依照法律规定不得转让。"第八十四条规定："债务人将合同的义务全部或部分转移给第三人的，应当经债权人同意。"第八十九条规定："权利和义务一并转让的，适用本法第七十九条、八十一条至第八十三条、第八十五条至第八十七条的规定。"由上述规定可以看出，我国法律允许当事人进行债权让与和债务承担，也允许进行概括承受。

在合同转让的形式上，对债权让与，根据《合同法》第八十条规定，必须将债权让与通知债务人，否则债务让与对债务人不发生效力。对于债务承担，根据《合同法》第八十四条规定，必须经债权人同意方可进行。

在让与人与受让人的关系上，《合同法》规定，债权转让合同一经签订，在通知债务人之后生效，由债务人向受让人清偿债务，债权转让通知非经受让人同意不得撤销。债务转让合同在经债权人同意后方可发生效力，由承担者向债权人清偿债务。

在对当事人的保护上，《合同法》规定，在债权转让合同中，债务人对让与人的抗辩，可以向受让人主张；在债务转让合同中，新债务人可以主张原债务人对债权人的抗辩。

另外，对于由中国法律或行政法规规定转移权利或者转移义务应当办理批准登记等手续的，应当按照规定办理。

## 二、为第三人利益订立的合同

为第三人利益订立的合同是指双方当事人在合同中约定，由债务人向合同以外的第三者履行合同所规定的义务，该第三者是合同的受益人，他可以用自己的名义直接要求债务人履行合同，如果债务人违反合同义务，受益人有权直接向债务人请求损害赔偿。

由定义上看，为第三人利益订立的合同是涉他合同的一种。各国法律都在不同程度上承认为第三人利益订立的合同。但是，各国法律的规定有所不同，有的国家的法律明确规定允许为第三人利益订立合同，并对合同订立后产生的对当事人的权利和义务做出明确的规定，如德国；有的国家则是通过一些变通的方式来使为第三人利益订立的合同有效。

合同是否授予合同以外的其他人权利取决于双方当事人的意思，即一项为他人利益订立的合同是否有效取决于合同双方当事人的意思表示。这种意思表示无须十分明确，只要有充分的证据从双方当事人明示的内容中，从交易的目的中，从案件的其他情况中推论出这一点就可以。例如客运合同，在运输合同中并没有将旅客亲属列为第三人，但法律将客运合同认为是为第三人利益订立的合同，如果旅客在途中遭受致命车祸，允许旅客的亲属以自己的权利起诉承运人。

现将各国有关为第三人利益订立的合同的规定介绍如下。

### （一）德国法

德国法承认为第三人订立的合同并将之称为向第三人给付的合同。《德国民法典》第 328 条规定，"当事人得以合同订立向第三人给付并使第三人直接取得请求给付的权利。"通过德国法的解释可以看出，对于为第三人利益订立的合同做出以下几个主要规定。

**1. 谁是第三人的问题**

依照德国法的解释，成为此类合同的第三人可以有两种方法：一是由合同双方在合同中明确表示，如人寿保险合同；另一种方法是通过法院对实际情况的推定来决定，如客运合同。

**2. 合同对第三人的效力**

第三人是合同的受益人。根据《德国民法典》的规定，为第三人利益的合同，第三人可以直接取得请求给付的权利，无须对此表示同意。至于第三人是否可以拒绝接受基于此种合同所取得权利，则由合同的具体规定或法院的判决而定。第三人依照这种合同取得直接请求履行的债权，其中包括以自己的名义直接请求债务人履行合同和债务人违约时请求损害赔偿等。但是，由于第三人不是合同当事人，所以第三人无权撤销合同或解除合同。此项撤销权或解除权仅能由合同的双方当事人行使。

**3. 对于债权人权利**

合同的债权人有权要求债务人向第三人履行合同。不过在为第三人利益订立的合同中，合同债权人所享受的债权与第三人所取得的债权是不同的。如果债务人没有向第三人履行债务或履行迟延，他可以为自己所遭受的损失请求损害赔偿；也可以援引债务人未履行合同行为而停止履行自己的义务，直至债务人履行义务。在原则上债权人可以债务人违约为由宣告合同无效或撤销合同，并因此而终止第三人要求履行的权利。例如，买方对卖方允诺支付一半价款给第三人，如果买方未在约定日期支付给卖方另一半价款，卖方可以宣告合同无效，卖方无须取得第三人的同意，即使第三人的权利是不可撤销的。

**4. 对于债务人的效力**

为第三人利益订立的合同成立后，债务人即负有向第三人履行合同的义务，如有违约情事，债务人须负违约责任。但是第三人的权利产生于债权人与债务人之间的合同，所以债务人基于该合同所产生的一切抗辩事由，均可以对抗受益的第三人。因此在上文所假定的案件中，如果第三人向买主主张取得他的那部分价款，买方可以辩称，合同尚未开始履行，并可以停止付款，直到卖方履行合同；如果他宣告合同无效或撤销合同，则可以拒绝全部付款。

### （二）法国法

法国法虽也承认为第三人利益订立的合同，但态度不像德国法那样明确。如《法国民法典》第 1119 条规定，"任何人原则上仅得为自己订约，并以自己名义订立合同"。第 1165 条规定，"合同仅于缔约当事人间发生效力"。从上述规定看，法国法似乎是不允许为第三人利益订立合同的，但其实并非如此。因为《法国民法典》第 1121 条规定，"人们为自己与他人订立合同时，或对他们赠与财产时亦得订定为第三人利益的条款，作为该合同或赠与的条件，如第三人声明有意享受此条款的利益时，为第三人订立合同的人即不得予以取消。”

法国法与德国法的主要不同之处在于对债权人在订立合同之后，对于第三人利益可否予以取消或更改的问题。德国法认为应取决于当事人的意思，即取决于合同的债权人在合同中对这一点有无保留权利。法国法则认为取决于第三人是否已接受合同给予他的权利。

### （三）英国法

英国普通法不承认为第三人利益订立的合同。因为英国法律的基本原则之一是，只有合同的当事人才能依据合同提起诉讼。合同以外的第三人是不能以自己的名义就合同提起诉讼的。为了适应社会经济的需要，英国采取了以下三种变通的方法，使某些为第三人利益订立的合同得以实现。

#### 1. 以成文法的规定来突破普通法中关于只有合同当事人才能对合同提出诉讼的原则

即通过制定一些单行的成文法对某些合同做出规定，允许第三者成为受益人。如 1906 年英国海上保险法规定，保险合同能使第三人成为受益人，取得保险合同上的收益。

#### 2. 通过法院判例来确认第三人利益的商业惯例

如在国际贸易中经常使用的支付方式——信用证。信用证是银行根据进口人的请求，开给出口人的一种保证按规定条件向出口人支付货款的凭证。在信用证中涉及三个法律行为：第一，买卖双方在买卖合同中规定以信用证方式支付货款；第二，买方同银行订立合同，委托银行向卖方开立信用证；第三，银行根据它同买方订立的合同，向卖方开出信用证，并保护按照信用证规定的条件向卖方支付货款。依英国普通法的观点来看，第三个法律行为有问题，因为卖方不是开立信用证的当事人，开立信用证的合同是由买方和银行订立的。所以如果卖方履行义务之后，银行拒绝向其付款，依照英国法律也不承担违约责任。这对国际贸易活动十分不利。所以在 1958 年的一个判决中，英国法承认了此项国际惯例。

#### 3. 通过衡平法的信托制度使第三人取得合同上的利益

信托是英国衡平法上的一种制度，它通常是指信托人将财产托付给受托人。衡平法认为，在信托制度下，第三人可以取得信托所给予的利益，衡平法把这种制度解释适用于某些为第三人利益订立的合同。

### （四）美国法

美国法承认为第三人利益订立的合同。美国法律认为，只要双方当事人在订立合同时，有意思使第三人享受合同的利益，该第三人就可以凭合同向法院提起诉讼，要求取得合同给予的利益。与大陆法的国家规定不同，美国法没有概括性的规定，而是根据不同的合同对当事人的权利和义务做出规定。美国各州的法律把第三人利益的合同分为以下三种情况。

#### 1. 以受赠人为受益人的合同

此类合同以赠与为目的。如债务人违约，债权人和第三人都可以向债务人提起诉讼，第三人有权请求合同规定给予他的利益；债权人可请求赔偿由于债务人违约而使其遭受的损失，但一般只能取得名义上的损害赔偿。

#### 2. 以债权人为受益人的合同

此类合同订立的目的是为了向第三方清偿债务。如果合同双方不向第三人履行义务，则该第三人也可以自己的名义提起诉讼。

**3. 偶然的受益人**

这是指合同双方在订立合同时，并没有把利益给予第三人的意思，但是由于其履行该合同的结果，却使第三人从合同中得到某种利益。在此类合同下，该偶然的受益人对合同没有任何权利。

# 第五节　合同的消灭

合同的消灭是指合同由于某种原因而不复存在。合同的消灭是英美法的概念。大陆法中没有合同的消灭这一概念。这是因为大陆法将合同归于债之中，使用债这个总的概念。所以在大陆法各国的法典之中，仅对债的消灭做出了规定。

合同消灭的原因大致分为以下几类：一是基于当事人的意思，如解除合同；二是基于合同目的的达到或消失，如清偿、履行、不能履行、混合等；三是基于法律的直接规定。各国法律对于合同的消灭都作了具体的规定，现将其分别介绍如下。

## 一、大陆法各国对债的消灭的有关规定

大陆法各国对于债的消灭在其民法或债务法典上都做出了具体的规定。如《法国民法典》将债的消灭规定为：（1）清偿；（2）更新；（3）自愿免除；（4）抵消；（5）混合；（6）标的物丧失；（7）取消；（8）解除条件成就；（9）时效完成。《德国民法典》将债的消灭的原因规定为：（1）清偿；（2）提存；（3）抵消；（4）免除。此外，在实践中，德国法也承认混合是债的消灭原因之一。下面就主要规定介绍如下。

**1. 清偿（Performance）**

所谓清偿就是债务人向债权人履行债的内容。大陆法各国均将清偿作为债的消灭的主要原因。当债权人接受债务人的清偿时，债的关系即告消灭。各国法律对于清偿的规定主要有以下几个方面。

（1）有关清偿的人的问题，即谁可向债权人清偿债务。各国法律都认为应依据债的性质而定。即如果债的性质不要求必须由债务人亲自履行者，法律允许债务人以外的第三人向债权人清偿债务。对于代位履行，各国还有代位权的制度，所谓代位权，是指对债务履行有利害关系的第三人，在为债务人向债权人清偿了债务之后，在法律上即取得了债权人的债权，他可以使自己处于债权人的地位，来行使其对债务人的求偿权。

（2）清偿的标的物。清偿的标的物一般应是合同规定的标的物。根据各国的法律，如《德国民法典》第 364 条规定："债权人受领约定给付以外的他种给付以代替原给付者，债权关系消灭。"在债权人同意的前提下，债务人可以用规定标的物以外的物品清偿债务。这在大陆法上称为代物清偿。

（3）清偿的地点与期间。如果合同对清偿的期间有明确规定的话，应按合同的规定清偿。如果合同对此没有明确的规定，则称为未定期债务，债权人可在合同成立以后，随时向债务人要求清偿。债务人也可随时向债权人清偿。不过，许多大陆法国家的法律认为，有关期限的规定一般应推定为债务人利益而订，如《德国民法典》明确规定，在合同规定了履行期限

的情况下，债权人虽无权在规定的期限届至以前请求债务人清偿债务，但债务人可于期限届至以前履行其义务。如果合同对清偿地没有规定，首先要看标的物是否是特定的标的物。如果是特定标的物，应于订约时该特定物所在地清偿；如果不是特定的标的物，则根据法律规定决定。对此各国法律规定不同，一种是以债务成立时债务人的住所为清偿地，即所谓往取债务，德国、法国、瑞士采用这种办法；第二种是以债务成立时债权人所在地为清偿地，称为赴偿债务，日本采取这种做法。

（4）清偿的费用。如当事人在合同中规定，则按合同规定负担。如果在合同中没有规定，一般由债务人负担。但如果债权人住所发生变更使清偿费用增加时，增加的部分由债权人负担。

（5）清偿的抵充。对于清偿的抵偿，各国都认为应由债务人指定其抵偿的债务。如果债务人没有指定抵偿的债务，则根据债务的不同情况权衡债务人与债权人的关系，采取不同的处理办法。如《德国民法典》第366条规定，"债务人对于债权人基于数宗债务关系负担同种类给付的义务者，如债务人提出的给付不足以清偿全部债务时，债务人于给付时所指定的债务归于消灭"。并规定，"如债务人没有做出上述指定者，则先抵充已届清偿期的债务；若几个债务均已届清偿期者，则应抵充对债权人担保最少的债务；如担保相等者，应抵充债务人负担最重的债务；如负担相等者，应抵充到期较早的债务；如到期相同者，应按各个债务数额的比例消灭债务。"

**2. 提存（Deposit）**

提存是指债权人的原因使债务人无法向其交付合同标的物时，债务人将该标的物寄托于法定的提存场所而使债的关系归于消灭。所谓债权人的原因主要有两种情形：（1）债权人在债务人向其清偿时，拒绝或迟延接受清偿。（2）债权人不清或下落不明。提存的场所可以由法律规定，也可以由法院指定。

合同标的提存后，债务人即免除了向债权人履行的义务，风险也随之转移至债权人，债权人只能向提存机构收取提存物并对在提存期间产生的费用负责。

**3. 抵消（Set-off）**

抵消是指两个人彼此互负债务，而且债务的种类相同，并均已届清偿期，因而双方均得以其债务与对方的债务在等额的范围内归于消灭。抵消的方法主要有三种：（1）法定抵消。这是《法国民法典》规定的抵消方法，即双方无须进行通知，只要符合抵消条件，双方的债务自然发生抵消。（2）以当事人单方面的意思表示抵消。（3）约定抵消，即互负债务的双方依照合同的约定，将各自的债务抵消。

**4. 免除（Rcmit）**

免除是指债权人免除债务人债务，放弃其依据合同所享有的债权，从而使债归于消灭。免除是否须债务人同意，各国法律规定不同，德国法和法国法认为必须经债务人同意才能生效，而《日本民法典》则认为不必经债务人同意，只要债权人有免除债务的意思表示，债即可消灭。

**5. 混同（Merger）**

混同是指合同的债权人和债务人同归一人，从而使一人既是债权人又是债务人，此时债的关系消灭。混同的原因主要有概括继受和特定继受两种。

各国法律都认为，当债权与债务同归一人时，其债权因混同而消灭。但在某些特殊情况下，混同并不能使债的关系消灭。这主要有以下两种情况：（1）债权已被作为他人权利的标的；（2）票据法上的特殊规定。

**6. 已过时效（Limitation of Action）**

各国法律都将已过时效作为合同消灭的原因之一。《法国民法典》第1234条即规定，债的关系得因时效完成而消灭。所谓时效是指依照法律的规定，在一定期间内，由于一定事实状态的继续存在，而引起民事法律关系的消灭或发生的一种法律制度。从各国有关时效制度的规定上来看，无论是规定权利本身在时效完成后消灭，还是规定请求权（诉权）在时效后归于消灭，债务人都可以以此为由不承担债务。所以，在事实上时效完成，债务即不可能得到法律上的履行，从而导致债的关系消灭。

## 二、英美法有关合同的消灭的法例

按照英美法的规定，合同的消灭主要有以下几种方式：（1）合同因双方当事人的协议而消灭；（2）合同因履行而消灭；（3）合同因违约而消灭；（4）合同因不能履行而消灭；（5）合同依法律而消灭。现分别介绍如下。

**1. 合同因履行而消灭**

履行是合同消灭的主要原因，合同一经履行，当事人之间的权利和义务关系即可消灭。英美法的这一项规定与大陆法的清偿类似。

**2. 解除**

解除是指当另一方违约或出现法律规定的事由时，一方终止合同的行为。它包括合同因违约而消灭和合同因不能履行而消灭两类。英美法认为，由于一方违约，有时会使对方取得解除合同的权利，因此违约是合同消灭的原因之一，但要求违约必须是重大违约或违反条件才可导致合同的消灭。

**3. 合同因双方当事人的协议而消灭**

英美法认为，既然合同是依照双方的协议成立的，那么它也可以按照双方当事人的协议而解除。由于英美法要求合同必须有对价，所以，双方解除原有合同的协议也必须有对价。如果是解除一方当事人履行合同的义务，就必须以签字蜡封的形式做成或另有对价。但是，如果双方当事人约定彼此免除对方的合同义务，就不需要有另外的对价，因为在这种协议中，彼此免除对方的合同义务，这本身就是对价。以协议方式来消灭合同的权利义务有以下几种做法。

（1）以新的合同代替原合同。这种方法可以通过两种方式做出：第一种是双方当事人约定以一个新的合同代替原来的合同，彼此免除当事人在原合同中的履行义务，此时原合同归于消灭，这种协议无须新的对价；第二种方式是双方当事人达成协议，对原合同中的某些条款加以修改或消除，使原合同归于消灭，按照英国普通法的规定，这种协议必须有对价。但是，按照《美国统一商法典》第2-209条的规定无须对价。

（2）更新合同，是指在合同订立之后，由于有新的当事人加入，新当事人得享有原合同的权利和义务，为此，原合同双方当事人与新当事人协议成立新的合同代替原来的合同。合同一经更新，原合同即告消灭。

（3）依照合同自身规定的条件而解除合同。这是指双方当事人在合同当中约定，如果遇到某种情况，合同即告解除。这种条件有两种：①先决条件。所谓先决条件是指只有在这种条件发生之后，合同才能正常履行的条件。如果先决条件不能实现，当事人即可解除其依合同所承担的义务，使合同归于消灭。②后决条件。所谓后决条件是指在合同成立以后，如发生某种事件，合同的履行义务即告终止。如果合同规定的后决条件一旦出现，合同即归于消灭。

（4）弃权，是指合同一方当事人自愿放弃其依据合同所享有的权利，从而解除了他方的履约责任。弃权可以是当事人放弃其在合同中的全部权利，也可以是只放弃部分权利。

**4. 依法使合同归于消灭**

在英美法中某些法律规定使合同在特定情况下归于消灭。主要有以下几种情况。

（1）合并（Merger）。合并有两种情况：一种是合同合并，即以更为安全可靠的合同代替比较不安全的合同，从而使后者并入前者，并使后者归于消灭。另一种是合同的权利和义务归属于同一个人，这种情况类似于大陆法的混合，合同亦告消灭。

（2）破产。这是指一方当事人破产后，经过破产清理程序，取得法院的解除命令，破产人即可解决一切债务和责任，从而使合同消灭。

（3）擅自修改书面合同。如果一方当事人未经过对方当事人同意，对合同的重要部分进行修改，使合同对自己有利，对方即可解除责任，使合同归于消灭。因为，这种修改行为违反了诚实信用原则。

## 三、中国法律的有关规定

在我国法律中没有合同的消灭或债的消灭这样的概念。我国《合同法》使用的是合同的终止这一说法。依据我国《合同法》第九十一条的规定，凡有下列情况之一的合同的权利义务终止：（1）债务已经按照约定履行；（2）合同解除；（3）债务相互抵销；（4）债务人依法将标的物提存；（5）债权人免除债务；（6）债权债务归于一人；（7）法律规定或者当事人约定终止的其他情形。

## 四、国际上有关法律文件的规定

在《联合国国际货物买卖合同公约》和《国际商事合同通则》中没有明确规定合同消灭的各种原因，但却都允许当事人一方在一定条件下以宣告合同无效或终止合同的方式来使合同归于消灭。《国际商事合同通则》在其第 3.5 条、第 3.8 条、第 3.9 条和第 3.10 条分别规定一方当事人有权以错误、欺诈、胁迫和重大失衡为由来宣告合同无效；其第 6.23 条、第 7.1.7 条、第 7.3.1 条和第 7.3.3 条又分别允许当事人以艰难情形、不可抗力、另一方根本不履行合同或预期根本不履行合同为由来终止合同。《联合国国际货物买卖合同公约》也规定，一方当事人得以另一方根本违约或预期根本违约为由而宣告合同无效。

### 本章小结

合同的基本原则：合同的自由原则、诚实信用原则。

合同的成立：要约与承诺、当事人订立合同的能力、对价与约因、合同的形式、合同必须合法、合同的意思必须真实、合同的解释。

合同履行：违约及违约形式、违约的救济方法、免责的合同不履行。

合同的让与、为第三人利益订立的合同、合同的消灭。

## 本章重要概念

合同　　合同法　　要约　　要约邀请　　要约消灭　　承诺

当事人订立合同的能力

## 本章思考题

1. 简述合同法的基本原则。
2. 何为要约？何为承诺？有效要约与承诺须具备哪些条件？
3. 简述意思表示不真实的几种主要情形及其对合同效力的影响。
4. 简述几种主要的违约救济方法。
5. 什么是抗辩权？不安抗辩权与预期违约有何区别？
6. 大陆法将违约分成哪些形式？

## 案例分析

**【案例一】　　合同条款变更必须书面确认**

1989 年，我国某外贸公司与西欧一客户签订一笔工艺品××美元的出口合同。合同订明内包装盒子由客户免费提供。距合同规定的交货期前三个月时，公司去电通知客户“货将备妥，请速提供内包装盒子”，客户未作答复。一个月后，客户来到上海，公司外销员当面向客户再次提出：“货已备妥，请即提供内包装盒子。”客户答称：“盒子已在香港印刷，两星期内即可发货。”但是两个星期届满后，盒子仍毫无消息。公司再次发电催促：“货已备妥，工厂急等内包装盒，否则货将无法按期装运。”三天后，公司又发电传称：“货妥急等内包装盒，否则货将无法按期装运。”对这两份电传，客户均不置复。几天以后，该客户派了一位远东公司的代表来厂看货。厂方向其反映“产品均已做好，由于你方未提供内包装盒子，现在 1 000 多平方米的车间堆满了你方订购的产品，严重影响了工厂的正常生产；而且，因你方连内包装盒子的规格尺码也未通知工厂，使工厂无法预订外包装箱，势必影响按期交货。”该代表看了产品以后，当场表示：“内包装印刷来不及，不再提供，可由公司自行解决。”并指明用无印刷的单瓦楞纸盒。我方工厂当即按该代表意见办妥纸盒，进行包装，进仓待运。在合同规定的货运期前一个月，客户突然来电：“此批货物仍应用我方提供的包装。”公司收电后当即回电客户，说明货已按对方远东分公司代表意见包装完毕，进仓待运，无法更改。客户回电承认远东分公司代表同意用我方自己包装是出于好意，旨在解决工厂困难，现由于用户坚持要用有印刷的包装盒，事出无奈，要求我方理解和合作，但经济损失不能承担，包装一定要改，否则将不履行合同。在这种情况下，公司考虑到该商品为老客户、大客户，关系不宜搞僵。另外，该商品为常销商品，换下来的包装盒仍可用于包装同类商品外销，据此，同意客户要求，重新换包装。

**分析与思考：**

（1）西欧客户的做法是否构成违约？为什么？

（2）我国公司可否向西欧客户要求赔偿？其法律依据是什么？

案例来源：合同条款变更必须书面确认[EB/OL].（2007-06-18）. http://info.biz.hc360.com/2007/06/18141860269.shtml.

**【案例二】　关于合同是否成立的纠纷案**

2009年4月4日，香港C公司向我F公司在港的代理商S公司发来出售鱼粉的实盘，并规定于当天下午5时前答复有效。该实盘主要内容是秘鲁或智利鱼粉，数量：10 000公吨，溢短装5%；价格条款：C&F上海；价格：483美元/每公吨；交货期：2009年5—6月，信用证付款；还有索赔以及其他条件等。当天，S公司与我在北京的F公司联系后，将F公司的意见以传真转告C公司，要求C公司将价格从每公吨483美元减至当时国际市场价每公吨480美元，同时对索赔条款提出了修改意见，并随附F公司提议的中国惯用的索赔条款，同时明确指出："以上两点如同意，请速告知，并可签约。"

4月5日，香港C公司与F公司直接通过电话协商，双方各作了让步，F公司同意接受每公吨483美元的价格，但坚持修改索赔条款，即："货到45天内，经中国商检机构检验后，如发现问题，在此期限内提出索赔。"结果，C公司也同意了对这一条款的修改。至此，双方口头上达成了一致意见。4月7日，C公司在给公司的电传中，重申了实盘的主要内容和双方电话协商的结果。同日，F公司回电传给C公司，并告知由F公司的部门经理某先生在广交会期间直接与C公司签署合同。

4月22日，香港C公司副总裁来广交会会见F公司部门经理，并交给他C公司已签了字的合同文本。该经理表示要阅后再签字。四天后（4月26日），当C公司派人来取该合同时，公司的部门经理仍未签字。C公司副总裁随即指示该被派去的人将F公司仍未签字的合同索回。5月2日，C公司致电传给F公司，重申了双方4月7日来往电传的内容，并谈了在广交会期间双方接触的情况，声称要对F公司不执行合同、未按合同条款规定开出信用证所造成C公司的损失提出索赔要求，除非F公司在24小时内保证履行其义务。

5月3日，F公司给C公司发传真称：该公司部门经理某先生4月22日在接到合同文本时明确表示："须对合同条款作完善补充后，我方才能签字。"在买卖双方未签约之前，不存在买方开信用证问题，并针对C公司于4月26日将合同索回，F公司认为C公司"已改变主意，不需要完善合同条款而作撤约处理，没有必要等我签字生效"，并明确表示根本不存在要承担责任问题。5月5日，C公司致电传给F公司，辩称，该公司索回合同不表示撤约，双方之间有约束力的合同仍然存在，重申要对所受损失保留索赔的权利。

5月6日，F公司作了如下答复：

（1）买方确认卖方递的报价、数量并不等于一笔买卖最终完成，这是国际贸易的惯例。（2）4月22日，我方明确提出要完善、补充鱼粉合同条款时，你方只是将单方面签字的合同留下，对我方提出的要求不作任何表示。（3）4月26日，未等我方在你方留下的合同上签字，也不提合同条款的完善、补充，而匆匆将合同索回，也没提出任何意见。现在贵公司提出要我开证履约，请问我们要凭以开证的合同都被你们撤回，我们怎么开证履约呢？上述说明，你方对这笔买卖已毫无诚意，时隔多日又重提此事，为此，我们对你方的这种举动深表遗憾。因此，我们也无须承担由此而引起的任何责任。

5月15日，C公司又电传给F公司，告知该公司副总裁将去北京，并带去合同文本，让F公司签字。

5月22日，C公司又发电传给F公司，称：因C公司副总裁未能在北京与F公司人员相约会见，故将合同文本快邮给F公司，让其签字。并要求F公司答复是否打算签合同还是仍确认双方不存在合同关系，还提出如不确认合同业已存在，要F公司同意将争议提交伦敦仲裁机构仲裁。5月23日，F公司电传答复C公司，再次重申该公司5月3日和6日传真信件的内容。

6月7日，C公司又致电传给F公司，重述了双方往来情况，重申合同业已成立，再次要求F公司确认并开证。6月12日，F公司在给C公司的传真信中除重申是C公司于4月26日将合同索回，是C公司单方面撤销合同。并告知，F公司的用户已将订单撤回，还保留因此而引起的损失提起索赔的权利。同时表示，在事隔一个多月后，F公司已无法说服用户接受C公司的这笔买卖，将C公司快邮寄来的合同文本退回。

6月17日和21日，C公司分别电告F公司和S公司，指出F公司已否认合同有效，拒开信用证等，C公司有权就此所受损害、费用、损失要求赔偿。双方多次协商联系，均坚持自己的意见，始终未能解决问题。

2009年7月26日，香港C公司通过律师向香港最高法院提起诉讼，告我F公司违约，要求法院判令F公司赔偿其损失。

**分析与思考：**

（1）C公司向法院提起诉讼的依据是什么？

（2）F公司可能提出哪些抗辩？其法律依据是什么？

（3）法院可能做出怎样的判决？

案例来源：国际货物买卖合同的订立[EB/OL]. http://www.lawtime.cn/article/lll16738821678976oo15672

## 【案例三】　入伙与退伙的债务处理

甲、乙、丙三人分别出资2万元、2万元、4万元于2001年2月注册成立了一家合伙企业，约定丙为合伙事务执行人，各合伙人按出资比例分享利润、分担损失。2001年年底，甲因急需用钱擅自抽回其在合伙企业中出资的2万元，并声明退伙。经查明，此时合伙企业亏损7 000元，其中2 000元是由于甲的擅自退伙造成的。在妥善处理甲的问题之后，考虑到企业资金短缺，乙、丙二人于2002年2月向银行贷款2万元。为了改善企业经营管理水平，2002年7月邀请熟悉食品业务的丁加入该合伙企业，并许诺让丁担任合伙事务执行人，以丁在2002年期间的劳务作价3万元算作出资，丁了解企业的情况后欣然接受，并签订了书面入伙协议。后来由于企业被诈骗，亏损严重，无力支付银行的到期贷款，银行向法院提起诉讼。

**分析与思考：**

（1）合伙企业应该如何处理甲的退伙问题？

（2）由于合伙企业无力支付，应该由谁对2万元的银行贷款承担清偿责任？

案例来源：http://wenku.baidu.com/link?url=urBNI0WlvXJkdUXhfGPksX5- JSlUQCIECMbjjDNEXDwNfJfYI-HIBAAN3P9ZB1Za1XVNcNp1IinrxGG-N3DbBoAcU6PONpAk0Y_sa9krXz_

## 【案例四】　合伙企业合伙人的权利

2011年1月，注册会计师甲、乙、丙三人在北京成立了一家会计师事务所，性质为特殊的普通合伙，甲、乙、丙在合伙协议中约定：（1）甲、丙分别以现金 300 万元和 50 万元出资，乙以一套房屋出资，作价 200 万元，作为会计师事务所的办公场所；（2）会计师事务所的盈亏按照各自的出资比例享有和承担；（3）甲负责执行合伙事务。

2012 年 2 月，乙拟将其在会计事务所中的财产份额转让给 A。丙表示同意，甲则对乙转让的财产份额主张优先购买权，乙以合伙协议中未约定优先购买权为由予以拒绝。

2012 年 3 月，丙在为 B 公司提供审计服务时，因存在过失给 B 公司造成了 300 万元损失，该会计师事务所现有全部财产价值 250 万元，其中，乙用于出资的房屋变现价值为 230 万元。该会计师事务所在将全部财产用于赔偿 B 公司后，要求丙向 B 公司支付剩余的 50 万元赔偿金。丙则认为，合伙协议约定合伙人对于会计师事务所的亏损按照各自出资比例承担，自己不应对合伙企业财产不足清偿的债务承担全部责任。乙认为其对此债务只应以出资额为承担责任，而其出资的房屋已经升值，目前变现价值为 230 万元，故丙应退还其 30 万元。

2012 年 5 月，因会计师事务所在北京的业务量下降，甲提出将会计师事务所的主要经营地点迁至上海。在合伙人会议上，乙对此表示赞同，丙则反对。甲、乙认为，其二人所持出资额均超过半数，且合伙协议对此无特别约定，于是做出迁址决议。

**分析与思考：**

（1）甲对乙拟转让给 A 的合伙企业财产份额是否享有优先购买权？并说明理由。

（2）乙是否有权要求丙退还 30 万元？并说明理由。

（3）丙是否应当单独承担对 B 公司剩余 50 万元的赔偿责任？并说明理由。

（4）将会计师事务所迁至上海的决议是否有效？并说明理由。

案例来源：中国注册会计师协会．经济法[M]．北京：中国财政经济出版社，2015.

### 【案例五】 合伙企业合伙协议

甲、乙、丙拟设 A 有限合伙企业，合伙协议约定：甲为普通合伙人以实物作价出资 3 万元；乙、丙为有限合伙人，各以 5 万元现金出资，丙自企业成立之日起 2 年内缴纳出资；甲执行 A 企业事务，并由 A 企业每月支付报酬 3 000 元；A 企业定期接受审计，由甲和乙共同选定承办审计业务的会计师事务所；A 企业的盈利在丙未缴纳 5 万元出资前全部分配给甲和乙。

**分析与思考：**

（1）合伙协议可否约定每月支付甲 3 000 元报酬？简要说明理由。

（2）合伙协议有关乙参与承办审计的会计师事务所的约定可否被视为乙在执行合伙企业事务？简要说明理由。

（3）合伙协议可否约定 A 企业的利润全部分配给甲和乙？简要说明理由。

案例来源：张艳兵，白丽丽．经济法案例教程[M]．北京：中国财政经济出版社，2015.

### 【案例六】 合伙企业合伙人的权利与义务

A、B、C 出资设立有限合伙企业，其中 A、B 为普通合伙人，C 为有限合伙人。在合伙企业经营期间，发生以下事项：（1）C 对 D 表示自己是普通合伙人，代表合伙企业与 D 签订了 100 万元的买卖合同。D 按照合同约定向合伙企业发货，由于合伙企业的全部财产只有 80

万元，不足以支付 100 万元的货款。(2) C 同合伙企业进行了 10 万元的交易，合伙人 A 认为，由于合伙协议对此没有约定，因此，有限合伙人 C 不得同本合伙企业进行交易。(3) C 自营同合伙企业相竞争的业务，获利 60 万元。合伙人 B 认为，由于合伙协议对此没有约定，因此，有限合伙人 C 不得自营同本合伙企业相竞争的业务，其获利的 60 万元应当归合伙企业所有。

**分析与思考：**

(1) 债权人 D 能否就合伙企业不能清偿的 20 万元向有限合伙人 C 追偿？并说明理由。

(2) A 的主张是否符合法律规定？并说明理由。

(3) B 的主张是否符合法律规定？并说明理由。

案例来源：http://t.cn/RIXaxe8.

### 【案例七】　要约的法律特征

甲公司通过电视发布广告，称其有 100 辆某型号汽车，每辆价格 15 万元，广告有效期为 10 天。乙公司看到该则广告后于第 3 天自带金额为 300 万元的汇票去甲公司买车，但甲公司的车此时已全部售完，无货可供。乙公司要求甲公司承担此行花费的费用 2 000 元不得而诉至法院。

**分析与思考：**

(1) 甲公司的广告是否为要约？为什么？

(2) 乙公司支出的费用应由谁承担？为什么？

案例来源：陈解．企业与法律环境[M]．北京：清华大学出版社，2004.

### 【案例八】　合同是否成立

某夏季天气炎热异常，甲商场电告乙公司速运输一批空调到商场，一切条件照旧。乙公司已交付空调，且甲商场接受。因空调竞争激烈，甲商场在空调销售中业绩不佳。乙公司催讨货款时与甲商场发生纠纷，甲商场以以往空调买卖合同均采用合同书形式订立，而本次没有采用合同书形式订立为由主张合同没有成立，要求退还空调，乙公司不同意。经协商不成，乙公司诉至法院。经查，甲商场与乙公司就空调买卖合同一直采用合同书形式订立，合同自双方签字盖章时成立。

**分析与思考：**

(1) 甲商场与乙公司之间的空调买卖合同是否成立？为什么？

(2) 本案应如何处理？为什么？

案例来源：http://m.wendangku.net/doc/0f1d18a1f8c75fbfc77db255.html

### 【案例九】　超市存包处发生的纠纷

朱某进超市购物，将装有首饰、现金的挎包存放于超市存包处，后领包时发现包已遗失，索赔时该超市以"存包处《存包须知》明示：无论存包者是否申明物件的价值，若遗失，每件酌情补偿 5～10 元"为由，只愿意赔 10 元。另悉，该须知贴在存包窗口上十分醒目。双方为此发生纠纷，朱某诉至法院。

**分析与思考：**

(1) 该《存包须知》中的争议条款性质如何？是否已经订入朱某与超市的保管合同中？

（2）该《存包须知》中的争议条款效力如何？为什么？

案例来源：http://www.mokaoba.com/shuiwushi/2897/shiti/1320937.html

## 【案例十】　买卖合同履行中所产生的法律问题

甲公司委托乙公司购买一台机器，双方约定：乙公司以自己的名义购买机器：机器购买价格为20万元；乙公司的报酬为8 000元。双方未约定其他事项。乙公司接受委托后，积极与丙公司交涉协商，最终乙公司以自己的名义从丙公司处购得该种机器1台，价款为19.5万元，乙公司为此支出了4 000元费用。乙公司依约将机器交付给甲公司，但向甲公司提出，双方约定的购买机器价格与实际购买机器价格之间的差额5 000元归乙公司所有，或者由甲公司承担处理委托事务而支出的4 000元费用，甲公司表示拒绝，乙公司因此提起诉讼。在诉讼过程中，甲公司提起反诉，主张机器存在瑕疵，要求乙公司承担损害赔偿责任。经查，该机器确实存在质量瑕疵。

**分析与思考：**

（1）甲公司与乙公司签订的是何种合同？

（2）乙公司主张取得购买机器差价款5 000元是否符合法律规定？

（3）乙公司主张由甲公司承担处理委托事务而支出的4 000元是否符合法律规定？

（4）甲公司要求乙公司承担损害赔偿责任是否符合法律规定？

案例来源：http://www.100xuexi.com/question/questiondetail.aspx?tid=2325&pid=ab575c2e-4e6b-4435-bd97f7187a 84f65a&qid=03f87c8e-b5ef-4080-b7ca-ce4c94660497

## 【案例十一】　合同违约金

甲公司与乙公司签订一个供货合同，约定由乙公司在一个月内向甲公司提供一级精铝锭100吨，价值130万元，双方约定如果乙公司不能按期供货的，每逾期一天须向甲公司支付货款价值0.1%的违约金。由于组织货源的原因，乙公司在两个月后才给甲公司交付了100吨精铝锭，甲公司验货时发现不是一级精铝锭，而是二级精铝锭，就以对方违约为由拒绝付款，要求乙公司支付一个月的违约金39 000元，并且要求乙公司重新提供100吨一级精铝锭。但是乙公司称逾期供货不是自己的过错，而是国家的产业政策调整所然，不应该支付违约金，而且所提供的精铝锭是经过质量检验机构检验合格的产品，甲公司不应当小题大做，现在精铝锭供应比较紧张，根本不可能重新提供精铝锭。甲公司坚持乙公司应当支付违约金和按照合同约定的质量标准履行合同。双方为此发生争议，甲公司起诉至法院，要求乙公司支付违约金和重新履行合同。乙公司在答辩状中称，逾期供货不是自己的本意，也不是自己所能控制得了的，不应当支付违约金，即使支付违约金，也不应当支付39 000元之多，这个请求不公平。

**分析与思考：**

（1）甲公司与乙公司之间签订的合同是否有效？

（2）乙公司没有在约定的时间内交付货物是客观原因还是市场原因？

（3）甲公司要求乙公司支付违约金和重新提供一级品标准的说法有无依据？

（4）乙公司主张不能按时供应货物有无依据？

（5）乙公司认为即使支付违约金，也不应承担39 000元的说法有无依据？

案例来源：曲振涛，刘瑞思．经济法[M]．北京：中国财政经济出版社，2008.

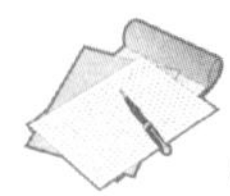

## 学生课后参考阅读文献

[1] 秦雷，陈元刚．经济法[M]．北京：清华大学出版社，2010.

[2] 王伯平，郑煜，等．经济法[M]．北京：北京交通大学出版社，2013.

[3] 沈四宝．国际商法[M]．北京：对外经济贸易大学出版社，2014.

[4] 周黎明．国际商法：理论与实务[M]．北京：北京大学出版社，2014.

# 第三章　国际货物买卖法

学习目的与要求

国际货物买卖法是调整跨越一国国境的货物买卖关系的原则、规则及规章制度的总和，对于国际贸易的顺利进行具有重要的作用。通过本章的学习，要求了解国际货物的国际公约、国际货物买卖的国际贸易惯例；掌握国际货物买卖合同的成立、国际货物买卖合同双方的权利和义务、对违反买卖合同的补救办法、货物所有权与风险的转移。

开篇案例

【案情】

我国某公司与韩国某公司签订了一份合同，进口电子零部件。合同订立后，韩国公司按时发货。我公司收到货物后，经检验发现，货物外包装破裂，货物严重受损。韩国公司出具离岸证明，证明货物损失发生在运输途中。对于该批货物的运输风险双方均未投保。上述风险损失由谁承担?

【分析】

货物在装运港越过船舷之后的风险由买方承担。本案中，货物外包装破裂的损失发生在运输途中，该风险属于货物在装运港越过船舷之后的风险，因此，应该由买方承担。但是，卖方韩国公司负有按照《国际贸易术语解释通则》规定，投保货物在海运中的风险的责任，但事实上，卖方违反了该规定，没有投保，使得买方不能取得保险单据，进而不能就上述损失向保险公司索赔，因此，货物外包装破裂风险不由买方承担，应由卖方韩国国内公司承担。

案例来源：www.uuwenku.com/wenku/list-48/article/p-582557.html

## 第一节　国际货物买卖法概述

### 一、国际货物买卖法的概念

#### （一）买卖法的概念

买卖法是指用来调整商品买卖过程中所产生的买方和卖方之间的权利、义务关系，以保障商品交换顺利进行的法律。狭义的买卖法是指只包括动产的买卖；广义的买卖法是指包括动产的买卖与不动产的买卖。

### （二）国际货物买卖法的概念

国际货物买卖法是指调整跨越一国国境的货物买卖关系的原则、规则及规章制度的总和。这里国际货物买卖是指货物的跨越国界的流动，即货物由一国销售到另一国。国际货物买卖是国际贸易的基本组成部分。目前调整国际货物买卖活动的规则主要来自各国的买卖法、有关国际货物买卖的国际公约以及一些国际贸易惯例等。

## 二、西方各国有关货物买卖的国内立法

世界各国买卖法所采取的形式和内容并不完全相同，其中两大法系在此问题上有较大的区别。

大陆法系国家大都把有关买卖的法律编入民法典，作为民法典的一个组成部分。在大陆法系采取民法与商法分立的国家，商法典中就有关于买卖的规定。如《法国民法典》的第三篇第六章、《德国民法典》的第二篇第二章、《日本民法典》的第二章第三节都对买卖双方的权利义务做出具体规定。这些国家以民法为普通法，而以商法作为民法的特别法。民法的一般原则可以使用于商事活动，但凡属商法另有特别规定的事项，则应适应商法的有关规定。也有一些大陆法系国家采取民商合一的形式，只有民法典而没有单独的商法典。例如，意大利只有民法典，瑞士只有债务法典，这两个国家都没有制定商法典，它们都把有关商法的内容编入各自的民法典或债务法典之内。

在英美法系各国，原则上不存在民法与商法的区分。英国在 18 世纪时已经把商法吸收到普通法（Common Law）中去，成为普通法的一个组成部分。在英美法系国家既没有民法典，也没有大陆法意义的商法典。这些国家的买卖法由两个部分组成：一是普通法，即由法院以判例形式所确立的法律原则，属于不成文法；二是成文法或称制定法，即有关货物买卖的立法。在这方面，具有代表性的是英国的《1893 年货物买卖法》（Sale of goods Act，1893）和美国的《美国统一商法典》。

英国的《1893 年货物买卖法》是西方国家最早的货物买卖法之一，是对英国法院数百年来判例的整理编纂而于 1894 年 2 月 20 日经议会通过施行。以后经过多次修改补充，现行的是 1979 年修订本。该法分为契约的成立、契约的效力、契约的履行、未收货款的卖方对货物的权利、对违约的诉讼、补充共 6 部分 64 条。囊括了货物买卖法的大部分领域，至今在英美法系国家的买卖法中仍具有重大影响。

《美国统一商法典》（Uniform Commercial Code）是世界上最著名的法典之一，是在美国 1896 年《统一票据法》《1906 年统一买卖法》《1933 年统一信托收据法》等 7 个成文法的单行法规的基础上，由美国法学会和统一州法委员会加工制定的。自 1952 年公布后经过几次修改，目前为多数州所采纳的是 1972 年文本。和英国《1893 年货物买卖法》不同，《美国统一商法典》不是由美国联邦立法机关——国会通过的，而是由民间组织起草制定，供各州议会自由选用。目前，《美国统一商法典》的第二篇买卖之中，其内容包括简称、解释原则和适用范围；合同的形式、订立和修改；当事人的一般义务和合同的解释；所有权、债权人和善意购买人；履约；违约、毁约和免责；救济，共计 7 章 104 条。凡买卖篇中没有涉及道德问题，则需要适用普通法的一般原则。

## 三、关于国际货物的国际公约

在国际货物买卖方面，主要的国际公约有罗马国际统一私法协会编纂的1964年的两个海牙公约，即《国际货物买卖统一法公约》和《国际货物买卖合同成立国统一法公约》，以及1980年联合国国际贸易法委员会制定的《联合国国际货物买卖合同公约》。

### (一) 1964年《国际货物买卖统一法公约》和《国际货物买卖合同成立统一法公约》

由于各国在货物买卖法方面存在着较多的分歧，在国际经济交往中不可避免地会引起法律冲突，这对国际贸易的发展是不利的。为了解决这个问题，早在1930年，罗马国际私法统一各国关于国际货物买卖的实体法。于1930年开始起草《国际货物买卖统一法公约》草案，1935年初稿完成。从1936年开始草拟《国际货物买卖合同成立统一法公约》。由于第二次世界大战爆发，致使工作中断。战争结束后，于1951年，在有21个国家参加的海牙外交会议上对这两个公约文本进行了讨论和修改。1958年至1963年完成了对这两个公约文本的第二次修改后，于1964年4月25日海牙会议上获得通过。《国际货物买卖统一法公约》(The Uniform Law on International Sale of Goods，ULIS)于1972年8月18日起生效。参加或核准国有比利时、冈比亚、德国、以色列、意大利、荷兰、圣马力诺和英国共8国。《国际货物买卖合同成立统一法公约》(The Uniform Law on formation of Contract for International Sale of Goods，ULF)于1972年8月23日生效。参加或核准国为上述除以色列外的7国。

但是，上述两项公约在国际上并没有被广泛接受和采用。这主要因为许多国家认为这两项公约受欧洲大陆法传统的影响较多，内容比较烦琐，有的概念比较晦涩难解。因此，上述两项公约未能达到预期的目的，没有能够起到统一国际货物买卖法的作用。

### (二)《联合国国际货物买卖合同公约》

由于1964年海牙会议通过的两项公约都未能达到统一国际货物买卖法的预期目的，联合国国际贸易法委员会决定由它来完成这一使命。该委员会于1969年成立了一个专门工作小组——“国际货物买卖工作组”对两个海牙公约进行修改。大卫(David)、施米托夫(Schmitthoff)和巴布斯库(Tudor Popescu)教授组成的指导委员会(Steering Committee)分别代表大陆法系、普通法系和社会主义国家的法律体系，于1974年举行第一次会议并开始工作。1977年国际贸易法委员会第十届年会通过了《国际货物买卖合同公约》草案，翌年第十一届年会上通过了《国际货物买卖合同成立公约》草案，并决定两个公约合并为《联合国国际货物买卖合同公约》草案。该公约共分为四个部分：第一部分，适用范围；第二部分，合同的成立；第三部分，货物买卖；第四部分，最后条款。全文共101条。1980年3月，在由62个国家代表参加的维也纳外交会议上正式通过。我国政府代表以观察员身份参加了会议，并提出了补充和修改意见。按照公约第99条的规定，公约在由10个国家批准之日起12个月后生效。自1988年1月1日起，该公约对包括我国在内的11个成员国生效。截至1997年5月，已有包括中国在内的48个国家核准参加了该公约。

中国是《联合国国际货物买卖合同公约》最早成员国之一。中国政府曾派代表参加了1980年的维也纳会议，并于1986年12月向联合国秘书长递交了关于该公约的核准书，成为该公约的缔约国。但中国在核准公约时，根据该公约第95条和第96条的规定，对该公约提出了以下两项重要保留。

（1）关于采用书面形式的保留。按公约第 11 条规定，国际货物买卖合同不一定要求以书面形式订立或以书面来证明，在形式方面不受任何其他条件的限制。公约的这一规定同中国当时《涉外经济合同法》关于涉外经济合同必须采用书面形式的规定不一致。因此，中国在核准该公约时，对此提出了保留，公约的上述规定对中国不适用。

（2）关于公约适用范围的保留。根据公约第 1 条第（1）款（a）项规定，如果合同双方当事人的营业地处于不同的国家，而且这些国家都是该公约的缔约国，该公约就适用于他们之间订立的货物买卖合同，即该公约适用于营业地处于不同缔约国的当事人之间订立的买卖合同。这一点，中国没有任何异议。但该款中的（b）项又规定，只要双方当事人的营业地处于不同国家，即使他们的营业地所在国不是公约的缔约国，但如果按照国际私法的规则导致使用某一缔约国的法律，则该公约亦将适用于这些当事人之间订立的国际货物买卖合同。这项规定的目的是为了扩大公约的适用范围，把适用范围由缔约国的当事人扩大至只要依国际私法的规则能导致适用任何一缔约国的法律的非缔约国的当事人。对这一规定，中国在核准公约时提出了保留，即中国认为公约的适用范围仅限于双方的营业地处于不同缔约国的当事人之间订立的货物买卖合同。

1980 年《联合国国际货物买卖合同公约》是迄今为止关于国际货物买卖的一个最重要的国际公约，它对国际贸易的影响是非常深远的。

## 四、关于国际货物买卖的国际贸易惯例

国际贸易惯例是国际贸易法的渊源之一。在国际货物买卖中，双方当事人可以在他们的买卖合同中规定采用某种国际贸易惯例，用以确定他们之间的权利和义务。关于国际货物买卖的国际惯例主要有以下几种。

### （一）《国际贸易术语解释通则》（International Rules For The Interpretation of Trade Terms）

国际贸易术语的解释通则是由国际商会（I.C.C.）在 1935 年制定的，后于 1953 年作了修订。近年来为了适应国际货物运输方式的新发展，又于 1980 年和 1990 年进行了修改和补充。现行的文本是《1990 年国际贸易术语解释通则》。该通则对内陆交货（如工厂交货 EXW）、装运港船上交货（FOB）以及成本加运费与保险费交货等 13 种贸易术语作了详细的解释，具体规定了买卖双方在交货方面的权利与义务。该通则在国际上已经得到广泛的承认和采用，是国际货物买卖最重要的贸易惯例。

### （二）《华沙—牛津规则》（Warsaw-oxford Rules）

《华沙—牛津规则》是国际法协会在 1932 年制定的。因曾先后在华沙、牛津等地开会研究、讨论，故定名为《华沙—牛津规则》。该规则共有二十一条，完全是针对“成本加运费、保险费合同（CIF）”制定的。它对 CIF 合同中买卖双方所承担的责任、费用与风险作了详细的规定，反映了西方各国对 CIF 合同中买卖双方权利、义务的一般解释，在国际上有较大的影响。

此外，美国 1984 年修订的国际贸易定义（Revised American Foreign Trade Lefinition, 1941），对美国在对外贸易中经常使用的贸易术语作了解释，具体规定了在各种不同的贸易术语中买卖双方在交货方面的权利与义务。它对 FOB 这一术语的解释同国际商会制定的《国际贸易术语解释通则》所作的解释有较大的区别。

必须指出的是，上述各项国际贸易惯例并不具有普通的约束力，双方当事人可以采用，也可以不采用。只有当双方当事人在他们订立的国际货物买卖合同中选择使用某一国际惯例时，该惯例才对当事人产生约束力。

## 第二节　国际货物买卖合同的成立

### 一、国际货物买卖合同的概念与特征

#### （一）国际货物买卖合同的概念

货物买卖合同是指卖方为了取得货物而把货物的所有权移交给买方的一种双务合同。在这种合同中，卖方的基本义务是交出货物的所有权，买方的基本义务是支付货款。这是货物买卖合同区别于其他种类合同的一个主要特点。

根据《联合国国际货物买卖合同公约》的规定，国际货物买卖合同是指营业地处于不同国家的当事人所订立的货物买卖合同，公约在这里所采用的是以营业地点是否分别处于不同的国家作为衡量国际合同的标准。

#### （二）国际货物买卖合同的特征

与一般国内货物买卖合同相比，国际货物买卖合同具有如下特征。

（1）国际货物买卖合同的双方当事人的营业地处于不同的国家，这是基本特征。

（2）国际货物买卖合同是超越一国边界的货物买卖合同。作为国际货物买卖合同关系的标的必须从一国转移到另一国。如果买卖双方是两个不同国家的公司，但两家公司的买卖行为完全发生在一个国家境内，两公司为完成买卖行为而签订的合同就不是国际货物买卖合同。

（3）国际货物买卖合同所涉及的法律关系复杂，风险大。货物跨越国境流动的国际性，使得买卖双方要和各国代理商、运输商、保险公司、银行等发生法律关系，长距离运输货物会遇到各种自然和人为的风险，加上由于采用不同于国内的结算方式带来的外币的使用、价格的波动、外汇汇率的变动，以及外国政府对外贸易的管制措施等，使得国际货物买卖比国内货物买卖复杂，风险大得多。

### 二、国际货物买卖合同的成立

#### （一）国际货物买卖合同的形式与内容

**1. 国际货物买卖合同的形式**

国际货物买卖合同从形式上可分为书面合同和口头合同。而书面合同又根据不同情况划分为正式合同书、确认书和订单等。

以书面形式订立的合同为书面合同，以口头形式订立的合同为口头合同。在货物买卖中，关于这两种合同的法律效力，各国规定不尽一致。《美国统一商法典》和《英国货物买卖法》均承认部分口头合同具有法律效力。《联合国国际货物买卖合同公约》第 11 条规定：“……货物买卖合同无须以书面订立或书面证明，在形式方面也不受任何其他条件的限制。货物买卖合同可以用包括人证在内的任何方法证明。”

在国际货物买卖合同中，对书面合同并无特别的规定，一般来说，买卖双方主要采用正式合同（Contract）、确认书（Confirmation）、协议书（Agreement）以及订单（Order Form）来作为合同关系的证明。

所谓正式合同是指双方经过谈判对交易的条件达成了谅解后，由一方将交易内容草拟成书面合同，然后再由双方共同签署的正式文件。现在国际货物买卖中当事人越来越多地采用一些国际组织制定的标准格式合同。对于这种合同，买卖双方只需填上各自的名称，所买卖货物的质量、数量以及价款等，而无须就合同的内容逐条起草。

确认书是指在双方交易成功后，由一方将交易内容记录成书面形式并签名以确认有关的交易内容。确认书无须按照一定的规格制定，文字也可以用得很简单，只要将主要的权利、义务载明即可。确认书在送达给对方时，接受方如对其内容持异议，应在其合理期限内通知发送方。否则，经过一段合理期限后即认为接受方无不同意见，确认书生效，合同即告成立。

订单在本质上是买方向卖方发出的要约，只有被卖方接受后才成为合同。但有些国家的商法规定，卖方在接到订单后，在一定期限内，如不明确表示接受或拒绝，则推认他接受了该项要约，合同即告成立。德国法就有类似的规定。

**2. 国际货物买卖合同的内容**

国际货物买卖合同一般由前言、正文、约尾三个部分组成。现分述如下。

（1）合同的前言（Preamble）。此部分包括合同的名称、合同的序号、立约日期、立约地点、合同双方当事人的名称、地址以及订立合同的原因等事项。

（2）合同的正文（Body）。这部分包括合同的基本条款。这是合同的核心部分，主要有所买卖货物的名称、质量标准、数量、价款、货物的保险、交货地点、付款方式以及对货物的检验等内容。这部分还包括合同的一般条款，即关于索赔、不可抗力、违约处理、准据法、司法管辖以及仲裁等内容的条款。

（3）合同的约尾（Witness）。包括合同生效日期、双方当事人的签名以及合同的份数等内容。

### （二）国际货物买卖合同的成立

合同法中关于要约与承诺的各项规定均适用于买卖合同的成立问题。国际货物买卖合同的订立同其他合同一样，是双方当事人意思表示一致的结果。即通过一方提出要约或发价，另一方对要约或发价表示承诺或接受而成立。

**1. 发价（Offer）**

（1）发价的含义。《联合国国际货物买卖合同公约》（以下简称《公约》）第 14 条规定：向一个或一个以上特定的人提出的订立合同的建议，如果十分确定并且表明发价人在得到接受时承受约束的意旨，即构成发价。一个建议如果写明货物并且明示或暗示地规定数量和价格或规定如何确定数量和价格，即为十分确定。按照这项规定，发价应符合以下要求。

① 发价应向一个或一个以上的特定人提出。这就要求发价人必须明白，发价一旦被对方接受，合同即告成立，双方之间就产生了不可随意变更的权利、义务关系。如果发价人就同一批货物向几个可能的贸易对象同时做出愿按一定条件订立合同的意思表示，但在发价中却附上某些保留条件，如“此报价须经报价人最后确认方有效”或注明“仅供参考”或者“有权先售”等，这些并不是发价，而是一种发价邀请，其目的是要诱导对方向自己提出发价。普通商业广告、商品目录、价目表等都属于发价邀请。

② 发价的内容必须十分确定。发价一般应包括拟将订立合同的主要条件，如商品的名称、价格、数量、品质或规格、交货日期和地点以及付款的方式等，以便一旦对方接受，就足以成立一项有效的合同，不致由于欠缺某项重要条件而影响合同的有效成立，或使合同无法执行。但是，发价人无须在其发价中详尽无遗地列出合同的全部条款，只要达到足以确定合同内容的程度即可。根据《联合国国际货物买卖合同公约》第 14 条的规定，一项关于订立合同的建议如要构成一项发价，其内容必须十分确定。所谓十分确定（Sufficiently Definite）是指必须符合公约所提出的最低限度的要求，公约认为，一项关于订立合同的建议，如果包含了以下三项内容，即符合"十分确定"的要求。

第一，应当载明货物的名称。如准备进行买卖交易的商品是钢材、大豆、羊毛等。

第二，应明示或默示地规定货物的数量或规定如何确定数量的方法。例如，在发价中可以明确规定"羊毛 1 000 公吨"或"东北大米 20 000 公吨"等。但也可以不规定具体的数量，而只规定某种确定数量的方法。例如，可在发价中规定"拟出售某段时间所生产的全部铁矿砂"。这种做法虽然没有具体规定货物的数量，但按照该厂矿的生产规模和规定的时间仍然可以推算出所供产品的数量。

第三，应明示或默示地规定货物的价格或规定如何确定价格的方法。在外贸业务中，把明确规定的具体价格叫作固定价或板价（Fixed Price），只规定如何确定价格的方法叫活价或开口价（Open Price）。

按照国际货物买卖合同公约的规定，一项订约建议如果包含了以上三项内容，便应当认为是"十分确定"的，就是一项有效的发价。一旦它被对方接受，买卖合同即告成立。

③ 发价人须有当其发价被接受时而受约束的意思。发价的目的是为了同对方订立合同。因此，发价一旦被对方接受，合同即告成立，发价人即须受到约束。如果发价人在其发价中附有某种保留条件，表明即使他的"发价"被对方接受，他亦不受任何约束，那么，这就不是一项真正的、法律意义上的发价，而只是一种发价的邀请。

在我国的外贸业务中，发"实盘"完全符合发价的条件，而发"虚盘"不符合发价条件，"虚盘"中附有保留条件。如"此报价须经报价人最后确定方有效""仅供参考""有权先售"等，因此，"虚盘"只是发价邀请。

（2）发价生效的时间。发价必须送达到受发价人时生效。对于这一点，各国的法律规定是一致的。因为发价是一种意思表示，受发价人必须在受到发价之后才能决定是否予以接受。

（3）发价的撤回与撤销。发价的撤回是指在发价送出之后，在其尚未到达受发价人之前，发价人收回发价阻止其产生效力的行为。在国际贸易中，因为错误、市场价格的变化以及汇率变化等原因，常发生撤回发价的情况。因发价只有在到达受发价人时才产生效力。因此，各国的买卖法以及公约都规定，只要发价人撤回发价的通知与发送发价的通知同时或先时到达受发价人，即有效地取消了这项发价。

发价的撤销是指在发价已经到达受发价人，但在其做出是否接受的决定之前，发价人取消发价阻止其产生效力的行为。

关于发价已到达对方并已生效之后，发价人能否将其撤销的问题，各国法律特别是英美法和大陆法存在着严重的分歧。英美法认为，发价原则上对发价人没有约束力，不论发价是否已经送达发价人，发价人在受发价人做出接受行为之前，随时都可以撤销其发价或变更其内容。大陆法特别是德国等国的法律则认为，发价原则上对发价人具有约束力，除非发价人在发价中已表明其不受约束，否则，发价一旦生效之后，发价人就要受到约束，不得随意将其撤销。

为了解决这个分歧，公约在经过长期酝酿、讨论之后，对发价的撤销在折中大陆法系与英美法普通法系的基础上做出了如下的规定。

根据公约第 16 条规定，发价人可以在受发人接受发价之前撤销发价，但撤销发价的通知必须在受发价人做出接受之前到达受发价人才有效。同时出现下列两种例外情况，发价人即失去撤销发价的权利。它们是：① 发价中规定了发价的期限；② 受发价人有理由相信该项发价是不可撤销的并已在实际上依赖了此种发价而实施了某种行为。

（4）发价的终止或失效。公约第 17 条规定，一项发价，即使是不可撤销的发价，应于拒绝该发价的通知送达发价人时终止。发价的终止有以下几种情况。

① 发价因被拒绝而终止。拒绝发价有两种方式：一种是明确地表示拒绝接受某项发价；另一种是对发价人在发价中所提的交易条件进行讨价还价。

② 发价因被发价人撤销而终止。除公约特别规定不可撤销的发价之外，其他的发价均可因其被发价人撤销而告终止。

③ 发价因其所规定的接受期限届满而终止。凡规定了接受期限的发价，如受发价人不在规定期限内接受，该发价即告终止。

④ 发价因“合理期限”已过而终止。如果发价中没有规定接受的期限，则只要受发价人未能在一段合理时间内把接受通知送达发价人，该项发价即告失败。

**2. 接受（Acceptance）**

（1）接受的含义。按照公约第 18 条的规定，受发价人已做出声明，或以其他行为表示同意一项发价，即为接受。

接受的实质是对发价表示同意。这种同意发价的意旨必须以某种方式向发价人表示出来。按照公约的规定，受发价人可以用两种方式表示其对发价的接受：一种是采取向发价人发出声明的方式表示接受该项发价；另一种是通过某种行为来表示接受。但是受发价人在收到发价后，保持缄默或不行动，就不能认为是对发价的接受。

（2）接受生效的时间。接受从什么时候起生效是合同法中一个十分重要的问题。因为接受一旦生效，合同即告成立，双方当事人就要受合同的约束，承担由合同所产生的权利与义务。接受生效的时间与地点就是合同所产生的权利与义务。接受生效的时间与地点就是合同成立的时间与地点。在这个问题上，英美法与大陆法特别是德国法分歧很大。英美法采取所谓“投邮生效的原则”（Mail-Box Rule），大陆法中的德国法则采取“到达生效的原则”（Receive of the Letter of Acceptance Rule）。

国际货物买卖合同公约对接受生效的时间，原则上是采取“到达生效”的原则。但也有一些例外的规定。

（3）对发价中的条件作了变更的接受的效力。对于这一点，各国的买卖法有不同的规定。英国《货物买卖法》坚持普通法的“全盘接受”原则，要求受发价人所做出的接受必须无条件地、全面地同意发价中提出的条件，不得附加新的条件或对发价中的条件进行任何改动，否则就不是接受而是发价。

按照公约第 19 条第一款的规定，对发价表示接受时，如载有添加、限制或其他更改，应视为对发价的拒绝，并构成反要约。但是，为了避免由于接受的内容与发价稍有出入，而影响到合同的有效成立，公约提出了一项比较灵活的处理办法，按照公约第 19 条第 2 款的规定，对发价表示接受但载有添加或不同条件的答复，如所载的添加或不同条件在实质上并不变更该项发价的条件，则除发价人在不过分延迟的期间内以口头或书面方式提出异议外，仍可作为接受，合同仍可有效成立，在这种情况下，合同的条件就以该项发价所提出的条件以及接受时所附加或更改后的条件为准。由此可见，对发价的内容作了变更的接受只有符合以下两个条件才被认为有效：一是接受人对发价所作的变更并非实质性的变更；二是发价人对此非实质性变更没有及时提出任何异议。

对于那些变更是属于"实质性"的变更的问题，公约第 19 条第 3 款用举例的方式作了回答。它规定，凡在接受中对下列事项做了添加或变更者，均认为在实质上变更了发价的条件：① 货物的价格；② 付款；③ 货物的质量与数量；④ 交货的时间与地点；⑤ 当事人的赔偿责任范围；⑥ 解决争议的方法等。如果受发价人在接受发价时，对发价中所涉及的上述任何一项条件作了添加或变更，那就不能认为是真正的接受，而是反要约，即使发价人没有提出异议，合同亦不能成立。《美国统一商法典》也有类似的规定，但对何谓"实质性"的添加或变更，没有像公约那样一一加以列举。

（4）逾期的接受。逾期的接受又称为迟到的接受（Late Acceptance），是指接受通知到达发价人的时间已经超过了发价所规定的有效期，已超过了合理的时间。按照各国的法律，逾期的接受不能认为是有效的接受，而只是一项新的发价。根据《联合国国际货物买卖合同公约》的规定，接受必须在要约规定的有效期内到达发价方，但有下述例外：第一，发价人在收到受发价人逾期发送的接受后立即通知受发价方该接受有效，则合同即告成立。第二，如果一项逾期的接受之所以延迟并非是由于受发价人的过错造成的，那么除非发价人在收到接受通知后立即以口头或书面形式通知受发价人，表示拒绝承认这一延迟的接受，则该接受即产生效力并使合同成立。

（5）接受的撤回。接受的撤回是指受发价人在发出接受后，在接受生效前采取的阻止接受产生效力的行为。这里必须指出，撤回只能在接受生效以前进行，如果接受已经生效，受发价方无权单方面撤回接受，否则就是违约行为。由于英美法在对采用信函传递的接受的生效时间上实行"投邮主义"原则，所以载有接受的信函一经投递，即产生效力，不得随意撤回。大陆法国家采用"到达主义"原则，允许受发价方撤回其已发出的接受。

《联合国国际货物买卖合同公约》采取了大陆法的规定，认为接受是可以被撤回的，只要撤回接受的通知与表示接受的通知同时或先时到达即可。在国际货物买卖中，因买卖双方相隔甚远，故发生错误的机会也增多，因此，一旦受发价方发现已经做出的接受的内容有不妥之处，应允许他在合理的条件下将接受撤回。

## 第三节　国际货物买卖合同双方的权利与义务

买卖双方的义务是买卖法的核心内容。《联合国国际货物买卖合同公约》对此作了详尽的规定。一般来说，《联合国国际货物买卖合同公约》关于买卖双方义务的规定，都是属于非强制性的规定。双方当事人可以排除其适用或做出不同的规定，如果当事人在合同中对各自的义务做出了与公约不同的规定，则应按合同的规定办理。只有当买卖合同对某些事项没有做出规定，而该合同又适用该公约时，才援引公约的有关规定来确定买卖双方当事人的权利与义务。

## 一、卖方的义务

根据国际贸易买卖合同公约的规定。卖方的主要义务有三项，即交付货物、移交一切有单货物的单据、把货物的所有权转移于买方。

### （一）交货的时间、地点及方式

卖方首先应按合同规定的时间、地点及交货方式，向买方履行交货义务。如果合同没有规定，就应适用合同所选择的法律的有关规定。而一项具体的国际货物买卖合同既可能选择某一国家的国内法，也可能采用某项国际公约，要视具体情况由双方当事人在订立合同时谈判决定。

#### 1. 大陆法的有关规定

大陆法系国家有关货物买卖合同的履行地点、时间一般在其民法典的债权篇中加以规定。这些规定不仅适用于买卖合同，也适用于其他合同。关于交货的地点与时间方面，大陆法有如下的规定。

（1）关于交货的地点。按照大陆法的，卖方履行交货义务的地点应当是合同规定的地点。如果买卖合同未指定地点，则应视所交付的货物是特定物还是非特定物来确定交货的地点。

① 如果买卖合同所交付的标的物是特定物，根据法国、日本和瑞士法律的规定，卖方应在订约时该特定物的所在地交货。

② 如果买卖合同交付的标的物是非特定物，根据法国、德国民法典和瑞士债务法典的规定，应于卖方的营业所所在地交货；但日本民法典规定应于买方的营业地交货。

（2）关于交货的时间。按照大陆法系各国法律的规定，如果合同对交货的时间未加确定，买方有权要求卖方在合同成立后立即交货。大陆法认为，履行的期限是为债务人的利益而定的。因此，在合同规定了履行期的情况下，买方不能要求卖方在履行期到来之前交货，但卖方却有权提前交货。

#### 2. 英美法的有关规定

《英国货物买卖法》以及《美国统一商法典》都对合同未规定交货的时间、地点及方式时卖方的交货义务做出了有关规定。

（1）交货方式。除非合同有特殊的规定，卖方必须将货物一次交付给买方。如果卖方不恰当地将货物分批交付，买方在一定情况下有权拒绝接收。但是，在有些情况下，如果一次性交货实际上是不可能的，则交货也可分批进行。例如，买方可能无充足的仓储设备或者卖方无法获得充分的运输工具进行一次性交货。如果所交每一批货物的价格能够被确定，卖方有权就其所做的每一批交货向买方索取货款。

（2）交货地点。按照英国法，交货的地点如买卖合同没有规定，一般应在卖方的营业地点交货。如果买卖合同的标的物是特定物，而且买卖双方在订约时已经知道该特定物在其他地方者，则应该在该特定物的所在地交货。

（3）交货时间。英国货物买卖法对卖方交货的时间做出了如下的规定。

① 如果合同没有规定卖方交货的时间，则卖方应在合理的时间内交货。

② 如果买方授权或要求卖方把货物运交买方，则卖方为了把货物运交买方而把货物交给承运人，就可推定为已向买方交货。在这种情况下，卖方应负责订立适当的运输合同。如果涉及海上运输，卖方有义务及时通知买方，以便于买方投保，否则，卖方应承担货物在运输中的风险。

③ 如果卖方同意在货物出售地点以外的其他地点把货物交给买方，则应由买方承担货物在运输中腐烂、变质的风险。

④ 关于使货物处于可交付状态的费用，包括包装、容器等项费用，除双方当事人另有约定外，应由卖方承担。

**3.《联合国国际货物买卖合同公约》的有关规定**

《联合国国际货物买卖合同公约》第 31 条至第 33 条对卖方履行交货义务的时间与地点作了具体的规定。

（1）关于交货的地点。如果合同中没有规定交货地点的，公约规定分下述三种情况履行交货义务：第一，如果合同涉及货物运输的，则卖方的交货义务是把货物交给第一承运人；第二，如果合同未涉及运输的，该合同出售的货物是特定货物或从特定存货中提取的或尚待制造或生产的未经特定化的货物，而双方在订约时已知道货物存放或生产、制造地点的，卖方应在该地点把货物交给买方；第三，除上述情况外，卖方应在其订立合同时的营业地把货物交给买主。

（2）关于交货的时间。公约第 33 条对如何确定卖方交货的时间作了如下规定。

① 如果合同中规定了交货的日期，或从合同中可以确定交货的日期，则卖方应在该日期交货。

② 如果合同中规定了一段交货的期间，或从合同中可以确定一段时间，则除情况表明买方有权选定一个具体日期外，卖方有权决定在这段期间内的任何一天交货。例如，如果合同规定交货期为 1 月至 2 月，则卖方可以在 1 月 1 日至 2 月 28 日之间，选择任何一个日期交货。

③ 在其他情况下，卖方应在订立合同后的一段合理的时间内交货。至于何谓合理时间，应根据交易的具体情况来确定。

### （二）提交有关货物的单据

在国际货物买卖中，装运单据（Shipping Documents）具有十分重要的作用。它们是提取买方货物、办理报关手续、转售货物以及向承运人或保险公司请求赔偿所必不可少的文件。有关货物单据主要是指提单、保险单、商业发票，有时还可能包括领事发票、原产地证书、重量证书或品质检验证书等。按照国际贸易惯例，卖方有义务向买方提交有关货物的各种单据。

根据公约第 34 条的规定，如果卖方有义务移交有关货物的单据，他必须按照合同规定的时间、地点和方式移交这些单据。这类与货物有关的单据，主要是指提单、保险单和商业发票，有时还可能包括领事发票、原产地证书、重量证书或品质检验证书。

公约还规定，如果卖方在上述时间以前已经移交了这些单据，他可以在这个时间届满以前对单据中任何不符合合同之点加以修改。但卖方在行使这项权利时不得使买方遭受不合理的不便或承担不合理的开支，而且买方有权保留按照公约规定请求损害赔偿的权利。

### （三）卖方的品质担保义务

关于卖方对货物的品质担保义务，各国法律和国际货物买卖合同公约都有具体的规定。

一般来说，如果买卖合同对货物的品质规格已有具体的规定，卖方应按合同规定的品质、规格交货；如果合同对货物的品质规格没有做出具体规定，则卖方应按合同应适用的法律的有关规定办理。

**1. 大陆法的有关规定**

大陆法把卖方对货物的品质担保义务称为对货物的瑕疵担保义务，即卖方应保证他所出售的货物没有瑕疵。大陆法系国家的民法典、债务法典一般都规定，按合同载明的货物品质交货时卖方履行合同的必须行为。如果货物有“自然的瑕疵”，那么尽管卖方交出了货物的所有权及使用权，卖方在实际上也不能充分使用所收到的货物。因此，货物如果有质量缺陷，就认为是买方合同的不完全履行。《德国民法典》、《法国民法典》及《日本民法典》等都有关于买方必须交付符合合同要求的货物的规定。

对于确定某种货物是否有缺陷，大陆法系国家使用了不同的标准加以判断，有的国家采用“主观标准”，有的国家采用“客观标准”。所谓主观标准是依货物是否适合买卖双方在订立合同时所指明的用途而定，任何对货物按合同规定的用途加以使用所带来的不利影响都构成缺陷。所谓客观标准是指不论卖方是否知道所出售的货物有缺陷，只要它不能满足该类产品的通常使用的，出售者就违反了他所承担的担保义务。但是，如果买方在订立买卖合同时，已经知道出售的货物有瑕疵者，卖方可不负瑕疵担保的责任。此外，《德国民法典》还规定，如买卖的标的是根据质权以公开拍卖的方式出售的，卖方对货物的瑕疵不负担保责任。

**2. 英美法的有关规定**

英美法关于卖方对货物品质担保责任的规定比大陆法较为详细和具体。其中，具有代表性的是《英国货物买卖法》和《美国统一商法典》的有关规定。

（1）《英国货物买卖法》的有关规定：

① 货物的品质必须与卖方对货物所做的说明一致。凡是凭说明的交易，卖方所交的货物必须与说明相符。卖方对货物所做的说明既可以是书面形式的，也可以是口头形式的。

② 如果卖方是在营业中出售货物，则应当包含一项默示条件，即卖方依据合同提供的货物应具有商销品质。根据英国买卖法的有关规定，如果在订立合同之前卖方向买方指出了货物的缺陷，或者买方检验了货物，那么如果买方接受了货物，卖方就已向买方指明的缺陷或买方经过检验本应发现但未发现的缺陷不再承担任何责任。

③ 如果卖方是在营业中出售货物，而且买方已经明示地或默示地让卖方知道，他要求货物须适用于某种特定的用途，在这种情况下，合同就包含有一项默示条件，即卖方依据合同所提供的货物应合理地适合于这种特定的用途；除非情况表明，买方并不信赖也没有理由信赖卖方的技能和判断力。

（2）《美国统一商法典》的有关规定。《美国统一商法典》与《英国货物买卖法》有所不同，它把卖方对货物的担保义务分为明示担保（Express Warranties）与默示担保（Implid Warranties）两种。

① 明示担保。所谓明示担保是指卖方明白地、直接地对其货物所做出的保证。明示担保是买卖合同的组成部分，并且是买卖双方达成交易的基础。

根据《美国统一商法典》第 2-313 条的规定，明示担保可以通过以下三种方式产生：第一，如果卖方对买方就有关货物在事实方面做出了确认或许诺，并作为交易基础的组成部分，就构成一项明示担保，即保证他所出售的货物与他所作的确认或许诺相符。这种对事实所作的确认或许诺可以用货物的标签、商品说明及目录等方式表示，也可以记载在合同内。例如，在出售的商品标签上写明“不含任何添加剂”，这就是一项对事实的确认，它就是一项明示担保。第二，卖方对商品所作的任何说明，只要是作为交货基础的一部分，就构成一项明示担保，卖方所交的货物必须与该项说明相符。第三，作为交易基础的组成部分的样品、模型，也是一种明示担保卖方所交的货物应与该样品的模型一致。

② 默示担保。所谓默示担保，是指因法律规定而使卖方在其出售货物时必须无条件承担的义务。因此，默示的担保义务并非是由于卖方自愿决定而产生的，而是因为法律的实施所产生的。这项默示的担保义务要求卖方必须保证所出售的货物符合该货物之所以被制造、销售的一般目的。按照统一商法典的规定，卖方对货物品质的默示担保主要有以下两项。

- ☑ 关于适销性的默示担保。《美国统一商法典》第 2-314 条规定，如果卖方是经营某种商品的商人，则在这类商品的买卖合同中，卖方应承担一项默示担保义务，即保证他所出售的货物必须具有适合商销的品质。

所谓适销品质，至少应满足下列几项要求：第一，合同项下的货物在该行业中可以无异议地通过检查；第二，如果出售的货物是种类物，则卖方所交的货物应在该规定范围内具有平均良好品质；第三，货物应适合于该商品的一般用途；第四，除合同允许有差异外，所有货物的每一单位在品种、品质和数量方面都应当相同；第五，在合同有要求时应把货物适当地装入容器，加上包装和标签；第六，货物须与容器或标签上所许诺或确认的事实相一致。

卖方如果违反适销性的默示担保，可能会引起十分严重的后果。卖方不仅要对违约的直接损失负责，而且要对由此引起的人身伤害和财产损失负责。

- ☑ 关于适合特定用途的默示担保。《美国统一商法典》第 2-315 条规定，如果卖方在订立合同时有理由知道货物将要用于某种用途，而且买方相信卖方具有挑选或提供适合该用途的商品的默示担保义务。

美国法与英国法在卖方对货物的担保责任问题上，是有区别的。美国法允许卖方在合同中排除上述各项明示担保和默示担保（产品责任除外）。但卖方在排除这些担保义务时，必须按法律规定的要求办理。例如，如果卖方想排除或限制适销性的默示担保，他在措辞时必须使用“适销性”一词。如果排除默示担保的条款是在于书面合同，必须在合同中醒目地显示或用特殊的字号，以便引起买方的注意。对于明示担保的排除，一般是比较困难的。因为按照《美国统一商法典》的规定，如果双方当事人在进行交易时，既有表示做出明示担保的行为，又有否定这种明示担保的行为，二者之间显然是矛盾的。而且，在这种情况下就认为卖方应承担明示担保的义务。

此外，按照《美国统一商法典》的规定，如果下列情况之一时，卖方亦将被认为是排除了对货物品质的默示担保义务：第一，如果在交易时，卖方使用了“依现状”（As Is）、“含有各种残损”（With All Faults）或其他能引起买方注意的措辞，以表明卖方不承担任何默示担保义务者；第二，如果买方在订立合同以前已经检验过货物或样品、模型等，或者买方拒绝进行检验，则卖方对于通过此项检验本应能发现的缺陷，就不承担任何默示担保义务。第三，根据双方当事人过去的交易做法、履约做法或行业惯例，也可以排除卖方的默示担保义务。

但是，在任何情况下，卖方都不得在合同中事先排除由于产生责任所引起的损害赔偿义务。

**3. 国际货物买卖合同公约的有关规定**

国际货物买卖合同公约对卖方的品质担保义务做出了详细的规定，其内容与英美法上的默示条件或默示担保义务有许多相同之处。

公约第35条规定，卖方所交付的货物必须符合合同规定的质量、数量与规格，并且必须按合同规定的方式包装。公约进一步指出，符合下列要求的货物即被认为符合合同的规定：

（1）货物适合于同一规格货物通常使用的目的。

（2）货物适合于订立合同时买方曾明示或默示地通知卖方的任何特定目的，除非情况表明买方并未依赖或没有理由依赖卖方的技能和判断力。

（3）货物的质量应与卖方向买方提供的货物样品或样式相同。

（4）货物应按同类货物通用的方式装入容器或包装，如无此种通用方式，则应按足以保全和保护货物的方式装进容器或包装。

以上四项义务是在双方当事人没有其他约定的情况下，由公约加之于卖方身上的义务。它们反映了买方在正常交易中对所购买的货物所抱有的合理的期望。因此，只要双方当事人在合同中没有做出与此相反的规定，公约的上述规定就是用于他们之间的合同。

公约对于卖方承担上述义务的时间作了明确规定。公约第36条规定：卖方应按照合同和本公约的规定，对风险移转到买方时所存在的任何不符合情形负有责任，即使这种不符合情形是在该时间后才明显表现出来的。公约认为卖方对货物应符合合同要求的责任，原则上是以风险转移的时间为衡量标准。即只要货物在风险转移于买方的时候是符合合同的要求，卖方就履行了他的义务，如果在风险转移于买方之后，货物发生与合同的要求不符的情况，卖方不承担责任。

公约还规定，在某些情况下所交的货物是否与合同相符，各国法律一般都承认买方有权进行检验，如果经过检验发现货物与合同不符，买方有权向卖方要求赔偿损失甚至可以要求退换货物。国际货物买卖合同公约对检验货物的时间与地点做了明确的规定，现简要介绍如下。

（1）检验货物的时间。检验货物的时间在国际贸易中是一个十分重要的问题。因为它直接关系到买方进行索赔的权利。如果买方不在合同或法律规定的时间内对货物进行检验，就会失去主张货物与合同不符的权利。公约第38条第1款规定，买方必须按情况实际可能的最短时间内检验货物或由他人检验货物。这里规定的按情况和贸易惯例来确定。由于国际贸易中商品种类繁多，千差万别，其所需要的检验时间也不可能完全一样。在实际业务中，买卖双方一般须在买卖合同中对买卖货物的检验时间做出具体规定，如规定“货到后60天（或90天）进行检验”。在这种情况下，买方必须在合同规定的期限内对货物进行检验，否则，对方可以以检验期限已过为理由拒绝赔偿。

（2）检验货物的地点。公约第38条第2款和第3款对检验的地点作了规定。其中第2款规定，如果合同涉及货物的运输，检验可推迟到货物到达目的地后进行。这一规定反映了国际贸易的通常做法。在国际贸易中，大多数合同都涉及货物运输，如果要求买方在装运以前对货物进行检验，或给买方带来许多困难和不便，因此，公约明确规定，在合同涉及货物运输的情况下，买方可以在货物到达目的地后进行检验。

公约第38条第3款还进一步规定，如果货物在运输中改运或买方须再发运货物，没有合理机会进行检验，而卖方在订立合同时已经知道或理应知道这种改运或再发的可能性，则检验可推迟到货物到达新目的地后进行。这项规定的意旨是在货物需要转运的情况下，允许把检验的地点延展到新的目的地。但在援用这一规定时，必须符合以下要求。

① 货物需在中途改运或买方须再发运。

② 在改运或再发运以前，买方没有合理机会对货物进行检验。买方之所以在改运或再发运时没有合理机会检验货物，主要原因是由于货物的性质或运输包装所导致。例如，对于成套设备的运输在中途或转运地就无法进行检验。

③ 卖方在订立合同时已经知道或理应知道这种改运或再发运的可能性。这主要是指买方在订立合同时已将所购货物需要改运或再发运往其他地方的情况通知了卖方，也包括卖方根据客观情况或双方的习惯做法理应知道货物有改运或再发往其他地方的可能性。

（3）通知货物不符合同的时间。买方在收到货物时，如果发现卖方所交货物不符合合同的要求时，应按合同或法律规定的时间通知卖方，并及时提出索赔或退换货物的要求，如果超过了规定的期限，买方就会丧失其应有的权利。对此，公约第 39 条做出了以下两项规定。

① 买方对货物不符合同，必须在发现或理应发现此种情况后的一段合理时间内通知卖方，说明不符合同情形的性质，否则就丧失声称不符合同的权利。

② 对任何情况下，如果买方不在实际收到货物之日起两年内将货物不符合同的情况通知卖方，他就丧失了声称货物不符合同的权利，除非这一时限与合同规定的保证期限不符。这里应当注意的是，如果买卖合同对货物品质、数量的索赔规定了索赔期（如卸货后 90 天），则买方必须在合同规定的索赔期限内提出索赔，而不能拖到两年后才提出索赔。

### （四）卖方对货物的权利担保义务

权利担保是指卖方应保证对其所出售的货物享有合法的权利，没有侵犯任何第三人的权利。在货物买卖中，卖方的最重要义务就是保证他确实享有出售货物的权利。具体来说，卖方的权利担保义务主要包括以下三个方面的内容：第一，卖方保证对其出售的货物享有合法的权利；第二，卖方保证在其出售的货物上不存在任何未曾向买方透露的担保权、留置权等；第三，卖方应保证他所出售的货物没有侵犯他人的权利，包括商标权、专利权等。按照各国的法律，上述权利担保义务是卖方的一项法定义务，即使在买卖合同中对此没有做出规定，卖方依法应承担此项义务。

#### 1. 英国法的有关规定

根据《英国货物买卖法》的规定，卖方对货物的权利主要有以下几项担保义务。

（1）卖方对其所出售的货物必须享有完全的所有权。如果买方事后因卖方违反这一担保义务出售了不属于自己的货物而被迫向其真正所有人归还所购之物，他有权向卖方索回全部的价款，而且无须考虑已对货物的使用等因素。

（2）卖方所售的货物必须没有买方不知道的任何纠纷或抵押权利。而且买方应不受阻碍地占有货物。

（3）在卖方对所售的货物无所有权时，货物的真正所有人的权利。根据《英国货物买卖法》的规定，如果卖方对所出售的货物无所有权，那么货物的真正所有人有权从买方手中索回该项货物，即使买方是善意购买者也是如此。但此项原则有下列一些例外情况，在这些情况下，货物的真正所有人无权从买方手中索回卖方出售的货物，这些例外情况有以下几种。

① 卖方是货物真正所有人的代理人，且其出售行为未超越他的通常的代理权限。

② 货物的真正所有人因实施某种行为而被认为失去了对货物的所有权。

③ 货物是在惯常出售此类货物的公开市场上，在营业时间内出售的。

④ 如果卖方在出售货物后仍实际占有货物，并且将其再次出售给一善意购买者，该第二位购买者就获得有效的所有权。

⑤ 征得货物所有人的同意而实际占有某项货物的买卖中间商，即使未得到货物所有人的授权或超越授权，也有权出售他所实际控制的货物。善意的购买者获得完全的所有权。买卖中间商是指在通常的营业活动中有权买卖此种货物的人。

**2. 美国法的规定**

根据《美国统一商法典》第 2-312 条的规定，卖方有以下一些权利担保义务。

（1）卖方对所出售的货物必须享有充分的所有权，而且其转移所有权的行为必须合法。因此，假如卖方所出售的货物是偷窃来的，他就违反了应承担的权利担保义务。

（2）卖方所出售的货物必须是任何第三方都不能以侵权行为或其他理由提出合法要求的货物。卖方必须保证买方不因购买其出售的货物而受到被起诉的危险。

（3）卖方所交货物必须没有在订立合同时买方所不知道的担保权益，如留置权或抵押权等。如果卖方转移了被抵押的财产，他就违反了权利担保义务。

（4）除非卖方所交付的货物是按买方提供的技术规格制造的，卖方向买方所交付的货物不得侵犯第三方的版权、商标权、著作权或专利权。

**3. 大陆法系国家的有关规定**

大陆法系国家的民商法典以及债务法典也都规定了货物的卖方所承担的对货物的权利担保义务。大陆法系国家将此义务称为卖方所承担的保证所出售货物“无法律上的瑕疵”的义务。如果卖方所交货物存在着法律上的瑕疵，《德国民法典》规定，卖方就应承担相应的法律责任，因为这被认为是卖方部分不履行合同的违约行为。《法国民法典》与《日本民法典》也对卖方对货物的权利担保义务做出了详细的规定。

**4. 国际货物买卖合同公约的规定**

国际货物买卖合同公约对卖方的权利担保义务主要有以下两项规定。

（1）卖方所交付的货物必须是第三方不能提出任何权利或请求的货物。公约第 41 条规定，卖方所交付的货物必须是第三方不能提出任何权利或请求的货物，除非买方同意在受制于这种权利或请求的条件下，收取这项货物。

这项规定的目的，就是要求卖方保证对所收货物享有合法权益。如果有任何第三人对货物提出权利主张或请求权，卖方应对买方承担责任。

根据公约第 41 条的规定，卖方不仅要向买方保证他所交付的货物必须是第三方不能提出任何权利的货物，而且必须是第三方不能提出任何请求的货物。这项规定包含了以下两重意义。

① 如果第三方对买方起诉，主张他是货物的真正所有人或对货物享有某种权利，结果获得胜诉，这固然表明该第三方对货物享有权利，并可以认定卖方违反了公约第 41 条的规定，应对买方承担责任。

② 即使第三方对货物提出某种请求后，由于法律上的依据不足而败诉了，但卖方仍将被认为是违反了公约第 41 条规定的义务，因为按照公约的规定，卖方有义务保证第三方不能对货物提出任何请求。所以，尽管第三方的请求不能成立，但他毕竟是提出了请求，使买方受到了干扰或损失，卖方仍须对此负责。公约之所以这样规定，主要是保护善意卖方的利益，

因为买方的本意是买货物，而不是买“官司”来打。

（2）卖方所交付的货物不得侵犯任何第三方的工业产权或其他知识产权。根据公约第42条的规定，卖方所交付的货物，必须是第三方不能根据工业产权或其他知识产权提出任何权利或请求的货物。这一规定同某些国家国内法的规定很相似，但国际买卖比国内买卖更为复杂，涉及的因素会更多，特别是在涉及工业产权和其他知识产权的保护上。卖方所交付的货物可能既没有侵犯卖方国家的工业产权，也没有侵犯买方国家的工业产权，但由于卖方把这批货物转销往其他国家而侵犯了该国的工业产权或知识产权。因为工业产权是相互独立的。同一种商品在甲国认为没有侵犯他人的工业产权，但在乙国却可能会被认为是侵犯了他人的工业产权。基于上述复杂情况，公约并不是绝对地要求卖方必须保证他所交付的货物不得侵犯任何第三人的工业产权或其他知识产权，而是有一定的条件限制的，这些限制性的条件有以下几项。

① 卖方只有当其在订立合同时已经知道或不可能不知道第三方对其货物会提出工业产权方面的权利或请求时，才对买方承担责任。

② 卖方并不是对第三方依据任何一国的法律所提出的工业产权或知识产权的权利或请求都要向买方承担责任，而只是在下列情况下才须向买方负责：第一，如果买卖双方在订立合同时已知买方打算把该项货物转售到某一个国家，则卖方对于第三方依据该国法律（如专利法、商标法、版权法等）所提出的有关工业产权或知识产权的权利请求，应对买方承担责任。因为卖方在订约时既然已经知道货物将转销往该国，他就应保证其货物在该国销售不会侵犯该国的工业产权或知识产权。第二，在任何其他情况下，卖方对第三方根据买方营业地所在国法律所提出的有关侵犯工业产权或知识产权的请求，应对买方承担责任。

③ 如果买方在订立合同时，已经知道或不可能不知道第三方对货物会提出有关侵犯工业产权或知识产权的权利或请求，则卖方对由此而引起的后果不承担责任。

④ 如果第三方所提出的有关侵犯工业产权或知识产权的权利或请求，是由于卖方按照买方提供的技术图纸、图案或其他规格为其制造产品而引起的，则应由买方对此负责，卖方对此不承担责任。《美国统一商法典》也有类似规定。

此外，公约还规定，买方在已经知道或理应知道第三方对货物的权利或请求后，应在合理时间内通知卖方，否则，买方就会丧失援引上述第41条和第42条所规定的权利，除非买方对未及时通知卖方能提出合理的理由。

## 二、买方的义务

买方履行国际货物买卖合同的主要义务是向卖方支付规定的价款并按时接受所购货物。买方应按合同规定的时间、地点、币种、付款方式、支付价款及有关的费用，且必须按合同的规定接受有关的单据及货物。如果合同未对此做出规定，则应按有关的法律规定履行其义务。现将国际货物买卖合同公约和主要发达国家的买卖法中对买方义务的规定作以下介绍。

### （一）英美法的有关规定

#### 1.《英国货物买卖法》的有关规定

《英国货物买卖法》对卖方义务作了规定，买方有义务按合同的规定收受货物和支付货款。英国法认为，除合同另有规定外，卖方交付货物和买方支付货款是对流条件，两者应同时进行。

关于买方接受货物的义务，有以下两点需要进一步说明。

（1）《英国货物买卖法》把买方接受货物的义务同他对货物的检验权利结合起来。根据该法第 34 条的规定，当卖方提交货物时，除另有约定外，买方有权要求让他有合理的机会检验货物，以便确定其是否与合同的规定相符。凡是未曾检验过货物的买方，都不能被认为是已经接受了货物，因而也没有丧失其拒收货物的权利，直到他有合理的机会检验货物为止。但是，如果买方在有机会检验货物时，却不对货物进行检验，那就是放弃了检验权利，在这种情况下，买方就丧失了拒收货物的权利。

（2）在《英国货物买卖法》中，买方收到货物与接受货物是有所区别的。收到货物并不等于接受货物。买方如果接受了货物，他就丧失了拒收货物的权利，但如果买方仅仅是收到了货物则以后如发现货物与合同不符合，他仍然可以拒收货物。根据《英国货物买卖法》的规定，出现下述三种情形时才可被认为买方接受了货物：① 买方向卖方做出接受货物的明确表示；② 卖方交货后，买方对货物行使了处分权；③ 经过一合理的检验货物的期限后，买方未向卖方明确表示拒绝接受货物。

**2.《美国统一商法典》的有关规定**

（1）买方付款的时间、地点。除非合同另有约定，或是赊销性质的买卖，买方付款的时间与地点应当是买方接受货物的时间、地点。

（2）买方检验货物的权利。如果合同规定了检验货物的时间、地点及方式，双方必须按规定执行。如果合同未作规定，根据该法典，买方有权在付款与接受货物以前的任何合理的时间、地点，以任何合理的方式对货物进行检验，但买方需承担检验的费用。如果检验结果证明货物与合同不符，则检验费用应由卖方负担。

如果合同规定采用交货付现（Cash On Delivery，C.O.D）或交单付款（Document Against Payment）等条件付款，则买方必须在检验之前付款。在国际贸易中，大都采用交单付款的方式，因此，买方通常都是在卖方移交装运单据时支付货款，待货物运抵目的地后再进行检验。在这种情况下，买方虽已按合同规定支付了货款，但这并不构成对货物的接受，也不影响买方在货物运到后进行检验的权利以及采取各种法律上的补救措施的权利。

（3）买方对货物的接受。根据该法典的规定，只要出现下述情况就被认为是买方同意接受货物：① 买方做出了接受货物的明确表示。如果在经过一个合理的检验货物的期限后，买方表示货物符合合同规定，愿意接受货物，或者虽然货物不符合合同规定，但仍愿将货物提走，那么买方就接受了货物。② 如果在经过了一个合理的验货期后，买方没有表示拒收货物的意思，就推认他同意接受货物。③ 买方实施了与卖方对货物的所有权不相一致的行为，这是买方接受货物的第三种方法。在上述例子中，假如买方在收到商品后立即将其放到商店的货架上出售，则这种出售货物的行为就被认为是与卖主对货物的所有权不相一致的行为。

（4）买方对货物的拒绝接受。如果卖方所交货物不符合合同的规定，那么在符合一定条件后，买方就可有效拒绝接受货物。这些条件是：① 卖方未能在一个合理的时间内对货物的缺点予以纠正；② 买方是在收到货物后的一个合理的时间内做出拒绝接受表示的；③ 买方及时将拒收的决定通知了卖方。

一旦买方拒绝接受货物，他必须妥善保管已交其控制的货物，等待卖方做出处置。如果是易腐烂变质的货物，买方也可将其重新出售并有权从出售所得中扣除买方因保管与销售货物所承担的费用；如果货物的价值不会迅速减损，买方就可以将其进行仓储，也可以重新出售，但与此有关的费用应由卖方承担。

（5）对货物接受的撤销。买方在收到货物的一段合理期限内表示接受货物，但在接受货物之后却发现货物有缺陷，那么一定条件下买方可撤销他已做出的对货物的接受。这些条件包括：① 买方知道货物有缺陷，但仍接受是因为他有理由相信卖方会纠正这些缺陷，但在实际上卖方未及时地改正货物的缺点；② 在接受货物之前买方未能发现货物的缺陷是因为该缺陷难以在短时间内被检查出来；③ 买方未能在接受货物以前发现缺陷是因为卖方做出了货物没有缺陷的保证；④ 撤销已做出的接受是在买方发现货物有缺陷之后的一段合理时间内。

### （二）大陆法国家的有关规定

关于卖方的义务，大陆法国家是在民法典中做出规定的。其中有代表性的是《德国民法典》和法国的有关规定。如《法国民法典》1650 条规定，买方的主要义务是按照买卖合同规定的时间和地点支付价金。第 1651 条规定，如果在买卖时，对支付价金的时间和地点没有做出规定，买方应在交付标的物的地点和时间支付现金。第 1654 条还规定，如果买方不支付价金，卖方请求解除买卖合同。

《德国民法典》明确规定，买方对卖方负有支付约定价金及受领货物的义务。如果双方在订约时未规定价金而依市价确定价金者，则应按清偿时清偿地的市价为准。如果合同对付款地点没有做出规定，则债务人（即买方）应在债权人（卖方）的所在地付款。

### （三）国际货物买卖合同公约的有关规定

国际货物买卖合同公约对国际货物买卖中买方的义务作了比较详细、具体的规定。现介绍如下。

#### 1. 支付货款

公约第 54 条规定买方支付货款的义务包括按照合同或任何法律、规章所要求的步骤及手续，以便货款得以支付。这些步骤和手续主要是指按照买卖合同的规定，向政府机关或银行登记合同、取得所需的外汇、申请官方核准向国外汇款、向银行申请信用证或付款保证书等。

#### 2. 确定货物价格

如果买卖合同已经规定了货物的价格或规定了确定价格的方法，买方应当按合同规定的价格付款，这一点是明确的。但是，如果合同没有明示或默示地规定货物的价格或规定确定价格的方法，在这种情况下，如合同已有效成立，则应当认为双方当事人已默示引用订立合同的时候，这种货物在有关贸易中在类似情况下出售的通畅价格。公约这项规定的目的是为了使合同不致由于没有规定价格或作价方法而不能履行。

公约第 56 条还规定，如果货物的价格是按照货物的重量（如公吨、公斤等）来确定的话，如有疑问时，应按货物的净重量来确定。换言之，如果买卖合同对货物究竟是按毛重还是按净重来计算货价的问题没有做出具体规定，则应按净重计算，货物的包装不计算在内。当然，如果买卖合同中已明确规定“以毛作净”，则另当别论。

#### 3. 支付货款的地点

在国际货物买卖中，在什么地点支付货款，对买卖双方，特别是对卖方来说，是十分重要的问题。因为一旦遇到约定的支付地点实行外汇管制，或因外汇短缺而限制外汇的汇出，买方就无法履行其付款义务，卖方也不能取得货款。如果双方在买卖合同中对付款的地点已有明确的规定，买方应在合同规定的地点付款。

如果买卖合同对付款地点没有做出具体的规定，买方应按公约第 57 条的规定，在下列地点向卖方支付货款：① 在卖方的营业地付款。如果卖方有一个以上的营业地点，则买方应在与该合同及合同的履行关系最为密切的那个营业地点向卖方支付货款。② 如果是凭移交货物或单据支付货款，则买方应在移交货物或单据的地点支付货款。

**4. 支付价款的时间**

公约第 58 条规定了买方支付货款的时间与条件，它包括以下三项内容。

（1）如果买方没有义务在任何其他特定时间内支付价款，他必须于卖方按照合同和本公约规定将货物或控制货物处置权的单据交给买方处置时支付价款。卖方可以支付价款作为移交货物或单据的条件。

（2）如果合同涉及货物的运输，卖方可以在支付价款后方可把货物或控制货物处置权的单据移交给买方作为发运货物的条件。

（3）买方在未有机会检验货物前，无义务支付价款，除非这种机会与双方当事人设定的交货或支付程序相抵触。

关于上述第（3）项的规定，在国际货物买卖的惯例中，买方不一定能够在支付货款之前就有机会对货物进行检验。特别是采用 CIF 条件成交时，通常都是凭单付款在前，货到检验在后，买方不能要求先对货物进行检验，然后再付货款。而必须先凭卖方提交的装运单据付款，等货物运到目的港后，再对货物进行检查。为了适应国际贸易的这种惯常做法，公约明确指出，如果买方在付款之前要求对货物进行检验的权利与双方约定的交货或付款程序相抵触，买方就无权要求在付款以前先检验货物。上面所讲的就属于这类情况。但这并不是说买方就放弃了检验货物的权利，因为即使买方已付了货款，但货到目的地后，买方仍有权对货物进行检验，如发现货物与合同不符，买方仍有权要求卖方赔偿损失，或采取公约所规定的其他补救方法，来维护其正当权益。

公约第 59 条还规定：买方必须按合同和本公约规定的日期或从合同和本公约可以确定的日期付款，而无须卖方提出任何要求或办理任何手续。

**5. 收取货物**

公约第 60 条对买方接受货物的义务做出了以下的规定。

（1）买方必须充分配合，采取一切必要的行动协助卖方完成交货。例如，如果买卖合同中规定的交货条件为 FOB 价格，那么买方就要安排货物的运送，签订必要的运输合同以便让卖方将货物交给第一承运人运送给买方。

（2）买方有义务按合同规定的卖方交货地点将货物取走，以履行其接受货物的义务。如果买方不及时接受货物，有时可能会对卖方的利益产生直接影响。如果买方不及时提货，卖方可能要对承运人支付滞港费及其他费用，对此买方应当承担责任。

## 第四节　对违反买卖合同的补救办法

在国际贸易中，货物买卖合同订立后，买方和卖方都有可能发生违约行为。有时是卖方不交货或不按合同规定的时间、数量、质量交货或不按合同规定提交与货物有关的单据等违约行为；有时买方亦会发生无理拒绝接受货物或拒绝支付货款等行为。按照各国法律和《联合国国际货物买卖合同公约》的规定，当一方违反合同使对方权利受到损害时，受损害一方有权采取适当措施以维护自己的合法权益。这种因一方违约使自己权利受到损害时，为维护自己的权益，依法采取的措施称为违约补救办法。根据国际货物买卖合同公约及其他一些国家法律的规定，对违反买卖合同的各种补救办法主要有以下几方面。

## 一、买卖双方都可以采取的救济方法

### （一）损害赔偿

根据公约的规定，损害赔偿是一种主要的救济方法。当一方违反合同时，对方都有权利要求赔偿损失，而且要求损害赔偿的权利并不因其已采取其他救济方法而丧失。例如，当卖方违反合同时，即使买方已宣告撤销合同，或者已允许卖方推迟交货，但买方对由于卖方违约所遭受的损失仍有请求损害赔偿的权利。

关于损害赔偿的责任范围公约第 74 条至第 77 条作了具体的规定。

**1. 损害赔偿的原则及责任范围**

公约第 74 条规定：一方当事人违反合同应负责的损害赔偿，应与另一方当事人因他违反合同而遭受的包括利润在内的损失额相等。但这种损失赔偿不得超过违反合同一方在订立合同时，依照他当时已知道或理应知道的事实和情况，对违反合同预料到或理应预料到的可能损失。

这项规则对买方或卖方所提出的损害赔偿请求都同样适用，而且适用于因各种不同的违约情事所提出的损害赔偿要求。对于这项规定具体说明如下。

（1）公约规定，损害赔偿的责任范围应与对方因其违约而遭受的包括利润在内的损失额相等。这一规定就是要使受损害一方的经济状况与合同得到了履行对他本应获得的利益是相同的。公约明确指明应当包括利润损失。

（2）公约对损害赔偿的责任范围进行了重要的限制，即“不得超过违约一方在订立合同时，依照他当时已知道或理应知道的事实和情况，对违反合同预料到的或理应预料到的损失”。对于那些在订立合同时不可能预见到的损失，违约的一方可以摆脱责任。在这一点上，我国涉外经济合同法的规定与公约是一致的。

（3）公约没有采取过失责任原则。许多大陆法国家在民法中都采取过失责任原则，即只有当违约的一方存在着可以归责于他的过失时，才承担违约的责任。而公约则规定，当一方请求损害赔偿时，不须证明违约的一方有过失。只要一方违反合同，并给对方造成了损失，对方就可以要求其赔偿损失，其目的是为了更好地保护受损害一方的利益。

（4）公约认为损害赔偿的请求权不因当事人采取其他救济方法而受到影响。公约第 45 条第（2）款规定：买方可能享有的要求损害赔偿的任何权利，不因他行使采取其他补救办法的权利而丧失。公约的规定表明即使受损害的一方已经采取了撤销合同或其他救济方法，但他仍然可以要求违约的一方给予损害赔偿，即两种救济方法可以同时行使。关于这一点，大陆法某些国家的法律规定是不同的，根据《德国民法典》的规定，债权人只能在解除合同与损害赔偿请求权二者间选择行使其中一项权利，而不能同时行使两种权利，即两者不能就同一债务关系存在。

**2. 减轻损失的义务**

当一方当事人违反合同时，没有违反合同的一方有义务采取必要的措施，以减轻因违约而引起的损失。根据公约第 77 条的规定：声称另一方违反合同的一方，必须按情况采取合理措施，减轻由于另一方违反合同而引起的损失，包括利润方面的损失。如果他不采取这种措施，违反合同一方可以要求从损害赔偿中扣除原可以减轻的损失数额。这项规定适用于买方或卖方的各种违约索赔情况。

**（二）预期违约**

所谓预期违约是指在合同规定的履行期到来以前，已有根据预示合同的一方当事人将不会履行其合同义务。由于这种预期违约的情况对于买方和卖方都可以出现，因此，国际货物买卖合同公约对预期违约的救济方法作为买卖双方都可以采用的救济方法加以规定。

（1）公约第 71 条第 1 款规定，如果订立合同后，另一方当事人由于下列原因显然将不履行其大部分重要义务，一方当事人可以中止履行合同中的行为显示他将不履行其主要义务。

上述规定主要包含以下两个内容。

① 对预期违约的救济方法，按照公约第 71 条第 1 款的规定，合同订立后，如一方履行义务的能力或他的信用有严重缺陷或者他在准备履行合同或履行合同中的行为显示他将显然不履行其大部分重要义务时，对方当事人可以中止履行义务。

从该项规定可以看出，当一方发生预期违约时，另一方对预期违约采取的救济方法是中止合同。而且公约还规定，如果在履行合同期限到来之前，已明显看出一方当事人将根本违约，则另一方不仅有权中止合同，而且可以宣告撤销合同。所以，根据具体情况对预期违约须看其是否构成根本违约，分别采用中止合同或撤销合同这两种不同的救济措施。

② 采用中止履行合同的救济方法，必须具备下列两个条件中的一个。

一是当事人的履约能力或信用严重下降，例如合同一方当事人在订立合同后宣告破产或失去履约能力等。

二是当事人在准备履行合同或履行合同中的行为已显然表明他将不履行其大部分重要义务。

（2）公约规定了采用中止履行合同时必须履行的程序。公约第 71 条第 3 款规定，宣告中止履行合同的一方，必须立即通知另一方当事人，如另一方对履行义务提供了充分的保证，则他必须继续履行义务。例如，当买方信用明显下降时，卖方可以用通知方式宣告中止履行合同，如银行为买方提供了担保（出具银行保函），则卖方应继续履行合同。

**（三）对分批交货合同发生违约的救济方法**

分批交货合同是指一个合同项下的货物分成若干批交货。对于分批交货合同，如果一方对其中一批货物没有履行义务，并构成根本违约，对方能否宣告撤销整个合同，公约第 73 条专项作了规定。具体分为以下三种情况。

（1）在分批交货合同中，如果一方当事人不履行对其中任何一批货物的义务，便已对该批货物构成根本违反合同，则对方可以宣告合同对该批货物无效，即宣告撤销合同对这一批交货的效力，但不能撤销整个合同。

（2）如果一方当事人不履行对其中任何一批货物义务，使另一方当事人有充分理由断定今后各批货物亦将会发生根本违反合同，则该另一方当事人可以在一段合理时间内宣告合同今后无效，即撤销合同对今后各批货物的效力，但对在此以前已经履行义务的各批货物不能予以撤销。

（3）当买方宣告合同对某一批交货无效时，如果合同项下的各批货物是互相依存、不可分割的，不能将任何其中的一批货物单独用于双方当事人在订立合同时所设想的目的（如大型设备分批装运交货），则买方可以同时宣告合同对已经交付或今后将交付的各批货物均为无效，即可以宣告撤销整个合同。

以上各种救济方法是买卖双方都可以采用的，关于在卖方违约时买方的救济方法，买方违约时卖方的救济方法的有关规定，下面将进一步介绍。

## 二、卖方违反合同时买方的救济方法

### （一）要求卖方履行其合同义务

公约第 46 条规定，如果卖方不履行合同的义务，买方可以要求卖方履行其合同或公约中规定的义务，除非买方已采取与此项要求相抵触的某种补救办法。例如，如果买方已经宣告撤销合同，就不能再要求卖方履行其合同义务。因为撤销合同与要求卖方履行合同义务二者是有抵触的。

根据公约第 28 条的规定，当一方当事人要求另一方当事人履行某项义务时，法院没有义务做出判决要求具体履行此项义务，除非法院依照其本身的法律对不属于本公约范围的类似销售合同愿意这样做。公约这样规定，是为了调和英美法和大陆法在实际履行问题上存在的分歧。英美普通法（Common Law）认为，对违反合同的主要的救济方法是损害赔偿，而不是实际履行。只有当金钱赔偿不足以弥补受损害一方的损失时，衡平法才考虑判令实际履行。所以，按照英美法，实际履行只是一种在例外情况下才采用的、辅助性的救济方法。一般地说，英美等国的法院对于一般的货物买卖合同，原则上不会做出实际履行的判决，而只判决违约一方支付金钱上的损害赔偿，除非买卖的标的物是特定物或者特别珍贵罕有，在市场上不容易买到的，法院才会考虑判令实际履行。

大陆法特别是德国法则认为，实际履行是对不履行合同的一种主要的救济方法，当债务人不履行合同时，债权人有权要求债务人实际履行其义务。由于两个法系在实际履行问题上有较大的分歧，难以统一，所以，公约只有让各个法律体系在国家的法院按其自身的法律来处理这个问题。如果法院按其自身的法律对不属于公约范围内的类似的买卖合同会做出实际履行的判决，则对于适用公约的买卖合同也将会做出实际履行的判决。否则，法院就不会做出实际履行的判决。

### （二）要求卖方交付替代货物

公约第 46 条第 2 款规定，如果卖方所交付的货物与合同规定不符，而且这种不符合同的情形已构成根本违反合同，买方有权要求卖方另外再交一批符合合同要求的货物，以替代原来那批不符合的货物。但是，买方在采用这种救济方法时，受一项条件的限制，即只有当卖方所交货物不符合同的情形相当严重，业已构成根本违反合同时，买方才可以要求卖方交付替代货物。如果卖方所交付的货物虽然与合同不符，但情况并不严重，尚未构成根本违反合同时，买方就不能要求卖方交付替代货物，而只能要求卖方赔偿损失或对货物与合同不符之处进行修补等。

根据公约的规定，如果买方要求卖方交付替代货物，买方必须在向卖方发出货物与合同不符的通知时提出此项要求，或者在发出上述通知后的一段合理时间内提出这种要求。

### （三）要求卖方对货物不符合同之处进行修补

当卖方交付不符合合同要求的货物，情况尚不严重，并未构成根本违约，只需卖方进行修理，即可达到合同要求时，买方则可采取要求卖方修补不符合合同的货物的救济办法。但是，如果根据当时的具体情况，要求卖方对货物不符合同之处进行修理的做法是不合理的，则买方就不能要求卖方来对货物不符合同之处进行修理。

### （四）给卖方一段合理的额外时间让其履行合同义务

公约第 47 条规定，如果卖方未在合同规定的期间内履行义务，买方可给一段合理的额外时间让卖方履行义务。这实质就是给卖方一定宽限期，让其在宽限期内继续履行义务。关于这一问题，各国法律也做出了具体的规定。

英国法认为，当卖方延迟交货时，买方能否直接采用撤销合同的办法，必须视卖方此项违约行为的情况担保，则不能撤销合同。但一般认为，商业买卖交易中，交货时间应推定为合同的条件，如没按时交货，被认为违反条件，买方有权撤销合同，并请求损害赔偿。

德国法与英国法不同，规定了“催告”制度，债务人不按时履行义务时，须经债权人催告后，债务人于收到催告通知之时起负延迟履行的责任。在货物买卖中，卖方不按时交货时，买方应指定宽限期，让卖方在此期限内交货，如卖方在宽限期内仍不交货，买方才可以解除合同并请求损害赔偿。

按照公约的规定，在通常情况下，当卖方不按期交货时，买方都可给他一段合理的额外期间，让卖方在此期间内履行其义务，只有卖方在此期间内仍不交货或声明他将不在此期间内交货，买方才可以撤销合同。但这是指一般而言，而不是绝对的。如果卖方不按合同规定的时间交货的本身已经构成根本违反合同，则按照公约第 49 条的规定，买方可以不给卖方规定额外的合理期限，就可以立即宣告撤销合同。这里最困难的问题是如何确定卖方延迟交货的本身是否足以构成根本违反合同。因为公约对根本违反合同所下的定义是比较原则、比较抽象的，在具体适用时，还要根据不同的案情做出决定。有些外国的法学者曾假设两个不同的案例试图对延迟交货是否构成根本违反合同做出符合公约精神的解释。

第一个案例是出售圣诞节食用火鸡合同案。买方从国外进口一批供圣诞节出售的火鸡，卖方交货的时间比合同规定的期间晚了一个星期。由于圣诞节已过，火鸡难以销售，使买方遭受重大损失。在这种情况下，卖方延迟交货可以认为是根本违反合同，买方有权撤销合同，拒收迟交的货物。

另一个案例是出售普通肉鸡合同案。合同规定卖方应于 7 月至 8 月装运，但实际上卖方的装运日期比合同规定的时间迟了一个星期。在这段时间肉鸡的市场价格并没有发生什么变化，供销情况亦正常。在这种情况下，卖方迟延交货就不能认为是根本违反合同，买方不能撤销合同。

这两个例子对理解公约的含义是有一定帮助的。

根据公约第 47 条第 2 款的规定，如果买方已经给卖方规定了一段合理的额外时间，让卖方在此期间履行其义务，则在这段时间之内，除非买方已收到卖方的通知，表明卖方将不在这段时间内履行其义务，买方就不能对卖方采取任何补救方法。

### （五）卖方得对不履行义务做出补救

按照公约第 48 条的规定，除第 49 条的规定（关于撤销合同）外，卖方即使在交货日期之后，仍可自付费用，对任何不履行义务做出补救，但这种补救不得造成不合理的迟延，也不得使买方遭受不合理的不便，或无法确定卖方是否将偿付费用。但是，买方保留本公约所规定的要求损害赔偿的任何权利。

公约原则上允许卖方在交货日期之后，自付费用对任何不履行义务之处加以补救。但卖方的这项自行补救的权力须符合下列要求。

（1）买方未按公约第 49 条规定撤销合同。

（2）卖方应当承担做出补救的费用。

（3）卖方在做出补救时不得给买方造成不合理的不便或迟延。

公约第 48 条第 2 款还规定，如果卖方要求买方表明他是否接受卖方履行义务，而卖方可以按其在要求中所指明的时间履行义务。卖方不得在该段时间内采取与卖方履行义务相抵触的任何补救办法。

### （六）撤销合同

根据公约第 49 条的规定，当卖方违反合同时，买方在下述情况下可以宣告撤销合同。

（1）卖方不履行其在合同或公约中规定的任何义务，已构成根本违反合同。

（2）如果发生不交货的情况，卖方在买方规定的合理的额外时间内仍不交货，或卖方声明他将不在买方规定的合理的额外时间内交货。

公约同时规定，如果卖方已经交付货物，买方就丧失了宣告撤销合同的权利，除非他按公约的下列规定及时提出撤销合同。

（1）对于延迟交货的情形买方必须在卖方交货后的一段合理时间内宣告撤销合同，否则，他就将失去宣告撤销合同的权利。

（2）对于延迟交货以外的任何违反合同的情形，买方必须在已经知道或理应知道这种违约情形后的一段合理的时间内宣告撤销合同，否则，他亦将失去宣告撤销合同的权利。

### （七）要求减价

按照公约第 50 条的规定，如果卖方所交的货物与合同不符，不论买方是否已经支付货款，买方都可以减低价格。减价按实际交付的货物在交货时的价值与符合合同的货物在当时的价值两者间的比例计算。但是，如果卖方已按公约规定对其任何不履行合同义务之处做出了补救，或者买方拒绝接受卖方对此做出补救，买方就不得减低价格。

### （八）卖方部分不交货物或所交货物只有一部分符合合同规定时，买方应采取的救济方法

根据公约第 51 条的规定，当卖方只交付一部分货物，或者卖方所交付的货物中只有一部分与合同的要求相符合时，买方只能对漏交的货物或对与合同要求不符合的那一部分货物采取上述第 46 条至第 50 条所规定的救济方法，包括退货、减价及要求损害赔偿等。但一般不能宣告撤销整个合同或拒收全部货物，除非卖方不交货，或者不按合同规定交货已构成根本违反合同时，买方才可以宣告撤销整个合同。

### （九）当卖方提前交货或超量交货时，买方应采取的救济方法——买方可以收取货物，也可以拒绝收取货物

公约第 52 条第 2 款规定，如果卖方交付的货物数量大于合同规定的数量，买方可以收取也可以拒绝收取多交的货物。如果买方收取多交部分货物的全部或一部分，他必须按合同价格付款。

### （十）请求损害赔偿

公约认为，损害赔偿是一种主要的救济方法。根据公约第 45 条的规定，如果卖方违反合同，买方可以要求损害赔偿，而且买方要求损害赔偿的权利不因其已采取其他补救方法而丧失。这就是说，即使买方已经采取了撤销合同、拒收货物、要求交付替代货物等救济方法，但他仍然有权要求卖方赔偿因其违反合同所造成的损失。

（1）关于赔偿的范围，公约第 74 条规定：一方当事人违反合同应负的损害赔偿额，应与另一方当事人因他违反合同而遭受的包括利润在内的损失额相等。但这种损害赔偿不得超过违反合同一方在订立合同时，依照他当时已知道或理应知道的事实和情况，对违反合同预料到或理应预料到的可能损失。

（2）关于如何计算损害赔偿的具体办法，公约第 75 条和第 76 条作了规定。公约第 75 条规定，如果合同被宣告无效，而在宣告无效后一段合理时间内，买方已以合理方式购买替代货物，或者卖方已以合理方式把货物转卖，则要求损害赔偿的一方可以取得合同价格和替代货物交易价格之间的差额，以及按照第 74 条规定可以取得的任何其他损害赔偿。这里需要说明的是，买方在购进替代货物时，应当在宣告撤销合同后的一段合理的时间内进行，而且应当以合理的方式购进。所谓以“合理的方式购进”，在商业上一般是指以合理可能的最低价格购进。公约第 76 条规定：① 如果合同被宣告无效，而货物又有时价，要求损害赔偿的一方如果没有根据第 75 条规定进行购买或转卖，则可以取得合同规定的价格和宣告合同无效时的时价之间的差额，以及按照第 74 条规定可以取得的任何其他损害赔偿。但是，如果要求损害赔偿的一方在接收货物之后宣告合同无效，则应适用接收货物时的时价，而不适用宣告合同无效时的时价。② 为上一款的目的，时价指原应交付货物地点的现行价格，如果该地点没有时价，则指另一合理替代地点的价格，但应适当地考虑运输费用的差额。

## 三、买方违反合同时卖方的救济方法

买方违反合同主要表现为：不付款、延迟付款、不收取货物、延迟收取货物等。对上述各种情况，各国买卖法及《联合国国际货物买卖合同公约》对卖方应采取的救济方法做出了规定。

### （一）英国法的有关规定

《英国货物买卖法》对买方违反合同时卖方可以采取的救济方法作了若干规定。根据该法的规定，如果买方拒绝支付货款或拒收货物，卖方可以采取以下两种不同的救济方法：一种是物权方面的救济方法（Real Remedies）；另一种是债权方面的救济方法（Personal Remedies）。现介绍如下。

#### 1. 物权方面的救济方法

物权方面的救济方法是指未收到货款的卖方对货物所享有的权利（Right of the Unpaid

Seller Againet the Goods)。它与债权方面的救济方法的主要区别在于，前者是卖方对货物的权利，是一种对物权；后者是卖方对买方的权利，是一种诉权，必须通过诉讼来实现其权利。

根据《英国货物买卖法》第 38 条至第 39 条的规定，未收到货款的卖方可以对货物行使以下三项权利。

(1)留置货物，是指卖方有权保留仍处于其实际控制下的买方已购买但尚未付款的货物。如果买方拒绝交付货款，卖方可将这些货物重新出售。但在下列情况下，卖方不得行使此项权利：① 卖方已将货物交给承运人运送给买方；② 买方已取得对货物的合法占有权；③ 卖方明确表示放弃行使留置权。

卖方行使留置权的前提是，卖方必须保持对货物的占有。一旦货物已脱离了卖方的占有，未收取货款的卖方就丧失其对货物的留置权。

(2)停运权。在货物的所有权已转移到买方，货物已在运输途中，如发生买方无偿付能力的情况，卖方就可指示承运人不将货物交给买方。承运人在接到卖方的通知后必须按卖方的指示重新交付货物。但如果货物的运输已经结束，卖方就不能指示代理人从承运人处提取货物；在货物抵达目的地后，承运人或其代理人通知买方货物已交仓储保管；承运人或代理人错误地将货物交付给买方；承运人承认货物属买方所有，尽管在到达目的地后仍实际控制着货物。

未收到货款的卖方行使其停止交货权的办法有两种：一是通过实际占有货物的办法来实现停止交货权；二是通过把这项要求通知占有货物的承运人或保管人的办法来实现停止交货权。后者在接到卖方有关停止交货的通知时，应将货物运回给卖方，按卖方的指示对货物另行处理，由此产生的费用则由卖方负担。

(3)重新出售货物。在通常情况下，未收到货款的卖方不得轻易采取此项措施，因为这将被认为是卖方的违约行为。但以下情况例外：① 货物是属于容易腐烂变质的种类，如不立即采取措施，其价值会迅速减少；② 未收到货款的卖方已向买方发出通知，表明如买方不付款将重新出售货物，但买方仍未在合理时间内付款，卖方有权重新出售货物。卖方在行使重新出售货物的权利时，还可对因买方不付款而造成的损失请求损害赔偿。

当卖方按上述条件把货物另行出售时，原来的买卖合同即告解除，货物的所有权亦复归于卖方。因此，第二买方可以取得对货物的合法所有权。卖方有权取得另行出售货物的全部所得。

**2. 债权方面的救济方法**

英国货物买卖法把卖方的救济方法同货物所有权是否已经移转给买方的问题联系起来考虑。当买方不支付货款或不收取货物时，卖方应享有哪些救济方法，要根据货物的所有权是否已经移转于买方而有所不同。

(1)当货物的所有权尚未移转于买方时，如买方拒绝受领货物或拒不付款，卖方一般不能对买方提起支付价金之诉，而只能以买方不受领货物或不支付货款为理由，对买方提起损害赔偿的诉讼。

(2)如果货物的所有权已经移转于买方，则有两种情况：一种情况是，买方无理拒绝受领货物，在此情况下，卖方可以向买方请求损害赔偿，也可以对买方提起支付价金之诉；另一种情况是，买方已经接受了货物，但拒绝支付货款，在这种情况下，卖方救济方法就是向买方提起支付价金之诉，要求卖方支付货款。

（3）当买方的行为构成先期违约时，即买方在合同规定应当受领货物或应当支付货款的日期来临之前，已向卖方明确表示他届时不履行其义务。在这种情况下，卖方有两种救济方法可供选择：一是立即宣告解除合同并请求损害赔偿；二是等到买方应履行其合同义务的日期到临时，再向买方起诉。

### （二）美国法的有关规定

根据《美国统一商法典》第 2-703 条的规定，如果买方错误地拒收货物或撤销已经接受的货物，或不支付已到期的货款，或撕毁合同，受损害的卖方可以采取以下几种救济方法。

#### 1. 重新出售货物

根据《美国统一商法典》，这是卖方最主要的救济措施。在买方错误地拒收货物，不适当地撤销其已对货物的接受以及到期未付货款或未全部付款，卖方就可以出售货物并将出售货物的价格作为计算其应得赔偿的基础。但卖方重新出售货物的方式必须合法且必须善意地将货物重新出售，否则，卖方不得以重新出售货物的价格作为计算其应得赔偿的基础。

#### 2. 请求损害赔偿

当买方违约时，卖方可以向买方请求损害赔偿。损害赔偿的金额为应交货时交货地该货物的市场价与合同定价之差，再加上任何其他的附带损失（如因买方违约而多付的保管货物的费用及其他合理的开支等）。此外，如果卖方受到了间接损失，赔偿金额还应包括间接损失的利润。

#### 3. 提起支付价金之诉

如买方在接受货物之后，拒绝支付货款，卖方的主要救济方法就是提起支付价金之诉，要求买方支付合同规定的价金。根据《美国统一商法典》规定，卖方只有在下列情况下才可采用此项救济措施：（1）卖方无法重新出售货物。如果货物为特定物，卖方必须为买方妥善保管。（2）买方已接受了货物。（3）在货物灭失风险转移到买方后的一个商业上合理的时间内货物灭失。

#### 4. 停止运交货物

这是物权方面的救济。根据《美国统一商法典》的有关规定，卖方行使这一权利的前提是发生买方无偿付能力的情况。根据该法典的规定，卖方拒绝交付货物可分为以下两种情形。

（1）如买方已收到货物，然后发生无偿付能力的情况，卖方有权在 10 天之内向买方发出通知，要求其归还货物。但如果买方在收到货物之后的三个月内以书面形式就自己的偿付能力欺骗了卖方，卖方就不受此 10 天期限的限制，而有权在任何时候要求买方退货。

（2）如果在货物已交到承运人或其他受托人之后才发生买方无偿付能力的情况，卖方有权停止交货，但只能停止整批的交货（如一整车或一整船等），而不能停止对一整批货的一部分交货。《美国统一商法典》做出这一规定，是因为中途停止交货对承运人来说是一种意外的负担。因此，如卖方所发运的货物不够装满一整车或一整船，则即使发生买方无偿付能力的情况，卖方也不得采取此救济措施。

#### 5. 解除合同

如果买方错误地拒收货物或撤销已被接受的货物，或不支付已到期的货款，或撕毁合同，则受损害的卖方可以解除合同，其效果相当于终止合同，即双方尚未履行的义务均告解除，但卖方对买方违约所享有的权利仍然存在，不受影响。

### （三）大陆法系国家的有关规定

根据《德国民法典》的规定，如买方无理拒付货款，卖方有权：（1）请求损害赔偿；（2）请求解除合同；（3）提出索取价金之诉。如果买方无理拒收货物，卖方可提起请求实际履行合同之诉，并对因买方延迟接受货物而受到的损失请求赔偿。由于买方接受货物并不是一项主要的义务，因此卖方一般无权解除合同。但在有些情况下，卖方及时交出货物关系着自己重大的经济利益，特别是诸如煤炭、石油、粮食等大宗货物买卖的情况下。如卖方无法及时交出这些货物，其交通运输工具及仓储设施就会被不合理地占用，因而对其他买卖活动造成影响。在这种情况下，卖方有权根据《德国民法典》第 236 条的规定，确定一买方收货的额外期限。如在此期限内买方仍拒绝接收货物，卖方有权解除合同。

根据《德国民法典》第 1654 条及第 1657 条的规定，如买方不付货款或无理拒收货物，卖方有权解除合同。

### （四）国际货物买卖合同公约的有关规定

公约第 3 章第 3 节对买方违约后卖方的救济方法做出了如下的规定。

#### 1. 要求买方实际履行

当买方不支付货款、不收取货物或不履行其他义务时，卖方可以要求买方实际履行其合同义务。除非卖方已采取了与这些要求相抵触的救济的方法。由于各国法律对实际履行的态度不完全相同，因此，卖方在要求买方实际履行其合同义务时，在某些国家，特别是在英美法国家可能会遇到困难。所以，有些学者主张，当遇到买方不付款或不收受货物时，卖方最好还是把货物卖给其他买主，然后向买方请求损害赔偿。

#### 2. 给买方规定一段合理的额外时间

如果买方没有在合同规定的时间内履行其合同义务，卖方可以规定一段合理期限让买方履行其义务。除非卖方收到买方的通知，表明他将不在所规定的时间内履行义务。卖方不得在这段时间内对违反合同采取任何补救办法。但是，卖方并不因此丧失他对延迟履行义务可能享有的要求损害赔偿的任何权利。

#### 3. 宣告撤销合同

卖方在以下情况下，可以宣告合同无效：（1）买方不履行其在合同或成本公约中的任何义务，已经构成根本违反合同。（2）买方不在卖方按照第 63 条第 1 款规定的额外时间内履行其义务，则卖方可以宣告撤销合同。但是，如果买方已经支付货款，卖方原则上就丧失了宣告撤销合同的权利，除非他按照下面规定的办法去做：（1）对于买方延迟履行义务，卖方在知道买方履行义务前已宣告撤销合同。例如，当买方延迟支付货款时，卖方必须在买方支付货款之前宣告撤销合同，否则，一旦买方已经支付货款，卖方将失去宣告撤销合同的权利。（2）对于买方延迟履行义务以外的任何违反合同的事情，卖方必须在知道或理应知道这种违约情事后的一段合理时间内宣告撤销合同，否则，卖方亦将失去宣告撤销合同的权利。（3）撤销合同的后果。根据公约第 81 条至第 84 条的规定，当卖方或买方宣告撤销合同后，就解除了双方在合同中规定的义务。例如，卖方不需要交货，买方不需要支付货款，如果卖方已经交货，他可以要求归还货物。特别值得注意的是，按照公约的规定，撤销合同并不终止违约一方对其违约所引起的一切损害赔偿责任，也不终止合同中关于解决争议的任何规定。

**4. 自行确定货物的具体规格**

根据公约第 65 条的规定，如果买卖合同对货物的具体规格，如形状、大小、尺寸等没有做出具体规定，而且规定买方有权在一定日期内提出具体规格要求或在收到卖方通知后提出具体的规格要求，在这种情况下，如果买方在合同规定的时间内或在收到卖方要求后的一段合理时间内没有提出具体规格要求，则卖方在不损害其可能享有的权利（如请求损害赔偿的权利）的情况下，可以依照他所知道的买方要求，自行确定货物的具体规格。这项规定的目的，是使这种合同不因买方不指定具体规格而不能执行。如果卖方自己订明规格，应必须把订明规格的详细情况通知买方，而且必须规定一段合理时间，让买方可以在规定时间内定出不同的规格。如果买方在收到这种通知后没有在该段时间内提出不同的规格要求，卖方所定的规格就具有约束力。

**5. 请求损害赔偿**

公约第 61 条第 1 款和第 2 款规定，如果买方不履行他在合同和本公约中的任何义务，卖方有权请求损害赔偿。并且，卖方可能享有的要求损害赔偿的任何权利，不因他行使采取其他补救办法的权利而丧失。

以上是国际货物买卖合同公约对买方违约时卖方可以采取的各种救济方法所作的规定。

## 第五节　货物所有权与风险的转移

### 一、货物所有权的转移

在买卖活动中，货物所有权及货物灭失风险何时起由卖方移转到买方是关系到买卖双方根本利益的重大问题。所谓货物所有权的移转是指从何时起买方成为所买货物的所有人，从而对货物享有完全的占有、处分、收益的权利。

决定货物所有权是否已转移于买方有着十分重要的意义。因为，对于卖方来说，一旦货物的所有权移转于买方之后，如果买方拒付货款或遭遇到破产，卖方就将蒙受重大损失。这是因为卖方已失去货物的处分权，只能以普通债权人的身份参与买方财产的分配，其实际所得可能远远少于应收账款。

各国在民法或买卖法中对所有权转移的问题都有一些具体规定。现将各国法律及国际货物买卖合同公约与国际贸易惯例的有关规定进行介绍。

#### （一）英国法的有关规定

根据《英国货物买卖法》的有关规定，货物所有权何时由卖方转移于买方主要由当事人之间的合同加以规定。如果合同未对此做出规定，则适用于下列规定。

英国法把所有权的转移分成特定物与非特定物所有权的移转两大类。

**1. 特定物的所有权转移**

《英国货物买卖法》规定，在特定物或已经特定化的买卖中，货物的所有权应在双方当事人意图转移的时候转移。也就是说，当事人可在合同中明确规定所有权的转移。但当买卖双方在合同中没有作明确规定时，法院根据以下几个规则来确定所有权移转与否。

（1）凡属无保留条件的特定物的买卖合同，如该特定物已处于可交付的状态，则货物所有权在合同订立后实际转移于买方。

（2）在特定物的买卖合同中，如果卖方还要对货物做出某种行为，才能使之处于可交付状态，则货物所有权需于卖方履行完此项行为，并在卖方收到有关通知时，才转移于买方。

（3）在特定物的买卖合同中，如该特定物处于可交付状态，但卖方仍需对货物进行衡量、丈量、检验或其他行为，才能确定其价金的，须在上述行为完成，并在买主已收到有关通知时，货物所有权才转移于买方。

（4）如果是"试验买卖"，货物所有权在下列时间转移到买方：① 当买方向卖方表示认可或接受该货物，或以其他方式去确认这项交易时，所有权即转移于买方。② 买方虽然没有向卖方表示认可或接受该项货物，但他在收到货物后，在合同规定的退货期届满之前没有发出退货通知时，货物所有权即转移于买方。

所谓"试验买卖"，是一种特殊的交易方式。其具体做法是，卖方把货物交给买方时，合同中规定在约定时期内可以退货。如届时不退货，即等于买方接受了货物，其所有权即转移于买方。如果合同中没有规定退货期限，则买方应于合理期限内将货物退回，如逾时不退货，亦等于接受了货物，其所有权亦转移于买方。

**2. 非特定物的买卖**

非特定的货物通常是指仅凭说明交易的货物。

按照《英国货物买卖法》的规定，凡属凭说明买卖未经指定或未经特定化的货物，在将货物特定化之前，其所有权不移转于买方。所谓特定化就是把处于可交货状态的货物无条件地划拨于合同项下的行为。这种划拨行为可以由卖方提出征得买方同意，也可以由买方提出征得卖方的同意。买方在表示同意时，可以是明示的，也可以是默示的；可以在划拨之前做出同意的表示，也可以在划拨之后予以确认。

将货物加以特定化只是移转货物所有权的前提。至于把货物特定化之后，货物的所有权是否移转于买方，还要视卖方有无保留对货物的处分权而定。

**3. 卖方保留对货物的处分权**

无论是在特定物的买卖中，还是在非特定物的买卖中，即使在货物已经特定化之后，卖方仍然可以保留对货物的处分权。在这种情况下，在卖方所要求的条件得到满足以前货物的所有权不移转于买方。根据《英国货物买卖法》的规定，具体有以下几种情况，应认为卖方保留了对货物的处分权。

（1）卖方在合同条款中规定保留对货物的处分权。如果合同规定，买方支付货款之前，所有权不移转至买方，即使货物交给了承运人或买方，货物的所有权也不移转于买方，直到买方履行付款义务为止。

（2）卖方用提单的抬头表示保留对货物的处分权。如果货物业已装船，而提单载明该项货物须凭卖方的代理人的指示交货，在这种情况下，卖方将该提单背书交给买方或其代理人以前，应推定卖方保留对货物的所有权。

（3）卖方通过对装运单据的处理方法来表示卖方保留对货物的处分权。

### （二）《美国统一商法典》的有关规定

美国在采用《统一商法典》以前，关于货物所有权转移的法律同英国法基本上是一致的。认为所有权的转移是一个至关重要的问题，它决定着风险的转移、保险利益的归属、买卖双方可享有的救济方法以及有关的权利义务。但是后来美国许多法学界人士认识到，把所有权的概念与其直接相关的问题搅在一起。

因此,《美国统一商法典》废弃了英美普通法系关于货物所有权移转问题的一些传统原则。根据该法典第 2-401 条的规定，在被买卖的货物未被特定化以前，货物所有权不移转到买方。而货物只要被划归到合同项下，买方就对货物取得了某种权利，被称为对所出售货物的“特别所有权”( Special Property Right )。但此时，买方还未享有对货物的完全所有权。该法典规定，原则上，被特定化的货物的所有权从何时起由卖方移转到买方应由当事人在其合同中做出规定，则货物所有权在卖方将货物交付给买方时转移到买方。根据该法典的有关规定，何时才算卖方完成了其交货义务，主要应区别以下两种不同的情况。

**1. 当货物需要运输时**

如果按照合同的规定，卖方需要把货物发运给买方，但买方要求卖方将货物运送到某一特定地点，那么在此情况下，货物的所有权在卖方发货的时间、地点移转于买方。如果合同要求卖方把货物运到指定的目的地，则货物的所有权于卖方在合同规定的到货地向买方交货时移转于买方。

**2. 当货物不需移动时**

如果交货无须实际移动货物而只是交付代表货物所有权的证明文件，则根据该法典第 2-401 条的规定，货物的所有权在卖方交付这些证明文件时移转到买方。

如果货物已经被划归到合同项下，并且交货既不要求移动货物也不要求交付有关的证明文件，那么货物的所有权在合同成立的时间、地点移转到买方。

### （三）大陆法系国家的有关规定

在大陆法系各国，存在着两类不同的规定：一些国家主张，货物所有权何时移转到买方，由双方当事人在合同中加以规定；另一些国家主张，货物所有权的移转不能仅以双方当事人的意思表示加以实现，必须由卖方向买方实际交付货物的行为加以支持，否则无效。

**1.《法国民法典》的有关规定**

《法国民法典》原则上是以买卖合同的成立决定货物所有权的移转。按照《法国民法典》第 1583 条的规定，当事人就标的物及其价金相互同意时，即使标的物尚未交付、价金尚未支付，买卖即告成立，而标的物的所有权即依法由卖方移转于买方。但是，在审判实践中，法国法院会根据案件的实际情况适用下述原则。

（1）如果买卖的标的物是种类物，则必须经过特定化之后，其所有权才能移转于买方，但无须交付。

（2）如系附条件的买卖，例如试验买卖，则必须在规定的时限内待买方确认后，所有权才移转于买方。

（3）买卖双方可以在合同中规定所有权移转的时间。例如，可以规定所有权须于货物运到目的地后，或须于买方支付价金后才移转于买方等。

**2.《德国民法典》的有关规定**

德国法与法国法不同。德国法认为所有权的移转是属于物权法的范畴，而买卖合同则属于债法的范畴，买卖合同本身并不起到移转所有权的效力。依照德国法，所有权的移转必须符合下列要求：如为动产须以交付标的物为必要条件。在卖方有义务交付物权凭证的场合，卖方可以通过交付物权凭证（如提单）而把货物所有权移转于买方。如属于不动产，其所有权的移转须以向主管机关登记为条件。

### （四）国际货物买卖合同公约和国际贸易惯例的有关规定

**1.《联合国国际货物买卖合同公约》的有关规定**

公约明确规定，该公约不涉及合同对所出售货物的所有权所可能产生的影响。因此，公约未就货物所有权的移转问题做出规定。这主要是因为各国关于所有权移转问题的法律分歧较大，不容易实现统一。公约采取降低货物所有权的地位的态度，不把货物所有权的移转与风险的移转及其他权益相联系，就没有对所有权移转的问题做出任何具体的规定。

**2. 国际贸易惯例的有关规定**

在国际贸易惯例中，只有国际法协会制定的关于 CIF 合同的《华沙—牛津规则》对所有权移转于买方的时间与条件作了规定，其他国际贸易惯例，包括国际商会制定的《国际贸易术语解释通则》都没有涉及所有权移转的问题。根据《华沙—牛津规则》的规定，在 CIF 合同中，货物所有权移转于买方的时间应当是卖方把装运单据交给买方的时刻。这一原则被引申适用到所有卖方有义务提供单据的合同中，包括 FOB 合同和 CFR 合同。

## 二、货物风险的转移

在国际贸易买卖中，风险是指货物可能遭受的各种意外损失，如盗窃、火灾、沉船、破碎、渗漏以及不属于正常损耗的腐烂变质等。风险转移的关键是时间问题，即从什么时候起，货物的风险就从卖方转移到买方。在国际贸易中，风险转移直接涉及买卖双方的基本义务，并关系到是由卖方还是由买方承担损失的问题。如果货物的风险已由卖方转移给买方，则货物即使遭受损害或灭失，买方仍有义务按合同规定支付价金；如果风险尚未转移于买方，则一旦货物发生损坏或灭失时，不仅买方没有支付价金的义务，而且卖方还要对不交货承担损害赔偿责任，除非卖方能证明这种损失是由于不可抗力的原因造成的。

有关货物风险的转移，世界各国的买卖法及有关的国际公约主要采用三个原则来决定风险何时由卖方转移到买方。这三个原则分别是：（1）货物的风险在合同成立之时移转到买方；（2）货物的风险在货物所有权移转时移转到买方；（3）货物的风险在卖方向买方交货时移转到买方。瑞士等国采用第一个原则；英国、法国等国采用第二个原则。但现在越来越多的国家都采用第三个原则，如美国、德国以及奥地利等国。

### （一）西方各国法律的有关规定

西方各国法律对货物的风险从何时起由卖方移转于买方的问题都有具体的规定，但存在着一定的分歧，主要表现在以下几个方面。

（1）有些国家把风险转移同所有权转移联系在一起，以所有权移转的时间决定风险转移的时间，英国法和法国法属于这一类。

根据《英国货物买卖法》第 20 条的规定，除双方当事人另有约定外，在货物的所有权移转于买方之前，货物的风险由卖方承担，但所有权一经移转给买方，则无论货物是否已经交付，其风险即由买方承担。但是，如果由于买卖双方中任何一方的过失，致使交货延迟，则货物的风险应由有过失的一方承担，特别值得注意的是，按照《英国货物买卖法》第 32 条第 3 款的规定，如果买卖合同涉及海上运输，而依照通常情形需要投保海上货物运输保险时，卖方有义务通知买方保险，如果卖方没有向买方发出通知，致使买方不能向保险公司投保时，则卖方须承担货物在运输过程中的风险。

（2）有些国家则不把风险转移问题同所有权转移问题联系在一起，而是以交货时间来决定风险转移的时间。美国、德国、奥地利等国属于这一类。他们主张应当把所有权转移的问题与风险转移的问题区别开来，原则上应以交货时间来确定风险转移的时间，而不管货物的所有权是否已经转移给买方。《美国统一商法典》具体规定如下。

① 买卖双方当事人可以通过协议来划分双方承担风险的界限，也可以通过采用某种国际贸易术语，如 FOB、CIF、CFR 等来确定各方所应承担的风险。

② 如果双方当事人在合同中对风险转移问题没有做出规定，则在没有发生违约的正常情况下，根据不同的情况确定风险转移的时间。

☑ 当货物需要交由承运人运输时，如果双方订立了一个发货地合同且双方同意由一承运人向买方交货，那么货物灭失的风险在卖方将货物交给承运人时移转到买方。卖方必须与承运人订立合理的运货合同并获取买方提货必需的所有文件。卖方还必须将货物已交付承运人运输的事实通知买方。

但如果双方订立了一个到货地合同，那么在卖方于目的地（在买方指定的地点）持有符合合同的货物并向买方发出通知时起，货物灭失的风险转移于买方。

☑ 当货物已存放在受托人处无须移动即可交货时，在货物由仓储商保管的情况下，如果卖方交货并不要求实际移动货物，则货物风险的转移要分以下两种情况分别处理：第一，如果仓储商开具了可转让的仓储收单，那么在买方收到该仓单时货物灭失的风险即转移到买方；第二，如果仓储商开具了不可转让的仓储收据，那么只有在买方收到该仓单并获得一合理机会将其呈递给仓储商且仓储商承认买方的提货权时，货物灭失的风险才转移到买方。如果卖方不承认买方的提货权，则风险不移转到买方。

（3）违约对风险转移的影响。

① 卖方违约。

☑ 在卖方所交货物与合同规定不符，买方因卖方违约而拒收货物的情况下，在买方同意接受货物以前或在买方同意接受卖方调换的货物之前，货物灭失的风险要由卖方承担。例如，A 出售一批货物给 B，因 A 所发运货物与合同不符，故 B 拒收货物，但货物在 B 控制时失火烧毁。在这种情况下，损失应由卖方承担。但如果买主同意接受货物，那么它就必须承担货物灭失的风险。

☑ 根据《美国统一商法典》第 2-510 条第 2 款的规定，如果因卖方违约，买方撤销其已对货物做出的接受，那么货物灭失的风险应被认为从一开始就由卖方承担，但买方已投保的部分除外。例如，假定买方已支付了 800 000 美元货物的货款，但在接受货物之后，在规定的期限内，经检验发现货物有瑕疵，于是撤销其对货物已做出的接受，并及时通知卖方，但当卖方还没有从买方的占有下把货物运走时，该项货物因发生洪水被冲毁，假如买方对该项货物投保的金额为 600 000 美元，则买方有权认为保险合同中所不包括的 200 000 美元的损失（800 000-600 000=200 000），应由卖方承担。

② 买方违约。如果在货物灭失风险转移到买方之前买方违约，则风险由买方承担，卖方已投保的部分除外。同时买方承担风险还必须以下列条件为前提：卖方的货物必须是符合合同规定的货物；货物已经被特定化到合同项下，成为合同的标的物；卖方的违约必须是发生在风险转移之前；损失的货物必须是卖方未向保险公司投保的货物；货物的损失必须发生在商业上一合理的时间内。如果符合上述条件，卖方在其货物保险合同所不包括的差额限度内

应由买方承担风险。

### （二）国际货物买卖合同公约的有关规定

关于货物的风险从何时起由卖方移转于买方的问题，公约舍弃了风险所有权移转的观念，原则上以交货时间来确定风险移转的时间。公约第 60 条至第 70 条做出了以下几项规定。

#### 1. 公约允许双方当事人在合同中约定有关风险移转的规定

根据公约的规定，双方当事人可以在合同中使用某种国际贸易术语（如 FOB、CIF 等）或以其他办法来规定货物损失的风险从卖方移转于买方的时间及条件。如果双方当事人在合同中对此作了具体规定，其效力将高于公约的规定。如果合同中没有做出具体的规定，公约对此做出了有关风险移转的各项规定。

#### 2. 风险移转所产生的后果

公约第 66 条规定，如果货物在风险移转到买方后，发生遗失或损坏，买方支付价款的义务并不因此解除，除非这种遗失或损坏是由于卖方的行为或不行为所造成的。根据这项规定，一旦风险移转于买方之后，买方就要对货物的损失承担责任，即使货物灭失或损坏，买方仍然负有支付货款的义务。但是，如果这种损失是由于卖方的行为或不行为所造成的，则不受此项规定的约束。例如，在一项购买饼干的买卖合同中，卖方用工业油生产食用饼干，致使饼干不能食用。在这种情况下，即使这批饼干的风险在卖方交付饼干时已经移转给买方，但这种损失是由于卖方的行为所造成的，买方可以不支付货款。

#### 3. 当买卖合同涉及运输时风险何时转移

公约将涉及运输的交货分为两种情况：第一，卖方没有义务在指定地点交货。此时风险于货物交第一承运人时起移转给买方；第二，卖方必须在某一特定地点交货，此时，风险以在该地点将货物交承运人时起移转给买方。公约的这一规定其含义如下。

（1）这项规定主要解决货物的运输风险由谁承担的问题。在国际贸易中，一般都要涉及货物的运输，而在运输过程中往往存在着各种运输风险而使货物损坏或灭失，因此，货物运输的风险是由买方承担还是由卖方承担，是一个非常现实而又十分重要的问题。在这个问题上，公约所采取的基本原则是，除双方当事人另有约定外，运输风险应由买方承担。其主要原因是，买方所处的地位使他能在目的地检验货物，在发现货物受损时便于采取措施减轻损失。同时能够及时向有责任的承运人提出索赔，或者向保险人要求赔偿。这项原则同某些国际贸易惯例所确定的原则是一致的。

（2）当合同涉及货物的运输时，风险从何时起由卖方移转于买方，主要有两种情况：① 合同并没有规定卖方有义务在某个指定的地点交付货物。在这种情况下，货物的风险是在卖方按照合同把货物交付给第一承运人以转交买方时起，就移转给买方承担。② 当卖方有义务在某一特定地点把货物交付给承运人，则在货物在该特定地点交付给承运人以前，风险仍由卖方承担。只有当货物在特定地点交付给承运人时，风险才移转给买方承担。

（3）卖方有权保留控制货物处分权的单据，并不影响风险的移转。公约规定，卖方保留控制货物处分权的单据，只是作为买方支付货款的一种担保权益，不影响风险的移转。这同美国法的原则是一致的。

#### 4. 当货物在运输途中出售时风险何时移转

当卖方先把货物装上开往某个目的地的船舶，然后再寻找适当的买主订立买卖合同时，这种交易就是在运输途中进行的货物买卖，在外贸业务中称之为“海上路货”（Floating Carg）。

按照公约第 68 条的规定，对于在运输途中出售的货物，从订立合同时起风险就移转给买方承担。但是，如果情况表明有需要时，则从货物交付给签发载有运输合同单据的承运人时起，风险就由买方承担。尽管如此，如果卖方在订立合同时已经知道或理应知道货物已经遭受损坏或灭失，而他又不将这一事实告知买方，则这种灭失或损坏应由卖方负责。

在运输途中出售货物时，其风险如何划分一直是一个非常困难的问题，因而确定这种损失的风险应当由卖方还是由买方承担，也是十分困难的。由此，公约规定了以下三项原则。

（1）对于在运输途中出售的货物，原则上从订立买卖合同时起，风险就移转给买方承担。

（2）如果情况表明有需要时，则从货物交付给签发载有运输合同单据的承运人时起，风险就由买方承担。这项规定的作用是把风险转移的时间提到订立合同之前，即提前到将货物交付给承运人的时候转移。这是从实际情况出发考虑的。

（3）如果卖方在订立买卖合同时已知道或理应知道货物已发生灭失或损坏，而他又隐瞒这一事实不告知买方，则这种损失应由卖方承担。这项规定应当认为是合理的。

**5. 在其他情况下风险何时移转**

在有些买卖合同并不涉及货物的运输问题，即由买方自行安排运输。这种情况公约第 69 条对风险从何时起由卖方移转给买方做了以下规定。

（1）在不属于第 67 条和第 68 条规定的其他情况下，从买方收受货物时起，或者如果买方不在适当时间内收受货物，则从货物已交给他处置而他违反合同不受领货物时起，风险即移转给买方承担。这一条主要适用于卖方在其营业地点把货物交给买方处置的场合，即由买方自备运输工具到卖方的营业地提货的场合。

（2）如果买方有义务在卖方营业地点以外的某一地点接收货物，当交货时间已到而买方知道货物已在该地点交给他处置时，风险才移转给买方承担。

（3）如果合同指的是当时未加识别的货物，则这些货物在未清楚注明有关合同以前，不得视为已交给买方处置，风险也不能移转于买方。

**6. 根本违反合同对风险移转的影响**

根据公约第 70 条的规定，如果卖方已根本违反合同，则上述第 67 条至第 69 条的规定都不损害买方对这种根本违反合同可以采取各种补救方法。

### （三）国际贸易惯例的有关规定

在国际上，一些影响较大的贸易惯例，例如国际商会制定的《国际贸易术语解释通则》和国际法协会制定的《华沙—牛津规则》等，对风险移转的时间都有明确的规定。例如，按照《国际贸易术语解释通则》的规定，在工厂交货（Ex work）合同中，货物的风险是从卖方在工厂把货物交给买方支配时起移转给买方；在 FOB、CFR 和 CIF 合同中，货物的风险是从货物在装运港装船越过船舷时起移转于买方；在目的港交货合同中，货物的风险是在货物运到目的港交由卖方支配时起移转于买方。因此，如果当事人在合同中选择了上述贸易术语，那么国际贸易术语规定的风险分担原则则优先于公约的规定。因公约承认，双方当事人在合同中做出的规定具有高于公约规定的效力。

## 本章小结

关于国际货物的国际公约：《国际货物买卖统一法公约》《国际货物买卖合同成立统一法

公约》和《联合国国际货物买卖合同公约》。

关于国际货物买卖的国际贸易惯例:《国际贸易术语解释通则》《华沙—牛津规则》。

国际货物买卖合同的成立。

国际货物买卖合同双方的权利和义务：卖方的义务、买方的义务；国际货物买卖合同是双务合同，一方的义务是另一方的权利，一方的权利是另一方的义务。

国际货物买卖合同公约及其他一些国家关于对违反买卖合同的补救办法的法律规定：买卖双方都可以采取的救济方法、卖方违反合同时买方的救济方法、买方违反合同时卖方的救济方法、货物所有权的转移、货物风险的转移。

## 本章重要概念

买卖法　国际货物买卖法　货物买卖合同　国际货物买卖合同
发价　接受　逾期的接受　卖方的品质担保　卖方的权利担保
违约补救办法　损害赔偿　减轻损失的义务　预期违约
分批交货合同　货物所有权的转移　货物风险

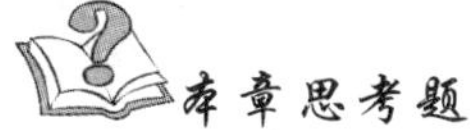

## 本章思考题

1. 国际货物买卖的国际惯例主要有哪几种?
2. 与一般国内货物买卖合同相比，国际货物买卖合同的特征有哪些?
3. 对发价中的条件作的变更中哪些变更是属于“实质性”的变更?
4. 国际货物买卖合同双方的义务有哪些?
5. 西方各国法律对货物的风险从何时起由卖方移转于买方的问题存在的分歧有哪些?

## 案例分析

**【案例一】　信用证已过期引起的纠纷**

买方中国某公司与卖方英国某公司于 2002 年 5 月 14 日签订了 2 项合同，规定卖方向买方供应某货 8 000 吨，交货期为 2002 年 7—12 月按月份分批交货，装货口岸为汉堡、鹿特丹、安特卫普，由卖方选择。成交以后，买方于 2002 年 6 月 7 日主动提前开出了信用证。此后，买方由 2002 年 6—11 月七次电函催促卖方发货。卖方在其四次答复中提到其供货人未能交货并对迟延发出通知表示歉意。2002 年 11 月 13 日卖方致函买方，以英镑贬值为由，要求提高合同价格，买方未接受这一要求。合同终于 2003 年 4 月、5 月部分履行；英方仍希望我方提高合同价格，我方未同意。2003 年 11 月 16 日我方函告英方，声明收到该函告后 45 天内如果再不履行交货义务，即提请仲裁，要求赔偿损失。英方复函，由于买方 2002 年 6 月 7 日开立的信用证已过期，后来又未开立新的信用证，因此解除了卖方的交货义务。

买方于 2005 年 5 月 20 日向中国国际贸易仲裁委员会提交仲裁申请书，要求卖方赔偿买方的损失，即按照 2003 年 4 月市场价格与合同价格的差价计算共 748 000 英镑，并要求卖方承担仲裁的一切费用。

**分析与思考：**

（1）买方中国某公司的请求是否正当？

（2）法院可能做出怎样的判决？

案例来源：叶希善．法学硕士考研复习指南：国际法学[M]．北京：中国法制出版社，2004.

**【案例二】　　彩色复印机纠纷**

2001年11月25日，德国A公司向香港B有限公司发出如下要约：Jettish彩色复印机2 000台，每台汉堡船上交货价（FOB）4 000美元，即期装运，要约的有效期截止到12月30日。A公司发出要约后，又收到了巴黎某公司购买该种型号复印机的要约，报价高于A公司发给香港B有限公司的要约价格。由于当时香港B有限公司尚未对该要约做出承诺，故而A公司于12月15日向香港B公司发出撤销11月25日要约的通知，而后与巴黎方面的公司签约。但是，12月22日，A公司收到了香港B有限公司的承诺，同意德国A公司的要约条件，并随之向A公司开出了不可撤销的信用证，要求A公司履行合同。后因A公司未履约，香港B公司诉诸瑞典斯德哥尔摩仲裁庭，要求A公司赔偿损失。A公司的律师辩称，该公司于2001年11月25日发出的要约已于12月15日被该公司撤销，该要约已失去效力，因而B公司12月22日的承诺没有效力，购销合同没有成立。

**分析与思考：**

（1）A公司的辩称是否成立？A公司11月25日发出的要约能否被撤销？

（2）A公司与B公司之间是否存在有效的买卖合同？

案例来源：http://www.chinalawedu.com/news/1300/10/2003/7/gr2310191434111730028584 2_7388.htm

## 学生课后参考阅读文献

[1] 沈四宝，刘刚仿．国际商法[M]．北京：中国人民大学出版社，2015.

[2] 马平，丁玉书．国际商法[M]．北京：清华大学出版社，2015.

[3] 沈四宝，王军．国际商法论丛[M]．北京：法律出版社，2014.

# 第四章　产品责任法

## 学习目的与要求

产品质量直接影响和决定着产品功能能否正常发挥，同时也关系到消费者的使用安全和生命安全。在国际贸易中，产品质量法对于保护消费者利益具有十分重要的作用。通过本章的学习，要求了解产品责任、产品责任法、承担产品责任的原则；掌握美国与欧洲主要国家的产品责任法的相关法律规定；了解有关产品责任的国际立法和中国产品责任法。

## 开篇案例

**【案情】**

上海市某区人民法院接到消费者陈某的起诉，状告上海某一化妆品不合格，造成她脸部皮肤严重损伤，要求该化妆品厂赔偿她 30 000 元损失。在法庭上，化妆品厂承认陈某使用的化妆品确为该厂生产，但该产品是正在研制过程中的实验品，并没有投入市场，不清楚陈某是从哪里得到该化妆品的。陈某向法庭陈述：她使用的化妆品是其男朋友刘某送的，刘某是这家化妆品厂的产品检验员，并告诉她该化妆品下月将在市场上出售。法庭传讯了刘某，刘某向法庭证实：第一，他是该化妆品厂的产品质量检验员，产品是从成品车间偷来送给女朋友的。第二，该化妆品不是实验品，是下月将在市场出售的正式产品。刘某当庭出示了产品检验合格证书和该厂在下季度出售该产品的广告宣传。法院立即委托有关产品质量检验机构对该化妆品进行技术检验。检验结果为，该厂生产的化妆品不存在有对人体皮肤损害的缺陷，是合格产品。法院又请皮肤专家对受害人陈某进行皮肤测试，皮肤专家的结论是陈某皮肤属特殊的过敏性皮肤，对某些化妆品的使用具有严重过敏性。法院再次开庭，经法庭辩论，法院判决化妆品厂不承担赔偿责任。

**【分析】**

这是一起案情复杂，又经过两次审判才终结的案件。如何理解化工厂对陈某使用该化妆品造成脸部皮肤受损而不承担赔偿责任呢？根据《产品质量法》第 41 条第 2 款的规定，未将产品投入流通的，生产者不承担赔偿责任。在本案中，化妆品厂职工刘某承认陈某使用的化妆品是其从成品车间偷来的，所以不存在化妆品已出厂销售的事实。受害人陈某虽使用了该厂合格产品造成皮肤损害，但刘某的行为证明化妆品厂在这一侵权损害行为中具有免责条件，陈某的损害根据民法的有关规定应该由其男友刘某负责。据《产品质量法》第四十一条第二款和第三款的规定，化妆品厂仍然可以免除赔偿责任。陈某指控其使用的化妆品是不合格产品就意味着产品存有危害人身健康的缺陷，事实上化妆品也确实危害了陈某的脸部皮肤。但法庭委托有关产品质量监督检验机构对该厂化妆品进行了检验。结果证明该化妆品为合格产品，不存在缺陷。皮肤专家对陈某皮肤测试后得出的结论是：陈某皮肤属特殊过敏性皮肤，所以法庭根据《产品质量法》第四十一条第三款的规定认定该化妆品属目前科学技术水平尚不能发现缺陷存在的产品，所以法院判决化妆品厂免除对受害者陈某的赔偿责任。

案例来源：http://wenku.baidu.com/view/b9fe4a43336c1eb91a375d8a.html

# 第一节　产品责任法概述

## 一、产品责任法的形成与发展

产品责任法是随着现代工业的发展，新产品不断投入市场，造成销售者受到伤害事件的增多而形成和发展起来的。

在西方国家中，产品责任问题最早见于 1842 年英国博特姆诉赖特这一案件。该案原告是受雇于驿站的邮递马车夫。他在驾驶马车时，因车轮坍塌而受伤，原告即以该马车的制造商为被告提出诉讼。被告以原告不是合同当事人为由提出抗辩。法院确认这一抗辩，并提出了针对此类案件的“无合同，无责任”原则。

但随着社会分工、社会大生产以及社会分配系统的发展，一件产品由生产者到消费者手中需经过生产、运输、销售一系列复杂的过程，一旦发生产品责任事故，在受害人同责任者之间很难找到合同关系。因此，英美法系的国家在 20 世纪二三十年代开始使用侵权行为的理论，将产品责任由合同法概念转向侵权行为来加以确定。即以侵权行为法中的疏忽责任原则来作为生产者和销售者承担产品责任的原则。从而形成了现代的产品责任法。

大陆法系国家则到 20 世纪 70 年代之后才开始形成上述转变，形成了大陆法系的产品责任法体系。

1970 年以来，由于产品制造的高度技术化和产品功能化，以及产销的多层化和产品的国际化，涉外产品责任事件不断出现，因此，各国不仅纷纷制定国内产品责任法，而且还努力签订了一些有关的国际条约，使国际产品责任法逐步形成。

## 二、产品责任

产品责任是指由产品缺陷导致消费者、使用者或第三人人身、财产损害时，该产品的生产者或销售者所应承担的法律责任。由定义可知，产品缺陷是产品责任构成中的一个必备要件，除此之外，构成产品责任还需要消费者、使用者或第三人的损失和损害事实与产品缺陷之间存在因果关系这样的必要条件。

**1. 产品缺陷**

产品缺陷是指产品不符合要求，具有不合理的危险性，不能给消费者提供有权期待的安全。缺陷必须在产品离开生产者、销售者控制之前就已存在。产品缺陷可分为以下几类。

（1）设计缺陷。设计缺陷是指产品的设计存在着不合理的危险性。当按照卖方合理预见的方式使用时，一件产品不能提供普通消费者所期望的安全性或该产品的设计作为一个整体产生的利益小于其固有的危险时，这种产品在设计上就有缺陷。

（2）生产缺陷。生产缺陷是指产品在制造上存在不合理的危险，一般包括制造环节中因工艺操作、管理不善等原因造成的不合理危险。生产缺陷一般分为原材料、零部件方面的缺陷和装配方面的缺陷。

（3）指示缺陷。指示缺陷是由于产品提供者对产品的危险没有做出必要的说明与警告或说明与警告不当对使用者构成的不合理危险。这类产品缺陷一般在设计与生产上没有缺陷，但是由于产品具有特殊的性质和使用条件、使用方法等，如果产品提供者对此没有做出必要的说明与警告，就可能危及使用者的人身健康、生命和财产安全。产品警示上的缺陷主要体现在两个方面：一是产品存在危险的情况下没有做出预先通告；二是产品的制作没问题，但未提出告诫以防止不适当的使用。

产品缺陷还有一种被称为发展的或科学技术不能发现的缺陷。这种缺陷是以当时的科学技术水平无法发现而后又被证明确实存在的缺陷。如美国贝沙达诉约翰逊—曼维尔公司案。在此案中，原告声称石棉产品的制造商和分销商对石棉可带来人体危险的情况没有告知而使原告由于接触石棉而染上了石棉沉着病等疾病。被告则辩称，依当时的科学技术水平，该危险性是不可知的。对于这种发展的或科学技术不能发现的缺陷能否归于产品缺陷，各国法律上没有统一定论和做法。

**2. 有人身伤害或损害的事实**

缺陷造成损害是产品责任构成的要件之一。只有在产品缺陷造成消费者、使用者或第三人实际上的人身和财产损害时才能追究生产者、销售者的产品责任。如果仅有缺陷而无伤害事实的话，就不能追究产品责任，而是买卖的合同责任问题。

**3. 产品缺陷与产品损害之间的因果关系**

这是指造成消费者、使用者或第三人的损害事实必须是由产品缺陷所致。如果损失是由受害者自身的过错或其他人的错误所造成的，与产品缺陷无关，就不构成产品责任。

## 三、产品责任法

### （一）产品责任法的概念与特征

产品责任法是调整生产者、销售者和使用者或第三人之间因产品缺陷而发生的社会关系的法律规范总和。其目的是确定产品的生产者和销售者对其生产或销售的产品所应承担的责任，以保护消费者、使用者或第三人的利益。产品责任法的各项规定或原则大都是强制性的，双方当事人在订立合同时不得事先予以排除。

产品责任法与其他法相比具有以下主要特征。

（1）从产品责任法的调整对象来看，主要是因产品缺陷而引起人身或财产伤害时所发生的社会关系。这种损害是指因所使用的产品存在缺陷从而造成消费者、使用者或第三人所遭受的人身伤害或财产损失，而不包括单纯的产品本身的损失。

（2）产品责任法不仅调整有合同关系的当事人之间的产品责任关系，而且调整没有合同关系的当事人之间的产品责任关系，并且以后一种为主。

（3）从各国的产品责任法来看，各国普遍在产品立法和司法实践中加大了生产者的责任，对于责任归属问题上采用了严格责任的原则。

### （二）产品责任法的作用

产品责任法的作用主要体现在以下两个方面。

（1）能加强生产者、销售者的责任感，减少因产品缺陷而造成使用者、消费者或第三人遭受损害的发生。产品责任法通过对生产者和销售者的产品责任的规定，能促使其改善产品设计，提高产品质量。

（2）能保护消费者、使用者或第三人的合法权益。产品责任法不仅为没有合同关系的受害人提供了法律保护，而且通过有关归责原则的规定，对那些有合同关系的受害人提供了更好的法律保护。

## 四、承担产品责任的原则

所谓承担产品责任的原则，是指据以确定产品的生产经营者对其提供的缺陷产品给他人造成的损害是以主观过错还是以客观损害结果，或以两者的结合为基础承担损害赔偿的准则，即归责原则。归责原则在产品责任法对于产品责任的构成要件、产品责任诉讼中举证责任的分配、损害赔偿的范围等问题具有决定意义。

现代各国对产品责任的归责原则规定各不相同，不过都经过了由过失原则向无过错原则的演变。一般来看，在产品责任法的领域中存在着三种归责原则，即侵权行为法中的疏忽原则、违反担保原则和严格责任原则。

### （一）疏忽原则

疏忽原则，是指商品的生产者或销售者有疏忽之处，致使产品有缺陷，而且由于这种缺陷使消费者的人身或财产遭到损害，对此，该产品的生产者或经营者应承担责任。

这个原则是在 1916 年美国纽约州上诉法院法官 B.N.卡多佐在“麦克佛森诉别克汽车公司案”的判决中首先确立的。麦克佛森通过销售商购买了别克汽车公司的一辆汽车，在使用中汽车轮胎爆炸，突然翻车，原告被抛出车外，遭受严重伤害。被告以与原告之间无合同关系为由抗辩。法院判决原告胜诉，其理由是：如果物品的性质可以合理地确定，制造疏忽会对人的生命和肢体有危险，那么它就是一个危险的物品……明知该物品将由买方以外的他人使用，使用时也不会进行新的试验，那么就无论与使用人有无合同关系，该物品的制造者都负有谨慎制作的义务。要求与其有直接关系是不公平的，因为在大部分情况下制造者与他们的产品消费者没有直接关系。这个判例虽以过错原则为基础，但是打破了以前的“无合同，无责任”的原则，确立了如果制造商或销售商制造或销售这种有缺陷的产品而致使用户或消费者的人身受到伤害或财产受到损失，就可以推定制造者或销售者有疏忽并应负赔偿责任的原则。

疏忽在英美法上是一种侵权行为。在以疏忽为理由提起诉讼时，原告与被告不需要有直接的合同关系，因为这不是根据合同提起的诉讼。所以这就将受保护者的范围扩大了，除了最终的用户或消费者外，还包括零售商，以及任何有关的人，如过路的行人或旁观者等，只要他们是因该产品的缺陷而遭受的损害都可以向承担责任的主体提起疏忽之诉。承担疏忽责任的主体不仅包括制造者、销售者，还包括部件的生产者、房屋的建筑者和修理人等，他们不仅要对产品的缺陷负责，还要对不适当地介绍和说明承担法律责任。

原告在以疏忽为由对被告起诉时，原告必须负责举证。他必须证明：（1）被告没有做到“合理注意”，即有疏忽；（2）由于被告的疏忽直接造成了原告的损失。除此之外，还必须证明本案件中自己没有疏忽之处。

原告以疏忽为由起诉被告时，可以从不同方面证明被告有疏忽：（1）被告违反了有关规章、法令；（2）原告可证明产品设计有缺陷，从而说明生产者在设计产品时没有尽到“合理注意”的义务；（3）被告在检验上未尽“合理注意”义务等。但在社会大生产条件下，要证明被告有疏忽往往是很困难的。

### （二）违反担保原则

违反担保原则是指产品存在某种缺陷或瑕疵，卖方违反了明示或默示担保，以致对买方或消费者造成了损害，应承担赔偿责任。

担保责任之诉是依据买卖合同提起的诉讼，按照美国法的原则，凡依合同之诉讼提起的诉讼，原、被告之间必须具有直接的合同关系。如果卖方违反了担保，只有买方才能予以起诉。另外，买方只能对卖方起诉。这一原则对买方合同的一般性的诉讼和涉及货物的品质、规格等是适用的，但对于涉及产品责任的诉讼就很不适用。因为一种有缺陷的产品不仅会伤害买方，往往会涉及其他人。同时，出售商品的零售商，其财力往往有限，无力赔偿受害者的损害。所以，在涉及产品的诉讼中坚持双方当事人必须有直接合同关系的原则，就很不利于保护消费者。有鉴于此，美国法院在审判实践中逐步对涉及产品责任的案件诉讼放宽了限制，并于1932年在美国华盛顿州最高法院“巴克斯诉福特汽车公司”一案中，取消了对双方当事人之间要有直接合同关系的要求。在本案中，被告通过广告宣称，本汽车风挡玻璃是钢化玻璃，即使遭到强大冲击也不致破裂。原告相信了广告，从销售商那里购买了一辆福特汽车。在驾驶中由于飞石打碎了挡风玻璃，致使原告左眼受伤失明。原告据此提起诉讼。法院判原告胜诉。其理由是：汽车制造商虽与原告无直接契约买卖关系。但当原告相信该车具有某种广告上说明之功能使用该车时，若因商品造成原告伤害，产品制造人仍应负损害赔偿责任。汽车制造商的明示担保义务，因产品制造人的主观意识成立，且能预期该商品之担保范围及于买受人及使用商品的第三人。这就确定了无直接合同关系的受害人在遭受损害时可以“明示担保责任”向制造商主张权利。另外，美国法院以“默示担保责任”理论，即在产品销售过程之中，最终消费者可以“默示担保责任”向制造商主张权利，加强了对消费者的保护。如1953年“麦克白诉利哥特杂货公司案”，该案中，原告从被告处购买了一套咖啡器具，当原告依据使用说明煮咖啡时，咖啡沸起喷到原告脸上，致使原告受伤而起诉。法院判决原告胜诉。其理由是：咖啡器具不具备作为商品销售的基本功能，被告违反了对商品的默示担保，因此被告负赔偿责任，以弥补对原告造成的损害。在实践中，美国各州的判例和法律并不一致，在具体案件中，还必须注意有关州的判例和法律。另外，广告也有可能成为卖方的明示担保。如广告与事实不符，因产品的缺陷遭受损失，原告亦可以担保责任要求被告赔偿。

与疏忽原则不同的是，在以担保责任为由提起诉讼时，采用举证转换原则，原告无须证明被告有疏忽，而只需证明产品有缺陷和损害事实，就可要求损害赔偿。不过由于违反担保原则仍是建立在过错原则基础上的，原告仍须从担保的角度进行举证，这样必然会影响原告合法权益的实现。

### （三）严格责任原则

严格责任原则又称为无过失原则，是指凡产品有缺陷，对用户或消费者具有不合理的危险，因而使他遭受损害时，产品的制造者或销售者应负赔偿责任，即不以责任主体的主观过错作为追究产品责任的原则。

严格责任原则最初是在 1944 年美国加利福尼亚最高法院 R.J.特雷纳在“埃斯科勒诉可口可乐瓶装公司案”判决中首先提出的。在本案中，原告因将一瓶可口可乐放入冰箱时，可乐瓶爆炸而遭到伤害，原告据此向法院起诉，法院判决原告胜诉。法院的解释是，如果一个制造商将一件产品投入市场时知道产品不经检验就被使用，而这种产品又被证明确有缺陷并会对人类造成伤害，那么他就应负绝对责任。而在 1963 年该法院对“格林曼诉电器公司”案中得到了确立。在案件中，原告从被告购得电钻，在使用过程中，零件从电钻中跳出击中原告头部，对原告造成损害。原告将被告起诉至法院，法院判其胜诉。法院在判决中指出：“当制造者将一件产品投入市场时，明知使用者对产品不加检验就使用，如果该产品被证明有缺陷，并且致人伤害，那么该制造者对损害负有侵权方面的严格责任。”这就是产品责任法中著名的“格林曼”规则。在美国 1965 年《侵权行为重述》第 402A 和 402B 中确认了这一原则。其主要内容有以下几方面。

（1）凡因出售任何有缺陷的产品而对使用者、消费者人身或其财产带来不合理危险的人，对由此造成的使用者、消费者的人身或财产损失应承担责任。只要销售者是从事经营出售此种产品的人，而且当产品到达使用者、消费者手中时，对产品在出售时的条件并无重大改变。

（2）尽管出售者在出售其产品时已经尽了一切可能予以注意的义务，而且使用者或消费者并没有从出售者手中购买该产品，即同出售者之间并无任何合同关系，上述原则仍应适用，出售者仍应承担责任。

以严格责任为由进行诉讼，对原告最为有利，因为严格责任是一种侵权责任，既不需要原被告之间存在直接合同关系，也不需要原告在起诉时证明被告是否有疏忽或违反担保。在此情况下，原告只需证明：① 产品确实存在缺陷或有不合理的危险性；② 正是由于产品的缺陷给使用者或消费者造成了损害；③ 产品在投入市场时缺陷已存在，只要原告能证明这以上三点，并且可以证明自身并无过错，被告就要承担损害赔偿的责任。

## 第二节　美国与欧洲主要国家的产品责任法

从世界各国有关产品责任的立法来看，美国的产品责任法是世界上发展最迅速、内容最完善、影响最大的产品责任法。它最先确立了疏忽原则、违反担保原则、严格责任原则在产品责任法中的运用。不过，美国的产品责任法主要是州法而不是联邦统一的立法。

欧洲各国产品责任法的发展比美国稍晚，在 20 世纪 80 年代以前，各国都没有专门的关于产品责任的立法，它们主要是通过引申解释民法典的有关规定来处理涉及产品责任的案件。在 20 世纪 80 年代之后，各国开始制定各自的产品责任法。

英国于 1981 年 5 月颁布了《消费者保护法》，该法于 1988 年 3 月 1 日正式生效。德国是在 1990 年生效的《产品责任法》。而意大利则是在 1988 年 5 月 4 日根据总统法令，将欧共体于 1985 年 7 月 25 日通过的《关于缺陷产品责任的指令》直接纳入国内法。

综观美国和欧洲各国关于产品责任的有关法律，一般都包括以下主要内容：产品与产品缺陷，产品责任主体，产品责任的适用原则，产品责任损害赔偿及其范围，责任减免或抗辩。

## 一、产品与产品缺陷

各国对于适用产品责任法的产品范围的规定是一致的，都认为任何产品均应包括在内。不过德国法将未经初步加工的，包括种植业、畜牧业、养蜂业、渔业产品在内的农产品和狩猎产品排除在产品责任法之外。

对于产品缺陷，美国的产品责任法没有统一的规定。通常认为，凡是对消费者有危害的产品都属于缺陷产品，包括在设计上、原材料的选用上、制造装配上存在缺陷的产品，做了不真实广告的产品，没有给予应当警示的产品，以及违反某种明示保证的产品等。

欧洲一些已订立产品责任法的国家则在法律中对有关产品缺陷下了明确的定义，如英国在其《消费者保护法》第一章规定：如果产品未提供人们有权期待的安全，该产品即存在缺陷。产品的“安全”包括组装进该产品的各种产品的安全和与财产损害、人身伤害风险有联系的安全。

在确定产品是否提供人们有权期待的安全时，应当考虑与产品有关的所有情况，包括：（1）产品的出售方式、目的、产品的外观，产品所使用的标志，对于或关于产品应做什么和不得做什么的使用说明和警告；（2）可合理期待产品的用途或可合理期待的与产品有关的用途；（3）生产者向他人提供该产品的时间。

## 二、产品责任主体

即在产品责任诉讼中承担产品责任的当事人。在美国法律及法院的判决中，认为产品责任的主体是在产品责任事故中的加害人，包括产品的生产者和销售者。生产者包括产品的生产制造商、修理人、寄托人、零件制造商和装配商等，他们要对其产品所造成的损害承担直接赔偿责任，是产品责任侵权行为关系中的最终债务人。销售者包括批发商和零售商，他们有责任向消费者提供安全可靠的产品，对于他们所出售的产品给消费者造成的损害，应像生产者一样承担无限连带的严格责任。

与美国产品责任法在司法判例中确定产品责任主体的做法不同，欧洲的已订立产品责任法的国家在其法律中均以定义的方式对产品责任主体的范围做出了规定。

英国《消费者保护法》对产品责任的主体做出了如下规定：产品的生产者、销售者对全部或部分由产品缺陷造成的任何损害，应当承担法律责任。产品的责任主体包括：（1）产品的生产者；（2）通过将其名字标示在产品上或使用某种商标或其他识别标志，以表明自己是该产品生产者的任何人；（3）为了在其商业活动向他人提供产品而将产品从非欧共体成员国进口到欧共体成员国的人；（4）产品的提供者。

德国在其《产品责任法》中对产品责任主体所下的定义与英国略有不同。德国《产品责任法》中的责任主体包括：（1）生产者，包括成品制造者，任何原材料的生产者和零部件制造者，包括将其名字、商标或其他识别特征标示在产品上表示自己是生产者的任何人；（2）任何在商业活动过程中，为销售、出售、租借或为经济目的的任何形式的分销，将产品进口到适用欧洲共同体条约的人，也应当视为生产者；（3）在产品的生产者不能确认的情况下，供应者应当被视为生产者。除非他在接到要求的一个月内将产品生产者的身份或向他供应产品的人告知受害者。

## 三、产品责任的适用原则

产品责任适用原则是指各国法律在判定产品责任是否成立时所使用的原则，主要包括疏忽原则、违反担保原则和严格责任原则。各国均采取其中的一项或几项作为本国产品责任法的原则。不过，各国的规定有所不同，下面分别介绍如下。

### （一）美国法

美国产品责任法在其发展演变过程中，对上述的三个原则均进行了使用。由于其产品责任法没有统一的联邦法，所以在美国各州中所适用的原则有所不同。产品责任的受害人选择在各州法律中对自己最为有利的原则来提起诉讼。

### （二）英国法

在英国《消费者保护法》订立之前，英国法院的判例将产品责任分成有合同关系的产品责任和无合同关系的侵权行为产品责任。对于有合同关系的产品责任，受害方可根据合同法中的有关规定要求对方当事人承担赔偿责任。在无合同关系的产品责任案件中，英国法院采取疏忽原则进行判决。然而，在实践中由于原告要对被告的侵权行为进行举证，因此，原告的合法权益难以保障。为了更好地保护消费者权益，在《消费者保护法》中明确规定原告无须证明被告是否存在疏忽，只要是由于产品存在缺陷而使其遭受损害，就可以向被告提起损害赔偿之诉。即英国法在产品责任法中以严格责任作为其基本原则。

### （三）德国法

从德国的产品责任立法来看，对有合同关系的产品责任问题主要规定在《德国民法典》和《德国商法典》的有关货物买卖的条款之中。根据《德国民法典》第 463 条和第 480 条的规定，卖方承担产品责任的前提是其对产品缺陷的存在具有过失，或故意隐瞒了产品缺陷。只有当卖方的过失致使产品存在缺陷或卖方有故意隐瞒产品缺陷的故意意图时，买方才能提出损害赔偿的请求。因此，德国法所采用的是疏忽原则。如果卖方没有出现上述过失，即使卖方违反了品质担保义务，买方也不能要求对方承担产品责任，只能要求对方按违反合同的规定承担违反责任。

德国法对于无合同关系的产品责任问题，主要是依据《德国民法典》中有关侵权行为法的条款以及德国法院的判例进行处理。根据《德国民法典》第 823 条的规定，当发生产品责任事故时，受害人只要能举证证明有关产品存在缺陷，并因此造成了伤害，就推定该有关产品的生产者和销售者对产品缺陷的存在具有疏忽。除非生产者和销售者能举证证明他并没有任何疏忽，否则，要由生产者依法承担损害赔偿责任。同时德国法院在 1968 年 11 月判决的“家禽瘟疫案”中进一步确立了有关侵权行为的产品责任原则。该案中被告因制造兽用疫苗消毒不合格引起鸡瘟，法院援引侵权行为规定，判决原告胜诉，并认定由被告负举证责任。由上述可知，德国法对无合同关系的产品责任总是援引侵权原则的规定，实际上已接近了严格责任原则。在其《产品责任法》通过之后，德国产品责任法开始正式采取严格原则，不过该法只适用于有关人身伤害的产品责任问题。

此外，为了更有利于受害者权益的实现，德国的诉讼法还准许对同一产品责任案同时提起违反合同的侵权行为之诉。

### （四）法国法

法国法对产品缺陷造成产品责任的，要区分其为对于购买者或第三者造成的损害而适用不同的原则。如果原告能证明他同销售者有合同关系，则只需要证明产品存在缺陷即可。如《法国民法典》第1641~1646条的规定，卖方只对产品隐蔽的缺陷负担保责任。而且，只有在卖方恶意出售其缺陷产品，或产品存在的是买方能轻易发现的缺陷，卖方则不负担保责任。对于无合同关系的产品责任问题，法国法规定使用侵权行为法来处理。根据《法国民法典》第1382~1386条规定及法国法院的司法实践，受害人在因其产品存在缺陷而遭受损害之后，不管其与产品生产者和销售者之间有无合同，都可以直接向他们中的任何人或全体提起损害赔偿之诉。在处理产品责任案件中，法国法院通过对《法国民法典》有关条款的扩大解释，确立了无过失责任原则。此外，在存在合同关系的情况下，受害人还可以任意选择提起违反合同之诉，或者提起侵权行为之诉。然而尽管法国法院允许受害人任意选择提起某一种诉讼，但是受害人在诉讼中必须证明产品有隐蔽的缺陷，并且只能在短期内提起诉讼。因此，西方某些学者认为这还不是严格责任原则。

## 四、产品责任损害赔偿及其范围

各国的产品责任法的目的是使受害人因缺陷产品而受到侵犯的人身权利、财产权利得以恢复原状。因此，产品责任中责任主体承担责任的方式就是赔偿缺陷产品所造成的损害。

作为民事法律责任中的产品损害赔偿，具有补偿性和制裁性。在实行无过错责任原则的产品责任中，损害赔偿的补偿性相对于制裁性更为突出。这主要由无过错产品责任法是分摊现代社会风险的这一手段决定的。

一般产品损害范围包括人身损害、财产损害、精神损害以及经济损失等。但是各国对损害赔偿的范围的规定又有所不同。现将各国有关产品责任损害赔偿及其范围的有关规定介绍如下。

### （一）美国法

美国法对产品责任损害赔偿的范围规定得相当广泛，几乎产品造成的任何损害都可按产品责任法获得赔偿。美国国会通过的《1981年产品责任风险保留法案》上给产品责任所下的定义表明了这个问题。该法案给产品责任所下的定义为："产品责任是由于人体伤害、死亡、心灵的创伤，随之发生的经济损失或财产损失（包括由财产失去价值而造成的损失）等一系列损害的责任。"从判决金额上看，往往在100万美元以上，而且不规定上限。具体来说，原告可以提出的损害赔偿有以下几项。

#### 1. 补偿性损害赔偿

（1）人身伤害的赔偿。人身损害赔偿一般是指原告由于产品的缺陷而遭受的人身伤害，包括致人伤残赔偿、致人患病赔偿和致人死亡赔偿三种。原告可以据此向被告提出相应的赔偿。

美国法律不仅允许受害者要求被告赔偿其医疗费用，还允许就肉体上和精神的痛苦索赔，且精神上痛苦的索赔往往大于肉体上痛苦的索赔额。

（2）财产损失的赔偿。财产损失主要是指缺陷产品以外的其他财产的损坏或毁灭。一般包括替换受损失的财产或修整受损财产所支出的合理费用。

（3）商业上的损害赔偿。商业上的损害赔偿，是指受害人因产品缺陷而遭受的商业的损失。如因产品缺陷而影响正常营业而损失的收入。对于此类损失，除美国外，其他国家都将其排除在依产品责任进行损害赔偿的范围之外，一般按照其他商事、经济法进行赔偿。

**2. 惩罚性损害赔偿**

惩罚性损害赔偿是为对被告人的严重违法行为加以惩罚而判决被告人在原告人所得实际损害赔偿范围之外向原告另外支付一定数额的赔偿金额。除美国之外，其他国家一般很少采用这种损害赔偿方式。

### （二）英国法

与美国法是在判例法中依据判例来确定损害赔偿的范围不同，英国法主要是在其《消费者保护法》中对损害赔偿的范围做出规定。其规定为：产品责任的损害赔偿范围包括人身伤亡或任何财产的损害，但不包括：（1）缺陷产品本身和由缺陷产品组装的任何财产的损失；（2）损害的财产不是通常用作个人使用、占有、消费的产品；（3）遭受损失或损害的人主要不是将该产品用于个人使用、占有和消费。如经判决，判给受害人财产损失或损害的赔偿额不超过 275 英镑时，则不予判给。

### （三）德国法

德国法与英国法一样在其《产品责任法》中对损害赔偿范围做出规定，认为损害赔偿应包括以下几方面。

**1. 人身伤亡**

其中应包括医疗费用、丧葬费用及经济损失等。生产者对同一产品同一缺陷的最高赔偿限额为 1.6 亿德国马克。

**2. 财产损害**

由于财产损害造成的受害人损失不超 1 125 德国马克的不得依本法请求赔偿。

## 五、责任减免或抗辩

责任的减免或抗辩是指依据法律规定的事由减轻或者免除责任者的赔偿责任。减免是大陆法国家的说法，英美法将之称为抗辩。减免当事人的产品责任，要根据法律的明确规定，而不能依当事人的协议。以当事人的协议减免产品责任是法律明确禁止的。现将各国法律所规定的减免或抗辩的事由介绍如下。

### （一）美国法

在美国产品责任诉讼中，被告可以提出抗辩，其可采用的抗辩理由主要如下。

**1. 担保的排除与限制**

《美国统一商法典》允许卖方排除其对货物的明示担保和默示担保。如卖方已在合同中排除了各种明示或默示担保，在担保责任诉讼中，被告就可以提出担保已被排除作为减免理由。但在消费交易中，为保护消费者的利益，卖方如有书面担保就不能排除默示担保。此外，这项抗辩仅能对抗以“担保”为由进行的诉讼，而不能用以对抗疏忽责任的诉讼，因为后者属于侵权之诉，不受合同中关于排除明示或默示担保义务的制约。

**2. 承担疏忽与相对疏忽**

在侵权的产品责任诉讼中，被告可以承担疏忽或相对疏忽进行抗辩。承担疏忽是指原告在使用被告所提供的有缺陷的产品时也有疏忽之处，由于双方的疏忽而使原告受到伤害。按普通法早期所确立的原则，一旦确认原告有疏忽，就不能向被告要求有任何损害赔偿，即被告可以免除责任。不过承担疏忽只能用于以疏忽为依据的侵权之诉中。近年来，美国许多州已通过立法或判例放弃了承担疏忽原则，而采用相对疏忽原则。所谓相对疏忽是指尽管原告方面也有一定的疏忽，但法院只是按原告的疏忽在引起的损害中所占的比重，相应地减少其索赔的金额。即被告只能以此作为抗辩要求减轻其责任。现在，美国许多州都把相对疏忽原则适用于严格责任之诉。不过，被告只有在侵权责任之诉中才能提出这种理由，而不能用在担保责任之诉中。

**3. 自担风险**

所谓自担风险是指：

（1）原告已经知道产品有缺陷或危险性。

（2）尽管如此原告也愿将自己置于这种危险或风险的境地。

（3）由于原告甘愿冒风险而使自己受到伤害。

根据美国法，无论原告以产品责任中的何种归责原则提起诉讼，被告都可以提出“自担风险”作为抗辩理由。美国 1965 年《侵权行为法重述》规定，受害人自冒风险，他就不能要求被告赔偿损失。但是，在使用“相对疏忽原则”的各州中，有些州已不再把自担风险作为完全阻止原告索取任何赔偿的抗辩理由，而只把原告的疏忽作为减少其索赔金额的依据。

**4. 非正常使用产品或误用、滥用产品**

如果原告对产品或其中零部件擅自加以变动和改变，从而使自己受到损害且超出了被告可能合理预见的范围，或虽在被告可能合理预见的范围之内，但被告已采取了防范措施，被告可以据此作为抗辩，要求免除责任。

**5. 擅自改动产品**

如果原告对产品或其中零部件擅自加以变动和改变，从而改变了该产品的状态或条件，因而使自己遭到损害，原告就无权要求被告承担责任。

**6. 带有不可避免的不安全因素**

如果某种产品即使正常使用，也难以保证安全，而且权衡利弊，该产品对社会公众是有益的，且利大于弊，则制造这种产品的被告就可以要求免除责任。

### （二）英国法

根据英国《消费者保护法》，在英国产品责任诉讼中，被告可以提出以下抗辩理由：（1）缺陷可归因于执行法律的强制规定或履行共同体义务；（2）被告未向他人供应产品；（3）被告不是在其商业活动中将产品提供给他人；（4）在相关的时间里，产品不存在缺陷；（5）在相关时间里，科学技术尚未达到这种水平，以致该类产品的生产者不能够发现所控制的产品已存在缺陷；（6）缺陷构成了由该缺陷产品组装的后来产品的缺陷，并且完全是由于后来产品的设计而造成或产品生产者听从了后来产品生产者的指令而造成的。

### （三）德国法

与英美法中将被告在产品责任诉讼中用于对抗被告的理由统称为抗辩不同，德国法则分为责任的减免。

根据德国产品责任法的规定，生产者不承担责任的事由有：（1）未将产品投入流通；（2）产品投入流通时，造成损害的缺陷并不存在；（3）产品既非为销售或为经济目的的任何形式的分销而制造，亦非在商业活动过程中制造或分销；（4）产品的缺陷是由于为使产品符合投入流通时的国家强制规定而造成的；（5）产品投入流通时，依当时的科学技术水平尚不能发现其缺陷。

生产者可减轻责任的事由有：（1）损害的原因可归因于受害人的过失；（2）在造成财产损害的情况下，财产的实际控制者的过失应视为相当于人身伤害中受害人的过失。

# 第三节 有关产品责任的国际立法

随着国际经济贸易交往的飞速发展，国际性的产品责任事故层出不穷，国际社会为了消除世界各国有关产品责任的立法冲突，妥善解决在这种法律冲突的情况下所发生的各种国际性的产品责任纠纷，签订一系列相关的国际公约，逐渐形成了国际产品责任法律体系。其中最有代表性的公约如下：

## 一、《关于产品责任的法律适用公约》

该公约于 1973 年第 12 届海牙国际私法会议上制定，1978 年 10 月 1 日正式生效，其主要内容有以下几方面。

### （一）关于当事人的适用范围

**1. 原告**

原告为受害人，可分为自然人与法人。原告不以直接受害人为限，如依靠直接受害人抚养的人所受的损害，也在该公约适用范围之内；它也不以消费者为限，生产者由于所购买的原材料有缺陷而受到损失也在该公约的适用范围之内。

**2. 被告**

根据《海牙公约》规定，承担产品责任的人员包括以下几类。

（1）成品或零部件的制造者。

（2）天然产品的生产者。

（3）产品的供应者。

（4）在产品准备或商业分配环节中的其他人，包括修理人或仓库管理人。

（5）上述人员的代理人或雇员。

### （二）产品

产品包括天然产品和工业产品，无论是否经过加工，无论是动产还是不动产。

### （三）损害的原因、种类及范围

损害发生的原因，一般是产品，但即使产品的本身没有缺陷，而由于产品的说明，或对其质量、特征或使用方法未提供适当说明而造成对消费者的损害，也在本公约规定的责任范围之内。

损害的种类包括人身的损害和财产以及经济损失，但不包括与其他损害无关的产品本身的损害以及间接损失。

### （四）产品责任法律适用原则

当几个国家对产品责任的准据法有不同的解释时,《海牙公约》采取重叠适用原则。公约规定了四个连接因素:（1）损害地;（2）直接遭受损害人的惯常居所地;（3）被请求承担责任人的主营业地;（4）直接遭受损害人取得产品的所在地。《海牙公约》规定不以一个连接因素决定法，而是一个法律必须同时具备两个连接因素时，才能作为准据法使用，具体适用原则如下。

#### 1. 损害地国家的法律

《海牙公约》第 4 条规定，如果损害地国家同时又是:（1）直接受害人的惯常居所地;（2）被请求承担责任人的主营业地;（3）直接受害人取得产品的地点，则应适用损害地国家的国内法。

#### 2. 适用直接受害人的惯常居所地国家的法律

《海牙公约》第 5 条规定，如上述第 4 条规定，但是如果直接受害人的惯常居所地国家又是:（1）被请求承担责任的人的主营业地;（2）直接受害人取得产品的所在地，则仍应适用直接受害人的惯常居所地国家的国内法。

#### 3. 适用被请求承担责任人的主营业地国家的法律

《海牙公约》第 6 条规定，如果上述第 4 条和第 5 条指定适用的法律不适用，则除非原告基于损害地国家的国内法提出其请求,应适用被请求承担责任人的主营业地国家的国内法。

## 二、《斯特拉斯堡公约》

《斯特拉斯堡公约》是《欧共体关于造成人身伤害与死亡的产品责任的欧洲公约》的简称，它由欧洲理事会拟订并在 1976 年的理事会会议上获得通过，于 1977 年 1 月 27 日在斯特拉斯堡签订。其主要内容如下。

### （一）适用范围

根据公约的规定，该公约适用于因生产者提供的产品存在缺陷而造成消费者人身伤害或残废的赔偿问题。产品是指所有动产，包括天然动产和人工动产。生产者是指成品或零配件的制造商以及天然产品的生产者。消费者是指社会大众，包括产品购买者、使用者和第三人。产品责任范围以产品缺陷给消费者造成人身伤害或死亡的赔偿为限。

### （二）适用原则

公约规定适用严格责任原则。

### （三）免责条款

《斯特拉斯堡公约》规定了生产者减免产品责任的事由:（1）产品未投入流通;（2）产品投入流通时，产品缺陷并不存在，或产品缺陷是投入流通以后产生的;（3）产品的制作目的不是销售、出租或其他经济目的，而且不是按通常商业做法制造或分销的;（4）受害人的损害是因自己的过失造成的。

### （四）诉讼时效

公约规定一般诉讼时效为 3 年，而且任何产品责任的请求，应自该产品投入流通之时起

10年内提起。

## 三、《产品责任指令》

《产品责任指令》是《关于缺陷产品责任的指令》的简称，该指令是欧共体理事会为协调欧洲经济共同体各成员国有关产品责任的法律，于1985年7月25日通过。该指令要求各成员国于1988年8月1日以前采取相应的国内立法予以实施，但成员国有某些取舍的权利。目前，英国、意大利、德国等国已通过立法将该指令纳入本国的国内法。

《产品责任指令》的主要内容如下。

### （一）产品责任适用原则

《产品责任指令》规定产品责任适用严格责任原则。

### （二）《产品责任指令》的适用范围

**1. 产品**

产品是指可以移动的物品，但不包括初级农产品和戏博用品。

**2. 生产者**

《产品责任指令》中的生产者包括：（1）制成品的制造者；（2）任何原材料的生产者；（3）零部件的制造者；（4）任何将其名称、商标或其他识别标志置于产品之上的人；（5）任何进口某种产品在共同体内销售、出租、租赁或在共同体内以任何形式经销该产品的人；（6）如果不能确认谁是生产者，则提供该产品的供应者即被视为生产者，除非受损害的消费者在合理时间内获得查出谁是生产者的通知。

### （三）免责事由

依《产品责任指令》的规定，在产品责任诉讼中，被告可以主张以下事由免责：（1）该生产者并没有把该产品投入市场；（2）产品缺陷在产品投入市场时并不存在，或这种缺陷是后来才出现的；（3）生产者制造该产品并非用于经济目的的销售或经销；（4）缺陷是由于遵守公共当局发布的有关产品的强制性规定而引起的；（5）按照产品投入市场时的科技水平，该缺陷不可能被发现。零件的制造者如能证明该缺陷是由于该产品的设计所致，而不是零件本身的缺陷，亦可不承担责任。

### （四）诉讼时效

（1）受损害的权利自生产者将引起损害的产品投入市场之日起10年届满即告消灭，除非受害者已在此期间对生产者起诉。

（2）损害赔偿诉讼时效为3年。

# 第四节　中国产品责任法

## 一、中国产品责任法立法概况

20世纪80年代以来，我国陆续颁布了一些与产品责任有关的法律。其中，1986年的《中华人民共和国民法通则》(简称《民法通则》)第一百二十二条专门规定了产品责任事故，从而奠定了中国产品责任专门立法的基础。1993 年 2 月 22 日，第七届全国人民代表大会常务委员会第 30 次会议通过《中华人民共和国产品质量法》(简称《产品质量法》)，该法自 1993 年 9 月 1 日起生效。1993 年 10 月 31 日，第七届全国人大常委会第 4 次会议通过并颁布了《中华人民共和国消费者权益保护法》(简称《消费者权益保护法》)，该法自 1994 年 1 月 1 日起正式实施。

## 二、中国产品责任法的主要内容

### (一)产品责任主体

《民法通则》第一百二十二条规定："因产品质量不合格造成他人财产、人身损害的，产品制造者、销售者应当依法承担民事责任。运输者、仓储者对此负有责任的，产品制造者、销售者有权要求赔偿损失。"《产品质量法》第四条规定："生产者、销售者依照本法规定承担产品质量责任。"《产品质量法》第四十三条规定："因产品存在缺陷造成人身、他人财产损害的，受害人可以向产品的生产者要求赔偿，也可以向产品的销售者要求赔偿。属于产品的生产者的责任，产品的销售者赔偿的，产品的销售者有权向产品的生产者追偿。属于产品的销售者的责任，产品的生产者赔偿的，产品的生产者有权向产品的销售者追偿。"《消费者权益保护法》第四十条第一款规定："经营者提供商品或服务有下列情形之一的，除本法另有规定外，应当依照《中华人民共和国产品质量法》和其他有关法律、法规的规定，承担民事责任。"

由以上我国法律规定可见，凡因产品质量问题造成的人身、财产损害的，有关责任人都要求承担责任。而产品的制造者、销售者、运输者、仓储者都是产品责任的主体。受害人可以在生产者和销售者选择其一要求赔偿。而产品的运输、仓储者要对其违反保证产品在运输、保管中不受损害的义务并造成产品有缺陷，致使损害的应承担产品责任。但由于运输者和仓储者不是直接面对消费者，所以法律只规定其为产品责任的中间主体，不向受害人直接承担责任，而是制造者、销售者先承担责任，再依据产品责任向运输者、仓储者追偿。在此情形下产品的生产者和销售者均承担连带的赔偿责任。

### (二)产品责任归责原则

目前，我国关于承担产品责任原则的规定主要是来自《产品质量法》。

《产品质量法》第四十一条规定："因产品缺陷造成人身、缺陷产品以外的其他财产损害的，生产者应承担赔偿责任。"第三十条规定："由于销售者的过错使产品存在缺陷，造成人身、他人财产损害的，销售者应承担赔偿责任。销售者不能说明缺陷产品的生产者，也不能指明缺陷产品的供货者的，销售者应承担赔偿责任。"从上述规定可以看出，我国《产品质量法》关于产品责任归责问题是采用过错原则和严格责任原则并存的体例。生产者承担严格责任，销售者承担过错责任。但如果销售者不能指明生产缺陷产品的生产者或提供缺陷产品的供货者，则承担严格责任。

### (三)产品的范围

根据《产品质量法》第二条的有关规定，产品是指以销售为目的，通过工业加工、手工制作等生产方式获得的具有特定使用性能的物品。未经加工形成的产品，如石油、天然气等，以及初级农产品，如农、林等产品，不包括在内。另外，建筑物、工程等不动产也不包括在内。

### （四）生产者、销售者的产品质量责任和义务

**1. 生产者的产品质量责任和义务**

根据《产品质量法》的有关规定，生产者应负有以下责任与义务。

（1）生产者应对其生产的产品质量负责。产品质量应当符合下列要求：第一，不存在危及人身、财产安全的不合理的危险，有保障人体健康，人身、财产安全的国家标准、行业标准的，应当符合该标准；第二，具备产品应当具备的使用性能，但是，对产品存在使用性能的瑕疵做出说明的除外；第三，符合在产品或者其包装上注明采用的产品标准，符合以产品说明、实物样品等方式表明的质量状况。

（2）产品或其包装的标识应当符合下列要求：第一，有产品质量检验合格证明；第二，有中文标明的产品名称、生产厂厂名和厂址；第三，根据产品的特点和使用要求，需要标明产品规格、等级、所含主要成分的名称和含量的，相应予以标明；第四，限期使用的产品，标明生产日期和安全使用期或失效日期；第五，使用不当，容易造成产品本身损坏或者可能危及人身、财产安全的产品，有警示标志或者中文警示说明。裸装的产品，可以不附加产品标识。

（3）剧毒、危险、易碎、储运中不能倒置以及有其他特殊要求的产品，其包装必须符合相应的要求，有警示说明标明储运注意事项。

（4）生产者不得生产国家明令淘汰的产品。

（5）生产者不得伪造产地、不得伪造或者冒用他人的厂名、厂址。

（6）生产者不得伪造或者冒用认证标志、名优标志等质量标志。

（7）生产者生产产品，不得掺杂、掺假，不得以假充真、以次充好，不得以不合格产品冒充合格产品。

**2. 销售者的产品责任和义务**

（1）销售者应当执行进货检查验收制度，验明产品合格证明和其他标识。

（2）销售者应当采取措施，保证销售产品的质量。

（3）销售者不得销售失效、变质的产品。

（4）销售者销售的产品的标识应当符合《产品质量法》第二十七条规定，即符合本法对生产者在产品或者其包装上的标识的要求。

（5）销售者不得伪造产地，不得伪造或者冒用他人的厂名、厂址。

（6）销售者不得伪造或者冒用认证标志、名优标志等质量标志。

（7）销售者不得掺杂、掺假，不得以假充真、以次充好，不得以不合格产品冒充合格产品。

### （五）损害赔偿的范围

因产品质量不合格而造成他人财产、人身损害的，生产者、销售者应赔偿损失。

依照《民法通则》第一百一十九条规定：“对公民身体造成伤害的侵害，应当赔偿医疗费、因误工减少的收入、残废者生活补助费等费用；造成死亡的，并应当支付丧葬费、死者生前抚养的人必要的生活费等费用。”《产品质量法》第四十四条第一款也规定：“因产品缺陷造成受害人人身伤害的，侵害人应当赔偿医疗费、因误工减少的收入、残废者生活补助费等费用；造成受害人死亡的，并应当支付丧葬费、死者生前抚养的人必要的生活费用。”

### （六）产品责任的免除

《产品质量法》第四十一条规定生产者免除产品责任的事由，主要有以下三项。

（1）未将产品投入流通。生产者的产品未出厂销售，即使发生了损害，生产者也不承担责任。

（2）产品投入流通时，引起损害的缺陷尚不明显。

（3）将产品投入流通时的科学技术水平尚不能发现缺陷的存在。

生产者能够证明上述情形之一，就可以不承担责任。

**（七）产品责任的时效**

我国法律对于产品责任的时效主要有以下两种。

（1）《产品质量法》第四十五条第一款规定："因产品存在缺陷造成损害要求赔偿的诉讼时效期间为二年，自当事人知道或者应当知道其权益受到损害时起计算。"

（2）《产品质量法》第四十五条第二款规定："因产品存在缺陷造成损害要求赔偿的请求权，在造成损害的缺陷产品交付最初用户、消费者满10年丧失，但是，尚未超过明示的安全使用期的除外。"

**（八）违反《产品质量法》的处罚**

为了加强对产量质量的监督管理和有力地制止产品质量违法行为的发生，《产品质量法》规定了追究违法者行政和刑事责任的处罚办法。

**1. 行政处罚**

行政处罚是国家行政机关或法律授权的组织对违反《产品质量法》的生产者、销售者等追究行政责任。行政处罚方式主要有：责令停止生产；责令停止销售；没收违法所得；罚款；没收违法生产、销售的产品；责令公开更正；吊销营业执照等七种。

**2. 刑事处罚**

产品的生产者、销售者以及有关人员违反《产品质量法》，构成犯罪的，依法追究刑事责任。

## 本章小结

产品责任：产品缺陷、有人身伤害或损害的事实、产品缺陷与产品损害之间的因果关系。

产品责任法的特征。

承担产品责任的原则：疏忽原则、违反担保原则。

美国与欧洲主要国家的产品责任的有关法律，一般都包括以下内容：产品与产品缺陷、产品责任主体、产品责任适用原则、产品责任的损害赔偿及其范围、责任的减免或抗辩。

有关产品责任的国际立法：《关于产品责任的法律适用公约》《斯特拉斯堡公约》《产品责任指令》。

中国产品责任法的主要内容。

## 本章重要概念

产品责任　产品缺陷　指示缺陷　产品责任法　疏忽原则　违反担保原则
严格责任原则　产品责任主体　承担疏忽　相对疏忽　自担风险

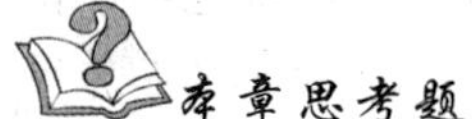

## 本章思考题

1. 什么是产品责任？产品责任的构成要件有哪些？
2. 产品责任法的归责原则有哪些？各国法律都采用了哪几种原则？
3. 对于产品责任，各国法律允许有哪些责任减免或抗辩的理由？
4. 简述中国产品责任归责原则。

## 案例分析

### 【案例一】 出口服装夹有断针引起的纠纷

1986 年，日本一女士在某商店购买了一套中国产的童装，其女儿穿上新衣后，高兴地双手插进衣袋，不料右手被遗落在衣袋内的一根折断的缝纫针刺破，流出血来。女士即向保护消费者利益协会投诉，要求商店赔偿 100 万日元。进口商为此向我国某外贸公司提出索赔。

日本×××株式会社是我国某外贸公司的大客户，双方合作多年，互惠互利，业务逐年发展，年业务量近 100 万套服装。1985 年 11 月，日商向我方订购了 15 万套童装，合同规定翌年 8 月交货，同时书明童装所需的纽扣、商标、吊牌、胶袋等辅料均由日方提供，定于 5 月底前运抵上海。某工厂按照外贸公司要求备妥了面料，但因日方提供的辅料未能如期运到，而推迟了成衣生产日程。7 月外贸公司收到日方开出的信用证，信用证规定最迟装效期为 8 月 30 日。工厂为了使货物在信用证装效期内出运，加班加点，组织突击生产，终于在 8 月下旬将 15 万套童装装载至“鉴真”号轮按时出运。

1986 年 1 月，日本的商店接到某女士的投诉后，随即赔出 100 万日元，并停止发售这批童装，同时向日本×××株式会社提出索赔要求。进口商应商店要求，组织人力对这批童装重新进行检验，又发现十余枚断针。

日商于 1986 年 2 月派员到我外贸公司递交了断针纠纷案的有关材料，日方提出：

（1）要求中方赔偿已赔出的 100 万日元。

（2）要求中方赔偿已支出的商品重新检验的人工费用 200 万日元。

（3）要求中方赔偿商店停止发售所蒙受的损失 100 万日元。

（4）要求中方改进质量，防止再发生类似问题。

我外贸公司十分重视这一断针纠纷案，责成有关人员到工厂了解生产过程，并组织班子与日方人员商量解决这起纠纷的办法。

**分析与思考：**

（1）我外贸公司应如何采取对策？其法律依据是什么？

（2）法院可能做出怎样的判决？

案例来源：侯铁珊. 国际贸易实务案例与练习[M]. 大连：大连理工大学出版社，2002.

### 【案例二】 “东芝便携式笔记本质量”事件

2000 年 5 月 8 日，北京千龙新闻网站工作人员李亚萍将“东芝事件”向外界公布，引起舆论大哗。《中国青年报》《中国日报》《人民日报》(海外版)等新闻媒体跟进报道,“东芝笔记本”事件迅速上升为民族矛盾。“东芝”事件始于1999年春,两名美国东芝笔记本电脑用户向美国地区法院提出集体诉讼,认为东芝笔记本(便携式)电脑存在问题,可能导致数据遗失或损坏。为此,东芝公司向50万美国用户赔偿10.5亿美元,每个用户最高可获得443美元的赔偿。令人费解的是,20万中国用户却没有得到相应的对待。日方的解释是,中国法律与美国法律对消费者的保护程度不一样。

**分析与思考:**

(1)究竟是中国法律对本国消费者保护不力,还是东芝公司采取赔偿歧视?

(2)我国的立法是否已与国际接轨?我们到底该如何维护?

案例来源:http://www.nfust.com/ztnews/b3da4baaaig8693fed4dge3b.html

**【案例三】**

甲是某电暖气厂仓库管理员,乙和甲是朋友。一次,乙趁甲值班时邀请他喝酒。待甲醉后,乙取下仓库钥匙,盗走未经检验的电暖气五台。其中一台以500元的价格卖给邻居丙。丙在使用时,因电暖气漏电而受伤,花去医疗费1 200元。丙向电暖气厂提出索赔。

**分析与思考:**

(1)电暖气厂是否应承担赔偿责任?为什么?

(2)丙的损失应由谁赔偿?

案例来源:http://m.wxphp.com/mwxd_6xelx4usju7b8vc53zew_2.html

**【案例四】**

2012年4月15日晚,北京某中学生刘某骑一辆天津某企业生产的24型变速自行车回家。当骑至离家500米处时,突然自行车前叉根部折断,刘某立即摔倒,昏迷不醒。幸遇居民路过,将其送到当地医院抢救。这起事故造成刘某住院10天,鼻梁缝合6针,口腔内缝合3针,医疗费达1万多元。刘某出院后,时常头昏,并在鼻梁及嘴唇两处留下了很深的疤痕。因此,刘某投诉到市消费者协会,要求自行车生产厂家和销售商赔偿她直接和间接损失。该自行车是刘某于2000年2月份在一家大商厦购买的。事故发生后该家商厦只答应赔偿刘某一辆同型的自行车,至于其他损失,认为应由天津某企业承担。生产厂家在知晓了这一情况后,赶到北京进行了调查,确定是本厂生产的自行车存在着产品缺陷。在消协的调解下,三方签订了协议书,商厦承担赔偿刘某一辆同型号的自行车,之后可以向生产者追偿损失。天津某企业承担刘某的医疗费和间接损失共计10 000元。

**分析与思考:**

本案中生产者、销售者的产品质量责任和义务以及损害赔偿责任问题如何界定?

案例来源:http://doc.mbalib.com/view/901eebcda7404e2dacbcf7d4be8c1901.html

**【案例五】**

2007年,美国发生宠物食品受污染事件。事后调查表明:掺杂了三聚氰胺的小麦蛋白粉是导致宠物中毒的原因。2008年9月,中国发生三鹿婴幼儿奶粉受污染事件,导致食用了受污染奶粉的婴幼儿产生肾结石病症,其原因也是奶粉中含有三聚氰胺。随后,国家质检总局在全国开展了婴幼儿奶粉三聚氰胺含量专项检查。此次专项检查对其余109家企业进行了排查，共检验了这些企业的491批次产品。阶段性检查结果显示，有22家婴幼儿奶粉生产企业的69批次产品检出了含量不等的三聚氰胺。

**分析与思考：**

（1）本案中生产者的产品质量责任和义务以及损害赔偿责任问题。

（2）国家质量管理部门对产品质量监管的措施。

案例来源：http://www.koudailaoshi.com/question/detail/amV4bGtCb0x5bXM5emdxZUNCQ1g0Zz09

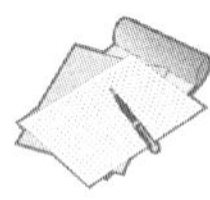

## 学生课后参考阅读文献

[1] 秦雷，陈元刚．经济法[M]．北京：清华大学出版社，2010.

[2] 王伯平，郑煜，等．经济法[M]．北京：北京交通大学出版社，2013.

[3] 马平，丁玉书．国际商法[M]．北京：清华大学出版社，2015.

[4] 沈四宝，王军．国际商法论丛[M]．北京：法律出版社，2014.

[5] 吴兴光．国际商法[M]．北京：清华大学出版社，2014.

[6] 陈迎．国际商法：实务与案例[M]．北京：北京大学出版社，2012.

# 第五章　代　理　法

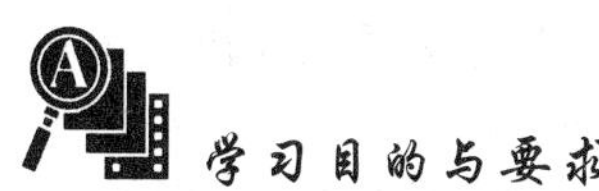

## 学习目的与要求

随着国际贸易的多层次、多渠道、全方位的展开，代理法也逐步地形成和完善，保障国际贸易的顺利进行。通过本章的学习，要求了解代理法的概念、代理权的产生；掌握无权代理、代理关系的宗旨、本人与代理人之间的关系、本人及代理人同第三人的关系、承担特别责任的代理人的法律规定；了解国际代理统一法。

## 开篇案例

**【案情】**

甲长期担任A公司的业务主管，在A公司有很大的代理权限。在甲的努力下，A公司生意兴隆，新老客户遍及世界。由于甲公司的董事长嫉妒甲的才能，无理解雇了甲。甲怀恨在心，于是在遭解雇一个月后，继续假冒A公司的名义从老客户B公司处骗得货物，逃之夭夭。B公司要求A公司付款，A公司则以甲假冒公司名义为由拒绝付款。B公司坚持认为在其与甲做生意期间，他并不知甲已被A公司解雇，并且也未收到关于A公司已解雇甲的任何通知，故B公司是不知情的善意第三人，A公司仍应对甲的无权代理行为负责。双方相持不下，对簿公堂。

问题：（1）按照国际商法的代理法原则，A公司是否要为甲的无权代理行为负责？

（2）甲是否也要承担责任？

**【分析】**

（1）这是个委托人撤回了代理人的代理权后，委托人与代理人之间代理关系的消灭是否对第三人生效的问题。英美法和大陆法的许多国家法律普遍认为，它取决于第三人是否知情。如果第三人知情，第三人就不能要求原委托人对代理人的行为负责；反之，委托人则应负责，以保护善意的第三人的利益。在本案中，由于B公司对A公司与甲之间在交易前已终止代理关系并不知情，故有权要求A公司对甲的无权代理行为负责。

（2）甲的行为从商法的角度来看是无权代理行为。在确定了A公司对B公司的付款责任后，甲要向A公司承担还款的责任。如果A公司不承担对B的付款责任，则甲应向B公司承担付款责任。从另一角度上说，甲骗得货物逃之夭夭，若构成诈骗，则同时要负刑事责任。

案例来源：http://wenku.baidu.com/view/049250eb5ef7ba0d4a733b00.html

## 第一节 代理法概述

代理制度是指随着社会经济关系的发展而逐步发展起来的。早期的罗马法没有代理制度，因为当时的社会经济生活条件还没有这种需要。后来随着商品货币关系的发展，才出现了委任合同，即一个人可以委托别人代为办理某种事务，如购置财产或偿还债务等。

在商品交换关系高度发达、社会关系复杂多样的社会，人们不可能事事亲力亲为，代理制度有了很大的发展。无论是在国内贸易还是在国际贸易中，代理制度都得到了广泛的认同。在国际贸易中，许多业务工作都是通过各种代理人进行的，其中包括普通代理人、经纪人、运输代理人、保险代理人、广告代理人以及银行等。如果离开了这些代理人，国际贸易就无法顺利进行。因此，我们必须对资本主义国家的代理制度有所了解，并在对外贸易业务中灵活运用。

### 一、代理的概念

所谓代理（Agency），是指代理人（Agent）按照本人（Principal）的授权（Authorization），代表本人同第三人订立合同或作其他的法律行为，由此产生的权利与义务直接对本人发生效力。这里所说的本人是委托人；代理人就是受本人的委托替本人办事的人；而第三人则是泛指一切与代理人打交道的人，如果代理人在本人的授权范围内行事，他的行为就对本人具有约束力，即本人即可取得由此产生的权利，必须承担由此而产生的义务，而代理人则一般不对此承担个人责任。例如，当代理人根据本人的授权，代表本人与第三人订立合同之后，代理人便可退出，而由本人与定约的第三人直接发生关系，如果双方在执行合同的过程中发生诉争，本人可以根据合同对第三人提起诉讼，该第三人也可以按照合同对本人起诉。代理人的行为之所以能够拘束本人，是由于他得到了本人的授权，因此，只要他的行为没有越出授权的范围，本人就要对此负责。

在代理关系中，本人与代理人之间的关系称为内部关系（Internal Relationship）；本人与代理人对第三人的关系称为外部关系（External Relationship）。在代理法中，如何处理内部与外部这两种关系是一个十分重要的问题。本人与代理人之间的内部关系是基本的法律关系，这种关系一般是由他们之间的合同来决定的，这种合同可以是委任合同（如各种代理合同），可以是雇佣合同，也可以是合伙合同。在这种合同中，一般都规定了本人与代理人双方的权利与义务，并且往往也决定了代理人的权限范围。但是，由于这种合同只是本人与代理人之间的内部安排，其内容如何，第三人无从得知，这就产生这样一个问题：如果本人在他与代理人订立的合同中对代理人的权利加以限制，或者他们之间的合同由于某种原因宣告无效或撤销时，对与代理人订立合同的第三人是否能发生影响？换言之，代理人与第三人订立的合同是否仍然有效？是否仍对本人具有约束力？这是直接关系到保护第三人利益的问题。对于这个问题，各国代理法有不同的解决办法。

在大陆法中，德国、瑞士和日本的法律认为，委任与授权行为（Power of Agency）是有区别的。委任是本人与代理人之间的内部关系，而授权行为则是委任合同的对外关系，是本人及代理人同第三人关系的法律依据。按照德国法的解释，授权行为是一种抽象的（Abstract）法律行为，它与委任合同是相互对立、互不牵连的。即使委任关系宣告无效或撤销，授权行为仍然存在，代理人同第三人订立的合同仍然有效，本人对此仍需负责。这是为了保护第三人的利益，使第三人可以放心同代理人订立合同，而不要考虑本人同代理人之间的内部关系。法国法虽然没有严格把委任与授权行为区别开来，但法国的法学理论都赞同德国法的主张，法国民法典修订草案也表示接受这种观点。

英美法没有抽象法律行为这种概念。但英美法学者都强调代理权的客观性及其对内部关系的独立性。在英美法国家中，成文法在确定代理权的范围和性质方面不起重要作用，而主要是通过商业习惯和法院的审判实践来解决各种代理的权限问题。英美法除了明示授权的代理以外，还有所谓默示的授权，即只要本人的这种合同使人认为某人是他的代理人，并与该代理人订立了合同，则这种合同即对本人具有约束力。这就是所谓代理的客观标准，采取这种做法同样可以达到保护第三人的目的。

## 二、代理权的产生

关于代理权产生的原因，大陆法和英美法的法例有所不同，现分别介绍如下。

### （一）大陆法

大陆法把代理权产生的原因分为两种：一种是由于本人的意思表示而产生的，称为意定代理（Voluntary）；另一种是非由本人的意思表示而产生的，称为法定代理（Statutory）。

#### 1. 法定代理

凡不是由于本人的意思表示而产生的代理权称为法定代理权，具有这种代理权的人称为法定代理人。法定代理权的产生主要有以下几种情况：（1）根据法律的规定而享有代理权，例如根据民法典的规定，父母对于未成年的子女有代理权；（2）根据法院的选任而取得代理权，例如法院指定的法人清算人；（3）因私人的选任而取得代理权，例如亲属所选任的监护人及遗产管理人等。此外，公司法人本身是不能进行活动的，它必须通过代理人处理各种业务。公司法人的代理人就是公司的董事。公司的董事是公司法人的第一位的代理人（Primary Agent），因为董事还有权指定另外的代理人。但是，关于第一位代理人的权利，德国法和法国法有所不同。按照德国法，法人第一位代理人的权利是由法律规定的，而按照英国法，法人第一位代理人的权利是由法人的章程规定的。

#### 2. 意定代理

意定代理是由本人的意思表示产生的代理权。这种意思表示可以采用口头方式，也可以采用书面方式；可以向代理人表示，也可以向同代理人打交道的第三人表示。如《德国法典》第 167 条规定，“代理权的授与应向代理人或向代理人对其为代理行为的第三人的意思表示为之”。

### （二）英美法

英美法认为，代理权可以由于下列原因而产生。

#### 1. 明示的指定

所谓明示的指定就是由本人以明示的方式指定某人为他的代理人。按照英美的法例，代理协议的成立并不要求特定形式，既可以采用口头方式，也可以采用书面方式。即使代理人需要以书面方式同第三人订立合同，但本人仍然可以采用口头形式授予代理权。除非本人要求代理人用签字蜡封的方式（Seal）替他同第三人订立合同，例如委托代理人购置不动产，才须采用签字蜡封的形式授予代理权。这种要式的授权文书就叫“授权书”（Power of Attorney）。英国1971年授权书法（The Power of Attorney Act 1971）对此有专门的规定。

**2. 默示的授权**

所谓默示的授权是指一个人以他的言辞或行动使另一个人有权以他的名义签订合同，他就要受该合同的拘束，就像他明示地指定了代理人一样。例如，某甲经常让某乙替他向某丙订购货物，并如数向丙支付货款。在这种情况下，乙便认为是具有默示的代理权。如果日后甲不让乙以他的名义订货，则甲除通知乙以外，还必须通知丙，否则如果乙仍继续以他的名义向丙订货，他仍需向丙负责。在英美法上，这又叫作“不容否认的代理”（Agency by Estoppel），意思是说，甲既然以他的行动表示乙具有代理权，而丙基于这种情况信赖乙有代理权，并与之订立了合同，则甲就不能予以否认。

**3. 客观必须的代理权**

客观必须的代理权是在一个人受委托照管另一个人的财产，为了保存这种财产而必须采取某种行动时产生的。在这种情况下，虽然受委托管理财产的人并没有得到采取此种行动的明示的授权，但由于客观情况的需要得视为具有此种授权。这种情况在国际贸易中是时有发生的。例如，承运人在遇到紧急情况时，有权采取超出他的通常权限的、为保护委托人的财产所必须采取的行动，如出售易于腐烂或有灭失可能的货物，并有权抵押船舶以清偿为完成航次所必须的修理费用。但要取得这种代理权是相当困难的，英美法院一般也不愿意不适当地承认这种代理权。

根据英美法院的判例，行使这种代理权必须具备以下三个条件：

（1）行使这种代理权是实际上和商业上所必须的；

（2）代理人在行使这种权力前无法同本人取得联系以得到本人的指示；

（3）代理人所采取的措施必须是善意的，并且必须考虑到所有有关各方当事人的利益。

**4. 追认的代理（Ratification）**

如果代理人未经授权或者超出了授权的范围而以本人的名义同第三人订立了合同，这个合同对本人是没有拘束力的。但是，本人可以在事后批转或承认这个合同，这种行动就叫作追认。追认的效果就是使该合同对本人具有拘束力，如同本人授权代理人替他订立了该合同一样。追认具有溯及力，即自该合同成立时起就对本人生效。

追认必须具备以下几个条件。

（1）代理人在与第三人订立合同时必须声明它是以代理人的身份订立合同。如果他事实上没有得到授权，而是打算作为代理人替别人订立合同，但并没有把这种意图告诉给订立对方，那就不可能在事后由本人予以追认。

（2）合同只能由订立该合同时已经指出姓名的本人或可以确定姓名的本人来追认。

（3）追认该合同的本人必须是在代理人订立合同时已经取得法律人格的人。这项条件主要是针对法人而言的。因为根据英美的法例，如代理人替尚未成立的公司订立合同，日后即使该公司经过注册成为法人，但该公司不能追认这个合同。

（4）本人在追认该合同时必须了解其主要内容。

## 三、无权代理

无权代理是指欠缺代理权的人所作的代理行为。无权代理的产生主要有以下四种情形。

（1）不具备默示授权条件的代理。

（2）授权行为无效的代理。

（3）越出授权范围形式的代理。

（4）代理权灭失后的代理。

根据各国法律的规定，无权代理所作的代理行为，如与第三人订立合同或处分财产等，非经本人的追认，对本人是没有拘束力的。如果善意的第三人由于无权代理人的行为而遭受损失，该无权代理人应对善意的第三人负责。这里所谓“善意”是指第三人不知道该代理人是无权代理而言。如果第三人明知代理人没有代理权而与之订立合同，则属于咎由自取，法律上不予以保护。

**1. 大陆法的有关规定**

关于无权代理的问题，大陆法各国大都在民法典中加以规定。如德国、日本民法典都规定，无代理权人以他人名义订立合同者，非经本人追认不生效力。在本人追认以前，无权代理人所作的代理行为处于效力不确定的状态。在这种情况下，大陆法有两种处理办法：一是由第三人向本人发出催告，要求本人在一定时间内答复是否予以追认；二是允许第三人在本人追认以前，撤回他与无权代理人所订立的合同。如《德国民法典》第 177、178 条规定，在发生无权代理的情况时，第三人可以催告本人表示是否追认。追认的表示应在收到催告后两周之内做出；如在此期间不表示追认时，则视为拒绝追认。并规定，无权代理人所订立的合同，在未经本人追认之前，第三人有权予以撤回；但如第三人在订立合同时明知其为无权代理人者，不得撤回。

关于无权代理人的责任，大陆法各国法律的规定并不完全相同。从原则上来说，无权代理人对第三人是否需承担责任，主要取决于第三人是否知道该代理人没有代理权。如果第三人不知道该代理人没有代理权而与之订立合同，无权代理人就要对第三人承担责任；反之，如果第三人明知该代理人没有代理权而与之订立了合同，无权代理人就不负责任。在这一点上，大陆法各国的法律规定是一致的，但在无权代理人的责任内容上，则有不同的规定。根据法国民法典和瑞士债务法典的规定，无权代理人应对善意的第三人负损害赔偿的责任。但根据《德国民法典》第 179 条的规定，无权代理人以他人的名义订立合同时，如本人拒绝追认，无权代理人应该按照第三人的选择负履行合同或赔偿损失的义务。换言之，第三人既可以要求无权代理人赔偿损失，也可以要求其履行合同，有第三人在两者当中选择其一。

**2. 英美法的原则**

英美法把大陆法上的无权代理称为违反有代理权的默示担保（Breach of Implied Warranty of Authority）。按照英美法的解释，当代理人同第三人订立合同时，代理人对第二人有一项默示的担保。因此，如果某人冒充是别人的代理人，但实际上并没有得到本人的授权，或者是越出了它的授权范围行事，则与其订立合同的第三人就可以一起违反有代理权的默示担保对他提起诉讼，该冒牌的代理人或越权的代理人就须对第三人承担责任。对于这种情况，需要注意以下几点。

（1）这种诉讼只能由第三人提起，不能由本人提起。

（2）无权代理人的行为不论是出于恶意或者是出于不知情，他都要对此负责，即使他不知道他的代理权以本人的死亡或精神错乱而告终止，他亦须负责。

（3）如果第三者知道代理人欠缺代理权，或者知道代理人并没有提供有代理权的担保，或者合同中已经排除了代理人的责任，则代理人可以不承担责任。

（4）如果本人对代理人所作的指示含糊不清，而代理人出于善意并以合理的方式执行了这一指示，则代理人对此不承担责任，即使代理人对本人的此项指示曾作了错误的解释，他也不负责任。

（5）代理人对违反有代理权的默示担保所承担的损害赔偿金额，一般应按第三人所遭受的实际损失计算。

## 四、代理关系的终止

### （一）代理关系的终止

代理关系的终止有两种情况：一种是根据当事人的行为；另一种是根据法律。

**1. 根据当事人的行为终止代理关系**

代理关系可以依当事人的行为而告终止。如果双方当事人在代理合同中定有期限，则代理关系于合同规定的期限届满时终止。如果在代理合同中没有规定期限，当事人也可以通过双方的同意终止他们的代理关系。至于本人是否可以单方面撤回代理权的问题，根据各国的法律，原则上都允许本人可以在代理关系期间内撤回代理权。如《德国民法典》第 168 条规定，“代理权的消灭，依授予代理权的法律关系决定之。如此项法律关系无特别规定时，代理权的授与亦得于该法律关系存续中撤回。”但是，本人在终止代理关系时，须事先给代理人以合理时间的通知。如果本人在代理关系存续期间不适当地撤销代理关系，本人须赔偿代理人的损失，其中包括代理人的佣金损失或其他报酬。这里需要特别指出以下两点。

（1）有些大陆法国家为了保护商业代理人的利益，在法律上规定：本人在终止代理合同时，必须在相当长的时间以前通知代理人。例如，法国的法律规定，对于与代为招揽业务的代理人（VRP）订立的代理合同，凡合同中未定期限者，本人在终止合同以前必须向该代理人预先发出通知。通知的期限，在订约后的第一年为一个月，第二年为两个月，第三年为三个月。德国法律规定，对于未规定期限的代理合同，其通知终止的期限，在订约后第一年至第三年为六个星期，三年后为三个月。其他大陆法国家，如瑞士、意大利、荷兰等国也有类似的规定。这些规定都是强制性的，但它们只适用于不定期限的代理合同。如果双方当事人在代理合同中订有终止期限，则应按合同规定办理。

（2）有些国家对本人单方面撤回代理权有一定的期限。根据英美的判例，如果代理权的授与是与代理人的利益结合在一起时，本人就不能撤回代理权。例如，某甲向某乙借款若干，并指定一位代理人代其收取房地产租金，以清偿其借款。在这种情况下，代理权的授与就同代理人的利益结合在一起，甲在其借款清偿完毕之前，不能单方面撤回对乙的代理权。

**2. 根据法律终止代理关系**

根据各国的法律，在下列情况下，代理关系即告终止。

（1）本人死亡、破产或丧失行为能力。但是，根据某些大陆法国家民商法的规定，上述情况只适用于民法上的代理权，至于商法上的代理权，则应适用商法典的特别规定，不因本人的死亡或丧失行为能力而消灭。

（2）代理人的死亡、破产或丧失行为能力。根据各国的法律，当代理人死亡、破产或丧失行为能力时，无论是民事上的代理权或商事上的代理权均因之而消灭。

### （二）代理关系终止的效果

代理关系终止的效果，应从以下两个方面进行分析。

**1. 当事人之间的效果**

代理关系终止之后，代理人就没有代理权，如该代理人仍继续从事代理活动，即属于无权代理，本人与代理人之间的关系应按前面介绍过的有关无权代理的法律规定办理。

这里应当注意的是，有些大陆法国家为了保护商业代理人的利益，在商法中特别规定，在终止代理合同时，代理人对于他在代理期间为本人建立的商业信誉（Good Will），有权要求本人予以赔偿。因为在代理合同终止后，这种商业信誉将为本人所享有，本人将从中得到好处，而代理人将因此而失去一定的利益。如《德国商法典》（HGB）第 89 条规定，在下列情况下，本人应给代理人以补偿。

（1）在代理关系终止后，本人在与代理人曾经介绍给他的客户的交易中，获得重大的利益。

（2）代理人由于代理合同的终止将失去佣金，这种佣金如果不是由于终止代理合同，则根据代理人介绍的客户所已签订的合同或将来签订的合同，该代理人本来是应当得到的。

（3）依照各种有关的情况，对代理人付给补偿仍是公平合理的。

代理人对于上述商誉赔偿请求，必须在代理合同终止后三个月内提出。这些规定是属于强制性的规定，当事人不得事先在合同中放弃此项请求权。但在国际商事代理合同中，上方当事人可以通过选择适用外国法律的办法来规避这种法律的适用。按照德国的法律，如果一个外国的本人同德国多代理人订立代理合同，如合同中规定适用本人国家的法律，则不可使用《德国商法典》的上述规定。目前除德国以外，法国、瑞士、意大利等国的法律均有类似的规定，但英美等国的法律都没有这种规定。

**2. 对于第三人的效果**

当本人撤回代理权或终止代理合同时，对第三人是否有效，主要取决于第三人是否知情。根据各国的法律，当终止代理关系时，必须通知第三人才能对第三人发生效力。如果本人在终止代理合同时没有通知第三人，后者由于不知道这种情况而与代理人订立了合同，则该合同对本人仍有约束力，本人对此仍须负责。但本人有权要求代理人赔偿其损失。如《日本民法典》规定，对代理的限制或撤销，不得用以对抗第三人。瑞士债务法典第 34 条规定，撤销代理权之全部或一部分时，须通知第三人后，才能用以对抗第三人。在这个问题上，英美法与大陆法的处理办法基本上是一致的。

## 第二节 本人与代理人之间的关系

在代理合同中有三种关系：（1）本人与代理人之间的关系；（2）代理人与第三人之间的关系；（3）本人与第三人之间的关系。本节主要介绍本人与代理人之间的关系，本人和代理人对第三人的关系将在第三节中详细介绍。

本人与代理人之间的关系，一般是合同关系，是属于本人与代理人之间的内部关系。在通常情况下，本人与代理人都是通过订立代理合同或代理协议来建立他们之间的代理关系，并据以确定他们之间的权利义务，以及代理人的权限范围及报酬。

关于本人和代理人的权利义务，在大陆法国家主要是在民商法典中规定的，在英美法国家则主要由判例法确定。但各国对于本人与代理人的权利义务的法例，基本上是一致的。现介绍如下。

## 一、代理人的义务

**1. 代理人应勤勉地履行其代理职责**

如果代理人不履行其义务，或者在其本人处理事务时有过失，致使本人遭受损失，代理人应对本人负赔偿的责任。

**2. 代理人对本人应诚实、忠诚（Good Faith and Loyalty）**

（1）代理人必须向本人公开他所掌握的有关客户的一切必要的情况，以供本人考虑决定是否同该客户订立合同。

（2）代理人不得以本人的名义同代理人自己订立合同，除非事先征得本人的同意。例如，本人委托代理人替其推销货物时，除非事先征得本人同意，代理人自己不能利用代理关系的便利同本人订立买卖合同买进本人的货物。代理人非经本人的特别许可，也不能同时兼为第三人的代理人，以从两边收取佣金。如《德国民法典》规定，“代理人除经特别许可的情形外，不得以本人名义与自己为法律行为”，也不得作为第三人的代理人而为法律行为。这种行为是对代理权的滥用，违反代理人义务。因此，当发生上述情形时，本人有权随时撤销代理合同或撤回代理权，并有权请求损害赔偿。

（3）代理人不得收回或密谋私利，或与第三人串通损害本人的利益。代理人不得谋取超出其本人付给他的佣金或酬金以外的任何私利。如果代理人接受了贿赂本人有权向代理人索还，并有权不经事先通知而解除代理关系，或撤销该代理人同第三人订立的合同，或拒绝支付代理人在收回交易上的佣金，本人还可以对受贿的代理人和行贿的第三人起诉，要求他们赔偿由于行贿、受贿订立合同而使他遭受的损失。即使代理人在接受贿赂或图谋私利时，并未因此而影响他所做的判断，也没有使本人遭受损失，但本人仍然可以行使上述权利。根据英国 1906 年反贪污法（Prevention of Corruption Act 1906）的规定，受贿的代理人和行贿的第三人都犯有刑法上的犯罪行为，情节严重者可追究刑事责任。

**3. 代理人不得泄露他在代理业务中所获得的保密情报和资料**

代理人在代理协议有效期间或在代理协议终止之后，都不得把代理过程中所得到的保密情报或资料向第三者泄露，也不得由他自己利用这些资料同本人进行不正当的业务竞争。但另一方面，在代理合同终止后，除经双方同意的合理的贸易上的限制外，本人也不得不适当地限制代理人使用他在代理期间所获得的技术、经验和资料。因为根据某些国家关于限制性商业做法的法律，这种限制是无效的。

**4. 代理人须向本人申报账目**

代理人有义务对一切代理交易保持正确的账目，并应根据代理合同的规定或在本人提出要求时向本人申报账目。代理人为本人收取的一切款项需全部交给本人。但是，如果本人欠付代理人的佣金或其他费用时，代理人对于本人交给他占有的货物享有留置权（Lien），或以在他手中掌握的属于本人所有的金钱抵消（Set Off）本人欠他的款项。

**5. 代理人不得把他的代理权委托给他人**

代理关系是一种信任关系，因此，在一般情况下，代理人不得把本人授予的代理权委托给他人，让别人替他履行代理义务。但如客观情况有此需要的，或贸易习惯上允许这样做，或经征得本人同意者，可不在此限。

## 二、本人的义务

**1. 支付佣金**

本人必须按照代理合同的规定付给代理人佣金或其他约定的报酬，这是本人的一项最主要的义务。在商定代理合同时，对佣金问题必须特别注意以下两点。

（1）本人不经代理人的介绍，直接从代理人的地区内收到订货单，直接同第三人订立买卖合同时，是否仍需对代理人照付佣金。

（2）代理人所介绍的买主日后连续订货时，是否仍需支付佣金。

这些问题都应当在代理合同中明确做出规定，因为有些国家在法律上对此并无详细规定，完全取决于代理合同的规定。根据英美法院的判例，如果本人与第三者达成的交易是代理人努力的结果，代理人就有权得到佣金。因此，如果经过代理人与买方谈判，而最后买方向本人直接订货，或代理人向本人推荐了买方，买方所出的价钱虽较标价为低，但本人还是接受了这个较低的价格，代理人都可以要求佣金。但如果本人没有经过代理人的介绍而直接同代理地区的买方达成交易，代理人一般就无权索取佣金。但这些法律规则往往可以通过双方当事人的协议或依行业习惯而改变，特别是在指定地区的独家代理协议中，时常规定，代理人对所有来自代理地区的订货单都可以获取佣金。

关于代理人所介绍的买方再次向本人订货时，代理人是否有权要求付给佣金的问题，主要取决于代理合同的规定。特别是在代理合同终止以后，买方再次向本人订货是否仍应付给代理人佣金的问题，如代理合同没有明确规定，往往会在本人与代理人之间引起争执。因为在代理合同终止之后，本人仍可以利用代理人为他建立的商誉和工作的成果。根据英美法院的判例，如果代理合同没有规定期限，只要本人在合同终止后接到卖方的再次订货，仍须向代理人支付佣金；如果代理合同规定了一定的期限，则在期限届满合同终止后，代理人对卖方向本人再次订货就不能要求本人给予佣金。但即使是在代理人对再次订货有权要求佣金的情况下，代理人也只能要求对再次订货的佣金损失给予金钱补偿，而不能要求取得未来每次订货的佣金，否则这种佣金就变成代理人的一项取之不尽、用之不竭的收入源泉。

大陆法对这些问题的处理方法同英美法有所不同。有些大陆法国家在法律上对商业代理人取得佣金的权利和佣金的计算方法都有详细的规定。如有些大陆法国家的法律规定，凡是在指定地区享有独家代理权的独家代理人，对于本人同指定地区的第三者达成的一切交易，不论该代理人是否参与其事，该代理人都有权要求佣金。《德国商法典》第 87 条还有一项强制性的规定，即商业代理人一经设定，他就有权取得佣金，即使本人不履行订单，或者履行的方式同约定有所不同，代理人都有权取得佣金。但是如果由于不可归咎于本人的原因出现了履约不可能的情况，则不能使用上述规定。遇到这种情况时，代理人不能要求佣金。此外，有些大陆法国家为了保护商业代理人的利益，在法律中还规定，在本人终止商业代理合同时，商业代理人对其在代理期间为本人建立的商业信誉，有权请求给予赔偿。

**2. 偿还代理人因履行代理义务而产生的费用**

一般地说，除合同规定外，代理人履行代理任务时所开支的费用是不能向本人要求偿还的，因为这是属于代理人的正常业务支出。但是，如果他因为执行本人指示的任务而支出了费用或遭到损失时，则有权要求本人予以赔偿。例如，代理人根据本人的指示在当地法院对违约的客户进行诉讼所遭受的损失或支出的费用，本人必须负责予以补偿。

**3. 本人有义务让代理人检查核对其账册**

这主要是大陆法国家的规定。有些大陆法国家在法律中明确规定，代理人有权查对本人的账目，以便核对本人付给他的佣金是否准确无误，这是一项强制性的法律，双方当事人不得在代理合同中做出相反的规定。

## 第三节　本人及代理人同第三人的关系

按照代理的一般原则，代理人是代替本人同第三人订立合同或作其他法律行为的，合同一经订立，其权利义务均归属于本人，应由本人直接对第三人负责，代理人对此一般不承担个人责任。但实际情况却并非如此简单，特别是本人及代理人同第三人的关系往往是错综复杂的。代理关系是一种三角关系，其中既有代理人同第三人的关系，也有本人同第三人的关系，因此，从第三人的角度来看，最重要的问题是弄清楚他究竟是同代理人还是同本人订立了合同？即是与他订立合同的另一方当事人究竟是代理人还是本人？这个问题在外贸业务中是时常发生的。例如，我国外贸企业在同外商订立合同时，双方或其中一方究竟是作为代理人还是作为本人签订合同，究竟应该由谁对合同负责？这是一个十分重要的问题。有时对方并没有声明他是代理人，更没有指明谁是他的委托人，但在执行合同的过程中却出来了一个本人，要求直接履行合同。因此，搞清楚这个问题是十分必要的。对于这个问题，大陆法和英美法有不同的处理方法。

### 一、大陆法

在确定第三人究竟是同代理人还是同本人订立合同的问题时，大陆法所采取的标准是看代理人是以代表的身份同第三人订立合同，还是以他自己个人的身份同第三人订立合同。当代理人是以代表身份同第三人订立合同时，这个合同就是第三人同本人之间的合同，合同的双方当事人是第三人与本人，合同的权利与义务就直接归属于本人，由本人直接对第三人负责。在这种情况下，代理人在同第三人订立合同的时候，可以指明其本人的姓名，也可以不指出本人的姓名，而应声明他是受他人的委托进行交易，但无论如何代理人必须表示作为代理人身份定约的意思，或依定约时的环境情况可以表明这一点，否则就将认为是代理人自己同第三人订立合同，代理人就应该对合同负责。如果代理人是以他个人的身份订立合同，则无论代理人事先是否得到本人的授权，这个合同都将认为是代理人与第三人之间的合同，代理人必须对合同负责。在这种情况下，本人原则上同第三人没有直接的法律上的联系。

基于上述标准，大陆法把代理分为直接代理、间接代理。如果代理人的代理权限以代表的身份，即以本人的名义同第三人订立合同，其效力直接给予本人的，称为直接代理；如果代理人以他自己的名义，但是是为了本人的计算（On the Account of Principal）而与第三人订立合同，日后再将其权利义务通过另外一个合同转移于本人，则称为间接代理。

在大陆法国家，直接代理称为商业代理人（德国称为 Handels Vertretor，法国称为 Agent Commercial），间接代理称为行纪人。行纪人虽然是受本人的委托并为第三人的计算而与第三人订立的合同的，但他在定约时不是以本人的名义同第三人订约而是以代理人自己的名义定约，因此，这个合同的双方当事人就是代理人与第三人，而不是本人与第三人，本人不能仅凭这个合同直接对第三人主张权利。只有当代理人把他从这个合同中所取得的权利转让给本人之后，本人才能对第三人主张权利。如《德国商法典》第 392 条规定，由行纪人交易行为所发生的债权，需转移于委托人（即本人）后，委托人才能向债权人主张。因此，在间接代理的情况下，本人需要经过两道合同手续才能对第三人主张权利，第一个是间接代理人与第三人订立的合同，第二个是代理人把有关权利转让于本人的合同。根据德国、瑞士、日本等国法律，行纪人的业务仅以从事动产或有价证券的买卖为限，但法国法则没有这种限制，行纪人可以订立各种类型的合同。

## 二、英美法

英美法同大陆法不同，英美法没有直接代理与间接代理的概念。对于第三人究竟是同代理人还是同本人订立合同的问题，英美法的标准是，对第三人来说，究竟是谁应当对该合同承担义务，即采取所谓义务标准。英美法在回答这个问题时，区分三种不同的情况：（1）代理人在同第三人定约时具体指出本人的姓名；（2）代理人表示出自己的代理身份，但不指出本人的姓名；（3）代理人事实上有代理权但他在定约时不披露代理关系的存在。这是英美法特有的制度。

**1. 代理人在定约时亦指出本人的姓名（Agent for a Named Principal）**

如果代理人在同第三人定约时已经表明他是代表指明的本人定约的，在这种情况下，这个合同就是本人与第三人之间的合同，本人因对合同负责，代理人不承担个人责任。代理人在订立合同后，即退居合同之外（Drops Out），它既不能从合同中取得权利，也不对该合同承担义务。

但有下列情况者除外。

（1）如代理人以他自己的名字在签字蜡封式的合同（Deed）上签了名，他就要对此负责。

（2）如代理人以他自己的名字在汇票上签了名，他就要对该汇票负责。

如按行业惯例认为代理人应承担责任者，代理人亦须负责，例如，按运输行业的惯例，运输代理人替本人预订舱位时须对轮船公司负责缴纳运费及空舱费。

过去，英国的法律认为，英国的代理人代表外国的本人从事代理业务时，英国代理人须承担个人责任。但现在这项法律原则已经改变，英国代理人在为外国的本人在授权范围内从事代理活动时，已不再承担个人责任。

**2. 代理人在定约时表示代理关系存在，但仍没有指出本人的姓名（Agent for An Unnamed Principal）**

如果代理人在同第三人订立合同时表明他是代理人，但没有指出他为之代理的本人姓名，在这种情况下，这个合同仍认为是本人与第三人之间的合同，应由本人对合同负责，代理人对该合同不承担个人责任。按照英国的判例，代理人在同第三人订立合同时，如果在信封抬头或在签名之后加列“经纪人（Broker）”或“经理人（Manager）”的字样是不足以排除其个人责任的，而必须以清楚的方式表明他是代理人，如写明“买方代理人”（as Agent for Buyer）或“卖方代理人”（As Agent for Seller）等。至于他所代理的买方或卖方的姓名或公司的名称则可不在合同中载明。

**3. 代理人在定约时根本不披露有代理关系的存在**

如果代理人虽然得到本人的授权，但他在同第三人订立合同时根本不披露有代理关系的意识，即既不披露有本人的存在，更不指出本人是谁，这在英美法上叫作未被披露的本人（Undisclosed Principal）的代理人。在这种情况下，第三人究竟是同本人还是同代理人订立了合同，他们当中谁应当对该合同负责，这是一个比较复杂的问题。毫无疑问，在这种情况下，代理人对合同是应当负责的，因为他在同第三人定约时根本没有披露有代理关系的存在，这样他实际上就是把自己置于本人的地位同第三人订立合同，所以他应当对合同承担法律责任。问题在于，在这种情况下，未被披露的本人能否直接依据这个合同取得权利并承担义务？英美法认为，未被披露的本人原则上可以直接取得这个合同的权利并承担其义务。具体来说，有以下两种方式。

（1）未被披露的本人有权介入合同并直接对第三人行使请求权或在必要时对第三人起诉，如果他行使了介入权，他就是自己对第三人承担个人的义务。

（2）第三人在发现了本人之后，就享有选择权，它可以要求本人或代理人承担合同义务，也可以向本人或代理人起诉。但第三人一旦选定了要求本人或代理人承担义务之后，他就不能改变主意对他们当中的另一个人起诉。第三人对他们当中的任何一个人提起诉讼程序就是他做出抉择的初步证据；这种证据可以被推翻，如果被推翻，则第三人仍可对他们中的另一个人起诉。但一旦法院做出了判决，便成为第三人做出抉择的决定性证据，如果第三人对判决不满意，他也不能对他们当中的另一个人再行起诉。

按照英国的法律，未被披露的本人在行使介入权时有两项限制：第一，如果未被披露的本人行使介入权会与合同的明示或默示的条款相抵触，他就不能介入合同；第二，如果第三人是基于信赖代理人的才能或清偿能力而与其订立合同，则未被披露的本人也不能介入该合同。

上述英美法的情况同大陆法相比较，既有相同之处，也有不同的地方。上述第一种情况和第二种情况，即代理人在定约时指明本人的姓名或表示自己的代理身份但不指明本人的情况，同大陆法上的直接代理是相同的，但英美法中的第三种情况，即代理人不披露本人的存在的情况，虽然在表面上与大陆法上的间接代理有相似之处，但在英美法中未被披露的本人的法律地位同大陆法上的间接代理的委托人（本人）的法律地位是截然不同的。按照大陆法，间接代理中的委托人不能直接凭代理人与第三人订立的合同而对第三人主张权利，而必须由代理人同他在订立合同把前一个合同的权力转移给他，他才能对第三人主张权利，即需要经过两个合同关系，才能使间接代理关系中的委托人同第三人发生直接的法律关系。但按照英美法，未被披露的本人有介入权，他无须经过代理人把权力转移给他，就可以直接对第三人主张权利。而第三人一经发现了未被披露的本人，也可以直接对本人起诉，即只需要有代理人同第三人间的一个合同就可以使未被披露的本人直接同第三人发生法律关系，不需要再有另一个合同。这是英美法同大陆法的一重要区别，也是英美代理制度的一个主要特点。

# 第四节　承担特别责任的代理人

如上所述，在通常情况下，代理人在授权范围内在同第三人订立合同之后，即退居合同之外，他对第三人不负个人责任；如果第三人不履行合同，代理人对本人也不承担个人责任。这是各国代理制度的一般原则。但除此以外，各国法律或商业习惯也承认某些代理人在一定的条件下须对本人或对第三人承担个人责任，这种代理人叫作承担特别责任的代理人。这些代理人活动于国际贸易的各个领域，在国际贸易中起着十分重要的作用。因为在国际贸易中，本人与第三人分处两国，他们对于彼此的资信能力和经营作风都不大了解，而对于他们常有来往的代理人则往往比较熟悉，因此，他们在进行交易时，往往对代理人的信任多于对交易对方的信任，所以他们有时会要求代理人对他们承担个人责任，使之能放心同第三人进行交易。这种承担特别责任的代理人有信用担保代理人、保付代理人、保险代理人、运输代理人等。现把其中一些代理人的特别责任介绍如下。

## 一、对本人承担特别责任的代理人

有一种对本人承担特别责任的代理人，叫作信用担保代理人。信用担保代理人的责任是在他所介绍的买方（即第三人）不付货款时，由他赔偿委托人（即本人）因此而遭受的损失。采用这种办法的好处是：由于委托人对国外市场情况了解不多，无法判断代理人所在地区的买方的资信是否可靠，而且由于竞争的需要，往往要用赊销方式销售货物，一旦买方破产或赖账，委托人就会遭到重大损失。因此，如果代理人同意为国外的买方保付，委托人就可以避免这种风险。另外一种好处是，由于代理人承担了信用担保责任，他就不会因为贪图更多佣金而代替委托人兜揽订单时只图数量而忽视买方的资信能力。从法律上来看，在本人与代理人之间除了普通的代理合同以外，还存在另一个合同，即担保合同，代理人根据担保合同对本人承担个人的责任。

英美法国家没有关于信用担保代理人的成文法，但判例法已成为一套完整的规则。早期的英国法院判例认为，信用担保代理人的责任是第一位的责任，就是说委托人（即本人）在要求买方（即第三人）付款之前，就可以对代理人起诉要求代理人付款。但19世纪以后的判例修改了这一规则，认为信用担保代理人的责任是属于第二位的责任，即只有当买方无力支付货款或因类似原因致使委托人不能收回货款时，信用担保代理人才有赔偿委托人的义务。同时，信用担保代理人的责任仅限于担保买方（第三人）的清偿能力，即仅对买方无力支付货款负责，至于合同的履行，代理人是不负责任的。因此，如果由于委托人（本人）没有如约履行合同，致使买方（第三人）拒付货款，则代理人不负责任。根据英国的判例，这种信用担保代理合同不一定需要以书面形式做成。

在大陆法国家，如《德国商法典》、《瑞士债务法典》和《意大利民法典》，对信用担保代理人都有专门的规定。信用担保代理在直接代理和间接代理两种情况下都可以成立。根据德国法和瑞士法的规定，对一般代理合同不要求以书面形式订立，但对于信用担保条款要求以书面方式订立。

## 二、对第三人承担特别责任的代理人

有些代理人根据法律、惯例或合同规定，需对第三人承担特别责任，其中，同国际贸易有密切关系的主要有以下几种。

### （一）保付代理人

在英美等国有一种对第三人承担特别责任的代理人，叫保付代理人。在英国，这种代理人是由英国出口商协会的出口商担任的，所以又称为出口商行或保付商行。保付代理人的业务是代表国外的买方（本人）向本国的卖方（第三人）订货，并在国外买方的订单上加上保付代理人自己的保证，由他担保国外的买方将履行合同，如果国外的买方不履行合同或拒付货款，保付代理人负责向本国的卖方支付货款。保付商行通常发生两方面的法律关系：一方面是和国外委托他购货的买方的关系，这是委托人（即本人）和代理人的通常关系；另一方面是和本国市场上的卖方的关系。这种关系，根据他们所订立的合同的性质主要有两种情况：一种情况是，保付商行自己作为买方（本人）订货，与卖方签订买卖合同，从而根据合同对货款及接受货物负责。另一种情况是，保付商行以代理人的身份为国外买方订货，同本国的卖方（第三人）订立买卖合同，但同时加上代理人自己的保证，表明他自己对货款负责，从而使保付代理人对作为卖方的第三人承担了特别责任，这是典型的保付安排。

保付商行的义务是，不论在上述第一种或第二种情况下，他都要对本国的卖方（第三人）承担支付货款的责任。如果自合同履行起，国外买方（本人）无正当理由取消订单，保付商行人需对本国卖方（第三人）支付货款。但在这种情况下，保付商行在付清货款之后，有权要求国外买方（本人）偿还他所付的货款，在某些情况下，还可要求损害赔偿。

保付商行的经济作用是解脱本国卖方（第三人）在国际贸易中可能遭遇的风险。他使本国卖方不必顾虑国外买方的资信能力而接受订单。保付商行同上面介绍过的信用担保代理人，既有相同之处也有不同的地方。相同之处是，在两种情况下，代理人都要承担个人责任；不同之处在于保付商行是对第三人承担责任，而信用担保人则对本人承担责任。

### （二）对商业跟单信用证加以保兑的保兑银行

在国际贸易中，普遍使用商业跟单信用证的方式支付货款。在采用这种支付方式时，卖方为了保证收款安全，往往要求买方通过进口地的银行对他开出保兑的、不可撤销的即期信用证。其办法是：由国外的买方通过进口地的银行向出口地的往来银行或代理银行开出一份不可撤销的信用证，委托该出口地的代理行对其不可撤销的信用证加以保兑，即在其上加上“保兑”字样，并将该信用证通知卖方（即第三人，在银行业务上称为受益人）。卖方只要提交信用证所规定的单据，就可以向没有设在出口地的保兑银行要求支付货款。

### （三）运输代理人

运输代理人在国际贸易中起着重要的作用。这些代理人精通海、陆、空运输的复杂知识，特别是了解经常发生的国内外海关手续，运费和运费回扣，海港和机场的习惯、惯例和业务做法，海空货物集装箱运输的组织，以及出口货物的包装和装卸等。

根据这些国家运输行业的惯例，如果运输代理人受客户（本人）的委托，向轮船公司预定舱位，他们自己须向轮船公司（第三人）负责。如果客户届时未装运货物，使轮船空舱航行，代理人须支付空舱费。在这种情况下，代理人可要求客户给予赔偿。如果客户拖欠代理人的佣金、手续费或其他报酬，代理人对在其占有下的客户的货物有留置权，直到客户付清各种费用为止。

#### （四）保险代理人

在国际贸易中，进口人或出口人在投保货物运输保险时，一般不能直接同保险人（如保险公司）订立保险合同，而必须委托保险经纪人代为办理。这是保险行业的惯例。根据有些国家如英国海上保险法的规定，凡海上保险合同由经纪人替被保险人（即本人）签约时，经纪人须对保险人（第三人）就保险费直接负责；保险人则对被保险人就保险金额直接负责。根据这一规定，如果被保险人不交纳保险费，经纪人须直接负责对保险人交纳保险费。如果保险标的物因承保范围内的风险发生损失，则由保险人直接赔付被保险人。但保险业有一个特点，在保险行业中，经纪人的佣金是由保险人（第三人）支付的，而在其他行业中，代理人或经纪人的佣金或报酬都是由他们的委托人（即本人）付给的。

## 第五节 国际代理统一法

随着国际贸易的发展，代理制度被广泛地使用。由于各国法律规定的差异，国际贸易代理也引起了十分复杂的法律冲突。

为了便于国际贸易的顺利开展，为了寻求一种解决冲突的可行途径，而最有效的方法是制定 1961 年国际代理统一法，以使这些冲突降低到最低限度。目前有关的国际公约有 1961 年《代理统一法公约》、1967 年《运输代理人公约》、1988 年渥太华外交会议上通过的《国际保付代理公约》及 1960 年国际商会制定的《国际代理合同起草指南》、1983 年《国际销售合同代理公约》、1977 年《代理法律适用公约》等。

### 一、《国际货物销售代理公约》

《国际货物销售代理公约》（Convention on Agency in the International Sale of Goods）（以下称《公约》）是在国际私法协会的主持下拟定的，在 1983 年日内瓦外交会议上获得通过。国际司法协会在 1961 年完成了《国际性私法关系中代理统一法规》和《国际货物买卖佣金合同统一法规》两个公约草案的起草工作，但这两个公约草案没有消除两个法系在代理问题上的固有分歧，在内容和形式上带有大陆法系的痕迹，遭到了英美法系国家的反对。

1972 年在国际司法协会第四次会议上，将两个法规合并，制定了新的统一法规草案文本，经多次修改后，终于在 1983 年 2 月 15 日日内瓦召开的外交会议上获得通过。公约自 1983 年 2 月 17 日起开始签字，目前智利、瑞士、意大利、法国已经签署了该公约。

#### （一）《公约》的适用范围

《公约》的适用范围包括以下五个方面。

（1）《公约》所规范的代理包括的内容很广泛，无论代理人实施行为是以自己的名义，还是以被代理人的名义，无论是在授权的范围内，还是超越了代理权限，无论是完全的无权代理，还是将代理行为建立在表见授权的基础上，均构成国际货物销售代理。

（2）代理活动的性质。《公约》在第1条第2款中明确规定，公约不仅调整代理人订立货物销售合同的行为，也调整代理人旨在定约或有关履行合同的任何行为。

（3）《公约》所规定的规则只调整以被代理人与代理人为一方，第三人为另一方时，两者之间的关系，不调整被代理人与代理人之间的关系。

（4）《公约》所使用的货物销售代理必须具有国际性。所谓国际性是指被代理人与第三人营业所处于不同国家，且代理人须在某一缔约国内有营业所，或能够以国际私法规则导致某一缔约法律的适用。如果第三人在订立合同时不知道代理人以代理人身份行事，则只有在代理人与第三人营业所处于不同国家时，才属于国际货物销售代理。当事人的国籍和当事人或销售合同的民事性质或商事性质，不影响货物销售代理的国际性质。

（5）一些特殊的代理不在《公约》调整的国际货物销售代理范围内，主要有：证券交易所、商品交易所或其他交易的代理；拍卖上的代理；因法律实施而创设的代理。

### （二）代理权的设定形式

在代理权产生的形式上，《公约》规定被代理人对代理人的授权可以明示，也可以默示，且无须采用书面形式或书面证明，授权为口头或默示形式时，可以用任何方式，包括人证予以证明。但当某缔约国声明《公约》所涉及的授予、追认或终止某代理权，在任何情况下均应以书面形式做出时，在该缔约国有营业所的被代理人和代理人不得使用其他形式。

### （三）代理权的终止

根据《公约》，代理权可因为以下原因终止。

（1）根据当事人的行为终止。包括以被代理人与代理人之间的协议而终止，或由于授权的交易已经完全终止。此外，代理还可以由于被代理人撤回或代理人放弃代理权而终止。

（2）依所适用的法律规定而终止。对于代理权终止后对第三人的法律效力，《公约》规定除非第三人知道或理应知道代理权的终止或造成终止事实，代理权的终止不影响第三人，这一规定扩大了规则的适用范围，保护了第三人的利益。

## 二、《代理法律适用公约》

1956年海牙国际私法第八届会议上提议制定一个国际货物销售代理法律适用公约，1975年第十一届会议上成立了公约初步草案，1977年6月全票通过公约的最后文本，1978年对外开放签字。公约在1992年5月1日生效，是迄今为止国际上仅有的一个就代理法适用问题做了比较全面规定的国际公约。

### （一）公约所规定的代理关系的范围

公约只涉及支配代理关系的法律，而不包括代理事项中有关法院管辖权、判决的承认以及执行方面的规则。公约所调整的代理关系的适用范围如下。

（1）公约适用于一方代理人有权代表他人或以在代表他人行为而与第三人进行交易所产生的具有国际性质的关系的准据法的确立。这里包括代理人在代理权内所为的代理行为，也包括无权代理和越权代理的情况。

（2）公约应扩大到适用于代理人的作用是代表他人接收和传达提议或进行谈判的场合，即将范围扩大到代理人自己未经授权而在当事人之间达成交易的情况。

（3）无论代理人以自己的名义还是被代理人的名义进行活动，无论其行为是经常的还是临时的，公约均应适用，即指公约对直接代理和间接代理、公开被代理人的代理和未公开的被代理人的代理、民事代理和商业代理的适用。

### （二）公约排除适用的情况

公约中明确地规定了一些与代理有关，但不属于公约适用范围的事项，具体如下。

（1）当事人的能力。

（2）形式方面的要求。

（3）家庭法、夫妻财产法或继承法上的法定代理。

（4）根据司法性质的程序有关的代理。

（5）与司法性质程序有关的代理。

（6）船长执行其职务时的代理。

之所以排除这些事项的适用，是因为可能在这些问题上达成一致，还可能产生与合同法处理这些问题的一般法律选择规则不一致的危险，或是由国际私法的其他明确规则所调整。此外，公约考虑到独家经销商在进行活动时，完全是为了自己的利益，并自己承担起所订立合同的所有商业危险，具有独立的法律地位，因此公约也自动排除了独家经销商的适用。

### （三）非缔约国法律的适用

公约规定，凡公约规定的法律，无论其是否为缔约国的法律，均可以适用。这表明公约的冲突原则将取代公约缔约国的冲突原则。对于缔约国而言，公约具有普遍效力。

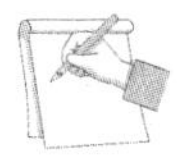

## 本章小结

代理权的产生，本人与代理人之间的关系，代理人的义务，本人的义务，本人及代理人同第三人的关系。

承担特别责任的代理人：对本人承担特别责任的代理人。

对第三人承担特别责任的代理人：保付代理人、对商业跟单信用证加以保兑的保兑银行、运输代理人、保险代理人。

国际代理统一法：《国际销售合同代理公约》《代理法律适用公约》。

## 本章重要概念

代理　内部关系　外部关系　法定代理　意定代理　明示的指定
默示的授权　客观必须的代理权　追认的代理权　信用担保代理人
保付代理人

## 本章思考题

1. 什么是代理权和代理关系？
2. 什么是法定代理和意定代理？两者的区别是什么？
3. 在代理关系中，本人的义务有哪些？

4．代理人根据法律、惯例或合同规定，有时需对第三人承担特别责任，其中，同国际贸易有密切关系的有哪些？

5．有关国际代理的公约有哪些？

## 案例分析

**【案例一】　　焦炭出口针引起的纠纷**

外运某公司接受某货主的委托，代办一批焦炭出口。外运公司将货物装到“望亭”轮上，承运人天远公司的代理人签发了运费预付提单。货物抵达目的港后，承运人的代理称没有收到运费，并通过曼谷警察扣留了货物，要求外运公司确认并支付运费。为减少损失，外运公司被迫承认欠付运费，出具保函，并支付了部分运费 11 万美元。于是，承运人放货。此后，承运人的代理又通过扣留上述货物的出口核销单和出口退税单迫使外运公司支付余下的运费 20 多万美元。

**分析与思考：**

（1）外运公司的付费是否合理？

（2）外运公司与承运人之间是否存在合约关系？

案例来源：http://wenku.baidu.com/view/621f475c3b3567ec102d8a53.html

**【案例二】　　价格变化引起的纠纷**

英国 E 公司授权波兰 R 公司从波兰购买一批皮货。由于爆发了第二次世界大战，在无法与 E 公司联系的情况下，R 公司便以高价卖出该批皮货并将所得的价款以 E 公司的名义存入银行。第二次世界大战期间，皮货价格猛涨。E 公司指控 R 公司未经授权出售其货物是侵权行为，为此要求 R 公司给予赔偿。

**分析与思考：**

（1）国际商事活动中的代理权有哪些类型？

（2）R 公司的代理权是否具备？为什么？

案例来源：http://wenku.baidu.com/view/621f475c3b3567ec102d8a53.html

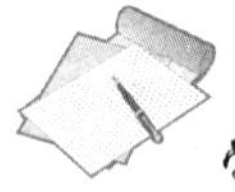

## 学生课后参考阅读文献

[1] 秦雷，陈元刚．经济法[M]．北京：清华大学出版社，2010.

[2] 王伯平，郑煜，等．经济法[M]．北京：北京交通大学出版社，2013.

[3] 胡晓红．国际商法理论与案例[M]．北京：清华大学出版社，2012.

[4] 王邵燕．国际商法实务[M]．北京：对外经济贸易大学出版社，2010.

[5] 左思聪．国际商法[M]．北京：法律出版社，2013.

# 第六章　商 事 代 理

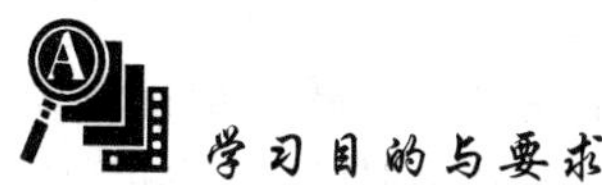

## 学习目的与要求

商事组织是市场经济体制下从事经营活动的基本单元单位，商事组织的法律特征对于市场机制的有效运行起着十分重要的作用。通过本章的学习，要求了解商事组织的基本法律形式及其特征；掌握合伙与合伙企业法、公司法、股份有限公司、跨国公司的相关法律规定。

## 开篇案例

**【案情】**

三家公司共签订了以下两个合同。

合同一：2010 年 5 月 10 日，国内 A 公司与国外 B 公司签订了 100 台电脑买卖合同，合同条款如下：（1）共 100 台电脑；（2）总价款 20 万元；（3）约定合同签订之日起 15 日内，A 公司预付 20%货款，安装调试验收合格后 10 日内 A 公司支付 80%的余款。

合同二：2010 年 5 月 10 日，国内 C 公司与 B 公司签订 100 台电脑买卖合同，合同二的编号与合同一完全相同，付款方也约定的是买方，即 C 公司。但是将合同一中的货物交付验收的“买方”改为“最终用户”，A 公司与 C 公司签订《委托代理进口合同》，A 公司授权 C 公司以 C 公司名义与外商签订进口 100 台电脑的合同。

A 公司于 2010 年 5 月 15 日预付了 20%货款，同年 7 月底 100 台电脑安装调试完毕并验收合格。后 B 公司因未收到全部货款，依据合同二向上海中级法院提起诉讼，请求 C 公司支付剩余货款。B 公司是否有权请求 C 公司支付剩余货款？

**【分析】**

必须有法条支持。《合同法》第四百零二条规定：“受托人以自己的名义，在委托人的授权范围内与第三人订立合同，第三人在订立合同时知道受托人与委托人之间的代理关系的，该合同直接约束委托人和第三人，但有确切证据证明该合同只约束受托人和第三人的除外。”案例中 B 公司与 A 公司、C 公司在同一天签订了两份编号一样的买卖合同。而在 B 公司与 C 公司签订的合同二中，特意将货物交付验收的“买方”改为“最终用户”。在合同的实际履行中，也是由 A 公司直接向 B 公司支付货款的。因而，可以判断出 B 公司在订立合同时是知道 A 公司和 C 公司之间是存在代理关系的。因此 B 公司与 C 公司签订的合同二直接约束 A 公司和 B 公司，B 公司应向 A 公司主张货款，C 公司对此不承担任何义务。

案例来源：http://wenku.baidu.com/view/049250eb5ef7ba0d4a733b00.html

# 第一节　商事代理概述

## 一、商事代理的概念

代理制度，是随着社会经济关系的发展而逐渐发展的。近代资本主义的发展使商品交易频繁，商业活动复杂，这就使代理制度最终形成并得到充分的发展，尤其重要的是，商事代理制度由于满足了经济活动中节省交易成本和方便快捷的需要，在现代商品社会发展更为迅速，成为许多国家商法中的一项重要内容。

在大陆法系国家民商分立的国家中，立法上对于代理有民事代理和商事代理之分，分别在其民法典和商法典中确立起了有关代理制度的规定。例如，《法国民法典》第十三编“委托”中的第 1984 ~ 2010 条对民事代理做了规定；而其《商法典》在商人编中对商事代理做了规定，并于 1958 年 12 月 25 日专门颁布了第 58 ~ 1345 号《关于商事代理人的法令》，1991 年 6 月 25 日又颁布了第 91 ~ 593 号《关于商业代理人与其委托人之间关系的法律》。《日本民法典》在债编中以委任合同的形式对代理制度作了规定；同时《日本商法典》在第一编“总则”的第七章专门规定了代理商。

英美普通法国家虽没有严格的民事代理和商事代理之分，但代理制度已经成为一项单独的法律制度。英国早在 1889 年就制定了专门的《商事代理法》。1971 年又专门制定了《代理权利法》。美国 1953 年 8 月 6 日专门制定了《商法典修订法》（商业代理法），美国法学会在 1957 年专门起草了《代理法重述》。此外，还在财产法、合同法和公司法等制度中对代理制度作了规定。

一般来说，代理是指代理人依据被代理人授予的代理权，以被代理人的名义与第三人进行法律行为，而其法律后果直接归属于被代理人的行为。而商事代理与一般民事代理却有着不同的含义，例如，《德国商法典》第 84 条第 1 款规定：“代理商是指一种独立的商事经营者，它接受委托，固定地为其他企业主促成交易，或者以其他企业主的名义缔结交易。”法国在 1991 年专门制定的《关于商业代理人与其委托人之间关系的法律》中规定：“商业代理人是指不受雇佣合同约束，以制造商、工业商、商人或其他商业代理人的名义，为他们的利益谈判，并通过签订购买、销售、租赁或提供服务的合同，且将其作为独立的经常的职业代理人。”在美国商事代理主要是在行业惯例范围和代理权限范围内所从事的专项商务代理，如代销商（即代办商）、代销保证人（即保付商行）、各类经纪人、特权代办、拍卖人等实施的代理行为。

可见，不同国家对于商事代理的含义不尽相同，但概括来说，可以做出如下定义：商事代理是代理商非受雇佣合同的约束，以自己的名义或以委托人的名义，为委托人买或卖或提供服务，并从中获取佣金的经营性活动。

在我国，商事代理活动在经济活动中起着重要作用，但我国至今没有关于代理商或商事代理行为的专门立法。只有在《民法通则》的第四章第二节与《合同法》第三章的第四十七条至第四十九条对代理制度作了规定，此外，《合同法》第二十一章的第三百九十六条至第四百一十三条还对包含了代理合同的委托合同做了一些规定，司法实践中，对于商事代理也适用这些规定，这些着眼于民事代理的规定很多方面都难以满足商事代理发展的要求，因而对于商事代理制度的研究，对于我国相关立法和实践的完善，都有重要意义。

## 二、商事代理的特征

商事代理作为代理制度中的一项特别规定，是适应商品经济活动的需要，在民事代理的基础上发展起来的，又与民事代理有一定的区别，它在制度特点上体现了商法精神，适应了商事活动的需要，相较于其他代理制度，具有以下特征。

**1. 商人性**

商法中的商事代理实际是指专门从事各种商务代理活动的独立的职业代理商。他们主要是专门为生产商和其他商人从事商品销售、货物采购、财产租赁的代理、拍卖、保付、各种经纪（如证券、保险、航运、房地产等）、专利权转让、财产管理等与商事有直接联系的中间活动的代理商。代理商是以商业代理为职业的人，从其行为方式上可将其归入一种特殊的独立的商人范畴。因而，要取得代理商的资格，必须首先要取得商人资格。这就把商事代理与一般职务代理和民事代理区别开来了。

**2. 职业性**

代理商是从事代理等行业营业的人，他们的营业活动在时间上都具有连续性和持续性。而专利、商标、证券、保险、保付等商事代理活动，都需要专门的知识和技能，这就要求经营者是具有职业性的代理商。而民事代理多为临时性的活动，即使是基于亲权或监护权而得的法定代理，也只是在被代理人偶尔产生代理需要时才实际发生。因此，民事代理并非是一种职业行为。

**3. 独立性**

商事代理关系中代理商的法律地位是独立的，它与委托人之间并非隶属关系，这一点不同于由职业代理的商业使用人，一些国家的法律中对此有明确规定。如《德国商法典》第 84 条第 1 款即明确规定，代理商是独立的商事经营者。这种独立性具体体现在以下几方面。

（1）代理商有独立的经济利益。对于一般民事代理，一般来说，代理人是为被代理人的利益活动，没有自己独立的利益追求。而商事代理中，代理商是一个独立的经营主体，可同时为几个厂商和用户的代理人，并通过代理活动向本人收取佣金作为自己的经济来源，对其经营活动实行独立的经济核算，因此具有自己独立的经济利益。

（2）商事代理人的权利是独立的权利。商事代理人不同于商业使用人，不受雇佣合同的约束，而委托合同较之一般民事代理在权限上又具有更大的灵活性，不必严格按照商人赋予的职权与行为方式从事职务活动，而是灵活地决定其活动，行为过程中拥有明显独立的权利。

（3）代理商有自己独立的商号、独立的营业场所、独立的账簿，并独立进行商事登记，是一个完全独立的商事主体。

（4）代理商可以自己的名义与第三人从事本人所委托的事项，在商事活动中具有独立的身份。

（5）从责任制度来说，在商事代理中，当第三人的合法权益受到侵犯时，他可以选择是向本人求偿，还是向代理商求偿。这也是商事代理独立性的体现。

可见，商事代理虽以本人与代理人之间的委任关系（内部关系）为基础，但代理权一经确立，就成为一种独立的权利。这种独立性，不仅相对于内部关系，而且更体现在外部关系的效力上。这种效力不仅可使代理商独立行使代理权（尤其在间接代理和隐名代理的情况下），而且使得第三人不必关注本人的情况，只需了解代理人的资信，使商事交易更为便捷。

**4. 代理形式的灵活性**

商事代理既有直接代理，又有间接代理；既可隐名代理，又可显明代理；既可以是明示授权，又可以是默示授权；既可以是事前授权，又可以是事后追认；既可以采用委托书方式授权，又可以采取追认和客观必需的授权。如此灵活的制度，适应了现代商事活动复杂多变的需要。

**5. 有偿性**

民事代理中有有偿代理，但很多却都是无偿代理。而商事代理合同是为双方共同利益而订立的，代理人有权按交易的数量和价值抽取佣金，因此商事代理都是有偿代理，这也是代理商营业所得的主要来源。对此，《德国商法典》第 87 条第 1 款规定：“代理商对在合同关系期间成立的、应归因于其从事的活动的或与其作为客户为同一种类的交易争取到的第三人成立的一切交易，均享有佣金请求权。”

**6. 原则上不受“自己代理”和“双方代理”的限制**

为保护被代理人和第三人的合法利益，民事代理制度中都规定代理人不能为自己的利益以被代理人的名义同自己缔结契约，也不能同时担任为双方当事人的代理人为同一法律行为。此即属于滥用代理权主要类型的“自己代理”和“双方代理”之法律禁止。对此，一般都赋予代理无效或得被撤销的法律效果。而商事代理中原则上却不受此限制。例如，英国 1889 年的代理商法规定，如果代理商经委托人同意掌握商品或商品凭证，只要不损害委托人的利益，代理人自己可以将委托人的货物买下，也可以与自己代理的其他人进行交易。

**7. 连续性**

民事代理中，由于代理关系是一种具有严格人身属性的法律关系，代理人死亡时，代理关系也随之终止。而商事代理却不因代理商企业主的死亡而使代理权终止，因而具有更强的连续性。

## 第二节 代 理 商

代理商是专指受他人委托，代理商品经销、货物采购权及提供经纪中介服务，从中获取佣金，为委托人促成交易和缔结交易的，固定、独立、职业的商事经营者。

与一般商事主体不同，代理商所从事的是间接商事行为，即为从事生产经营的直接商事行为提供中介服务和条件的行为。实际上，在商事活动中，除了代理商，还有很多类型的为其他商人、企业服务的商事活动辅助人员，主要包括商事中间人和商事企业雇员等商业辅助人（也有称为商业使用人），前者除了代理商，还包括居间商、行纪商。他们的性质、活动方式及法律地位都有不同，现将代理商与这些商事活动辅助人员进行区别，以明确商事代理制度的适用范围。

## 一、居间商

大陆法系国家商法中，居间商是指为获取佣金而从事契约缔结的促成活动的商事主体。如《德国商法典》第 93 条第 1 款规定：“不是根据某一契约关系而受他人委托，而是一起为职业，促成他人订立有关商品、有价证券购买或销售契约、保险契约、货物运输契约、船舶租赁契约，以及商事交易中其他标的物契约的行为人，享有居间商的权利，并承担其义务。”

居间商也是一种独立的商事主体，但居间商的任务只是缔约中介，仅仅是为缔约双方提供缔约信息和机会，居间商不以自己或他人的名义缔结契约，不直接介入缔约的任何一方，也不负有对契约的履行去主动地尽自己努力的义务，对于其所从事的商事促成活动以及这种活动导致的结果并不负有义务。而且，在商事居间中，只有当缔约双方达成协议并达到一定的法律效果时，居间商才有资格获取佣金。因此，订约委托人除了在居间商履行了自己的中介活动并达到预期的法律结果后应当向居间商支付佣金外，不再负有向居间商支付其他费用补偿的义务。这一规定与大陆法系国家民法中关于民事居间人报酬请求权的规定不一样，也与我国《合同法》第四百二十七条关于居间人必要费用请求权的规定不一样。[①]

## 二、行纪商

根据《德国商法典》第 383 条，行纪商是“以自己的名义为他人（委托人）购买或销售货物、有价证券，并以此作为职业性经营的商事主体。”

与代理商一般以被代理人的名义从事商事行为不同，行纪商必须以自己的名义为委托人实施交易行为，但行纪商的行纪行为所产生的交易结果不是为行纪商本人，而是为了委托人。由于行纪商以自己的名义从事商事行为，因此，他是契约关系中的当事人，行纪商与第三人之间有直接的权利义务关系，而第三人与委托人之间则不存在直接的、当然的权利义务关系。但行纪行为之履行对委托人产生经济后果。而且，行纪商与第三人之间订立的契约以及因这种契约而产生的权利和义务，也可以直接转让给委托人，并由委托人承担最后的交易结果。

## 三、商事企业雇员

最初一些国家商法中的商事代理包括两类：一是通过各种代理商（即商事代办）实现的代理；二是由商业企业雇员实现的代理。商事企业职员所实现的代理属于职务代理或业务代理，这种代理实际上是建立在雇佣关系基础上的隶属关系，其代理权限由法律加以规定，并由其业主明确授予代理权。虽然在许多国家的法律中对职务代理都作了专门规定，但它与专门的代理商制度是有区别的。《法国商法典》规定，代理商是不受雇佣合同约束者。《日本商法典》也将代理商与商业使用人区分对待，在同一章的不同节中予以专门规定。可见，现代各国商法大都将代理与商业辅助人区别开来。

根据《德国商法典》第 59 条规定，商事企业雇员是指“为了佣金受雇于商事企业担任商事经营业服务的人”。这类人员属于企业的职员或雇佣人员，他们根据劳务契约而在企业从事由企业主所指派的商事经营服务工作。他们本身不是商事主体，而只是商事主体进行商事活动的辅助者，其性质、法律地位和与受雇企业的关系等主要适用劳工法中的有关规定，故各

---

① 范健．商法[M]．北京：高等教育出版社，2000：32.

国商法中一般不作规定，只是对有特别授权的雇员才做出专门规定。

## 第三节 商事代理法律关系

商事代理法律关系是指基于代理商的代理行为而形成的代理商与被代理人之间的内部法律关系，以及代理商和被代理人与第三人之间的外部法律关系。前者基于商事代理契约而成立，后者则基于商事买卖契约或其他商事行为契约而成立。

### 一、代理商与被代理人之间的内部法律关系

被代理人与代理商之间的内部法律关系，通常取决于代理双方所签订的商事代理契约的约定及商法典中涉及代理商权利义务的有关规定共同决定，代理合同确定双方的权利义务和代理商的权限范围，商法则对双方的必要权利义务作了强制性规定。

#### （一）代理商的主要义务

**1. 代理商必须为被代理人的利益尽力促成或达成交易**

代理商作为专业中间商人，有义务密切观察市场行情，培养与顾客之间的关系，在市场中树立信誉，必须尽其全力促成交易的成功。

**2. 代理商对被代理人负有报告义务**

《德国商法典》第 86 条第 2 款规定：“代理商必须告知企业主必要的信息，特别是必须将每一项交易介绍和每一项交易达成的情况及时告知企业主。”报告的内容取决于被代理人与代理商之间的约定以及被代理人的客观情况。如果由于代理商的过错未能及时将商事交易的重要情况及时告知被代理人，致使被代理人不能及时安排交易而导致损失，代理商应对被代理人承担损害赔偿责任，包括对正常情况下被代理人应获得利润的赔偿。

**3. 代理商对被代理人负有忠实义务**

由于代理契约在很大程度上包含一种信任关系，代理商对被代理人还负有忠实义务，这种忠实义务主要包括以下几方面。

（1）代理商必须接受被代理人的指示，必须按照被代理人的要求，与第三人签订交易协定。当然，由于代理商的独立性，被代理人的指示权限必须限于一定的范围，不可妨碍代理的独立性。

（2）代理商对被代理人负有保密的义务，必须为被代理人保守有关经营销售情况的秘密。

（3）代理商必须按照正常程序和方法，保管被代理人委托代管的货物，必要时应对这些物品予以保险。如果由于代理商的过失致使被代理人所交付的货物被窃或损坏，代理商应对此承担损害赔偿责任。

（4）向被代理人清结账目。代理商有义务保持代理交易账目正确、清楚，按规定或被代理人的要求清结账目。

（5）代理商从事涉及竞业禁止条款的商业活动时，一般需征得被代理人的同意。代理商从事代理业务期间，是否可以同时从事与代理内容相关的经营，通常取决于该活动是否影响被代理企业的利益（包括直接影响和间接影响）。如果代理商的活动涉及被代理人的利益，基

于对被代理人利益的保护和诚实信用，一般有必要征得被代理企业的同意。

（6）其他忠实义务：主要包括代理人不得受贿或密谋私利，不得与第三人串通损害被代理人的利益。

### （二）代理商的权利

**1. 代理商对被代理人享有佣金请求权**

被代理人必须根据代理合同付给代理商报酬，这是被代理人的最主要义务。代理商的报酬主要由双方在签订代理协议时予以明确。即使在没有约定的情况下，代理商为被代理人进行了特殊事务的照料或提供了特殊劳务，根据各国商法的一般规定及司法实践，代理商也可以向被代理人提出佣金请求权。

除约定外，对于代理商履行代理义务的正常业务支出和营业费用，被代理人是不给予偿还的。这是因为代理商作为一个独立的商人，必须自己承担在正常经营活动中所消耗的费用。这一点与民事代理不同。当代理商执行被代理人所交付的特定任务而支出额外费用，或因此受到损失，被代理人要给予补偿。例如，根据被代理人的指示，代理商受托与第三人进行诉讼所支付的费用和所受的损失，被代理人必须给予偿还。

**2. 代理商有权要求被代理人对自己的代理活动予以支持和协助**

（1）代理商可以要求被代理人为其所委托的代理业务提供必要的资料和情报，如样品、图样、价格表、广告印刷品、交易条件等。

（2）当被代理人改变其所委托代理商代理的业务内容，应及时将变更事项通知代理商，否则代理商有权要求其承担由此造成的损失。

**3. 代理人有权留置被代理人的财产作为报酬**

如果被代理人不给付报酬或不补偿费用，代理人可以留置其所占有的被代理人的财产。

## 二、代理商及被代理人与第三人之间的法律关系

如果代理商是以被代理人名义同第三人缔约时，该合同就是第三人同被代理人之间的合同，合同的权利义务直接归属于被代理人，由其直接对第三人负责，代理商与第三人之间并不存在直接的契约关系。代理商作为代理媒介，是被代理人的消极代理人。当然，如果被代理企业没有授予代理商代理权，而代理商以被代理企业的名义从事了代理活动，根据商法的规定，代理商就要承担无权代理的责任。

然而，如果代理商以自己的名义同第三人缔约，即隐名代理的场合，不管代理商是否事先得到被代理人的授权，这个合同都被认为是代理商与被代理人之间的合同，代理人必须承担一切后果。这时，代理商同第三人发生关系，代理商必须把他同第三人签订合同产生的权利义务转移给被代理人。在现代市场经济条件下，代理商对第三人承担责任，从代理理论和实践上都是一种创新。因为第三人往往与代理商有固定的贸易交往而存在信任，而不愿意直接与被代理人交易，特别是适应现代市场经济要求的承担特别责任的各种代理，如保险代理商、证券代理商、运输代理商、广告代理商、保付代理商等。一方面，代理商与第三人之间的信任与信赖，为承担特别责任代理提供了牢固的基础；另一方面，通过法律、贸易惯例和协议，使代理商与被代理人的关系规范化，使对第三人承担个人责任的代理商的权益得到有效保护。例如，运输代理商对第三人承担责任，依据是贸易惯例；保险代理商对第三人承担

责任，依据是法律；保付代理商对第三人承担责任，依据是合同。被代理人的权益也在相应的法律、惯例、合同中得到了有效的保护。

## 三、代理法律关系的终止

代理关系法律的终止，是指根据协议、法律，代理商不再具有代理权的法律制度。代理法律关系终止的最直接后果是代理商失去了代理权。然而，商事代理不同于民事代理，其终止的法律后果也更为复杂，通常为充分保护代理商的利益，鼓励代理业的发展，现代商法要求在某些情况下，被代理人终止代理合同，必须对代理商予以补偿。主要有以下几种情况。

（1）在代理关系终止后，被代理人在与代理商曾经介绍给他的客户的交易中获得重大利益。

（2）代理商由于代理合同的终止将失去佣金，这种佣金如果不是因为代理合同终止，原本根据代理商介绍的客户所已签订的合同或将来签订的合同，代理商应能得到佣金。

（3）依据各种相关情况，基于诚实信用原则，对代理人应当给予补偿。被代理人对代理商的补偿主要有两种：一是佣金补偿；二是竞业禁止延续补偿。

## 四、代理行为的法律效力

《公约》对于代理行为的法律效力，依代理人有无代理权分为以下三种。

**1. 代理人在被代理人的授权范围内所进行的代理行为**

在这种情况下，如果第三人知道或理应知道代理人的代理身份，则代理人的代理行为直接约束被代理人和第三人，而无论代理人是否提及被代理人姓名，第三人是否知道被代理人是谁，都不妨碍在被代理人与第三人之间产生合同关系。

根据《公约》第 13 条，如果第三人在与代理人订立合同时，即不知道也无从知道代理人以代理身份活动，或第三人和代理人已经同意或知道代理人仅约束其自己，则尽管代理人是在其授权的范围内代表被代理人为代理行为，但其行为对代理人和第三人都有约束力，而不拘束被代理人。

如代理人在为代理形式时，未公开被代理人，当代理人因第三人不履行义务或因其他理由未履行或无法履行其对被代理人的义务时，被代理人有权介入合同，但同时，被代理人也要受到第三人可能对代理人提出的任何抗辩的限制。如果代理人未履行或无法履行其对第三人的义务时，根据《公约》第 13 条第 2 款，第三人发现了未公开的被代理人后，可以直接对被代理人行使其从代理人那里取得的权利，但受第三人任何抗辩的双重限制。但如果按当时情况，第三人若知道被代理人的身份就不会订立合同，而只愿与代理人订立合同并提出过声明的，被代理人不得对第三人主张代理人代表被代理人，为代理行为取得权利。

**2. 代理人无权代理或超越代理权限所进行的代理行为**

《公约》对无权代理和越权代理的规定主要有：《公约》第 14 条规定，作为一般原则，当代理人未经授权或超越代理权限时，其行为对被代理人和第三人没有拘束力，但如果被代理人的行为使第三人合理并善意地相信代理人有权代表被代理人为某种行为，且代理人是在授权规范之内，则被代理人不得以代理人无代理权为由对抗第三人。

《公约》承认被代理人的追认权。依《公约》第 15 条，代理人未经授权或超越代理权限的范围，可以由被代理人予以追认，追认后即发生如同自始授权的效力。但如果第三人在代理人为代理行为时，不知道也无从知道该代理人未经授权，并在被代理人追认前发出通知表示拒绝受追认的约束，则第三人对被代理人不负责任，或本人虽已追认，但他未在合理的时间内追认，第三人只要立即通知本人，也可拒绝受追认的约束。

对追认的限制：（1）被代理人应对全部代理行为进行追认，否则，第三人有权拒绝接受；（2）追认发生效力后，不能撤回；（3）如果代表某公司或其他法人而为的行为是在其设立之前所实施的，则只有自准许该公司设立的国家法律允许的情况下，追认才有效。

**3. 在无权代理或越权代理情况下，代理人对第三人的责任**

依《公约》第16条，如果第三人知道或理应知道代理人未经授权或超越代理权行事，则代理人对第三人不承担责任。但如果未经授权或越权行事的代理行为未得到被代理人的追认，则该代理人对第三人承担赔偿责任，以示第三人处于如同被代理人有权并在其授权范围内行事是同样的地位。如果第三人已通过直接诉讼从被代理人那里得到了补偿，尽管被代理人的追认可使代理人免除对第三人的赔偿责任，但不能免除代理人以合同对第三人承担的应履行的义务。

《公约》调和了大陆法和英美法对被代理人和代理人与第三人之间所作的不同规定的分歧，为国际货物销售代理提供了一套比较简便，具有一定可行性的规则，对于协调各国代理法的冲突，促进国际贸易有一定的进步意义。但也不能否认，由于《公约》只限于国际货物销售代理，且只调整以被代理人为一方，第三方为一方的代理关系，回避了大陆法所考虑的内部关系，在适用范围上有一定的局限。

## 本章小结

代理权的产生，本人与代理人之间的关系，代理人的义务，本人的义务，本人及代理人同第三人的关系。

承担特别责任的代理人：对本人承担特别责任的代理人。

对第三人承担特别责任的代理人：保付代理人、对商业跟单信用证加以保兑的保兑银行、运输代理人、保险代理人。

国际代理统一法：《国际销售合同代理公约》《代理法律适用公约》。

## 本章重要概念

代理　内部关系　外部关系　法定代理　意定代理　明示的指定
默示的授权　客观必须的代理权　追认的代理权　信用担保代理人
保付代理人

## 本章思考题

1. 追认必须具备哪些条件？
2. 代理人对本人负有哪些义务？
3. 当事人未披露被代理人的存在，而以自己的名义订立合同时，其法律后果在大陆法和英美法中有何差异？

4. 英美法系中，行使代理权必须具备哪些条件？

5. 对第三人承担特别责任的代理人有哪些？

6. 法定代理和意定代理的含义是什么？

## 案例分析

**【案例一】**

德国某商人根据当地市场销售情况，建议德国 JT 公司生产一种玩具，条件是要求作为销售该货物的独家代理人，JT 公司同意并签立合同。后来，JT 公司与当地某公司直接签订订货合同，没有经过代理人，该商人向 JT 公司索要佣金，JT 公司以合同没有通过代理人为由，拒不支付佣金。

**分析与思考：**

JT 公司是否要给代理商佣金？为什么？

案例来源：http://blog.sina.com.cn/s/blog_3e759c830100be1u.html

**【案例二】**

某木材器具厂（以下简称木材厂）与某家具城有多次业务往来。在 2009 年 3 月两方第一次签合同时，木材厂经理对家具城说，以后业务均由该厂业务员姚某代理。之后，木材厂每次与家具城签订业务合同，都是由其业务员姚某办理，并带有介绍信、加盖公章的空白合同书、授权委托书。2014 年 2 月前，姚某又与家具城签订了加工家具合同，总价款 12 万元，40 日内交货，预付款 4 万元。当天家具城将 4 万元预付款汇入姚某提供的银行账户里。由于与姚某是老关系，家具城这次没有要求姚某出示厂方介绍信及授权委托书，只是在姚某拿的加盖木材厂公章的空白合同书中与姚某签订合同并签名盖章。两个月过后，家具城不见木材厂发货，便到木材厂询问，得知姚某早在 2013 年 12 月就离开了木材厂。家具城让木材厂继续履行合同，遭到拒绝。5 月份诉于法院。

**分析与思考：**

姚某是否构成表见代理？

案例来源：http://www.docin.com/p-492147550.html

**【案例三】**

2011 年 1 月，香港艺人阿非（甲方）与大陆某艺术传播公司（乙方）签订《演艺经理人合同》（此合同为乙方提供的格式合同）。合同规定甲方委托乙方作为其所有演艺事业的独家及全权经理人及代理人，合同地区为中国大陆地区。根据合同的规定，甲方在合同期内不得再自行或委托任何第三人作为其演艺事业的经理人或代理人。合同有效期为 2011 年 1 月至 2014 年 12 月。合同还规定，乙方享有独家权利，将合同期由原合同期延长至包括续约期。乙方须于 2014 年 10 月 31 日前书面通知甲方行使此续约权。合同规定的续约期为 2015 年 1 月至 2019 年 12 月。根据合同，乙方应对甲方进行宣传、培训并寻找演艺机会。合同约定，任何合同纠纷应提交北京市仲裁委员会仲裁。

合同签订后，乙方积极为甲方寻找演出机会。在原合同期内演出过一些电视剧、电影，并参与了一些电视文艺节目。甲方演出收入和广告收入有所增加，在大陆具有一定知名度。

2014 年 10 月，乙方依据合同规定行使独家续约权，提出将合同的期限延续至 2019 年 12 月。甲方不同意续约，并提出提前解除合同，双方发生争执，乙方提起仲裁，要求裁定甲方继续履行合同至 2019 年 12 月，否则应赔偿违约损失 500 万元（按五年应得收益计算）。

**分析与思考：**

（1）合同中的单方续约权是否违反了合同自由原则？

（2）合同中的单方续约权是否显示公平？

（3）甲方是否可以以乙方重大违约为由，提前解除合同？

（4）乙方是否因超越其经营范围缔约而使合同无效？

（5）甲方是否有权以本案合同是委托合同为由解除合同？

（6）如果需要赔偿损失，应如何计算赔偿金额？

案例来源：http://www.233.com/sws/Business/Expertise/20131112/095729360.html

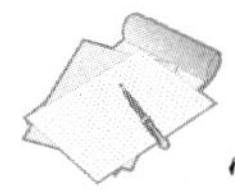

## 学生课后参考阅读文献

[1] 秦雷，陈元刚. 经济法[M]. 北京：清华大学出版社，2010.

[2] 王伯平，郑煜，等. 经济法[M]. 北京：北京交通大学出版社，2013.

[3] 田东文. 国际商法[M]. 北京：机械工业出版社，2013.

[4] 姜作利. 国际商法[M]. 北京：法律出版社，2013.

[5] 韩玉军. 国际商法[M]. 北京：中国人民大学出版社，2012.

# 第七章　商事组织法

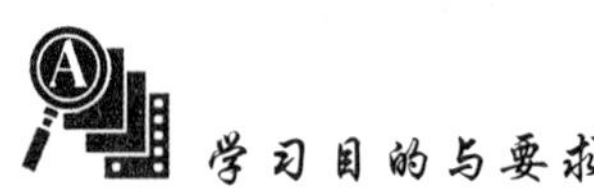

### 学习目的与要求

贸易术语是构成国际贸易货物价格的重要组成部分，也是国际贸易惯例之一。通过本章的学习要求掌握贸易术语的种类和每种贸易术语买卖双方责任、费用和风险划分的界限等。同时还要了解有关贸易术语方面的国际贸易惯例以及几种常用贸易术语在使用中应注意的问题。

### 开篇案例

**【案情】**

甲、乙、丙于2007年9月1日分别出资5 000元、10 000元、15 000元设立合伙企业通达商社，约定按出资比例分享利润和分担亏损。三个月后，三人发生矛盾，乙要退出合伙企业并抽走自己的10 000元资金。甲、丙此时清查账目，发现此时已亏损3 000元。到2008年4月，企业亏损达5 000元，甲、丙宣告合伙企业解散，二人分别得到4 000元和2 000元的商品，对债务未做处理。债权人丁公司得知合伙企业解散，便找乙索取5 000元债款，乙称早已退出合伙企业，对债务不承担责任。丁找甲，甲称合伙企业是按比例承担债务的，自己只能承担800元。

问：乙的退伙行为是否合法？乙应否承担企业债务？应承担多少？甲的说法可否支持？丁如何实现债权？

**【分析】**

合伙人在不给合伙企业事务执行造成不利影响的情况下，可以退伙，但应提前30日通知其他合伙人。退伙人对退伙前发生的企业债务承担连带责任。合伙人对合伙企业债务的责任形式是无限连带责任。可见了解商事组织法可以更为清晰地划分合伙企业过程中的权责。

案例来源：http://slytt.com/3542202995

## 第一节　商事组织的法律形式

商事组织，也称为“商事企业”，是指能够以自己的名义从事经营活动，并且具有一定规模的经济组织。商事组织是适应商品经济发展的需要而逐渐形成的。商事组织有各种各样的组织形式，不同类型的商事组织在法律地位、设立的程序、投资者的收益与责任、资金的筹措、管理权的分配与税收等方面均有很大的不同。因此，选择适当的法律形式，对于企业的发展以及投资者期望的实现具有非常重要的意义。

从大多数国家法律的规定来看，商事组织主要有三种基本的法律形式，即个人企业、合伙与公司。其中公司是最重要的商事组织形式。

## 一、个人企业

个人企业（Individual Proprietorship）也称独资企业（Sole-owned Enterprise）或一人公司（One-man Company），是指由一名出资者单独出资并从事经营管理的企业。个人企业是一种古老的企业形式，至今仍广泛运用于商业经营中。从法律性质来说，个人企业不是法人，不具有独立的法律人格，它的财产与出资人的个人财产是相通的。出资人就是企业的所有人，独享企业的利润，也独自承担所有的风险，对企业的债务承担无限责任，即以其个人的全部财产对企业的债务负责。投资人以其个人财产对企业债务承担无限责任，是个人企业区别于其他企业的一个重要的标志。出资人对企业的经营管理拥有控制权，有权决定企业的扩大、停业、关闭等事项。

个人企业是世界各国中数量最多的企业形式。与其他商事组织相比，这种个人投资、个人经营的企业，一般来说，投资规模较小，经营的产品和服务单一，内部管理机构也十分简单。它的优点主要表现在：第一，成立简单。开办这种企业是由出资者个人经营，所需资本不多，不受时间与场所的限制，灵活方便。第二，经营灵活简便，管理集中。它的内部机构设置较为简单，不需耗费太多资源在经营管理上，一般企业主身兼生产者与经营者两项职能，直接控制经营过程的一切细节，这可以节省企业内部管理费用，有利于扩大积累与再生产。第三，适应性强。只要产品或服务符合市场需要，业主如果有此能力，就可以随时提供，在激烈的竞争中有较强的应变能力和适应市场的能力。第四，在税收方面，企业主只需交纳个人所得税，无需交纳企业经营所得税。

个人企业的不足之处主要表现在：首先，企业主必须承担无限责任，风险大。这类企业的盈利能力与出资人之间相关，因此，企业主在经营时必须小心、谨慎，一旦经营不善导致破产，其个人财产必须用来偿付债务，容易倾家荡产。其次，筹集资金的能力有限，既限制企业规模的扩大，也限制企业产业结构的调整。第三，企业主的存亡决定企业的存亡，这种个人性决定了企业规模不大，市场信息不全面，抗风险能力差。

## 二、合伙

合伙（Partnership）是指两个或两个以上的合伙人为经营共同事业共同出资、共享利润及共担风险而组成的企业。合伙企业是一种“人的组合”，合伙人与合伙企业关系密切，合伙人的死亡、退出或破产等都将导致合作的解散。每个合伙人对合伙的债务负无限连带责任。大多数国家的法律规定，合伙企业原则上不具有独立的法律人格，不属于企业法人。但法国、荷兰等大陆法系国家以及苏格兰的法律规定，合伙企业也可以具有法人资格。

合伙企业在许多国家中也是一种数量较多的企业形式。但是，由于资金和法律等方面的限制，其一般都采取中小型企业的形式，特别是家庭企业，主要分布在商业、零售业和服务业领域。

## 三、公司

公司（Corporation）是指依照法定条件和程序设立的，以盈利为目的的法人组织。各国法律均规定，公司是法人，具有独立的法律人格，有权以自己的名义拥有财产、享受权利和承担义务。公司是一种“资本的组合”，股东与公司之间是相互分离的。股东的死亡、退出一般不影响公司的存续。公司的财产与股东的财产区别开来。股东对公司的债务仅以其出资额为限承担有限责任。大多数公司的拥有者和经营者是分离的，负责公司日常经营管理的不是股东，而是专门的管理人员。尽管公司的数量在各国社会经济中所占比例不是很大，但它是现代西方发达国家普遍采用的一种最重要的、最富有生命力的商事组织形式，以股份有限公司为代表的公司企业已成为国民经济的主要支柱，对社会经济生活具有举足轻重的作用。

## 四、商事企业形式的选择

不同商事企业形式在法律地位、设立程序、管理权分配、投资者的收益与责任、税收等各方面有很大的差异，因此，在选择设立从事商业活动的企业形式时，考虑的因素是多方面的，但主要集中在两个问题上：第一，投资者对商业活动中产生的债务承担是无限责任还是有限责任？第二，税法是否把该类企业划入适合投资者纳税的类别。但是两者相比，税法的考虑往往优先于责任的考虑。在美国，新的企业形式，如有限合伙（LP）、有限责任公司（LLC）或有限责任合伙（LLP）则把投资者的有限责任与税收优惠结合起来考虑。

企业的纳税考虑要比投资者是否承担有限责任更加重要的另一个原因是因为在某类企业中，即使投资者需要承担无限责任，但这只是一种可能性，一种风险，这种风险和可能性也许永远也不会变成真正的现实。此外，保险也有利于帮助投资者避免最可怕的侵权赔偿。所有的无限责任的风险可以通过努力予以躲避。即使无法避免，也可以用不是自己的资产或通过责任保险转移出去。但是，纳税则是一件不同的事，它是现实的，只要企业被列入二次所得税制的公司系列，就得每年支付实实在在的现金作为税负，这对投资者来说是最现实的考虑。

在选择企业形式时，除了要特别重视有限责任及纳税考虑之外，还应重视下述因素。

（1）考虑商业活动的性质是否适合此类企业形式投资者的数目及其相互关系。

（2）考虑其内部运作的有效性及从事业务活动的费用。

（3）在成立企业前筹措资金及其他经济资源的可能程度。

（4）考虑企业未来发展是否方便融资。

凡新建的企业，在其开始阶段应使所有的事情简单化。小型的、资本较少的企业往往通过尽量减少设立费用和把资金集中在管理上而不是过多用在律师上。简单化往往意味着所有权人应集中精力在业务上而不要过多放在非本质的机构细节上。

# 第二节　合伙与合伙企业法

## 一、合伙概述

### （一）合伙的概念与特征

合伙制度源于古罗马，罗马法规定，合伙即合营契约，是两人以上相互承担义务将物品或者劳务集中起来以实现某一合法盈利目的的企业形式。合伙是一种古老的企业经营方式，反映了由业主制经营向联合经营发展的必然。从企业形态的发展历史来看，它是处于独资型企业与公司制企业之间的一种企业形态。历史发展证明，合伙企业在现代经济发展的今天仍然具有旺盛的生命力。

合伙是指两个或两个以上的自然人为了共同的目的，共同出资、共同经营、共享收益、共担风险、自愿联合的一种以合同关系为基础的企业组织形式。英美法系国家一般把合伙分为普通合伙与有限合伙。普通合伙是合伙的一般形式，具有一般合伙的性质与特征；有限合伙中合伙人分为普通合伙人和有限合伙人，普通合伙人负责合伙企业的业务经营，并对合伙债务承担无限责任，而有限合伙人则不直接参与经营，也无决策权，不得撤回出资，对合伙企业承担有限责任。在大陆法国家，合伙分为民事合伙与商事合伙，分别适用民法典与商法典或有关的商事法规。两者的主要区别在于，商事合伙必须是达到一定的经营规模并且专门从事营利性活动的合伙企业，民事合伙则不强调其经营规模和营利性。

一般而言，合伙具有以下主要特征。

（1）合伙是建立在合伙契约基础之上的企业。合伙人之间签订合伙契约，规定各合伙人在合伙中的权利与义务。即使合伙企业没有一定的组织机构负责日常的业务，其内部关系仍然主要适用合伙契约的有关规定。

（2）合伙是“人的组合”。合伙人的死亡、破产与退出等都影响合伙企业的存续。

（3）合伙人对企业的债务负连带无限责任。合伙人以个人所有的全部财产作为合伙债务的担保。一旦合伙企业的财产不足以清偿其债务，债权人有权向任何一位合伙人请求全部履行债务。

（4）合伙人原则上均享有平等参与管理合伙事务的权利。除非合伙契约另有规定，每个合伙人均有权对外代表合伙企业从事业务活动。

（5）合伙企业一般不是法人，原则上不能以合伙企业的名义拥有财产，享受权利与承担义务。但是，法国、荷兰与比利时等国家的法律则规定，合伙企业是法人。英国、美国虽然不承认合伙企业的法人资格，但是在某些特定场合也把合伙视为法人。例如《美国财产法》规定，合伙企业破产时一律视为独立法人宣告破产等。我国《合伙企业法》不承认合伙企业的团体人格。

### （二）合伙企业的利弊

合伙作为一种古老的企业经营方式，在现代社会仍然具有较强的活力，其具有的优势主要有：第一，设立合伙企业的手续比较简单，费用较少。第二，通过合伙可以集中比个人企业较多的资金。第三，每个合伙人均有参与管理的权利，对企业的经营管理与企业的发展等问题有较多的控制权与发言权。第四，在英国、美国等国家，合伙企业不是法人，因而也不是独立的纳税单位。合伙企业本身无须缴纳企业所得税。而公司则不然，除股东对其所得红利缴纳个人所得税外，公司本身还必须缴纳公司所得税，可谓“两重纳税”。第五，各国政府对合伙企业的监督与管理比较宽松，一般不要求合伙企业公开企业财务及经营状况，合伙企业的经营有较大的自由与灵活性。

正是由于以上原因，合伙企业在市场经济中才能发展较快。但无疑，合伙企业也存在一些劣势，例如，合伙企业人数有限，很难募集大量资本，因而限制了合伙企业的规模；合伙人对企业债务承担连带无限责任，一旦经营失败，很容易导致倾家荡产，风险较大；每个合伙人都有权参与管理，虽可以集思广益，取长补短，但不利于企业管理的集中与统一，不利于实行科学化的管理；合伙企业存续的时间不稳定，一旦合伙人死亡或退出，合伙即告解散，这不利于合伙企业经营的长期持续和稳健经营。

从以上合伙企业的利弊可知，合伙企业主要是一种适合于中、小规模企业或家族企业经营的商事组织形式。

#### （三）各国有关合伙企业的法律

合伙是一种古老的企业组织形式，早在古希腊与罗马时代就已经广泛存在，有关合伙的法律规定也随之产生。例如，著名的《法学阶梯》就设有专门一节对合伙进行规定。

在现代大陆法国家，合伙法主要规定在民法典与商法典的有关章节之中。例如，《德国民法典》第 2 编第 705 条至第 740 条规定了民事合伙；《德国商法典》第 105 条至第 160 条规定了商事合伙。《法国民法典》第 3 编第 4 章为“合伙”。商事合伙最初规定在《法国商法典》中，后来于 1966 年 7 月 24 日制定了《商事企业法第 66—537 号》，其中第 1 编第 1 章、第 2 章对商事合伙作了规定，取代了商法典的有关规定。

在英美法系国家，合伙法基本上采取单行法的形式。例如，1870 年制定的美国合伙法，至今仍然有效。该法对英美法系的其他许多国家的合伙法有较大的影响。美国的合伙法属于州法，没有统一的联邦合伙法。为了消除各州合伙法之间的差异，美国“统一法委员会”于 1911 年起草制定了《统一合伙法》( Uniform Partnership Act )。该法目前已被除佐治亚州与路易斯安那州之外的其他州所采纳。该法包括 7 章 45 节，主要适用于合伙人未订立合伙契约的合伙企业。

我国有关合伙的法律主要体现在《民法通则》和《合伙企业法》中。《民法通则》分别在第二章“公民”和第三章“法人”中对个人合伙和法人合伙加以规定，但《民法通则》的有关规定显得过于简单和概括。《合伙企业法》从主体的角度对合伙企业进行了规范，它对合伙企业的设立、合伙企业财产、合伙企业的事务执行、合伙企业与第三人的关系、入伙、退伙、合伙企业解散与清算、法律责任等方面都作了具体的规定，进一步完善了我国关于合伙企业的法律制度。

### 二、合伙企业的设立

合伙企业的设立即合伙企业获得经济法主体资格的行为，是合伙企业诞生、存在、发展、开展正常经营活动的前提和基础。任何企业的设立都必须具备一定的条件并履行相应的程序，合伙企业也不例外。一般来讲，各国法律规定合伙企业的设立条件和设立程序基本一致。

#### （一）合伙企业设立的条件

**1. 两个以上合伙人，且均为承担无限责任的自然人**

合伙人的资格必须符合两个条件：一是具有完全民事行为能力的人，既具有完全的民事权利能力，又具有完全的民事行为能力；二是法律、行政法规规定的禁止从事营利性活动的人不能成为合伙企业的合伙人。

**2. 有书面合伙协议**

合伙企业是基于合伙人之间的合伙协议而成立的。合伙协议主要规定合伙人之间的权利与义务。合伙协议应当依法由全体合伙人协商一致，并且一般采用书面形式，经全体合伙人签名、盖章后生效。

合伙协议是合伙企业设立的依据。大陆法系国家一般规定合伙协议是合伙成立的必要条件，且合伙协议一经成立，对合伙人就具有法律约束力，合伙人不得违反，否则要承担相应的违约责任。有些国家还规定合伙协议必须经注册登记才具有法律效力。但美国法律规定，某些情况下，合伙也可以通过当事者的行为活动得以成立。

**3. 有各合伙人实际缴付的出资额**

缴付出资额既是合伙人履行合伙协议的义务，也是合伙企业设立和运作的基础，同时也是债权人利益得到实现和保护的前提。合伙人必须按照合伙协议按时足量缴付出资额。合伙企业出资方式包括货币、实物、土地使用权、知识产权及其他财产权利。此外经全体合伙协议同意，合伙人也可以用劳务出资，即合伙人以自己已付出或未来将付出的能够给合伙企业带来利益的劳务出资。必须说明的是，合伙人以实物、知识产权等出资，出资人必须对出资的实物、知识产权拥有合法的产权或合法的处分权；以实物、知识产权等出资作价必须由全体合伙人协商，协商不成，委托法定评估机构作价。

**4. 有经营场所和从事合伙经营的必要条件**

所谓必要条件，是指合伙企业根据其经营目的和经营范围的要求所应具备的正常开展生产经营活动的条件，这是合伙企业存在和发展的必备条件，也为债权人、消费者监督和有关机构监管提供了可能。

### （二）合伙协议的主要条款

（1）合伙的名称及各合伙人的姓名。在西方国家，很多合伙企业的名称多以合伙人的姓氏命名，在合伙人的姓氏之后可加上“商行”（Firm）或“企业”（Company or Enterprise）的字样。

（2）合伙企业所经营业务的性质和经营范围。

（3）合伙的期限。一些国家对合伙的期限加以限制，如法国法律规定，合伙的期限最多不得超过 99 年，但合伙人可以在此期限到期后请求延长。

（4）每一合伙人出资的种类及金额。

（5）合伙人之间利润的分配和损失的分担办法。

（6）合伙企业的经营管理方式。

（7）合伙人死亡或退出时，对企业财产及合伙人利益的处理方法以及合伙企业继续存续的途径。

（8）合伙人认为必须约定的内容。

### （三）登记注册事项

合伙企业设立的手续一般比较简便，但各国法律有不同的要求。如按照《美国统一合伙法》（Uniform Partnership Act）的规定，合伙得依合伙人的协议而组成，也可以无须政府批准，但必须要有合法的目的；如果某些行业，如律师业、医师业，必须要有执照才能开业者，则必须向有关主管部门申领开业执照。英国的合伙法对合伙的商号名称要求相当严格，合伙的商号一般应以合伙人的姓氏命名，在合伙人的姓氏之后可加上商号或企业字样，但不得加上“有限”（Limited）的字样，否则每天罚款 5 英镑。同时，根据其《商号名称注册法》（Registration of Business Names Act）的规定，凡在联合王国设有营业所的商号，如在商号名称中没有包含合伙人的真实姓氏或没有包含合伙人的真实姓名的开头字母者，均须向主管部门进行注册登记。登记事项应包括以下六个方面：商号名称；所营事业的一般性质；主要营业地点；每个合伙人的现用姓名、姓氏和曾用名；合伙人的国籍；合伙人所拥有的其他企业。

上述注册手续必须在合伙企业开始营业后 14 天内完成。如日后商号的名称有所变更，则须于变更后 14 天内再行登记。

按照德国法律的规定，合伙企业必须在商业登记册上办理登记。全体合伙人必须事先提出合伙申请，在申请书中应载明每一合伙人的姓氏名称、职业和长期住所，企业的名称和开设地点，以及开始营业的日期等。

#### （四）合伙关系

在英美法国家，即使合伙人之间并未订立明确的合伙契约或对合伙是否存在发生争议，如果符合一定的条件，法院会判定当事人之间存在合伙关系。这种合伙一般称为“事实上的合伙”。在判定事实上的合伙是否存在时，法院主要考虑以下三个因素。

（1）合伙人是否分享利润和分担损失的事实。

（2）合伙的财产是否由合伙人共同所有。

（3）合伙人在经营管理中是否享有同样的权利。

## 三、合伙企业的内部、外部关系

#### （一）合伙企业内部各合伙人之间的关系

合伙人之间的权利与义务通常都在合伙合同中予以规定，因为他们之间首先是一种合同关系。与此同时，合伙人之间也是一种相互信任的忠实关系。合伙人不得损害企业或其他合伙人的利益，谋取私利。

**1. 合伙人的权利**

（1）分享利润的权利。每个合伙人均有根据合伙合同规定的比例取得利润的权利。如果合同中没有规定，则应根据各国合伙法的规定分配利润。英国、美国、德国等国家的合伙法规定，合伙人应平均地分配利润，而不考虑合伙人出资的多少。法国的法律则规定，应根据合伙人的出资比例分享利润。

（2）参与经营管理的权利。除非合伙合同有相反的规定，每个合伙人均有平等地参与合伙管理，对外以合伙的名义进行业务活动的权利。在实际生活中，合伙合同常常规定由某一位或几位合伙人负责合伙的日常管理。如果每个合伙人都参与管理，那么企业的经营决策必须经每个合伙人的同意。

（3）监督与检查账目的权利。每个合伙人都有权了解与查询有关合伙经营状况的各种情况，负责日常业务的合伙人不得拒绝。合伙人有权随时查阅合伙企业的账目并提出质询。一些国家对合伙人的这项权利加以限制，以保证合伙企业的经营管理能够顺利地进行。例如，法国的法律规定，不参与日常管理的合伙人一年内查阅合伙账目一般不得超过两次。

（4）获得补偿的权利。合伙人为处理企业的正常业务或维持企业的正常经营，维护企业的财产利益而垫付的个人费用或因此而遭受的个人财产损失，合伙企业或其他合伙人应予以补偿。但是在原则上，合伙人不得向合伙企业请求支付报酬。

**2. 合伙人的义务**

（1）出资的义务。合伙人在签订合伙合同之后，有义务根据合同规定的时间、数额与方式缴纳出资。如果合伙人到期拒不缴纳出资从而使合伙无法成立或给其他合伙人造成损失的，则其他合伙人有权要求赔偿。合伙人一般可以金钱、实物、技术或劳务出资。

（2）忠实的义务。合伙人对合伙企业及其他合伙人负有忠实的义务。合伙人必须为合伙企业的最大利益服务；不得擅自利用合伙企业的财产为自己谋取私利；不得经营与合伙企业相竞争的事业；应及时向其他合伙人报告有关企业的各种情况与信息。合伙人违反忠实义务所获得的利益，必须全部转交给合伙企业。

（3）谨慎与注意的义务。参与经营管理的合伙人在执行合伙业务时必须谨慎、小心。如果因其失职从而给合伙企业造成损失的，则其他合伙人有权要求赔偿。

（4）不随意转让出资的义务。由于合伙人之间存在“相互信任”的关系，合伙人未经其他合伙人同意，不得将其在合伙中的出资及各项权利转让给第三人，也不得吸收第三人入伙。但是，大多数国家均允许合伙人在一定的条件下将请求分配利润的权利转让或遗赠给他人。除合伙契约另有规定外，合伙人的死亡或退出即引起合伙的解散。

**（二）合伙企业与第三人的关系**

在合伙企业中，每个合伙人在企业所从事的业务范围内，都有权作为合伙企业与其他合伙人的代理人。这就是所谓合伙人相互代理的原则。根据这项原则，合伙企业与第三人的关系具有以下四个特点。

（1）每个合伙人在执行合伙企业的通常业务中所做出的行为，对合伙企业与其他合伙人都具有约束力。除非该合伙人无权处理该项事务，而且与之进行交易的第三人也知道该合伙人没有得到授权，否则合伙企业与全体合伙人都要就该合伙人的行为对第三人负责。根据英国合伙法的规定，每个合伙人，特别是从事货物买卖交易的合伙贸易企业的合伙人，在处理下列事务时，都认为具有默示的授权：① 出售合伙企业的货物；② 以企业的名义购买企业业务所需要的货物；③ 收受企业的债款，并出具收据；④ 为企业雇佣职工；⑤ 以企业名义承兑与开立流通票据；⑥ 以企业的信用借款或以企业的货物作抵押贷款；⑦ 委托律师为企业进行诉讼。

任何合伙人就上述事项与第三人订立的合同，对合伙企业与其他合伙人都具有约束力。所有合伙人均须对合伙企业与第三人所订立的合同或所承担的债务负连带无限责任。

（2）合伙人之间如果对其中任何一个合伙人的权利有所限制，不得用以对抗不知情的第三人。但是如果第三人在与该合伙人进行交易时，已经得知该合伙人的权利受到限制而无权处理该项业务，则该合伙人所做出的行为就不能约束合伙企业与其他合伙人。

（3）合伙人在从事正常的合伙业务过程中所做出的侵权行为，应由合伙企业承担责任。但是合伙企业也有权要求由于故意或疏忽的有关合伙人赔偿企业由此而遭受的损失。

（4）当一个新的合伙人被吸收参加一个现存的合伙企业时，他对参加合伙之前企业所负的债务不承担任何责任。而当一个合伙人退出合伙之后，他对其作为合伙人期间企业所负的债务仍必须负责。至于已经退出合伙企业的合伙人对企业日后所发生的债务是否仍必须负责的问题，需要视不同的情况而定。如果与企业进行交易的第三人，在他退出合伙企业之前曾经与企业进行过交易，则他必须通知该第三人，说明他已经不再是合伙人，否则他仍必须对该第三人负责；如果该第三人在他退出合伙企业之前并未与该企业进行过交易，也不知道他是合伙人，则他对于其退出合伙企业之后所进行的交易就可以不负担责任。

## 四、合伙企业的变更、解散和清算

### （一）合伙企业的变更

合伙企业的变更即合伙企业的合伙人以及合伙企业的出资份额等发生变化。合伙企业的变更直接影响合伙人及其债权人的利益，因而各国法律对合伙企业变更都有严格的规定。合伙企业的变更主要指入伙和退伙。

**1. 入伙**

入伙是指合伙企业存续期间，合伙人以外的第三人加入合伙企业，从而取得合伙人法律资格的行为。由于合伙企业各合伙人承担无限连带责任，各合伙人组成合伙企业更多的是基于各自的信任，因此新的合伙人入伙条件除符合《合伙企业法》对合伙人的基本要求外，还须经全体合伙人一致同意，并依法签订书面入伙协议。在订立入伙协议时，原合伙人应当向新合伙人告知原合伙企业的经营状况和财务状况，并可就原合伙企业的债务清偿情况做出规定。

除入伙协议另有约定外，一般情况下，新合伙人入伙后，原则上享有与原合伙人同等权利，承担同等义务。

**2. 退伙**

退伙是指合伙人退出合伙企业，从而丧失合伙人法律资格的行为。合伙人原则上有权提出退出合伙，但各国合伙法对此项权利都有一定的限制，以保证合伙企业的稳定发展。如《德国民法典》第 723 条规定，合伙契约如果定有期限，合伙人只有在有重大事由发生时，方可提出退伙。所谓“重大事由”主要是指其他合伙人已严重违反合伙协议所规定的义务。如果无此重大事由发生，合伙人退伙应对其他合伙人赔偿由此而遭受的损失。法国法律规定，合伙人退伙不得损害第三人的权利和利益。

根据退伙的原因，退伙可分为自愿退伙和法定退伙。

（1）自愿退伙。自愿退伙，也称声明退伙，是指合伙人基于自愿的意思表示退伙。自愿退伙又可分为协议退伙和通知退伙两种情况。

协议退伙是指合伙企业在合伙协议约定的合伙企业经营期间有下列情形之一者，合伙人可以退伙：① 出现合伙协议约定的退伙事由；② 经全体合伙人同意退伙；③ 发生合伙人难以继续参加合伙企业事由；④ 其他合伙人严格违反合伙协议约定的义务。要注意的是，在合伙协议有约定经营期限的情况下，合伙人未经其他合伙人一致同意，不得单方面通知退伙。

通知退伙，即合伙企业未约定合伙企业经营期限的，合伙人在不给合伙企业事务执行造成不利影响的情况下，提前通知其他合伙人，宣告退伙。由于通知退伙更多具有单方面的性质，为了保护其他合伙人的利益，法律对通知退伙有明确限制：① 合伙协议未约定合伙企业的经营期限；② 该合伙人的退伙不致给合伙企业的事务执行造成不利影响；③ 必须提前三十日通知其他合伙人，如若擅自退伙，应当赔偿由此给其他合伙人及合伙企业造成的损失。

（2）法定退伙。法定退伙是指合伙人因出现法律规定的事由而退伙，其法定事由可分为两种：当然退伙和除名退伙。

① 当然退伙，即出现了某种难以预料的客观情况，合伙人丧失法律合伙资格的情况。其主要情形有：合伙人死亡或被依法宣告死亡；合伙人被依法宣告为无民事行为能力人；合伙

人丧失偿债能力；合伙人被法院强制执行在合伙企业中的全部财产份额。这些当然情形发生之日即为合伙人退伙生效之日。

② 除名退伙，即因其他合伙人的一致同意，该合伙人丧失合伙人法律资格的情况。一般是合伙人的行为严重损害了合伙企业和其他合伙人的利益。我国《合伙企业法》规定有下列情形之一者，经其他合伙人一致同意可以除去合伙人资格：未履行出资义务；因故意或者重大过失给合伙企业造成损失；执行合伙企业事务时有不正当行为；合伙协议约定的其他事由。对合伙人的除名决议应当书面通知被除名人。被除名人接到除名通知之日起，除名生效，被除名人退伙。被除名人对除名决议有异议的，可以在接到除名通知之日起三十日内，向人民法院起诉。

**3. 退伙的法律后果**

退伙行为一经发生，其产生的法律后果涉及退伙人在合伙企业中财产份额的归属和民事责任的承担。

（1）财产继承。财产继承即合伙人死亡或者被依法宣告死亡而退伙发生的法律后果。《合伙企业法》规定该合伙人在合伙企业中的财产份额由其享有合法继承权的继承人，依照合伙协议的约定或全体合伙人同意，从继承开始之日起取得合伙企业的合伙人资格。合法继承人不愿意成为合伙企业合伙人的，合伙企业应退还其依法继承的财产份额。合法继承人为未成年人的，经其他合伙人一致同意，可以在其未成年时由监护人代其权利。

（2）退伙结算。除合伙人死亡和宣告死亡情形外，合伙人退伙时，其财产和责任应按退伙结算规则办理。这种情况下，其他合伙人应当与退伙人按照退伙时的合伙企业的财产状况进行结算，退还退伙人的财产份额。退伙时有未了结的合伙企业事务的，待了结后进行结算。

退伙人对其退伙前已发生的合伙企业债务，与其他合伙人承担连带责任，不能因其退伙而减免其债务和责任。

**4. 合伙人出资额的转让**

合伙企业在经营过程中，因为各种问题，其出资额转让情况也时有发生。根据转让对象的不同，可以将出资额转让分为内部转让和外部转让。

内部转让，即合伙人将其在合伙企业中的份额在其他合伙人之间转让。这种转让一般不会影响合伙企业合伙的性质，也不会给其他合伙人带来风险，所以只需通知其他合伙人即可。外部转让，即合伙人将其出资额转让给其他合伙人以外的第三人。这种情况相当于有新的合伙人加入合伙企业，虽然这种变更并不会导致合伙财产的增加或减少，但新的合伙人的加入，可能会给合伙企业的其他合伙人带来风险，因而合伙人出资额的外部转让有较为严格的限制。外部转让过程中必须满足以下条件，即须经其他合伙人一致同意，且在同等条件下，其他合伙人有优先受让权，并且新的合伙人依照合伙协议或修改后的合伙协议享有权利与承担责任。

### （二）合伙企业的解散

合伙企业解散，即合伙企业法律资格丧失的过程。一般情况下，合伙企业解散分为自愿解散和法定解散两种情况。

**1. 自愿解散**

即合伙企业依合伙协议或合伙人的一致同意而解散，如合伙协议约定的经营期限届满或出现合伙协议约定的解散事由。

**2. 法定解散**

即指合伙企业出现法定事由而依法解散。主要情况有以下几种。

（1）合伙人已不具备法定人数。

（2）合伙企业因违反法律或行政法规而被撤销。

（3）除另有约定，合伙人之一退出合伙或死亡，合伙企业即解散。

（4）因爆发战争等而使合伙人成为敌国的公民，合伙企业亦解散。

（5）如在合伙人中有人精神失常，长期不能履行其职责，或因行为失常使企业遭到重大损失，或因企业经营失败难以继续维持时，任何一位合伙人均有权向法院提出申请，要求法院下令解散合伙企业。

### （三）合伙企业的清算

合伙企业解散而业务终结，合伙企业必须进行内外债权债务的清算。合伙企业的清算，即对合伙企业的财产、资产及债权债务进行清理、核算和处理的过程。主要包括清偿合伙企业债务、收取企业债权、返还合伙人出资、分配合伙企业剩余财产等。

清算期间，合伙企业的法律资格仍然存在，但其业务执行权丧失，仅能进行与其清算活动相关的活动。

清算工作由清算人负责。多数国家规定，合伙人可推举清算人，清算人可为一人或数人，也可为全体合伙人。清算人履行清算义务，处理合伙企业债权债务并分配合伙企业剩余财产。清算人在清偿和处理合伙企业财产时，应先以合伙企业财产清偿合伙企业债务，如某项债务未到期或正在诉讼中，应从合伙企业财产中将清偿债务所需的部分财产先行划出。如果还有合伙企业的剩余财产，则应从剩余合伙财产中返还各合伙人的出资，一般是将合伙财产变卖或折价后予以返还。如果返还合伙人出资后仍有剩余财产，则按合伙协议约定的比例进行分配。

合伙企业清算过程中，其全部合伙财产不足以清偿其债务的，各合伙人应当承担无限连带清偿责任。如若仍不足以清偿合伙企业债务的，则应当按照法律清算程序，对于未能清偿的债务，仍由各合伙人继续承担无限连带责任。

## 五、有限合伙

### （一）有限合伙的概念

前面所介绍的合伙，一般被称为普通合伙（General Partnership）。有限合伙（Limited Partnership）则是一种特殊类型的合伙组织。有限合伙是指由至少一名普通合伙人（General Partner）和至少一名有限合伙人（Limited Partner）组成的企业，前者对合伙企业的债务负无限责任，后者则只负有限责任，即仅以其出资额为限对合伙承担有限责任。

有限合伙起源于欧洲中世纪。在12世纪至13世纪，随着欧洲地中海地区海上贸易的发展和扩大，单个商人已不再适应较大规模的商业冒险。于是“康孟达契约”（Commenda）便应运而生。“康孟达契约”主要在普通商人与海运商人之间订立。它一般规定，由普通商人提供资金，由海运商人负责经营、贩卖货物，普通商人的风险及责任以其出资为限。这种契约后来便演变为有限合伙。1807年《法国商法典》首次对有限合伙作了规定。1890年的《英国合伙法》也规定了有限合伙，1907年又制定了单行的《英国有限合伙法》。“美国统一州法委员会”于1916年制定了《美国统一有限合伙法》，现已被大多数州所采纳。

### （二）有限责任合伙人的权利和义务

在有限合伙中，普通合伙人的权利和义务与其在普通合伙中是基本相同的。有限责任合伙人的权利、义务主要有以下几项。

（1）有限责任合伙人不参与企业的经营管理，其行为对企业无拘束力；如果其参与了企业的经营管理，其在此期间就要对企业的一切债务承担责任。

（2）有限责任合伙人的名称一般不列入商号名称，如果列入，他将对合伙的债务承担无限责任。

（3）有限责任合伙人有权审查企业的账目。

（4）有限责任合伙人的死亡、破产不影响企业的存在，不产生解散企业的后果；但如果负无限责任的普通合伙人一旦死亡或退出，除企业章程另有规定外，企业即告解散。

（5）有限责任合伙人的股份经普通合伙人同意之后，可以转让给别人。

（6）有限责任合伙人不得发出通知解散企业。

### （三）有限合伙章程

与普通合伙相比较，有限合伙的设立较为复杂。大多数国家均要求有限合伙必须在有关主管机关注册登记，并提交合伙章程。根据1907年《英国有限合伙法》的规定，该章程除应载明与普通合伙相同的内容外，特别要载明该合伙是有限合伙企业，并载明有限责任合伙人的姓名，每个有限责任合伙人出资的金额，并注明是以现金还是以其他财产（权）作为出资。按照《美国统一合伙法》的规定，有限合伙人的出资必须是现金或财产，不得以劳务作为出资。

# 第三节　公　　司

## 一、公司与公司法概述

### （一）公司概述

各国的法律传统与公司法制度不同，因此，对公司概念的表述也不一致。在英美法系国家，公司是指数人出于共同的目的而进行的组合，一般是为盈利而经营业务。同时，对于合伙难以胜任的联合，也往往采用这种组织形式。如《美国标准公司法》（1999 年）对公司下的定义为：公司是按公司法的规定而设立的，以盈利为目的的法人组织。在大陆法系国家，公司是指依法定程序设立的以盈利为目的的社团法人。这区别于公法人、财团法人与公益性社团法人，是一种最具有普遍性的企业组织形式。

一般而言，公司是依法定程序设立，以盈利为目的的法人组织。公司是法人，具有独立的法律人格，这是公司最重要与最基本的法律特征。在英文中，“Corporation”既指“公司”，也指“法人”。作为法人，公司具有以下主要特征。

#### 1. 公司拥有自己的财产

公司的财产来自于股东的投资。但是，一旦股东将投资的财产移交给公司，在法律上这些财产便属公司所有，而股东则丧失了直接支配与使用这些财产的权利。他们所换来的是根据出资的比例享受一系列的权利，如参与股东大会并且享有投票的权利、分取红利的权利等。公司以自己的名义拥有财产，公司的财产与股东的个人财产在法律上是分离的。

**2. 公司以自己的名义享受权利与承担义务**

当公司与他人订立合同时，公司应以自己的名义签订合同，并作为合同当事人享受合同规定的权利，承担相应的义务。公司以自己的财产作为与第三人进行交易的财产担保，股东、董事或其他管理人员对公司的债务一般不负清偿责任。因此，公司与组成公司的股东在法律地位上也是分离的，是两种不同的法律主体。

**3. 公司以自己的名义起诉与应诉**

当公司与他人发生纠纷时，公司应以自己的名义在法院提起诉讼，行使其诉讼权利。他人也只能对公司起诉。

**4. 公司拥有日常经营管理权**

公司的经营管理一般由专门的管理人员，如董事与经理负责，股东一般不直接参与公司的日常经营管理。在股份有限公司中更是如此。

**5. 公司的存续一般不受股东变化的影响**

股东的死亡、退出与破产原则上并不影响公司的存续。因此，在英美法系中，公司被认为具有“永续性”。

公司具有独立法人资格，股东与公司相互分离，这就大大地减少了投资者的风险，有利于社会资本的集中与经营管理的科学化。但是，从另一方面看，由于公司一般采取有限责任制，一些不法分子常常利用公司进行投机与欺诈活动，逃避法律义务，损害社会及公众利益。为了防止这种现象发生，英美法系国家的公司法逐渐形成了所谓“撩开公司面纱”（Lifting the Veil of Corporation）的制度。根据这种制度，如果法院认为成立公司的目的在于利用公司作为手段，从事妨碍社会利益、进行欺诈或其他犯罪活动的，法院将不考虑公司所具有的法人资格，而直接追究股东或其他行为人的民事责任或刑事责任。

### （二）公司的种类

根据不同的标准，可以对公司进行不同的分类。分类的目的是为了明确公司的地位、法律责任以及股东与公司的关系，以便于在实践中具体分类规范与指导。公司的分类主要有以下几种。

（1）大陆法系国家公司法中，根据公司股东对公司债务所承担的责任形式的不同，通常把公司分为无限责任公司、两合公司、股份有限公司、股份两合公司与有限责任公司五种。前四种形式在商法典的公司编中有规定，而有限责任公司出现最晚，由单行法加以规定。

（2）根据公司股票发行的对象以及股份转让方式的不同，可以把公司分为封闭式公司与开放式公司。这是英美法系国家对公司的基本分类。封闭式公司，英国称 Private Company，美国称 Closed Corporation。根据牛津法律大辞典解释，它是指根据公司法而成立的，并且根据其公司章程，股东人数限制在 50 人以下，限制公司股份转让、禁止吸引公众购买其任何股份或任何债务的公司。这种公司类似于大陆法系国家中的有限责任公司。开放式公司（Open Corporation），又叫作多数人公司或者上市公司。这种公司的特点是它的股票可以在股票交易所挂牌并公开进行交易。这种公司类似于大陆法系中股票获准上市的股份有限公司。

（3）根据一个公司对另一个公司的控制和依附关系，可以把公司分为母公司与子公司。

母公司（Parent Company）是一种控制性公司，凡是有另一公司的股份并已达到控股程度，并且直接掌握另一公司经营活动的公司就是控制性公司。凡是大部分股份受别的公司控制的公司为子公司（Subsidiary Company）。母公司、子公司均为法人，母公司以其出资额或所持的股份为限对子公司承担责任，子公司以其全部资产对它自己的债务承担责任。一般而言，如果一个母公司控制了 3 个以上的子公司，便可以形成集团或企业集团，其法律地位不在公司法内规定，通常由专门的法律、法规加以规范。

（4）根据公司的内部管辖系统，可以把公司分为本公司与分公司。本公司也称总公司（Head Office），是管辖其全部组织的总机构，在法律上具有法人资格。分公司（Affiliated Office）是总公司所管辖的分支机构，不具备法人资格。

（5）据公司的国籍可以把公司分为本国公司、外国公司和跨国公司。关于公司国籍的认定具有不同的标准。例如，认许地国籍说、设立行为地国籍说以及住所地国籍说等。跨国公司是由母公司和设在各国的一些子公司组成。母公司是在本国国内注册登记的法人，而子公司则是按所在地国家的法律规定注册登记的法人。

（6）根据管理、盈利与专业的标准，还有公营公司与私营公司、盈利公司与非盈利公司以及专业公司与非专业公司等之分。

### （三）公司法概述

公司法是规定各种公司设立、组织、活动和解散以及股东权利义务的法律规范的总称。为规范、调整公司活动，各个国家都制定了富有特色的公司法。

西方国家公司立法已有三百多年的历史。目前世界各国的公司法主要采用两种法律形式：一种为单行法规；另一种是包含在民法或商法之中，作为民商法的一个组成部分。大陆法系国家早期的公司法，主要规定在商法典中。随着公司在社会经济活动中的作用和影响的日益扩大，以及公司本身问题的复杂性与特殊性，大陆法系中许多国家将公司法从商法典中分离出来，制定成单行的法规，目前大陆法系国家中仅有日本等少数国家，仍将公司法放在商法典中。英美法系的国家关于公司的规定一般采取单行法的形式。

#### 1. 英国公司法

英国的公司立法对英美法系国家和地区有很大影响。英国最早于 1720 年颁布实施了有关公司制度的《布伯尔法》。该法案一直到 1825 年才予以废止。1825 年以后英国颁布了一系列单行的公司法规，如 1835 年的《贸易公司法》、1844 年的《共同股份法》、1855 年的《有限责任法》、1907 年的《有限责任合伙法》、1908 年的《公司合并法》、1929 年的《公司法》和 1948 年颁布的新的《公司法》等，这些法规经过多次修改，对无限公司、有限责任保证公司和股份有限公司等各种类型的公司作了明确的规定，形成了现代英国较为完整的公司法律制度。

英国公司法的主要特点是：首先，公司法主要调整股东承担有限责任的公司和股东承担有限保证责任的公司。无限责任公司和相当于大陆法的两合公司则由 1890 年通过的合伙法和 1907 年通过的有限合伙法调整。其次，英国公司法比较灵活、自由，它未规定公司资本的最低限额，也未规定法定公积金制度，也不设监事会，但设有公司秘书一职，负责董事会日常工作。最后，英国公司法调整的范围比较广泛，如公司的破产由公司法加以规定。

#### 2. 美国公司法

美国公司法是受英国公司法影响制定的。但美国是联邦制国家，其公司法是由各州自行制定的，没有统一的联邦公司法。由于各州的公司法之间存在很大的差异，为了减少和消除这些差异给公司的发展造成不利影响与法律障碍，美国律师协会（American Bar Association，ABA）于 1933 年起草了《标准商事公司法》（The Model Business Corporation Act）作为一种“样板法”，它本身没有法律约束力，而只是作为各州的立法机关在制定公司法时的参考。自 1933 年以来，该标准法经过了多次修订，目前生效的是 1969 年修订的版本。在美国 50 个州中，现在已有 37 个州与哥伦比亚特区采纳了该标准法的模式。1984 年，美国律师协会又制定了《标准修订商事公司法》（The Model Revised Business Corporation Act），作为各州修订各自的公司法时的参考与指导。

美国公司立法的主要特点是大多数公司都按各州的公司法成立并进行活动。美国公司法中所称的外国公司实际上包括外国公司和外州公司。由于各州公司法规定的权利能力、优惠和豁免、创办公司的条件和收费、公司税收等都有所不同，这就为公司发起人在哪个州开办公司提供了选择的条件。

**3. 法国公司法**

法国公司法以其规定严格而著称，对各国公司法的发展有着重要影响。法国早在 1673 年路易十四时代就制定了世界第一部系统编纂的《商事条例》，该条例中已正式有关于公司的规定，这是世界上最早规定公司的成文法。拿破仑于 1807 年颁布了《商法典》，在该法典第 1 编第 3 章是关于公司的规定。后来随着资本主义商品经济的迅速发展，对有关公司法的规定作了多次修改，并于 1867 年另外颁布了《公司法》，对公司制度作了专门规定，并设专章规定了股份两合公司和股份有限公司。1925 年另外颁布了《有限公司法》，正式承认并规定了有限公司的法律制度。法国 1940 年又对 1867 年的《公司法》作了重要修改。1966 年法国政府制定了一部统一的全面规定所有各种形式公司的《公司法》。这个法律公布后，过去有关公司的法律均相应废除。这部《公司法》内容充实、结构严谨。法国政府 1985 年对它又作了一些修改。

**4. 德国公司法**

德国的公司立法在世界范围内仍有举足轻重的地位。最早于 1861 年颁布的《商法典》中规定了有关商事公司的条款，1892 年专门颁布了《有限责任公司法》，这是世界上第一部有限公司法，以后世界许多国家有关有限公司的立法也均以单行法形式出现。1897 年德国制定了新商法，即《德国商法典》，《德国商法典》有关公司的规定要比《法国商法典》丰富得多，设立专编规定了有关无限公司、两合公司、股份有限公司和股份两合公司四种公司法律制度。1937 年德国又颁布了《股份法》，包括股份有限公司和股份两合公司，代替了 1897 年《商法典》中对这两种公司的有关规定，1965 年通过新《股份法》。现在，德国的无限公司、两合公司适用《商法典》，股份公司与股份两合公司适用新《股份法》，有限公司适用《有限责任公司法》。

德国公司法的一个特点是它具有很大的弹性。例如，德国没有规定有限公司成员人数的限制，没有规定有限公司股东将其股权转让给他人的限制，也未要求公开其财务报告。德国公司法的另一个特点是有其特殊的管理制度。德国公司的监事会有决策职能，董事会由监事会任免，对监事会负责。德国公司法首创了“工人参与制”，这种工人参加管理的“参与制”对其他国家以后的公司立法起了很大作用。德国公司法的再一个特点是规定了关联公司。

**5. 日本公司法**

日本公司立法始于明治维新以后。日本于1890年和1899年先后制定了两部商法典，分别在第一、二编中规定了有关各种公司的综合性条款，后于1911年和1938年又进行了重大的修改，并于1938年制定了《有限公司法》。第二次世界大战后，又对公司法进行了多次修改，并广泛采用美国法制。1952年日本制定了《公司更生法》。1992年日本实行新的商法和有限公司法，提高了股份公司和有限公司的最低资本金的限制。新法效仿大陆法系国家的做法，允许一人公司的存在，但它始终坚持公司法属商法典范围（除有限公司法作为单行法外）。

近年来，由于国际间商品交换的日益扩展，各种国际组织和跨国公司的大量涌现，各国公司法出现了统一化的趋势，这种趋势主要表现在以下两个方面：第一，各国在新制定和修改公司法时，尽可能吸收其他国家的立法长处，使本国法律与之趋同。例如，日本在第二次世界大战后，其公司法吸收了美国法的许多内容；英国为配合欧共体的一体化进程，多次修订其公司法，使之与大陆法协调起来。第二，编纂普遍适用的统一公司法。最具代表性的是欧洲经济共同体（EEC）为协调各成员国公司法，由欧共体委员会起草发布了一系列“关于共同体公司法的指令”。根据欧洲共同体法，这些指令虽然不能对各成员国的公民或公司直接发生效力，但各成员国有义务通过制定或修改相应的国内法，使“指令”转化为其国内法，以约束其本国公民和公司。

## 二、公司的设立

公司的设立，是指公司根据法定程序取得合法资格的过程。

### （一）公司设立的原则

公司设立的原则是指一个国家在法律上对公司设立所采取的基本态度，即以怎样的程序限制来规范公司的设立。从历史上看，各国公司设立的原则大体经历了以下几个阶段。

**1. 自由主义**

自由主义又称放任主义，是指公司的设立完全由设立人自由为之，法律不加干涉。公司的设立没有任何的法定条件和程序，公司一经组成便具有法律上的人格，无须注册登记。自由主义产生于公司制度萌芽时期，其理论基础是：公司设立行为不过是发起人之间的利益分配关系，具有交易行为的一般属性，所以应当遵循意思自治原则。但是，自由主义容易造成公司的泛滥，危及债权人的利益，不利于维护正常的经济秩序，在现代公司制度中已经消失。

**2. 特许主义**

特许主义是指公司的设立须经国家元首或立法机关予以特许，方能设立。特许主义盛行于17世纪到19世纪的英国、荷兰等国家。例如，1600年成立的英国东印度公司就是英国女王伊丽莎白一世特许成立的。后来，特许主义由国家元首特许发展为由国家立法机关制定法律特许。例如，法国通用电气公司等五家国营工业公司，就是根据法国1982年2月11日颁布的第82～155号法令（即国有化法令），对通用电气公司等五家私营工业公司实行国有化而设立的。但因其手续极其烦琐，特许设立不能普及，而且特许本身具有特权，不利于大规模发展公司，因而逐渐被各国所舍弃。

**3. 核准主义**

它是指公司的设立除必须具备法律规定的条件和履行法定程序外，还须经政府行政主管机关的审查和批准。核准主义创设于法国路易十四时代制定的《商事条例》，后为德国等许多国家所采纳。核准主义虽然比特许主义有很大进步，大大简化了公司设立的手续，但随着社会经济的高速发展，核准主义对公司设立的限制仍显得过于严格，不能满足公司发展的需要，逐步为准则主义所取代。

**4. 准则主义**

它是指由法律对公司设立的条件做出规定，凡是具备这些法定条件的，不必经过政府行政主管机关批准，就可直接向登记机关申请成立公司。准则主义简化了公司设立程序，便于公司及时设立，但容易造成滥设公司的后果。因此，许多国家采取严格准则主义，即法律上严格规定设立公司的条件，并加重设立人的责任，以及加强法院和行政机关对公司的监督。现代大多数国家公司立法普遍采用严格的准则主义。

### （二）公司设立的方式

公司设立的方式，是指设立公司采取何种方法和程序。公司类型不同，设立的方法和程序也不同，同一种类的公司因募集资金方式不同，设立的方法和程序也不尽相同。公司设立的方式主要有两种：发起设立和募集设立。

**1. 发起设立**

它是指由发起人认购公司应发行的全部股份而设立公司的一种方式。发起设立的认股是在发起人中进行的，不向社会其他公众发行股票，由发起人协商认购公司的全部股份或公司首次发行的股份，发起人应按照认购的股份数向公司缴纳股款。这种设立方式对社会公众利益影响相对较小，设立程序简单，设立所需时间短、成本低。

**2. 募集设立**

它是指由发起人认购公司应发行股份的一部分，其余部分向社会公众募集而设立公司的方式。募集设立区别于发起设立主要之处就在于向发起人以外的社会公众募股，所以程序较为复杂。募集设立直接影响社会公众利益，为了防止不具有一定经济能力的发起人完全凭借他人资本来开办公司，各国公司法一般都对发起人认购股份有最低额的限制。

### （三）公司章程

公司章程，在美国称为“Articles of Corporation”；在英国习惯称为“Memorandum of Association and Articles of Association”；在欧洲国家通常称为“Status”。它是指规范公司的宗旨、业务范围、资本情况、经营管理以及公司与外部关系的公司准则。公司章程是组建公司必备的和核心的文件，是公司据以内部运作和对外经营的基本原则，它是公司存在的基石，也是政府依法管理公司的基本依据，更是外界了解公司的主要途径。

**1. 公司章程的形式**

大多数国家的公司章程由一份单一的文件构成，一般记载公司的名称、宗旨、资本总额、组织机构以及其他重要事项。但在英美法系国家，公司章程则由两个文件组成，即组织大纲和内部细则。组织大纲是规定公司对外关系的法律文件，其目的是使公司的投资者及与公司进行交易的第三人知晓公司的基本情况，主要包括公司的名称、宗旨、经营范围、资本等内容。根据美国的《标准商事公司法》的规定，发起人必须将组织大纲报请有关州政府批准并登记注册。组织大纲一般只能经由股东大会决议才能修改或废除。内部细则是在组织大纲的基础上订立的，它是处理公司内部各部门的设置及其关系、各自的权限及责任以及业务的执行等内部事务的法律文件。内部细则被视为公司组织大纲的补充，不必提交注册登记机关备案，也不必向公众公布，一般只能在公司内部有效，不能对抗善意第三人。内部细则的内容不得与组织大纲相冲突，如果发生冲突，以组织大纲为准。内部细则一般由董事会制定、修改或废除。英国和美国公司法中的这两个文件结合起来，相当于大陆法系国家公司法中的公司章程。

多数国家规定公司章程应当采取书面形式，也有一些国家规定在采取书面形式的同时必须采用公证形式。例如，德国《有限责任公司法》规定，公司章程经全体股东签名同意通过后，必须采用公证形式。

**2. 公司章程的内容**

公司章程的内容可分为绝对必要记载事项、相对必要记载事项和任意记载事项。

绝对必要记载事项是指根据法律规定必须记载于公司章程中的条款。如果缺少绝对必要记载事项，公司章程就是无效的，公司就不能成立。各国公司法对公司章程的绝对必要记载事项都加以明确规定，一般包括公司的名称、住所、注册资本、组织机构等。

相对必要记载事项是指法律规定的一些由公司设立人自主决定是否将之载入公司章程的事项。如果缺少相对必要记载事项，公司章程仍然有效，但是不发生该事项规定的效力。综合《德国股份公司法》《日本商法典》《法国公司法实行细则》的规定，公司章程相对必要记载事项有：有关现物出资的事项、有关财产受让的事项、设立费用及发起人的报酬等。

任意记载事项是指在不违反法律的强制性规定、公共秩序和善良风俗的前提下，由公司设立人根据实际需要自行决定是否记载的事项。这些事项如果被记载入公司的章程，便产生与其他事项同样的法律效力；如不加以记载，也不影响整个公司章程的法律效力。任意记载事项为公司的具体制度设计提供了充分选择的余地。

## 三、公司资本

广义的公司资本是指公司用以从事经营与开展业务的所有资金和财产，包括公司自有资本与借贷资本两部分。狭义的公司资本则仅指公司自有资本。本章所用的公司资本一般是指狭义资本。

### （一）公司资本的基本原则

为保护债权和交易安全，传统公司法确认了公司资本的三项基本原则，即资本确定原则、资本维持原则和资本不变原则。最初体现在大陆法系国家公司法关于股份有限公司资本制度的规定中，以后又逐渐适用于有限责任公司。

**1. 资本确定原则**

此原则是指公司在设立时，必须在章程中对公司的资本总额做出明确规定，并由股东全部认足，否则公司不能成立。这一原则为一般大陆法系国家公司法所确认，它能有效地保证公司的资本真实、可靠，防止利用公司进行欺诈和投机行为的发生。

**2. 资本维持原则，即资本充实原则**

它是指公司在其存续过程中，应当维持与公司资本总额相应的财产。资本维持原则具体表现在以下几个方面：（1）亏损必先补。公司缴纳所得税后的利润，必须先用于弥补公司的亏损，在公司弥补了亏损后仍有盈余时，才允许分配股利。（2）无利润不得分配股利。公司不仅在亏损未被弥补的情况下不得分配股利，而且在虽无亏损却无利润的情况下也不得分配股利，以免造成公司资本总额的减少。（3）债务不得抵消。公司与股东在法律关系上是两个独立的主体，因此，公司的债务人不得以其对于股东个人的债权，主张与其所欠公司的债务相抵消。

**3. 资本不变原则**

它是指公司的资本一经确定，非经法定程序不得随意改变。公司成立后，在运营过程中，因各种原因都可能导致公司资本的增加或减少。因此，公司资本不变，并非绝对不能改变，是指不得随意改变。这一原则的目的，一是防止资本减少而损害债权人的利益；二是防止资本过剩而使股东承担过多的风险。

### （二）公司资本制度

根据各国国家法律规定，公司资本制度主要有以下三种。

**1. 法定资本制**

法定资本制为多数大陆法系国家所采用。它是指公司章程中所载明的公司资本额，在公司设立时必须全部由股东认购完毕，否则公司不得成立。公司如增加资本必须修改章程。法定资本制有利于保证公司拥有充实的资本，防止利用公司进行欺诈和投机行为的发生。但是，法定资本制对于资本充足的要求过于严厉，因此，近年来一些大陆法系国家开始放弃或部分放弃法定资本制而仿效授权资本制。

**2. 授权资本制**

授权资本制为英国、美国、荷兰等国家所采用。它是指公司必须在公司章程中载明授权资本的数额，但在公司设立时，不必按授权资本的数额全部发行股份，可以先发行一部分，其余则留待日后根据公司业务发展的需要决定是否发行。所以，授权资本并不代表公司实际拥有的资产，只是公司有权通过发行股份而募集资本的最高限额，是一种“名义资本”。授权资本制使公司在财务方面具有一定的灵活性，便于公司迅速成立，以适应现代股份公司发展的客观需要。但公司资本的落实缺乏足够保障，容易被欺诈行为所利用，不利于对公司债权人利益的保护。

**3. 折中资本制，又称认可资本制**

它是介于法定资本制和授权资本制之间的一种新的公司资本制度。它是指公司设立时，股东不必将全部资本认足，可以授权董事会在一定期限内随时发行股票，但其发行数额不得超过资本总额的一定比例。例如，日本公司法规定，公司在设立时只需发行股份总数的四分之一以上即可，其余股份可在公司成立后由董事会决定发行。折衷资本制不仅便于公司迅速成立，免于公司资金的闲置或浪费，还能有效地控制设立欺诈行为。无论从保护公司债权人利益的角度，还是从维护公司及股东利益的角度看，都不失为一种较为理想的资本制度。

## 四、公司的合并、解散与清算

### （一）合并

公司合并（Merger）是指两个或两个以上的公司根据契约或法令，归并为一个公司的法律行为。公司合并有两种方式：吸收合并与新设合并。在一些国家，尤其是英美法系国家，习惯于将新设合并和吸收合并统称为法定式合并，以区别于收购资产或收购股份的收购行为。

吸收合并是指两个以上的公司合并后，其中一个公司（吸收方）存续，而其他公司（被吸收方）解散。吸收合并又可分为三角合并及反转式三角合并两种主要形式。

新设合并是指两个或两个以上的公司合并后，合并各方解散，另外创设一个新公司。新设合并也是对外直接投资中常见的一种投资方式。例如，1986 年，美国福特汽车公司与德国大众汽车公司在阿根廷和巴西的子公司联合成立一家新的跨国公司——拉丁汽车公司，就是一个典型的例子。

公司合并的程序，一般是由同意合并的各个公司的董事就合并的条件进行磋商，各公司的董事在达成合并协议后，由各有关公司召开股东大会再做出合并决议。股东大会在做出决议后，各合并公司应编制资产负债表及财产目录，并将合并的办法公告及时通知各债权人，债权人可以在规定的期限内提出异议，公司对于持有异议的债权人应给予清偿或提供担保。各国法律还规定，反对合并的股东有权要求公司以公平的价格收买其持有的股份。公司合并后，应在法律规定的期限内向公司登记机关办理登记手续。

有些国家的法律对有限责任公司的合并有所限制，如《日本有限公司法》要求有限责任公司之间合并后的公司应当采取有限责任公司的形式；德国法律不允许有限责任公司吸收合并股份有限公司。

### （二）解散

公司的解散（Dissolution）是指公司因法律或章程规定的解散事由出现而停止营业活动并逐渐终止其法人资格的行为。解散是清算的起点，公司解散之后，在清算范围、期间内，其法律人格视为存续。公司的解散涉及多方面的问题，如清理债权债务、变卖公司资产、支付各类费用、纳清税款等。因此，公司的解散也是较为复杂的过程。

公司解散的原因，在公司法上大致有如下几项规定。

（1）公司自己决定解散，即公司股东大会做出决议，认为公司没有继续存续的必要，决定解散。

（2）法律规定的解散事由出现，主要包括：公司章程所规定的解散事由的发生，如公司章程规定的期限已经届满；与其他公司合并；公司破产等。

（3）有关机关责令解散，又称强制解散，如公司违反国家法律法规被依法撤销等。

### （三）清算

公司解散后，应对公司的财产进行清算。所谓公司的清算（Liquidation），是指公司在其解散过程中了解公司债务，并在股东间分配公司剩余资产，最终结束公司的所有法律关系的一种法律行为。

清算的一般做法是，首先确定清算人，由其负责清理公司债权、债务，然后根据债权人的先后次序偿还债务；最后，再在优先股和普通股之间根据发行时各类股票所规定的条件分配剩余资产。

清算人是指公司解散过程中从事清理公司债权、债务和公司财产事宜者。各国公司法对任命清算人的规定虽然不尽相同，但归纳起来主要有以下三种做法：第一，由公司董事担任。如《日本商法典》规定，公司解散时，除合并和破产的情形外，董事为公司的清算人。第二，根据公司章程的具体规定，由股东大会选任清算人。如《中华人民共和国公司法》第 191 条规定，股份有限公司的清算组由股东大会确定其人选。第三，由法院根据利害关系人的申请选派清算人。如《中华人民共和国公司法》规定，有限责任公司的清算组由股东组成，股份有限公司的清算组由股东大会确定其人选，逾期不成立清算组进行清算的，债权人可以申请人民法院指定有关人员组成清算组，进行清算。

清算人就职以后，其职责主要有：（1）检查公司财产的状况，制作财产目录和资产负债表，提交股东大会审查认可。（2）以公告的方式催告债权人在一定期限内报明其债权，对于知道姓名的债权人，应分别予以通知。催告债权人报告债权的期限，日本商法规定不得少于2个月，在美国，这个期限一般规定在4个月内。（3）终结公司的营业活动，收回公司的债权，变卖公司资产。（4）清偿公司债务，处理公司剩余财产。公司的现存财产，除偿付清算费用与清偿债务外，如果还有剩余，则应分配给各类股东。（5）制作清算报告书，经股东大会追认后，清算人任务即告完成。

清算人在执行清算的过程中，有权代表公司在法院起诉和应诉。清算人的报酬以及业务工作中的一切费用，应优先从公司的剩余资产中取得。

一般而言，解散与清算是消灭公司法人资格的两个阶段。解散导致公司权利与义务的消灭。而清算则是了结公司解散之后的法律关系，最终使其消灭法人资格。

对于公司的解散与清算的关系，各国的立法规定不同，主要有两种制度：第一种是“先算后散”，即规定公司只有清算后才能解散。例如，英国法律就做出了这样的规定。第二种是“先散后算’，即规定公司应当首先宣布解散，然后再进行清算，大多数大陆法系国家做出了这样的规定。在“先算后散”的情况下，宣告公司解散即消灭法人资格，解散是使公司法人资格消灭的法律行为。在“先散后算”的情况下，解散只是法人消灭的原因，只有在清算完成后，才能消灭公司的法人资格。因此，在清算完成前，尽管公司的权利能力受到限制，但是公司的法人资格仍然视为存续。

## 第四节　股份有限公司

股份有限公司是当代经济生活中最重要的、最具代表性的企业组织形式。尽管股份有限公司的数量在各国并不是很多，但是在规模、作用及影响方面则是举足轻重的。

### 一、股份有限公司的概念与特征

股份有限公司也称股份有限责任公司，是指全部资本分成等额股份，股东以其所持股份为限对公司承担责任，公司以其全部资产对公司债务承担责任的法人。

股份有限公司与其他公司形式相比，具有如下一些特征。

（1）公司的全部资本平分为等额的股份。股份有限公司的全部资本须分为等额股份，每一股的权利是平等的，股份有限公司的股东只能以其所持有的股份的多少来确定其权利的大小。

（2）公司可以公开发行股票，且股票可以自由转让。一般来说，任何人只要愿意支付股金，都可以买到股票而成为股东，因此，股份有限公司的股东相当广泛，而且更换频繁。

（3）股东人数有最低限制。各国公司法都对股份有限责任公司的股东人数作了低限规定，达不到法定人数不得成立股份有限责任公司。只是对于股东人数最低限额，各国公司法有不同的规定，如法国、日本等多数国家的公司法规定最低股东人数为 7 人，德国规定最少为 5 人。

（4）股东对公司承担有限责任。股东仅以其所认购的股份为限对公司承担责任，股东个人的财产与公司的财产是分离的，股东在向公司缴足股金后，即从公司财产中游离出来，与公司的债权、债务不再有直接的关系。公司资不抵债时，股东对公司的债权人不承担直接的债务清偿责任，公司的债权人也不得以任何理由要求股份有限公司的股东对公司的债务进行清偿。

（5）公司的所有者和管理者大都是分离的。负责公司一切日常经营管理活动的不是股东，而是董事、经理等专门的经营管理人员，所有权与经营权是完全分离的，合而为一的可能性很小。

（6）公司必须公开其财务状况。各国公司法一般都规定，股份有限公司必须在每个财政年度终了时将公司董事会的年度报告、公司损益表、资产负债表等向政府主管机关、股东及公众公开，以便公司股东和公司债权人以及其他投资者了解公司的经营状况，也便于国家有关部门对公司进行有效的监督。

（7）股份有限公司是典型的资合公司。股份有限公司以其所拥有的资本作为存在的基础，并不重视股东个人的信用和地位，任何持有公司股票的人都是公司的股东，不存在任何其他资格的限制。

## 二、股份有限公司的设立

股份有限公司一般规模较大，对社会经济生活有很大的影响，因此，各国对股份有限公司的监督与管理都比较严格，在股份有限公司的设立问题上规定了比其他类型公司更为严格的要求。

公司的设立是公司根据法定程序取得合法资格的过程。各国公司法对设立股份有限公司的手续有不同的规定。但是，一般而言，公司的设立都要经过以下步骤：设立股份有限公司必须有一定数目的发起人；发起人负责制定公司章程及认购股份；由发起人召开公司创立大会并选出公司的第一届管理机构；向政府有关主管部门办理注册登记，经主管机关审查认为符合法律规定的条件准予登记后，公司即告成立。

### （一）公司的发起人

发起人是启动股份公司设立程序、依法完成发起行为的人。具体来说，发起人是指订立发起人协议，提出设立公司申请，认购公司股份并对公司设立承担法律责任者。

各国公司法对股份有限公司发起人的资格及人数都有具体的规定。各国公司法普遍规定发起人可以是自然人，也可以是法人，但无行为能力和限制行为能力的人不能成为公司发起人。另外，有些国家要求法人充当发起人时，其经营范围应当与其设立公司的宗旨一致。关于发起人的国籍，大多数国家不加以限制，外国的法人或自然人都可以充当公司的发起人。但也有一些国家法律有一定要求，如挪威法律规定：股份有限公司的发起人中至少有一半人数是在挪威居住两年以上。

关于发起人的法定最少人数，各国公司法一般都作了具体规定，如日本、法国规定为 7

人；德国规定为 5 人；瑞典规定为 3 人。美国大多数州规定为 3 人，但是也允许仅由一个人负责办理公司设立程序。《英国公司法》区分两种不同的公司，对每种公司的发起人的最少人数有不同的要求，上市公司的发起人为 7 人；不上市公司则仅需 2 人。

发起人的活动主要是负责公司的筹备工作，包括组织对所设立的公司进行可行性研究；认购公司股份；负责起草公司章程；通过一定方式筹集资金；办理公司设立申请等有关手续；召集创立大会，选举公司机构等。

发起人的责任主要包括：（1）发起人之间的相互责任。在公司成立前，发起人对设立公司的全部费用和债务负连带责任。（2）发起人对公司所承担的责任。这种责任包括对公司忠诚，办事公正，本人在公司中的全部利益必须公开。（3）发起人对股东和债权人的责任。如果股东和债权人受到公司发起人的欺骗，而这种欺骗是由于公司发起人的失职或没有公开全部事实材料而造成的，则股东和债权人可以通过法院直接向发起人提起诉讼，而不必通过公司。

由于发起人对公司设立承担了特别的义务与责任，所以发起人在公司成立之后，可以因其设立行为而获得报酬及享有其他特别的权益。其主要包括：其投资的股份可以成为优先股；可以以货币以外的其他形式出资；公司解散时，可以优先分配剩余财产等。

### （二）公司章程

公司章程是指规定公司的宗旨、资本、组织结构与名称等对内对外事务的法律文件，是规范公司活动的根本大法。制定公司章程是设立公司的必经程序，也是发起人一项重要的设立行为。在公司创立阶段，它主要是作为申请募股和申请设立的必要文件来使用，经公司登记机关审核批准后，才成为对公司具有法律约束力的文件。

在英美法系国家，公司章程一般由组织大纲与内部细则两个文件组成。组织大纲是规定公司对外关系的法律文件，其目的是使公司的投资者及与公司进行交易的第三人知晓公司的基本情况，例如公司的名称、资本与经营范围等。内部细则是在组织大纲的基础上订立的，处理公司内部各部门的设置及其关系，各自的权限及责任，以及业务的执行等内部事务的法律文件。

在大陆法国家，公司章程是由一份单一的文件构成的。其内容根据重要的程度分为绝对必要记载事项、相对必要记载事项和任意记载事项。（1）绝对必要记载事项。如果缺少绝对必要记载事项，公司章程就是无效，公司就不能成立。绝对必要记载事项包括：公司名称；经营事项；股份总额与每份金额；公司所在地；公告方法；董事、监事的人数与任期；订立章程的具体时间等项目。（2）相对必要记载事项。如果缺少相对必要记载事项，公司章程仍然有效，但是不发生该事项规定的效力。相对必要记载事项包括一般相对必要记载事项与个别相对必要记载事项。其中一般相对必要记载事项包括：分公司的设立；如果股份总额分期发行，则第一次发行的金额；解散事由；特别股的种类以及权利与义务；发起人可以享受的特别利益与受益者名单。个别相对必要记载事项包括：无记名股的发行；董事的报酬；副董事长或常务董事的设置；经理人的设置、种类与职权；建议股息的分派；分派股息与红利的标准；特别盈余公积金的提存；清算人的人选。（3）任意记载事项。所谓任意记载事项是指其他法律不禁止的事项，如股款缴纳的方式、股份转让的方法、股东大会召开的时间与地点等。

尽管各国对公司章程内容的规定存在一定差异，但一般都包括如下内容。

（1）公司名称。各国公司法规定，公司的名称不得与已经注册的公司名称相同，以免混淆。凡是股份有限公司，必须在公司的名称之后加上“有限责任”的字样。其简写在英国多用 LTD，在美国多用 INC 或 LTD，法文与西班牙文为 S.A.，德文为 A.G.。

（2）公司的目的与经营范围。公司的目的是指公司成立的目的，即公司所要从事的各项业务。公司的经营范围是对公司业务的界定。超越公司经营范围的行为称为“越权行为”。英美法律曾严格规定“凡越权订立的合同一律无效”原则。但是，随着经济活动的发展，该原则逐渐不适应商业交易的需要。目前，美国许多州的公司法已明确废止了这一原则。在大陆法系各国，尽管法律禁止董事会从事越权行为，但董事会超越公司的目的的行为对善意第三人具有约束力。

（3）公司的注册所在地。公司必须在章程中载明公司的注册所在地。这主要有两方面的作用：一是为了确定公司法人的国籍；二是为了便于通讯联系以及在诉讼时作为送达传票与其他法律文件的法定地址。

（4）公司资本总额及每股金额。公司设立必须拥有一定数量的资本，任何股份有限责任公司的资本都不得低于法定最低资本额，各国对股份有限责任公司资本的最低金额一般都有规定。例如，《德国公司法》规定，公司的资本额至少要 10 万马克，《法国公司法》规定，公司的资本额至少为 50 万法郎。英美法系国家对公司最低资本额的要求较低，有的甚至不作要求。

（5）管理机构的组成和任免方法。尽管各国公司法对管理机构的组织形式有不同的规定，但是在公司章程中都必须对管理机构的组成、职权及人员的任免等做出明确的规定。

### （三）认购与缴纳股份

股份有限公司必须由发起人或社会上的其他投资者认购股份，筹足必要的资本才能设立。从认购股份的角度看，公司的设立有两种认股方式：一是发起设立，即由发起人认足全部股份；二是招股设立，即在社会上公开募股设立。目前，西方国家股份有限公司的设立多采用发起设立的方式，因为发起设立的手续较为简便，有利于公司早日成立，有的国家甚至只规定了发起设立一种方式，如德国 1965 年的股份有限公司法。

各国公司法对认股与招股的程序和审核手续都有具体规定。例如，意大利与比利时的法律规定，设立公司时不论采取哪种认股方式，都必须采用公证文书，由公证人认证。在招股说明书中，必须详细载明法律规定的事项。法国的股份有限公司法要求认股与缴纳股金都必须经过公证人证明。英国的公司法规定，公司在向公众招募股份时，必须出具招股书，招股书必须由每位董事签字，并向公司注册登记处申报。

认股人在认股后，应按规定缴纳股款。股款可以一次缴清，也可以分期缴付。股款一般应以现金缴付，也可以用实物抵作股款。为了防止发起人对实物作价过高，损害其他投资者与公司的权益，有些国家的公司法对实物作价规定了具体的监督审查办法。例如，德国股份有限公司法规定，凡是发起人以实物作价抵作股款者，应由法院在征求商会的意见后指定独立的审查员进行审查。如果审查员的意见与发起人的意见有分歧，则应由法院做出裁决。如果法院认为实物的作价有问题，则可以判令不准公司进行登记。法律还规定，凡是发起人或公司机构的成员有意把实物作过高的估计，致使其他投资者与公司遭受损失时，发起人与有关人员必须承担法律责任。

### （四）公司的注册登记

股份有限公司的设立必须向政府有关主管部门办理注册登记。各国公司法为防止滥设公司以及利用公司从事非法活动，都规定公司设立必须经过严格的法律审查程序。

德国的法律要求，公司的设立必须经过三个步骤：第一，必须由发起人把公司章程以及有关办妥法定手续的声明与审查报告提交公证人予以证明，或以法院证明的公文书制定；第二，必须由发起人把上述有关文件报请注册地的法院进行司法审查；第三，必须由发起人向公司营业所所在地的公司登记处进行注册。只有完成上述三步手续，公司才能取得法人资格。

法国的法律要求，公司的设立必须经过双重审查，即公司内部的审查与政府机关的审查。首先，应由发起人及公司的有关机构检查其是否已经履行了设立公司的必要手续，并做出声明，表明该公司已完成设立程序并符合法定要求，发起人必须对此项声明的正确性负刑事责任与民事责任。然后，由发起人把公司章程及有关文件向商业登记处的书记官进行公司登记，由登记处根据上述声明进行审查，如果认为其符合法定要求，就予以登记，公司即告成立。

英国的公司法规定，凡是根据 1948 年公司法设立的公司都必须向政府主管部门进行登记。发起人在向公司登记处申请公司登记时，必须提交若干必要的文件，其中最主要的是公司组织大纲，通常还包括公司内部细则。如果没有规定公司组织章程，则适用 1948 年公司法所附列的标准章程。此外，还必须缴纳若干登记手续费与捐税。公司登记官应对申请设立公司的有关文件进行审查，如果认为其符合法定要求，就发给发起人一份登记证书。一旦取得登记证书，公司即告有效成立。

美国各州的公司法对于公司设立登记的程序大体上是相同的。一般都要求公司的发起人必须把公司规章及其他有关文件向州政府申请登记，并缴纳有关的手续费与捐税。州政府经过审查合格后发给公司登记证书，公司即告成立。

## 三、股份有限公司的股份

### （一）股份的特征与分类

股份有限公司的股份，是指按等额划分的公司资本构成单位。每一股代表一定的金额，每股金额相同。股份也是股东在公司享有权利的单位，股东权力的大小取决于其所认购股份的性质和数量。股份有限公司的股份是以股票为表现形式的，股票是股份有限责任公司的股份证书，是股东享有权利的凭证和依据。股票也是一种可以转让的有价证券。在股份有限公司中，股份的转让都是以交付股票的形式进行的。

#### 1. 股份的特征

股份有限公司的股份具有以下主要特征。

（1）股份是对公司资本的等额划分，每一股所代表的资本额相等，所包含的权利义务平等。在股东权存续阶段，所有股东依法都按其投入公司的资本额享有权利和承担责任。

（2）股份以股票作为其表现形式。股票是代表股权的文书，也是股东身份的证明文件。合法持有公司股票的人即可根据该股票行使股东权利。

（3）股份可以自由转让。由于股份有限公司是典型的资合公司，公司以其资本为其对外信用的基础，因此，股份原则上都可自由转让，无须征得公司机关或公司其他股东的同意。

**2. 股份的分类**

股份有限公司的股份可以从不同角度作不同的分类，主要的分类有以下几种。

（1）依股份是否记载股东的姓名，可分为记名股和无记名股。凡是在股票上记载有股东的姓名，并记载于公司的股东名册上的股份称为记名股（Registered Stock）。记名股份的权利只能由股东本人享有，非股东持有股票不能行使股权。无记名股（Stock to Bearer）是指不在股票上记载股东姓名的股份。任何持有无记名股票的人都是公司的股东，都可以对公司行使股东权。大多数国家公司法规定既可以发行记名股，也可以发行无记名股。但有些国家对发行无记名股有一定限制，如规定无记名股必须在缴足股款后才能发行，以免日后催缴股款困难。

（2）依股东享有权益和承担风险的大小为标准，可分为普通股和优先股。普通股（Common Stock），即通常的股份，是与优先股相对而言的。它是指股份有限公司通常发行的、没有区别待遇的股份。它是公司最基本的一种股份，也是公司中风险最大的股份。普通股的股东有权获得股息，但必须在公司支付了公司债利息和优先股股利后方能分得；普通股没有固定的股息，股利的有无、多少取决于公司的经营状况；普通股的股东有权在公司解散或清算时，参与分配公司的剩余资产，但必须排在公司的债权人和优先股股东之后。普通股的股东一般有表决权，可以选举公司的董事会或监事会，对公司的经营管理有一定的发言权。优先股（Preferred Stock），是指在财产权利方面优于普通股的股份。优先股在公司股份中占少数，持有优先股的股东一般为公司的发起人、公司的职工、放弃表决权的股东，以及公司设立时为了尽快募足资金而以优先股吸引入股的股东。根据有些国家法律的规定，优先股可以在公司设立时发行，也可以在公司增募股本时发行，法律上不加以限制。

优先股与普通股相比，有如下几方面的特点：一是优先获得股利，而且股利是固定的，一般在发行股票时就予以确定；二是优先获得分配公司资产权，在公司解散或清算分配财产时，先于普通股受偿；三是一般没有表决权。

优先股根据不同的情况又可分为：① 累积优先股和非累积优先股。累积优先股是指公司某一年度的盈利不足以分派优先股应分的股利，公司应当在以后年度的盈利中补足其欠额的优先股。非累积优先股是指股利的分配只以公司当年的盈利为限，如果盈利不足以分配，其不足部分往后年度不再补足的优先股。由此可见，对投资者来说，累积优先股比非累积优先股具有更大的优越性。② 参与优先股和非参与优先股。参与优先股是指除按规定优先获取固定比率的股利外，还可以同普通股一起参与分配其余盈利的优先股。非参与优先股是指只能按原定比例分配公司盈余，此后即使公司仍有充分盈余，也不能再参加分配的优先股。由此可见，在公司获得高额利润的情况下，参与优先股的股东具有比普通股的股东分得更多的股利的权利，但非参与优先股的股东所得到的股利反而不如普通股的股东多。

（3）依股份是否以金额表示，可分为有票面金额股和无票面金额股。有票面金额股是指在股票票面上标明了一定金额的股份。有票面金额股的每股金额必须一致。有些国家法律规定了股票面额的最低限额，如德国规定股份最低额为 50 马克，法国规定为 100 法郎，日本规定为 500 日元。有票面金额股的发行价可以高于票面金额，即溢价发行，但原则上不能以低于票面金额的价格发行。无票面金额股又称比例股，是指在股票上不标明股份具体金额，只注明其占公司资本总额的比例的股份。它的价值是随公司财产增减而增减。由于公司始终处于动态之中，其资产值一直是变化的，因此，无票面金额股占公司资产总额的比例也是一个变数。有些国家的法律明文禁止股份有限公司发行无票面金额股。目前，只有美国、卢森堡等少数国家允许股份有限公司发行无票面金额股，而且大都对其发行做出了种种限制性的规定。

### （二）股份的转让

股份有限公司的股份的转让，是指股东将自己的股份转让给他人的行为。股份的转让是通过交付股票的形式进行的。股份有限公司的股票原则上是可以自由转让的，因为股份有限公司是“资本的组合”，只要股份的总数没有减少，股票持有人发生变化并不影响公司的存在。但是，有些国家公司法对股份的转让也有一定的限制。大多数国家公司法规定，在公司设立登记之前，股票不得转让。由于发起人和公司有特殊利害关系，有的国家公司法规定，在公司成立后的一段时间内，发起人不得转让其持有的股票。公司董事、监事、经理所持有的本公司的股份，一般在其任职期间内也不得转让。一些国家对把股票转让给外国人作了限制。英国的《公司法》规定，非经国家财政部同意，不得将英国公司的股票转让给非居住于联合王国、爱尔兰、马恩岛（Islan of Man）、英法海峡各岛和直布罗陀的居民。

不同种类的股份，其转让方式也不相同：如果是无记名股票，只需出让人将股票交付给受让人，就可达到转让的法律效果；如果是记名股票，则必须由出让人在股票上背书，并且必须把受让人的姓名与地址登记在公司的股东名册上才能生效。

## 四、股份有限公司的组织机构

20 世纪以来，股份有限公司中出现了“所有权与经营权相分离”的发展趋势，以股东大会为中心的体制逐渐发生了变化，即股东大会的权限和作用日益减小，董事会与经理等在公司的经营管理活动中则发挥越来越重要的作用。这有利于提高公司的管理水平，使投资者赚取更多的利润。根据各国公司法的规定，股份有限公司的机关主要有股东大会、董事会与监事会三种。

### （一）股东大会

股东大会是由全体股东组成的公司最高权力机构。股东大会是股份有限公司的非常设机构，一般分为定期会议和临时会议两种方式。定期会议一般每年召开一次，因此，又称股东年会。有的国家对两次年会之间的间隔做出限制。例如，英国规定不得超过 15 个月，美国多数州规定不得超过 13 个月。临时会议往往是在有特别情况出现时，由董事会（有些国家是由监察人或监察人会）认为必要时，或应超过股本总额一定百分比的股东的请求而召开。

股东大会一般由董事会召集，董事长就是股东大会的主席。召开股东大会应当于开会前若干天通知全体股东，并做出公告。股东大会必须达到法定人数才能开会，但各国对法定人数有不同的要求。例如，美国许多州的公司法规定，股东年会必须以全体股东的 50%以上的人数出席才能开会；法国规定只需有代表股本总值的 25%的股东出席即可召开。

股东大会以表决形式来形成决议，原则上每一股份有一表决权。股东大会的决议案必须以出席大会有表决权的股东过半数的同意，或三分之二或四分之三的同意才能通过；有些国家公司法把股东大会的决议事项分为普通决议和特别决议。普通决议一般须经出席会议的股东所持表决权的半数以上通过；特别决议一般须经出席会议的股东所持表决权的三分之二或四分之三的多数通过。

股东可以委托代理人出席股东大会，代理人应当向公司提交股东授权委托书，并在授权范围内行使表决权。有些国家法律对代理人的资格有所限制，如《法国公司法》规定，代理人必须是股东的配偶或公司的其他股东。

关于股东大会的权限，各国公司法的规定不尽相同。从大多数国家公司法来看，股东大会还是拥有作为公司最高权力机构的职权，但对股东大会的权限在不同程度上加以了限制，以不同的方式将公司的经营管理权交给董事会或执行会处理。例如，《德国股份有限公司法》规定，董事会成员由监事会选任与解任，而不是由股东大会选任与解任。法国 1966 年的公司法规定，股份有限公司可以采取董事会制，也可以采取监察会与执行会制，究竟采取哪一种管理制度，可在公司注册时做出决定，也可在日后由股东大会决定。如果采取董事会制，就由股东大会选任与解任董事会的成员；如果采取监察会与执行会制，那么，股东大会只能任命和解任监察会的成员，而不能参与执行会成员的任命，执行会成员由监察会任命，但执行会成员的解任权属于股东大会。

### （二）董事会

董事会（Board of Directors）是股份有限责任公司的常设机关，是股份有限公司常设的经营决策与业务执行机构。如前所述，随着经济的发展，董事会的地位与作用日益加强，成为领导企业的最重要的机关。

#### 1. 董事会的组成

董事会是由董事组成的，董事一般是由股东大会选举产生。各国公司法对公司董事的人数都做出了规定，但不尽相同。董事会人数太少，容易独裁，人数太多，形成决议困难，降低办事效率。因此，各国公司法的立法者对这个问题做出了弹性较大的规定。一般只规定人数的上下限，而具体人数由各公司章程或内部细则自行决定。例如，1966 年《德国股份有限责任公司法》规定，董事会必须至少由 3 人组成；股本金额在 120 万马克以下者，不得超过 9 人；股本金额在 800 万马克以下者，不得超过 15 人；但无论如何董事会的人数最多不得超过 21 人。在美国，大多数州的公司法规定，董事会人数至少为 3 人，但也有一些州规定，董事会可以由 1 人或 2 人组成。

对于当选董事的资格，各国公司法也都有规定。大多数国家的公司法规定，董事可以是自然人，也可以是法人，法人充当董事时，必须指定一名有行为能力的自然人作为代理人。《德国公司法》规定，董事资格仅限于有行为能力的自然人。另外，有些国家公司法规定，董事必须由股东担任，如瑞士、法国。而另外一些国家，如美国、日本则不要求必须由股东担任，允许非股东担任董事，这反映了股份有限公司管理职业专业化的发展趋势。

董事会一般设董事长 1 人，副董事长 1 人或数人，董事长、副董事长由董事会选举产生。董事长为公司的法定代表人。根据《法国公司法》的规定，如果采取董事会制，则实行董事长兼任总经理的制度，即董事长当然兼任公司的总经理。而根据德国法律规定，董事会成员一律不得兼任公司的总经理或经理。

#### 2. 董事会的权限

董事会作为公司的经营决策与业务执行机构，享有广泛的职权。一般来说，除法律和公司章程规定由股东大会行使的权力外，公司的全部业务均可由董事会决定和执行。《德国股份有限公司法》规定，董事会是股份有限责任公司的领导机关，“董事会应以自己的责任领导公司”。这就是说，公司的领导权限专属于董事会。根据《美国标准商事公司法》第 35 条规定，除该法或公司章程另有规定外，公司的一切权力应由董事会行使或由董事会授权行使。公司的一切业务活动都应在董事会的指示下进行。根据《英国公司法》的规定，董事会的权限主要由公司章程规定。公司章程一般都给予董事会以广泛的权力。原则上，公司的业务管理权以及根据公司法的规定不属于股东大会行使的权力，都可以由董事会行使。《英国公司法》还规定，凡是根据公司章程的规定应属于董事会权限范围内的事宜，董事会可以不受股东大会决议的约束，股东大会的决议不能推翻董事会在其权限范围内做出的决定。

董事会的权力主要是通过董事会会议决议的方式体现出来的。董事会的会议分为定期召开的会议和临时会议。定期召开的会议，一般半年召开 1 次，有的国家规定 3 个月召开 1 次，临时会议一般由符合法定人数的董事或总经理提议召开。董事会会议由董事长负责召集并主持。董事会会议一般应由二分之一以上的董事出席方可举行。董事会会议应由董事本人出席，董事因故不能出席，可以书面形式委托其他董事代为出席董事会，委托书中应载明授权范围。董事会会议实行一人一票的表决方式，董事会做出表决，须经全体董事的过半数通过。董事应当对董事会的决议承担责任。董事会的决议违反法律、公司的章程和股东大会决议，致使公司遭受严重损失的，参与决议的董事对公司负赔偿责任。但经证明在表决时曾表明异议并记载于会议记录的，该董事可以免除责任。

**3. 独立董事**

“独立董事”一词源于美国的“Independent Directors”，在英国被称为非执行董事（Non-executive Directors）。美国公司法中的董事分内部董事（Inside Director）与外部董事（Outside Director）。如果采用两分法，外部董事与独立董事可互换使用；如果采用三分法，董事可分内部董事（Inside Director）、有关联关系的外部董事（Affiliated outside Director）与无关联关系的外部董事（Unaffiliated Outside Director），即独立董事。独立董事是指与公司的交易活动没有实质性的、直接的或间接的利害关系的从公司外部选聘的董事。独立董事是英美法系国家，尤其是美国判例法中的一个创造。作为独立董事，它具有如下几方面的特点。

（1）独立董事是上市公司董事会中保护广大股东利益的外部人员。

（2）独立董事必须独立于公司的管理层。美国纽约证券交易所 NYSE 和 NASDAQ 都明确规定了凡上市公司的董事会中必须至少有 2 名以上的独立董事，而且其审计委员会必须全部由独立董事组成。根据其联合公布的已在 2001 年 6 月 14 日生效的最新规则的解释，对审计委员会的“独立”规定包含以下三个标准：与公司无商业关系，非公司雇员或公司行政管理人员的直系亲属；与公司的任何管理人员之间不存在“交叉性报酬”的联系。

美国法学会在 1994 年的《公司治理原则》中也提出了有关“独立”的具体解释。《美国密歇根州公司法》第 450 条明确规定了独立董事的产生必须由股东大会选任，董事会无权任命，同时对独立董事的独立性作了具体规定。

（3）独立董事应当具有丰富的商业经验。在美国大多数公司的独立董事都是现任的或已退职（包括退休）了的其他公司高层管理人员。他们经验丰富，与公司的经营决策没有直接的利害冲突，处理问题比较客观，确实对内部董事能起到一定的监督和平衡作用。

### （三）监事会

随着股份有限责任公司董事会权力的不断扩大，各国公司法都采取各种不同形式加强对公司业务执行机构的检查与监督，防止其滥用职权，危及股东与第三人的利益。一些国家（如德国）在公司法中规定设立监事会（Board of Supervisors）行使此职能，形成股东大会、董事会、监事会三机构“三权分立、相互制约”的体制。

各国公司法对股份有限公司是否须设监事会有不同的规定。有些国家实行“双轨制”，即在股东大会之下设董事会和监事会，如德国等；有些国家则实行“单轨制”，即只设董事会而不设监事会，如英国、美国等；还有一些国家实行单轨制与双轨制的共存体制，即规定公司可以设监事会，也可以不设监事会，由公司章程做出选择，如法国等。

监事会成员一般由股东大会选任，人数通常为3人以上，并在其中推选1名召集人。有些国家公司法规定监事会由公司股东代表和公司职工代表共同组成，如德国、中国等。监事会作为监督公司经营活动的机构，公司的董事、经理及财务负责人等一般不得兼任监事。

关于监事会的职权，各国的规定也有很大区别，有的权限广泛，有的则很有限。根据《德国股份有限公司法》的规定，监事会有以下权限：（1）召开股东大会；（2）选任与解任董事会的成员；（3）监督董事会的业务执行情况，批准重大的业务决定；（4）检查公司的财产与审查公司的财务报告；（5）考虑董事会关于分派盈利的建议。

# 第五节　跨国公司

## 一、跨国公司概述

### （一）跨国公司的概念

跨国公司（Transnational Corporations），又称“多国公司”“世界公司”“国际公司”等，是企业跨国经营的重要载体和重要组织形式，是国际经济一体化、经济活动国际化的重要表现，是科技进步及社会生产力发展的必然产物。由于各国政治、经济、文化、法律等背景的不同，世界各国政府对跨国公司含义的理解和认识亦有不同，对其定义众说纷纭，莫衷一是。目前，对跨国公司的定义和标准有以下三种。

**1. 结构标准（Structural Criteria）**

（1)企业的跨国程度。即在两个或两个以上的国家拥有多个工厂或多个经营单位的企业。如欧盟认为，至少在两个或两个以上的国家拥有生产设施和业务经营的企业才可称为跨国公司。

（2）企业所有权。即企业股份所有权属于两个以上的国家公民或企业所有的公司。企业资产的所有权形式，无论是国营、私营或合作、股份公司等，都应当为众多国家的国民拥有所有权。联合国经济合作与发展组织认为，跨国公司通常包括所有权属于私人的、国营的或公私合营的公司或其他的实体。

（3）跨国生产或服务活动。即联合国、欧盟、联合国经济合作与发展组织在有关跨国公司文件中，认为跨国公司是生产设施与经营活动的综合。即企业必须在不同国家进行国际生产经营活动，如果不拥有生产经营设施，或只拥有生产设施而不参与管理都不是跨国公司。

**2. 业绩标准（Performance Characteristics Criteria）**

业绩标准即以企业在国外的生产销售、盈利或资产的绝对额或相对额来确定。但到目前为止，国际上并无统一标准，不同国家的标准不尽相同。

**3. 行为标准（Behavioural Characteristics Criteria）**

行为标准即以企业生产经营中的战略目标和价值取向来确定。美国学者帕尔默教授认为，企业经营活动从国内走向国际，大体经历以下三个阶段。

（1）母国中心。即生产经营中优先考虑本国利益，以母国利益为中心开展经营活动。

（2）东道国中心。即决策权取决于东道国利益，同时兼顾国外子公司的要求。

（3）全球中心。即公司利益着眼于全球，以此作为决策依据。

帕尔默教授认为，企业只有进入到全球中心这一阶段，无论是从形式上，还是从内容上，才可称为具有跨国性质。

1986年《联合国跨国公司行为守则（草案）》对跨国公司的定义为："本守则使用跨国公司一词，是指这样的一种企业，该企业由设在两个或两个以上的国家的实体组成，而不论这些实体的法律形式和活动范围如何；这种企业的业务是通过一个或多个决策中心，根据一定的决策体制经营的，可以具有一贯的政策和共同的策略；企业的各个实体由于所有权或别的因素相联系，其中一个或多个实体可以对其他实体的活动施行重要影响，尤其是可以与其他实体分享知识、资源及分担责任。"

结合以上定义，跨国公司的基本要素可以概括为以下几项。

（1）跨国公司是开展跨国之间的生产经营活动的经济实体。

（2）该组织有一个企业决策中心，控制企业各个组织的生产操作，制定统一的企业战略和总体目标。

（3）该组织内部之间共享资源、共担风险责任。

### （二）跨国公司的特征

跨国公司不仅仅是在流通领域进行单纯的进出口贸易，而是将资金、技术、产品、人才、信息等生产要素在国际范围内进行合理布局配置，以创造出最大的经济效益。跨国公司促进了国际间的商品贸易流通和发展，促进了货币资本在国际间的流动，促进了企业间的竞争。跨国公司不同于一国公司，跨国公司的跨国性是指跨国公司以母国为基地，将其实体分布于不同的国家或地区，在多国从事投资活动，由一国的某企业为其控制、管理和指挥中心。由于其是跨国经营，跨国公司具有国内一般企业所不具有的明显特征，主要表现如下。

**1. 主体身份的特殊性**

跨国公司的实体是设立在两个或两个以上的国家的企业。其主体投资身份的确定直接关系本国和东道国投资人的利益，特别是东道国及投资主体方的利益。由于其涉及各国投资主体，因而其身份的确认具有重要意义。如我国外商投资企业法明确规定，中外合资经营企业、中外合作经营企业、外商独资企业均属于法人或非法人经济主体。

**2. 经营活动的跨国性**

由于跨国公司是国际间的经济联合体，其投资主体位于不同国度，具有不同国籍，因此跨国公司所从事的经营活动是将技术、资金、商品、人才、信息等生产要素在国际间进行全球范围内的优化配置，其经营空间超越了一国国界。

**3. 国际风险的多元性**

跨国公司除了一般国内企业面临的经营风险外，还必须面临和承受政治风险、财务风险、法律风险、证券风险等国际风险。跨国公司必须具有良好的经营素质和经济实力，以抵御国际风险。

**4. 法律责任的冲突性**

跨国公司组织形式的复杂性、投资主体的多元性以及经营活动的跨国性，使得跨国公司在经营活动中承担的法律责任与风险加大。一般认为，跨国公司承担的法律责任主要是根据跨国公司内部关系的认定来确定的，如总公司一般要承担分公司的法律风险，子公司要独立承担法律风险，母公司一般只按自己所控股的比例承担风险等。

## 二、跨国公司的基本组织形式

企业是以盈利为目的的社会组织，是社会经济的基本细胞，是人们从事生产、流通和交换等经济活动的重要组织形式和重要载体。跨国公司直接把生产资本输出到国外，进行生产经营活动，是一种特殊的经济组织形式。跨国公司直接投资国外的基本类型有两种，即并购东道国企业和创建国外企业。

### （一）并购东道国企业

**1. 跨国并购概述**

跨国并购是跨国收购与兼并的简称。跨国收购是指外国投资者在证券市场用现款、债券或股票购买东道国一家公司的股票或资产，以获得对该公司的控制权，被收购公司仍然存在的法律行为。收购作为公司的买卖行为，根据收购对象的不同可分为股权收购和资产收购两种。所谓股权收购，是指一家公司通过收购目标公司已发行在外的股份或认购目标公司的新股等方式进行投资。理论上讲，收购公司只有取得目标公司 51%的股份，即取得对公司的控制权和决策权，收购成功。但在实践中，由于公司股东股份分散，收购方一般只要拥有目标公司 20%的股份甚至更少的股份，即可取得控制权。所谓资产收购，是指通过谈判购买国外原企业或公司的部分或全部资产。在收购股权的情况下，收购方成为被收购方的股东，而在收购资产的情况下收购方不能成为被收购方的股东。

跨国兼并是指外国投资者为了生产经营的需要，通过协商达成一致意见，吸收合并东道国某一公司，东道国公司丧失法人资格的法律行为。国外投资者公司获得东道国被兼并公司的财产和债权，同时承担他们的债务。

跨国公司通过直接投资把生产输出到国外，通过并购参与当地企业的股份，或在东道国设立独立经营子公司或联合创建新公司，直接进行生产经营活动。根据跨国公司对子公司或合营企业进行的全部或部分控制，跨国公司的直接投资股权分四种类型：一是全部控权，即母公司拥有子公司股权的 95%以上；二是多数控权，即母公司拥有子公司 50%～90%的股权；三是对等控权，即母公司拥有子公司 50%的股权；四是少数控权，即母公司拥有子公司 49%以下的股权。上述全部控权是跨国公司在东道国建立独资企业，其余几种均为合营企业，以股权为所有权支配控制公司，获取利润和承担风险。

**2. 跨国并购的形式**

跨国公司并购东道国企业的基本方式有两种：一是投资者通过股权市场参照股市价格购买当地企业发行的股票；二是投资者通过谈判购买东道国原有企业的部分或全部资产。其并购形式以并购双方的行为和产业关系的联系为划分标准，分为横向并购、纵向并购和混合并购三种形式。

（1）横向并购。横向并购又称水平并购或横向扩张，是一种传统的并购形式，是指具有竞争关系，经营领域或生产产品相同的同行业之间的并购。其目的在于扩大生产规模，增强产品在同行业中的竞争能力，控制和影响市场，减少竞争对手，实现规模经济，形成行业垄断。其优点为：有利于增强并购方的实力，扩大生产规模。不利之处在于并购后要协调不同的生产者生产设备、原材料分配及市场整合等问题，特别是不同的国家、不同企业文化之间的沟通与协调问题。

（2）纵向并购。纵向并购又称垂直并购，即同一生产过程前后企业的并购，是指生产和销售过程中互为买卖关系或生产和经营上互为上下游关系公司之间的并购。其目的在于控制某行业、某部门的生产经营的全过程，获得一体化的利益和效益。并购本公司的客户公司，即为向前连锁兼并，有利于接近最终消费者，有利于实现最高的边际利润，争取稳定的产出，占领稳定的市场与阻击竞争者。并购本公司供应者，即为向后连锁兼并，有利于控制原材料的供应和半成品的投入，降低了买主和原材料供应商对本公司的影响力，提高了自身的讨价还价能力，可节省人力和资源，降低成本，并通过综合开发提高对市场的反应能力。其缺点在于，公司的生存发展受到市场变化因素的影响较大，任何一个环节出现问题，都将影响公司的生存和发展。

（3）混合并购。混合并购又称集团扩张，即将没有共同的生产工艺、没有投入产出的相互关系和没有产品的买卖联系的企业联合成一个生产经营综合体。生产商和经营商没有任何关系的公司之间的合并，其目的是为了进入更具增长潜力或利润较高的领域，实现投资多元化和经营多元化，通过先进的财务管理和集中的行政管理来获得规模经济。

对并购形式除以并购双方行为和产业关系划分为标准外，还有以下划分方法：按并购行为的具体手段不同，可分为购买式并购、承担债务式并购、吸收股份式并购；按目前管理层是否合作，可分为友好收购和敌意收购；按付款方式不同，可分为现金收购和换股收购；以目标公司资产抵押在银行贷款和金融市场借款支付下对目标公司进行收购的杠杆收购等。

**3. 并购东道国企业应具备的条件**

跨国并购一般必须具备两个基本条件：一是市场上有可供并购的对象的经营情况；二是并购企业自己的经营情况和并购实力。

（1）并购当地企业的活动情况。具体包括：第一，可供并购对象的市场经营状况。市场经济是竞争经济，市场的变化、经营管理不善及经济不景气，都会迫使一部分企业步履艰难，回天无力，濒临倒闭，这些企业是跨国公司并购的较好对象。第二，可供并购对象的产业结构与并购公司目标之间的关系。经营业绩优良的跨国公司要实现多元化经营，实现“全球化公司”的经营目标，必须扩大生产规模，提高技术水平，可以选择一些产业结构优化、产品市场良好的企业来弥补和补充跨国公司的生产经营。第三，为了吸引外资和技术，各国政府普遍实行优惠的外资政策，颁布和出台了一系列优惠政策，如鼓励企业私有化、减免税收的相关政策以及稳定的货币和金融制度，建立了较为良好的法律环境等。

（2）实施国际并购方应具备的企业实力。具体包括：第一，从并购公司所在的国家看，通常集中在中等发达国家。因为这些国家国内市场有限，剩余资本较多，企业的技术水平、经营管理水平及经济实力，使得这些国家的企业具备资本输出的条件，有能力进行国际并购业务。从企业实际操作的层面看，至少要有五比一的并购资本，即并购企业是被并购企业经济实力的五倍。一般来说，两者实力悬殊越大，即并购方实力越强，并购越能顺利实现，否则难以承担并购后企业的改造和资源、市场整合等资金的配套。第二，并购企业的融资能力。

企业并购需要大量的资金作为后盾。不同的并购方式可以解决并购资金存在的问题。公开收购，即并购企业以自有资金按高于股市价格并购对方企业有表决权的股份。如果自有资金不足，则以被并购企业的资产作抵押，从银行筹措所需的款项。杠杆并购，即并购企业凭借其资信，事先设立一个虚拟公司，然后由该公司出面向银行借款，或自行发行债券，筹集资金。这是一种利用杠杆的原理，以小搏大，以少量自有资金（一般占到整个并购资金的5%～15%）、其他资金（85%～95%）为资本借用他人资本，即用银行贷款或发行债券来并购他人企业。其优势和好处为，投资者不用使用过多的自有资金并购他人企业，可以避免短期内发生大量负债而引起股东对公司经营状况的不满。第三，并购企业生产经营的综合实力。综合实力是指并购企业生产规模、产品质量、市场占有率、新产品研发以及企业抵御风险、抗击灾难的能力。跨国并购不是简单的资金流动，而是包括资本、技术、管理等整体的协调和融合。一般来说，并购企业必须具有较强的生产经营能力、宽广的市场营销网络、技术含量高的优质产品以及自主经营的研发能力，包括较高的国际资信度等，这些条件是跨国并购成功的基本保证。

**4. 企业跨国经营的法律因素及跨国并购的法律环境**

企业跨国经营涉及东道国主权、经济利益和社会安全，而且在一定程度上对世界经济环境和经济秩序产生影响。因此，其经营活动不仅要受到东道国法律的制约，而且要遵守世界范围内共同的行为准则，包括国家和地区之间就关税、贸易、知识产权等问题达成的条约及协议。

（1）企业跨国经营的法律因素。

① 反垄断法。垄断是资本主义经济组织形式最重要的特点，垄断往往造成资源的浪费及不公平竞争。反垄断法是政府制定的旨在限制企业或个人垄断和操纵市场，维护市场公平竞争。美国是世界上最早制定反垄断法的国家，1890年通过的《谢尔曼法》是世界上第一部反垄断法，1914年又通过了《克莱顿法》和《联邦贸易委员会法》，进一步丰富和完善了联邦政府反垄断法的内容。目前，西方发达国家和一些发展中国家都先后制定了反垄断法。其监控的对象主要为在市场中占有较大份额的大企业和跨国公司，并且由于各国反垄断法的内容和实施有较大差异，因此，反垄断法往往成为各国对外国公司进入本国市场重要的门槛。

② 知识产权保护法。这里主要指有关工业产权的法律保护，包括专利权、商标权、商誉及商业秘密等。工业产权是企业经营的无形资产，能给企业带来巨大利润和强大竞争力。由于各国对工业产权及其受益人的保护标准不尽相同，跨国经营企业的利润空间和经营环境受到较大影响。为此，许多国家和地区签署了相互承认和保护工业产权的国际公约，成立了知识产权保护组织。如《保护工业产权巴黎公约》、《建立世界知识产权组织公约》、《国际商标注册马德里协定》、《专利合作条约》及《欧洲专利公约》等。

③ 有关外商投资的法律规定。东道国为保护本国国家利益，发展民族经济，各国政府在吸引外国投资者的资金和技术的同时，也对外商投资者设有不同的限制，主要体现在外汇管理、行业保护、税收限制和贸易保护措施等。在外汇管理方面，一般国家都采取限制交易政策，特别是在一些外汇短缺的国家，政府对外汇实行严格管理，对跨国企业外汇的汇出和汇入都有严格的申请和审查程序，甚至外资子公司的盈利或利息均不得自由汇出。在行业保护方面，许多发展中国家限制或禁止外国企业进入某些行业或领域，如有些国家限制外资企业进入公用事业、交通运输、金融投资等领域，禁止外资企业进入电信、新闻及军工等领域。

而在税收保护方面往往通过双边或多边协议、税收差别待遇等解决国际税收等问题。为了实现国际收支平衡，在贸易保护方面，主要是通过关税调整、配额限制、卫生检疫及包装要求等保护措施，增加出口难度，提高跨国经营成本，保护本国利益。

（2）跨国并购的法律规定。企业并购涉及东道国企业的发展和东道国经济的稳定，一般来说，东道国都对跨国并购作了严格的限制。主要内容包括：东道国对外国企业进入证券市场的管制和外资并购上市公司控制权的限制；东道国证券法有关证券市场的管理形式、内幕交易及证券欺诈等法律规定；东道国公司法、外资法等其他相关法律规定等。

美国有关并购的法律规定主要表现在，对外资进入证券市场的管理和外资对并购公司的控制权的限制方面，特别是对并购中的信息披露要求非常严格。如 1934 年《证券交易法》规定，投资者必须公布所有个人背景材料和企业经营重要情况，对以股权并购为目标的外国投资者，必须按照法律要求的格式和内容提供公司财务报表，并就与美国会计准则要求不同之处做出说明等。日本 1980 年修订的《外汇与外贸管理法》规定，虽然对外国投资一般不采取审批制度，但要求投资者根据法律要求的内容申报，项目投资不得影响日本国内的产业、企业活动和国民经济的发展，不得损害国家利益和公共秩序等。欧共体有关跨国并购的法律规定主要为《欧共体主要股权指令》《欧洲经济共同体条约》中的反托拉斯法。特别对上市公司有关证券的取得或转让，以及控股权达到、超过某一具体界限等信息披露作了严格要求。法国政府则规定，外资无论并购或新创建企业，原则上须经经济部批准，非本国居民不得拥有法国公司 20%的股份，且投资项目的金额、投资行业、投资效益等都有一定的要求。英国依据 1947 年的《外汇管制法》对外资直接投资进行管理。该法授权财政部，而财政部又授权英格兰银行制定各种外汇管制规则。对于数额较小的外国投资一般没有限制，但是要认购一家英国企业 10%以上的股权须得到英格兰银行的特别批准。

### （二）创建国外企业

创建国外企业的形式可分两种：一是建立国际独资企业；二是建立国际合资企业。

#### 1. 国际独资企业

国际独资企业是指外国投资者依照东道国国家的法律，经东道国国家政府有关机构的批准，在东道国境内设立的全部资本由外国投资者一方出资，投资者独立享有企业利润，并对企业承担全部风险和责任的企业。

投资者在国外创办独资企业的形式包括国外分公司、国外子公司和国际避税地公司。

（1）国外分公司（Branch）。国外分公司即总公司在国外设立的分支机构，在法律上不具有法人资格，不是公司法意义上的公司，经济上没有独立性，只是总公司的一部分。其法律特征有：一是国外分公司不具有法人资格，不能独立承担法律责任，其一切行为后果由总公司承担；二是没有自己独立的公司名称和章程，由总公司授权，在其所在范围内开展业务活动；三是国外分公司没有独立的财产，所有权属于总公司，资产和负债列入总公司资产负债表。四是国外分公司一般被东道国视为外国公司，不受当地法律的保护，其撤离时只能出售其财产，而不能转让股权或与其他公司合并。

（2）国外子公司（Subsidiary）。国外独资子公司是指跨国公司在东道国通过独立投资或入股所控制的生产和经营实体。虽然母公司完全拥有子公司的财产和经营权，但子公司在法律上是独立的企业法人。其法律特点为：一是子公司是独立的法人，有其名称和章程，虽然经济上受到母公司的控制，但在法律上具有独立的地位，以自己的名义从事各种经济活动，独立开展经营活动，独立进行诉讼行为，独立承担法律责任及后果。二是拥有独立的财产、独立的财务，自主经营、自负盈亏，可公开发行股票或债券。三是子公司具有自己独立的行政管理机构，独立开展业务活动，但在经济上和业务上仍受母公司的控制。母公司处于支配和控制地位，子公司处于从属地位，母公司对子公司的控制一般通过股权参与、支配性协议等非股权安排。四是子公司是东道国注册的公司，受东道国法律管辖，其利润在东道国须缴纳公司所得税和个人所得税后方可汇出，如作为红利和利息汇出时还须缴纳预提税。

（3）国际避税地公司。国际避税地公司是指跨国公司利用某些国家或地区对境内的公司所实行的免税或低税的优惠政策，在那里设立公司，通过操纵公司转移价格使货物或劳务的法律所有权归之于避税地公司，而不进行实质性生产经营活动。实际上这些货物或劳务不进入避税地公司，这样将部分利润从应征高税的国家转移到避税地国家，从而达到避税目的。目前世界上有三十多个国家和地区对设在其境内的公司所得实行免税或低税政策，为跨国公司进行财务调度和实现利润提供了条件和方便，成为良好的避税地。从国际范围看，避税地公司主要设在巴哈马、百慕大、开曼群岛、巴拿马、哥斯达黎加、牙买加和中国香港等地。

**2. 国际合资公司**

国际合资公司是指一个国家和地区的投资者与东道国企业依照东道国法律，经东道国政府批准，在东道国境内共同投资、共同经营、共同管理、共享收益、共担风险的企业。

共同投资是各方投资者以资金、机器设备、厂房、土地使用权、工业产权、专有技术或劳务等财产投资经营。财产一般是按照法律规定和当事人的约定比例予以确定。共同经营是指各方在合资企业运转过程中，互相协调，密切配合，共同参与经营管理活动。共负盈亏是指各方按照法律规定或合同约定的比例享受收益和分担风险。一般是各方仅以自己的出资额为限承担责任。

合资企业是当代国际经济合作中最普遍的投资方式，东道国一般为这些企业提供优惠措施。国际合资公司一般采取两种形式，即股权式合资企业和契约式合资企业，虽然这两种合资形式的企业都是外国投资者和东道国企业共同出资组建的企业，但是两者在投资方式、法律地位、组织形式、管理模式、利益分离及责任风险等方面都有所不同。

（1）股权式合资企业（Equity Joint Venture）。股权式合资经营企业是由两个或两个以上国家的国民或企业按照所在国的法律联合起来，由各方提供资金、设备、技术知识，共同经营的以盈利为目的的企业，股权式合资企业是遵照东道国国家法律设立的经济实体，具有法人资格，包括有限责任公司或股份有限公司。

股权式合资企业要求投资各方以股权方式共同投资设立，公司的全部资本可为若干等额股份，并在市场公开发行和自由转让；公司以其全部资产对公司的债务负责，股东责任仅限于他们各自的出资额；绝大多数的公司所有权和管理权相分离。

（2）契约式合资企业（Contractual Joint Venture）。契约式合资企业，亦称合作经营企业，它是由跨国公司和东道国投资者根据东道国的有关法律以各自的法人身份共同签订合作经营合同，在合同中对合作各方的投资条件、经营方式、收益分配、责任风险做出明确的规定。这种投资方式基本特征是：合作各方义务的基础是合同，而不是股权。

契约式合资企业的基本形式有两种：一是“法人式”合作经营企业，即合作各方依据合同组建经济实体，该企业具有东道国法人资格；二是“非法人式”合作经营企业，即合作各方通过合同组建一个松散的合作经营联合体，不具有东道国的法人资格，也没有独立的财产所有权和经营权，资产所有权仍然归合作方各自所有。

（3）非股权经营。非股权经营是指跨国公司通过签订合同，不采用股权方式，向东道国企业提供技术、管理、销售渠道等服务形式，参与企业的经营活动。由于其本身的特点和优点，非股权经营越来越多地进入发展中国家。由于发展中国家与发达国家经营环境存在明显的差别，发展中国家的经济政策、投资环境和市场完善程度不能满足跨国公司在股权参与方面的要求，使发达国家的跨国公司不愿花费过大的成本在发展中国家进行独资或合资经营，而采用非股权经营的方式进入发展中国家。

与股权经营方式相比，非股权经营方式对发达国家的跨国公司来说，其好处在于跨国公司不用在东道国直接投资，减少了经营风险。跨国公司不投资金，不用承担东道国企业财务风险。跨国公司依靠转让技术、提供服务、合作生产来获取较高利润；跨国公司依仗其技术、管理、生产和营销上的优势容易对东道国企业实行一定程度的控制；不易激起民族主义的排外情绪，减少政治风险。

这种非股权经营方式对东道国来说，不仅更多地拥有对企业的控制权，而且可以获得先进技术、管理经验、营销技巧和有关产品等。

跨国公司的非股权经营形式最常见的有许可证贸易、合同安排和技术咨询三种。

许可证贸易是指跨国公司通过协议，允许东道国企业使用某种工业产权或专有技术等，并获取一定利润的方式。许可证贸易涉及的工业产权和技术通常包括专利、商标、专有技术或专门知识等内容。在许可证贸易项下，卖方在一定条件下允许买方使用其发明技术、商标、专有技术或专门知识，买方从卖方取得制造、销售某种产品的权利，得到相应的技术知识，同时按协议支付一定的技术使用费并履行有关义务。

合同安排是指跨国公司以承包商、代理商、销售商和经营管理者的身份，通过承包工程、经营管理等方式参与东道国企业的经营活动，获取一定报酬的经营方式。此类合同安排包括管理合同、特许代理合同、提供成套设备合同、交钥匙工程项目合同、分包合同与劳务输出合同等多种形式。

技术咨询是指跨国公司对东道国企业存在的技术问题或技术论证方案提供咨询和论证等技术性服务。此类服务内容很广泛，有收集信息、预测趋势、拟订计划、制订方案、协助决策、承包项目、组织实施、验证实效等。

## 三、对跨国公司的国际管制

由于跨国公司拥有雄厚的资本，根据其全球战略在世界范围内追逐高额利润，对母国和东道国的经济、政治、法律与外交都产生了巨大影响，同时，在世界范围内也产生了巨大影响，因此，引起了各国与一些国际组织的极大关注。对跨国公司的活动进行国际监督和管制，以消除其消极影响，是国际社会特别是发展中国家的共同要求。

1972 年，经过联合国经社理事会的一致同意，决定研究跨国公司对世界发展和国际关系的影响。1974 年 12 月联合国经社理事会通过决议，成立了跨国公司专门委员会，并设立了“跨国公司中心”作为其业务执行机构，把制定跨国公司行动守则列为优先项目。1975 年跨国公司委员会建立了政府间行动守则工作组，负责拟订工作。具体拟订工作从 1977 年开始，到 1982 年政府间工作组向委员第八次会议提交了载有守则草案文本的最后报告，即《联合国跨国公司行动守则（草案）》（以下简称《行动守则（草案）》）。

《行动守则（草案）》包括序言和目标、定义和适用范围、跨国公司的活动和行为、跨国公司的待遇、政府间合作、守则的实施六个主要部分。

### （一）跨国公司的活动

关于跨国公司活动的规范是《行动守则（草案）》的核心部分。它从“一般性和政治性问题”，“经济、财务和社会问题”以及“资料公开”三个方面对跨国公司的权利和义务作了系统的规定，大体上确立起有关跨国公司各项活动和行为之准则的基本框架。但是，这一部分也有一些关键性问题尚未解决。例如，关于国家的永久主权、关于跨国公司不应干涉东道国的内部事务等。

### （二）跨国公司的待遇

这一部分主要论及所在国对跨国公司的一般待遇、国有化和补偿、管辖权和争端解决，其目的是确立判断东道国对跨国公司待遇的适当和合法的标准。《行动守则（草案）》承认各国有权管制跨国公司的进入和设立企业；有权对其领域内的跨国公司财产实行征用或国有化，并支付补偿；跨国公司的实体受所在国管辖。与此同时，跨国公司应享有公正平等的待遇。但是，跨国公司的待遇问题在国际经济关系中是最有争议的问题，希望通过《行动守则（草案）》对其规定出一个普遍认同的国际标准是很困难的。因此，这一部分仍有许多问题尚未解决。

### （三）政府间合作和守则的实施

《行动守则（草案）》强调政府间合作对实现其目标具有非常重要的作用。因此，为这种合作及其在国家层面和国际层面上的实施规定了一个框架。另外，《行动守则（草案）》还建立了定期审查守则的程序。上述这些规定一起构成支配守则实施的途径。

关于《行动守则（草案）》的法律性质，发展中国家和发达国家间存在着分歧。发展中国家主张守则应当是一个有法律约束或强制性的文件。而发达国家则认为，守则应当是自愿或非强制性的。联合国经社理事会则主要强调一个“有效的、综合的、普遍接受和采用”的守则。最后，守则是以联合国大会决议的形式作为自愿性文件通过的。它的主要作用是为东道国管制跨国公司的活动提供一套基本准则，并且有助于协调某些领域中的国内立法。

## 本章小结

商事组织的法律形式：个人企业、合伙、公司。

合伙与合伙企业法：合伙企业的设立，合伙企业的内部和外部关系，合伙企业的变更、解散和清算，有限合伙。

公司法：公司的设立，公司资本，公司的合并、解散与清算。

股份有限公司：股份有限公司的概念与特征、股份有限公司的设立、股份有限公司的股份、股份有限公司的组织结构。

跨国公司：跨国公司的特征、跨国公司的基本组织形式、并购东道国企业、创建外国企业。

对跨国公司的国际管制：《联合国跨国公司行动守则（草案）》

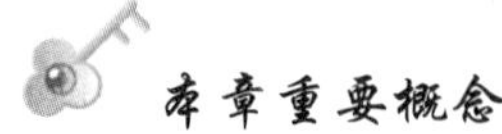

## 本章重要概念

商事组织　　个人企业　　合伙企业　　有限合伙　　法定资本制
授权资本制　　股份有限公司　　跨国公司　　横向并购　　混合并购
股权式合资企业　　契约式合资企业

## 本章思考题

1. 独资企业与合伙企业各有什么特点？
2. 合伙人相互间有哪些权利和义务？
3. 公司企业具有哪些特征？
4. 公司章程一般包括哪些内容？
5. 试述公司设立的程序。
6. 有限责任公司设立的原则和方式有哪些？
7. 有限责任公司的特征有哪些？
8. 股东享有哪些权利和义务？
9. 比较股东大会与董事会的职权。

## 案例分析

**【案例一】　　　　C与B之间是否存在合伙关系**

原告A曾与B签订一份书面公司，议定购买通过“约克车行”建造的布德莱克汽车，原告付清全部价款后，B没有交货即不见踪影了。原告认为被告C和B是合伙人，被告曾向“约克车行”无息投入85 000美元，并用为布德莱克汽车购买元件和其他设备的方式参与了经营。原告到“约克车行”时如逢B不在便总是与被告打交道，被告还从汽车销售中获取利润。被告则辩称，其所投入85 000美元属“贷款”，取得汽车销售款是“贷款”的偿还及购买部件等劳务的报酬。

**分析与思考：**

1. 你认为被告与B之间的合伙关系是否成立？为什么？
2. 法院可能做出怎样的裁决，其依据是什么？

案例来源：http://wenku.baidu.com/view/fc7085c0bb4cf7ec4afed042.html

**【案例二】　　　　B受让公司财产的行为能否对抗债权人**

原告A在为某建筑公司做工时受工伤，2006年4月便以该公司为被告，要求获得工伤赔偿金。2006年5月1日，该公司的唯一经理和股东B以减少公司对自己负债为由，将公司的所有财产转让给B公司，同天，B将该笔财产贷给自己的另一家公司——C公司。这样，尽管法院判决某建筑公司付给原告2万美元的补偿，但却因该公司分文不剩而无法执行，原告只得转而控告该公司财产的受让人——B 和 C 公司。初审法院认为，被告无责任而判决原告败诉，但上诉法院推翻了初审判决，原告获得胜诉。

**分析与思考：**

（1）上诉法院做出该判决的理由是什么？

（2）被告可能提出怎样的抗辩？

### 【案例三】　有限责任公司股东关于公司盈利分配的纠纷案

美国原告 A 与被告 B 把他们的一家合伙企业改设成一家新公司，A 拥有公司股份的 30%，B 拥有公司股份的 70%。公司成立以后不久，原告与被告对公司的一项根本政策发生了争议，被告意欲把公司收益用于对公司的再投资，而原告则想把收益作为红利或奖金分取。最后，公司以原告行为不力为由，解雇了原告，同时终止了其经济权益：工资打折扣，红利不分，而其资本出资则仍留在公司。原告向法院提起诉讼，控告被告的行为非法、不公正且有欺诈性，要求法院解散公司。原审法院命令公司解散，被告就此提起上诉。

**分析与思考：**

（1）被告提起上诉的法律依据是什么？

（2）法院可能做出怎样的裁决？其依据是什么？

### 【案例四】　合伙企业解散时合伙人的债务清偿责任

甲、乙、丙三人于 2008 年分别出资 2 000 英镑、4 000 英镑、6 000 英镑成立了合伙企业，经营奶酪、面包等食品加工业务，三人约定按出资比例分配利润和亏损。2010 年，乙提出退伙并抽出了本人的 4 000 英镑出资，此时，甲与丙核查了企业的账目，发现公司亏损 6 000 英镑。2001 年合伙企业因资不抵债宣布解散，甲与丙分了企业仅有的设备和一些产品。丁为合伙企业的债权人，听说此事后，找到甲要求其偿还债务，甲表示自己无力偿还，至多偿还自己的那一部分，即按约定的比例偿还 1 000 英镑，丁于是又找到乙，要求其偿还剩余的债务，乙表示自己早已退伙，不同意对合伙的债务承担责任，后丁又找到丙要求其承担相应债务，但丙却说，当初在合伙解散时，自己分到的较少，因为已经与甲约定好其不再为合伙债务负责，而由甲承担自己的那部分债务。

**分析与思考：**

（1）甲、乙、丙的说法是否正确？

（2）丁的债权如何能够得到实现？为什么？

（3）法院可能做出怎样的裁决？

### 【案例五】　股份有限公司筹资的法律权限

甲股份有限公司是上市公司，经济效益良好。为了进一步筹集生产经营资金，该公司准备发行公司债券，由董事会制订了方案，做出了决议。经过向国务院证券管理部门申请，获得批准。公司于是一次性发行可转换为股票的公司债券 3 000 万元人民币，此时公司的净资产额为 6 000 万元人民币。债券发行后，由于市场竞争激烈，公司产品积压，销售不旺，出现亏损，公司便将筹集的债券用于弥补亏损，但仍然不能扭转亏损的局面。董事会于是决定，向社会公开发行新股，以募集资金，并决定采取溢价发行、平价发行、低价发行三种方式，由公司成立销售部专门负责销售所发行的股票。另外，考虑到将来公司债券到期后还要还本付息，公司于是要求所有债券持有人转换为公司的股票，从而与公司共担风险。

**分析与思考：**

（1）甲公司发行公司债券有无不妥之处？为什么？

（2）甲公司发行公司债券筹集的资金可否用于弥补公司亏损？为什么？

（3）甲公司发行新股的决定和方式有无不妥之处？为什么？

（4）甲公司能否发行新股？为什么？

（5）甲公司可以要求所有债券持有人转换成公司股票吗？为什么？

**【案例六】　　有限责任公司成立的法律规定**

北京A公司、B公司与海南C公司准备成立一个有限责任公司，从事建筑装饰材料的生产经营。其共建方案的要点为：该公司的注册资金为4 000万元人民币，其中A公司以土地使用权（以出让方式取得）作价出资1 000万元；B公司以工业产权作价出资900万元，另出资人民币300万元；C公司以人民币出资1 800万元。

**分析与思考：**

（1）这家公司的股东人数是否符合公司法的要求？

（2）A公司以土地使用权出资是否可以？

（3）B公司以工业产权作价900万元出资是否符合公司法的规定？

（4）A公司以土地使用权出资，B公司以工业产权出资，是否要办理财产转移手续？

案例来源：http://www.321txkj.com/ask/question_1575963.html

**【案例七】　　合同是否有效**

2000年10月26日，某市甲公司与日本乙株式会社签订了建立中外合资经营企业（以下简称丙合营企业）合同书一份。双方在合同中约定：双方共同制订合营企业可行性报告，起草合同、章程。但是，同年12月1日，甲公司为中方合资企业，单方起草了合营合同、章程及可行性研究报告，并将双方于同年10月26日所签订合同中的外方签名、盖章复制到合营合同上，然后把上述材料报送审批机关。在上述合营合同、章程中，甲公司对双方投资方式和出资额、出资比例作了对自己有利的重大修改。同年12月6日，审批机关对合营企业颁发了批准证书。之后，丙合营企业领取了《企业法人营业执照》。2001年4月，乙株式会社经调查，对合营合同所载的双方出资额、投资比例提出异议，丙合营企业并于同月19日召开董事会，双方经协商重新签订了合营合同和章程。但在重新签订的合资合同和章程尚未报送审批机关前，乙株式会社于同年5月15日向甲公司发出书面通知，指出因其在举办公司过程中存在欺诈行为，要求解散合营企业。

**分析与思考：**

（1）甲、乙双方在2001年4月19日重新签订的合营合同、章程是否有效？

（2）乙株式会社要求解散合营企业的要求是否合法？

**【案例八】　　甲公司的基本构想是否符合法律规定**

甲公司欲作为发起人募集设立一股份有限公司，其拟定的基本构想包括以下内容：

（1）为了吸引外资，开拓国际市场，7个发起人中有4个住所地为在境外的发起人，这为公司的国际化打下了良好的基础；（2）公司的注册资本是8 000万元，其中7个发起人认购2 500万元，由于公司所选项目有非常好的发展前景，其余的5 500万元向社会公开募集；（3）由于是募集设立的股份有限公司，因此所有的出资必须是货币；（4）由于发起人认为发行工作很重要，因此决定成立专门小组，自己发行股份；（5）认股人在缴纳股款后，在任何情况下，都不可以要求发起人返还股款；（6）创立大会可以根据需要，结合市场情况由发起人决定召开的时间；（7）如果公司不能设立，发起人和缴足股款的认股人会共同承担相应的法律责任。

**分析与思考：**

甲公司拟定的基本构想中哪些不符合法律规定？为什么？

案例来源：叶朱，樊清玉．经济法[M]．北京：中国财政经济出版社，2011.

**【案例九】　A公司的投资人撤资**

甲乙共同成立A有限责任公司（简称A公司），注册资本200万元，其中甲持有60%的股权，乙持有40%的股权。2011年8月25日，A公司聘请李某担任公司总经理，负责公司日常经营管理。双方约定，除基本工资外，李某可从公司每年税后利润中提取1%作为奖金。同时，A公司股东会决议：同意李某向A公司增资20万元，其中，李某以其姓名作价10万元出资，其余10万元出资以李某未来从A公司应分配的奖金中分期缴纳。

2012年1月8日，乙要求退资。经股东会同意，1月20日，A公司与乙签订退资协议，约定A公司向乙返还80万元出资款。1月28日，A公司向乙支付80万元后，在股东名册上将乙除名，同时，A公司宣布减资80万元，并向债权人发出了通知和公告。债权人丙接到通知后，当即提出异议，认为股东出资后不得撤回，并要求A公司立即清偿债务。A公司则以丙的债权尚未到期为由拒绝清偿。

**分析与思考：**

（1）李某可否以姓名出资？并说明理由。

（2）李某以未来可分得的奖金分期缴纳出资款是否符合法律规定？并说明理由。

（3）丙以股东出资后不得撤回为由反对乙退资的主张是否成立？并说明理由。

（4）丙是否有权要求A公司清偿未到期债务？并说明理由。

案例来源：叶朱，樊清玉．经济法[M]．北京：中国财政经济出版社，2011.

**【案例十】　公司运营过程中的风险**

甲股份有限公司董事会由7名董事组成。某日，公司董事长张某召集并主持召开董事会会议，出席会议的共6名董事，董事会会议做出如下决议：（1）增选职工代表李某为监事；（2）为拓展市场，成立乙分公司；（3）决定为其子公司丙与A企业签订的买卖合同提供连带责任保证，该保证的数额超过了公司章程规定的限额。在讨论该保证事项时，只有董事赵某投了反对票，其意见已被记载于会议记录。其他董事均认为丙公司经营状况良好，信用风险不大，对该保证事项投了赞成票。出席会议的全体董事均在会议记录上签了名。

乙分公司依法成立后，在履行与丁公司的买卖合同过程中与对方发生纠纷，被诉至法院。法院判决乙分公司赔付货款并承担诉讼费用。乙分公司无力清偿，丁公司转而请求甲公司承担责任。

丙公司在其与A企业签订的买卖合同债务履行期届满后未履行债务，A企业要求甲公司承担保证责任。甲公司因承担保证责任而遭受严重损失。

**分析与思考：**

（1）董事会会议决议增选职工代表李某为监事是否符合法律规定？简要说明理由。

（2）丁公司请求甲公司承担责任是否符合法律规定？简要说明理由。

（3）对于甲公司因承担责任而遭受的损失，与会董事应如何承担法律责任？

## 学生课后参考阅读文献

[1] 秦雷，陈元刚. 经济法[M]. 北京：清华大学出版社，2010.

[2] 王伯平，郑煜，等. 经济法[M]. 北京：北京交通大学出版社，2013.

[3] 周新军，刘晓蔚. 国际商法[M]. 北京：清华大学出版社，2014.

[4] 沈四宝. 国际商法[M]. 北京：对外经济贸易大学出版社，2014.

[5] 周黎明. 国际商法：理论与实务[M]. 北京：北京大学出版社，2014.

[6] 沈四宝，刘刚仿. 国际商法[M]. 北京：中国人民大学出版社，2015.

# 第八章　票　据　法

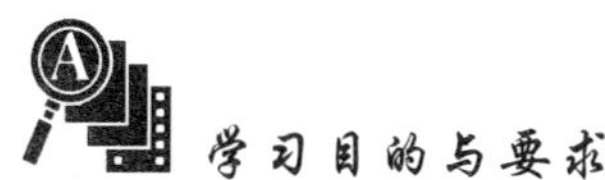

## 学习目的与要求

票据是保证国际贸易中买卖双方国际结算顺利进行的有效工具，票据法是保障国际贸易双方权利和义务有效履行的手段。通过本章的学习，了解国际贸易中票据的种类、国际票据统一法的相关规定；掌握汇票的种类、汇票的出票、汇票的背书、汇票的提示、汇票承兑、汇票保证、汇票的付款、汇票、本票和支票；了解联合国国际汇票和国际本票公约。

## 开篇案例

【案情】

1998年1月，湖南天易公司与福建华茂发展公司签订了名为联营实质上是借贷性质的《联营合同》，约定华茂公司向天易公司借款人民币500万元，湖南交通银行衡阳某分行（下简称为交行）对该借款作担保并给天易公司出具了担保书。之后，天易公司签发了以浙江某服装厂为收款人，到期日为1998年8月底的500万元商业汇票一张，还同该厂签订了虚假的《购销合同》，将该汇票与合同一并提交给农业银行某县支行（以下简称为农行）请求承兑，双方签订了《委托承兑商业汇票协议》。天易公司告知农行拟使用贴现的方式取得资金，并承诺把该汇票的贴现款项大部分汇回该行，由该行控制使用。其后，该农行承兑了此汇票。而后收款人浙江某服装厂持票到建设银行浙江某分行贴现，并将贴现所得现款以退货款形式退回给天易公司，后者则按《联营合同》的约定，将此款项全部借给华茂发展公司。汇票到期后农行以受天易公司等诈骗为理由拒绝付款给贴现行，而当天易公司要求华茂发展公司及交行归还借款时，该行则以出借方签发汇票套取资金用于借贷不合法为由，拒绝承担保证人责任。

【分析】

（1）天易公司的出票、农行的承兑、浙江某服装厂向建行浙江某分行的贴现，构成了本案中的汇票的出票人、收款人、承兑人、背书人及被背书人之间的一系列的票据债权债务关系，即本案的票据关系。

（2）在本案中存在以下几种非票据关系。

① 票据原因关系。将套取的资金用于非法借贷是本案中一系列出票、承兑等票据行为的真正原因，它们在本案中是以各种合同关系体现出来的。

② 票据资金关系。该关系以天易公司同农行某县支行签订的《委托承兑商业汇票协议》体现出来。

（3）农行和交行的理由均不能成立。因为付款人一旦承兑，其即成为确定的付款人，承担保证到期支付票款的责任，不得以资金关系抗辩善意的持票人。交行是票据基础关系的当事人，同样不得以他人的票据关系系非法来作为借贷担保关系的抗辩理由。本案中，天易公司与华茂发展公司的借贷关系显然是无效的，交行应依法就其过错承担赔偿责任。

案例来源：http://www.ahc99.com/archives/96

# 第一节 票据法概述

## 一、票据的产生及其经济作用

### （一）票据的起源

票据是指某些可以通过交付或背书转让，以实现非现金化流通的书面有价证券。它是适应商业上的需要发展起来的。从历史上看，票据最早萌芽于古希腊罗马时代，当时称为字笔证书。这种证书的持有人要求债务人偿还债务时，必须提示证书，并须于债务偿清后将证书退还债务人。随着经济的发展，从12世纪起，在意大利的一些城市，票据已颇为流行。当时意大利的沿海城市航海贸易相当发达，为了便于贸易，减少现金输送的麻烦和风险，兑换业便应运而生。当地的兑换商通过发行票据从事货币兑换业务，并使用票据作为隔地付款的证券。目前在国际贸易中普遍使用汇票或本票进行结算，票据的使用范围更加广泛。

### （二）票据的经济作用

票据能够在世界范围内广泛的使用，是因为它在经济上有独特的作用，能为当事人提供一定的方便或好处。其经济作用主要有以下几方面。

**1. 汇兑的作用**

在商业交易中，交易双方往往分处两地或异国，一旦成交，就要向外地或外国输送款项供清偿之用，在这种情况下，输送现金不仅麻烦而且风险很大。使用票据来代替现金流通，就能克服现金结算在空间上的障碍。票据的这种作用，在国际贸易中显得更为突出。因为国际贸易的双方当事人往往分处两国，交易金额大，如果不使用票据，每笔交易都要输送大量现金进行结算，其困难是很大的。

**2. 信用工具的作用**

在商业交易中，交易的一方有时由于资金紧张会要求对方提供信用，以保证正常经营所需资金的需要。例如，在国际贸易中，卖方向买方开立一张出票后60天付款的远期汇票，由买方承诺后于到期日支付；或由买方向卖方开出 60 天后付款的汇票，这就给予买方相当于60天的信贷期，可以达到短期信贷和延期付款的目的。同样，若卖方急需款项，也可将汇票背书转让或向银行贴现，取得所需资金。这就为交易双方资金的流通提供了便利。

**3. 支付工具的作用**

票据最原始最简单的功能是作为支付工具，代替现金使用。以票据作为支付工具，可以节省通货，减少货币发行量；还可以减少不必要的携带和点检大量现金的麻烦，达到资金运转安全、迅速、准确的目的，提高资金的使用效益。

**4. 结算手段的作用**

利用票据进行债权债务的结算，也是票据的重要作用之一。票据的这种作用，又称作债务抵消职能。现代商品交易日趋发达，其债权债务的结算若均以现款汇兑颇为困难。利用票据进行结算，不仅简化了手续，而且保证了交易安全。尤其在现代国际贸易中，各国都越发广泛实行票据交换制度，不仅在同一城市内设立了票据交换中心，国际上各大贸易中心也都设立了票据交换所，利用票据进行国际结算。

**5. 融资手段的作用**

票据的最新作用，是用作融资手段。由于汇票和本票的付款都是在将来的一定日期。未到期前，持票人可能发生资金运用困难的情况，为调度资金，持票人可以将持有的未到期票据以买卖方式转让给他人。这种未到期票据的买卖，就是票据贴现。票据贴现是利用票据融通资金的一种有效方式，现代多由专业银行经营此项业务，中央银行经营再贴现。银行经营贴现业务，实际上就是向所需资金的企业提供资金。随着票据贴现制度的出现，票据作为融资手段的作用日益重要。

通过以上分析可知，虽然票据可以代替现金流通，但本身并不是货币，二者之间仍有区别。票据所依靠的是出票人、承兑人或是背书人的私人信用，不具有法定货币的强制流通效力。因此，当债务人以法定货币清偿债务时，债权人不能不接受，但如果债务人准备以票据清偿债务时，则必须征得债权人的同意，否则债权人可以拒绝接受。

## 二、票据的概念及其法律原则

### （一）票据的概念

票据又称流通证券，是权利财产的一种，其全部权利必须依据票据的交付或背书而合法转让，善意的受让人得享有票据上的全部权利，不受其前手的权利瑕疵的影响。

### （二）票据的法律原则

为了保障、促进票据的流通使用，维护票据交易的安全，各国都规定了票据的基本原则，具体如下。

**1. 票据应以迅速、简便的方式转让**

为使票据能够迅速、简便地转让，各国票据法采取两种规定方式：（1）规定票据为要式证券。票据的格式是法定的，这样易于辨认和接受以节省时间。（2）票据仅凭交付或适当背书后支付即可转让，而无须通知票据上的债务人。

票据的转让与民法上的债权转让是不同的。后者的转让以通知债权人为转让生效和对抗第三人的条件，如果转让时没有通知债务人，债务人仍对原债权人清偿，而不向受让人清偿。票据的转让要简单、方便得多，一张票据经多次转让后，最后的持票人有权要求票据上的债务人向其清偿而不必通知债权人。

**2. 票据关系与基础关系相分离**

票据是一种无因证券，票据关系与基础关系相脱离。

票据关系是指基于票据行为而产生的债权债务关系。票据行为包括出票、承兑、背书、保证、付款、追索等行为；不同的票据行为有不同的票据上的债权人和债务人，他们之间会因票据种类和票据的流通转让而转化或混同。

按照票据法的一般原则，票据债务人是在票据上签字的人，包括出票人、承兑人、背书人、付款人等。付款人是主债务人；其他人是从债务人。票据债权人是指票据关系中的收款人。

为了保证票据的流通，票据关系必须与基础关系相脱离，以使票据不因债权人、债务人的变化而引起基础关系的变化，影响到票据关系，并进而对票据的流通性造成障碍。

基础关系是指虽然与票据有某种关联，但却处于票据之外的关系，包括原因关系和资金关系。

（1）原因关系。票据的原因是指当事人之间发行票据或转让票据的依据或缘由。票据的发行或转让总是有其一定的原因的，任何人不会没有原因地开出一张票据，或把票据转让给别人。票据的原因有多种多样，可能是为了支付购买货物的价金，可能是借贷，可能是为了担保，也可能是赠与关系，这些关系就是票据的原因关系。虽然票据的发行或转让都以某种原因为依据，但是各国票据法都认为，票据上的权利义务关系一经成立，即与原因关系相分离，不论其原因关系是否有效，是否存在，都不影响票据的效力。

但是，有一个例外，即原因关系与票据关系相牵连，这在票据的直接当事人之间表现得更为明显。例如，买卖双方订立一个买卖合同，买方为支付货款开立一张本票给卖方；卖方在不交货的情况下提示付款时，买方可以未交货为由拒不付款，提出抗辩。这是为了维护公平与诚信原则。但是，若卖方将本票转让给第三人，买方就不能对抗支付的善意第三人，不能以原因关系存在缺陷影响票据关系。

（2）资金关系。票据的资金关系，是指汇票或支票的付款人与出票人之间的资金补偿关系。本票是自付票据，不存在资金补偿问题。付款人之所以接受出票人的命令或委托，愿意为其付款或承兑，是由于他们之间的某种约定，如出票人在付款人处有存款，付款人对出票人负有债务，出票人与付款人之间订有信用合同等。

资金关系作为票据的基础关系，也是与票据关系相分离的。大多数国家的票据法认为，资金关系的存在或有效与否，原则上不影响票据的效力。这是为了保证票据的正常流通所需要的。

**3. 强调保护善意第三人**

为保证票据的流通转让，各国票据法都对善意第三人提供充分的保护。在票据转让中，善意第三人（受让人）享有优于其前手（让与人）的权利，不受其前手权瑕疵的影响。这是票据的流通转让（Negotiation）与民法上的债权让与（Assignment）的重大区别。民法上的债权让与，如原债权有瑕疵，则这种瑕疵也随同债权让与，由让与人移转给受让人。如甲丢失了一件财物，乙拾到后将其转卖给丙，甲一旦发现，有权要求丙返还此物。因为乙对此物不享有合法的权利，丙因而也不能取得对该物的合法权利。但如果乙拾到甲开出的无记名汇票，将其转让给丙，只要丙是善意的持票人，甲就不能要求丙返还汇票。

持票人是指票据的占有人，即票据的收款人、被背书人或空白汇票持有人。受票据法保护的善意第三人，泛指支付对价的持票人和正当持票人、合法持票人以及受保护的持票人。

英国汇票法对支付对价的持票人和正当持票人给予保护。支付对价的持票人（Holder for Value），是指为取得票据而支付一定对价（金钱、货物、劳务等）的人，所付的对价与票据金额无须相等；取得票据是未付对价，但其前手确曾支付对价者，也可视为支付对价的持票人。正当持票人（Holder in Due Course），是指以善意并支付对价，取得票面完整、未过期票据的合格持票人，该票据未曾被退票（拒付），其前手在权力方面也没有任何缺陷。根据《英国票据法》第29条规定，持票人（不论是否付对价）如从正当持票人处取得汇票的所有权，而其本人又不是对汇票有影响的欺诈或非法行为的参与者，则对承兑人和所有该持票人的前手当事人而言，具有该正当持票人所有的全部权利。

《日内瓦统一汇票本票法》保护合法持票人（Lawful Holder）。该法第16条和第17条规定，所谓合法持票人是指以背书的连续证明其对票据所有权的持票人。日内瓦统一法认为，票据是要式不要因的证券，在法律上无须对价或约因支持，这是它和英美票据法不同的地方。

联合国国际汇票和本票公约规定受保护人的持票人（Protected Holder）应具备以下条件：（1）持票人在取得票据时，该票据是完整的；（2）他在成为持票人时，对有关票据责任的抗辩不知情；（3）他对任何人对该票据的有效请求权不知情；（4）对该票据曾遭拒付的事实不知情；（5）该票据未超过提示付款的期限；（6）持票人没有以欺诈、盗窃手段取得票据，也没有参与与票据有关的欺诈或盗窃行为。

**4. 票据是一种要式的证券**

所谓要式是指票据的做成必须符合法定的形式要求，如果不符合法定的形式，就不能产生法律效力。各国法律对于票据所必须具备的形式条件都作了具体的规定，这些规定都是必须遵守的，当事人不能随意加以变更。这是因为票据是一种流通证券，其权利义务关系完全根据票据上的文义来确定，如果票据上的记载事项不统一，或者对其中某些重要事项记载不明确，则当事人之间的权利义务就无法确定，票据的流通性也会受影响。

## 三、票据的种类

关于票据的分类，由于各国体制不同，对票据的种类的规定也不一致。英国1883年《票据法》规定，票据包括汇票、支票和本票三种；现行的《美国统一商法典》将票据分为汇票、支票、本票，同时还规定"存款单"也是流通票据；大陆法系的德、法、意、瑞士等国的法律及海牙1911年《统一法则》、日内瓦1930年《统一汇票支票法》则将票据法分为汇票和本票，支票是与之并列的另一种有价证券，并独立立法。

无论是采取分离主义，还是采取立法主义，现代社会中，票据一般泛指汇票、本票和支票三种。

（1）汇票与支票是委托式的票据，它是由出票人签发的，委托付款人于规定的时间无条件地向收款人支付一定金额的流通证券。因此，汇票与支票都有三个当事人，即出票人（Drawer）、收款人（Payee）和付款人（Drawee）。

支票与汇票的主要区别在于，支票必须以银行为付款人，而汇票的付款人则不以银行为限，既可以是银行，也可以不是银行。

（2）本票是允诺式的票据，它是由出票人允诺于规定时间无条件地由他自己向收款人支付一定金额的流通证券。所以，本票只有两个当事人，即出票人和受票人。本票的出票人本身就是付款人。

## 四、西方各国票据法的编制体例及其体系

西方各国都订有票据法，但各国票据法的编制体例不同。英国、德国、奥地利、瑞典等国，采取单行法的办法，专门制定了关于票据的单行法规。法国、比利时、日本等大多数国家则把票据列入商法典内，作为商法典的一个组成部分。美国于1896年由统一州法全国委员会参照英国票据法制定统一流通证券法，规定汇票、本票和支票。1952年，美国《统一商法

典》公布，把有关票据的法律规定编入第三篇，取代统一流通证券法成为新的票据法，并已为各州相继采用。瑞士则把票据法编入债务法典内，作为债务法的一部分。

西方各国的票据法在本质上是相同的，但在某些具体法律制度方面也存在着不少的分歧和差异，在日内瓦统一票据法制定以前，大致可以分为以下三个法系。

### （一）法国法系

法国的票据法历史最早，在1673年法国商事条例中就有关于票据的规定，是近代成文法票据制度的先例。1807年的《法国商法典》仅规定汇票和本票；1865年，随着银行业的发展，又制定了支票法。法国票据法强调票据代替现金输送作为汇兑工具的作用，但忽视了票据的流通和信用的功能。1935年，法国为适应国际贸易发展的需要，根据日内瓦统一票据法，公布了票据法和支票法的修正法案。属于法国法系的国家主要有比利时、荷兰、葡萄牙及一些拉丁美洲国家。

### （二）德国法系

德国票据法于1871年4月16日公布施行。其内容仅包括汇票和本票两种；支票法则于1908年另行制定。德国现行的票据法是1933年根据日内瓦票据法统一公约制定的票据法和支票法，德国票据法注重票据的信用功能与流通功能。其主要特点是：（1）强调票据关系与基础关系相分离，使票据成为不要因的证券；（2）采取严格的形式主义，具体规定票据的各项形式要件，凡不符合法定形式要求者，即不产生票据的效力。简言之，德国法认为票据乃是一种不要因而要式的有价证券。属于德国法系的国家主要有瑞士、瑞典、奥地利、荷兰、丹麦、挪威以及日本等。

### （三）英国法系

英国法系包括英国、美国以及受英国普通法（Common Law）传统影响的国家。英国票据法颁布于1882年，它是由英国学者查尔姆（Chalmer）在总结过去法院判例的基础上起草的。由于英国票据法制定的年代较晚，当时票据的流通已经相当普遍，票据作为流通手段和信用工具的作用已十分明显，因此，英国票据法的立法宗旨与法国票据法有明显的差别，而与德国法则比较接近。但对票据的形式要求，英国法有一定的灵活性，而且比较注重实际，不像德国法那样严格。英国票据法的主要特点是，强调票据的流通作用和信用功能，保护正当执票人的利益。其具体体现是把票据关系与其基础关系严格区别开来，即不问对价关系或资金关系如何，凡善意的票据受让人均受到法律的保护。因此，尽管在习惯上英国的票据仍往往载有对价文句（Value Received），但英国法并不以在票据上载明对价文句作为票据有效的必要条件，而且还认为凡是正当执票人都准定为已经支付了对价而取得票据的人。英国票据法的这些原则，对于促进票据的流通，加速社会的资金周转都是有利的。

以上三个法系中，法国票据法由于制定得较早，注重票据支付金钱的汇兑功能，强调票据只是证明基础关系的契约；而德国和英国的票据法形成较晚，重视票据的流通和信用，严格区分票据关系和资金关系，因而有利于票据功能的发挥。

## 五、国际票据统一法

各国票据法的差异影响了票据的国际流通，也影响了以票据为结算工具的国际贸易的发展。自 19 世纪后期起，国际法协会（ILA）和国际法学会（IIL）几次提出统一票据法的草案。1930 年和 1931 年，国际联盟理事会先后两次在日内瓦召开国际票据统一法会议，通过了四项关于统一票据法的日内瓦公约，这就是：

（1）1930 年关于统一票据和本票的日内瓦公约。

（2）1930 年关于解决汇票与本票的若干法律冲突的公约。

（3）1931 年关于统一支票法的日内瓦公约。

（4）1931 年关于解决支票的若干法律冲突的公约。

此外，还通过了关于统一汇票、本票以及支票印花税法公约。现在，大多数欧洲国家和日本以及某些拉丁美洲国家已经采用了上述各项日内瓦公约，有些国家还以上述公约为基础，对本国的票据法进行了修订，如 1933 年德国修订了票据法及支票法；1935 年法国修订了商法典中关于汇票及本票的规定；1936 年瑞士修订了债务法中有关有价证券的规定等。此后，大陆法系各国的票据法即逐步趋于统一，法国法系与德国法系之间的分歧已逐步消失。但是，英美两国未派代表参加日内瓦会议。他们认为，日内瓦公约主要是按照大陆法的传统制定的，与英美法的传统和实践有矛盾，如果参加日内瓦公约，将会影响英美法系各国之间已经实现的统一局面，因而一直拒不接受日内瓦公约。由于这个缘故，历史上存在的票据法有三大体系，现在已演进为日内瓦统一法系与英美法系并存的局面。

由于日内瓦统一票据法并未实现票据法统一的目标，自 20 世纪 70 年代起，联合国国际贸易法委员会着手拟定国际汇票和本票统一法公约草案。1988 年联合国第 43 次大会，通过了国际汇票本票公约。该公约由当事人选择适用，不具有强制力。联合国统一票据法对于协调票据法两大法系的差异，如关于票据的形式要求、对持票人的保护以及伪造背书的后果等，作了积极的尝试，反映了国际票据统一法运动新的发展。但该公约至今尚未生效。

# 第二节　汇　票

## 一、汇票的概念与特征

### （一）汇票的概念

日内瓦统一汇票法以及德日等大陆法国家的票据法都没有关于汇票的定义。英美法国家的票据法大多对汇票的定义作了规定。《英国汇票法》（1882 年）第 3 条规定：“汇票是一人签发给另一个人的无条件的书面命令，要求另一人于即日或于一定日期或于未来的特定期间内，向某人或向其指定的人或向持票人支付一定数额的金钱。”《美国统一商法》第 3-104 条也作了类似的规定。

我国《票据法》第十九条规定：“汇票是出票人签发的，委托付款人在见票时或者在指定日期无条件支付确定的金额给收款人或持票人的票据。”

### （二）汇票的特征

汇票具有以下特征。

**1. 汇票是一种委托他人付款的证券**

汇票关系的基本当事人有出票人、付款人和收款人三个。由出票人委托受票人，要求后者向收款人支付一定的金额。

**2. 汇票是一种无条件的支付命令**

汇票必须以书面形式做成，而且必须有出票人的签名；汇票的付款必须是无条件的。

**3. 汇票的金额必须确定**

汇票的支付标的必须是金钱而不能是金钱以外的其他物品。

**4. 汇票须于在规定的到期日无条件地付款**

汇票原始当事人的法律关系可以简单概括如下：汇票的出票人对付款人来说是债权人，而对收款人来说则是债务人。但是，汇票上的付款人之所以成为债务人，并不是由于出票人对他开立了汇票，而是取决于他本人是否在汇票上签了名。只有当付款人在汇票上签名（承兑），承担了付款义务之后，他才成为汇票的债务人。而且一旦付款人在票据上签名，它就成为该汇票的主债务人，而出票人则居于次要地位，成为从债务人。但在付款人在汇票上签名承认付款责任之前，汇票的债务人仍然是出票人而不是付款人。在对外贸易业务中，通常是由卖方作为出票人开立以买方为付款人的汇票，指定与其有往来关系的银行为收款人来结算货款。

## 二、汇票的种类

汇票按照不同的标准划分，可以分为不同的种类。

### （一）汇票以记载权利人的方式为标准划分

按此标准划分，汇票可以分为记名汇票、指示汇票和无记名汇票三种。记名汇票，又称抬头汇票，是指出票人在票面上明确记载收款人的姓名或者名称的汇票；指示汇票，是指出票人不仅在票面上记载收款人的姓名或名称，而且附有“或其指定的人”字样的汇票；无记名汇票，是指出票人在票面上没有记载收款人的姓名或名称的汇票。

区分记名汇票、指示汇票和无记名汇票的法律意义在于，持票人转让票据权利的方式不同。记名汇票只能依背书转让，且出票人或背书人可在票面上记载“禁止转让”字样；而无记名汇票仅依交付即可发生转让的效力；指示汇票可依背书转让，但出票人或背书人不得在票面上记载“禁止转让”字样。

### （二）汇票以付款日期的确定方式为标准划分

按此标准划分，汇票可分为即期汇票和远期汇票。

即期汇票是指见票即付的汇票。

远期汇票是指定有交付期，在该日期到来之时，始能请求付款的汇票。依约定日期的方法不同，远期汇票又可分为以下四种。

（1）定期汇票，即定期付款汇票，指出票人在签发汇票时，即在一定日期为到期日的汇票。

（2）计期汇票，即出票后定期付款的汇票，指出票人在签发汇票时，没有记载固定的到期日，而是记载出票后经过一定期间付款的汇票。

（3）注期汇票，即见票后定期付款的汇票，指出票人在签发汇票时，记载于票后一定时期付款的汇票。

（4）分期付款汇票，是指将汇票的金额分为若干部分，并分别确定到期日的汇票。

### （三）汇票以当事人中是否一人兼任两种以上身份为标准划分

按此标准划分，汇票可分为一般汇票和变式汇票。一般汇票是指出票人、付款人和收款人分别为不同人的汇票。变式汇票，是指汇票当事人中有一人兼有两种或两种以上身份的汇票。以当事人兼充的资格不同，变式汇票又可分为以下三种。

（1）指己汇票，又称己受汇票。是指出票人以自己为收款人的汇票。

（2）对己汇票，又称己付汇票。是出票人以自己为付款人的汇票。

（3）付受汇票，是指已付款人为收款人的汇票。

### （四）汇票以出票地和付款地为标准划分

按此标准划分，汇票可分为国内汇票和国外汇票。国内汇票，是指在本国签发并在本国支付的汇票，亦即在本国范围内流通的汇票；国外汇票，是指在本国签发国外支付，或在国外签发本国支付的汇票，即出票地和付款地不在同一国家的汇票。

### （五）汇票以出票人为标准划分

以此标准划分汇票可分为银行汇票和商业汇票。这是我国汇票法对汇票的分类。银行汇票是指汇款单位将款项交存当地银行，由银行签发给汇款单位持往异地办理转账结算或支付现金的票据。商业汇票是指由收款人或付款人签发，由承兑人承兑，并于到期日向收款人或被背书人支付款项的票据。

## 三、汇票的出票

### （一）汇票出票的概念

汇票的流通使用要经过出票、背书( Endorsement )、提示( Presentment )、承兑( Acceptance )、付款（Payment）等程序，如果汇票遭到拒付（Dishonour），执票人还要做成拒付书（Protest），依法行使追索权（Recourse）。

出票是指首次将格式完备的汇票交付给收款人的行为。这是产生票据关系的一种基本票据行为。出票包括两个内容：（1）由出票人制作汇票，并在其上签名；（2）将票据交付给收款人。如果出票人仅仅是制成了汇票，但并未把它交给收款人，那还不算是完成了出票行为，因为这时他还可以将手中的票据注销作废，使之不产生票据的关系，因此，只有当出票人把票据交给收款人时，出票行为才告完成，票据关系才告成立。

汇票的出票是基本的票据行为，汇票的背书、承兑、保证、付款、追索等都以出票行为作为基础和依据。

### （二）汇票出票的款式

汇票是一种要式证券，出票人在制作汇票时必须按照有关国家票据法的规定，把法定内容记载于汇票之上，才能产生票据的效力，如果欠缺法律规定所必须记载的事项，则该汇票就不能人为有效。现将各国票据法关于汇票必须记载的事项说明如下。

**1. 标明汇票字样**

德国法系各国及日内瓦公约都要求在汇票上必须标明汇票字样（Wechsel 或 Sola

Wechsel），学者称之为票据文句，其作用是使人们易于认清它是汇票，以免与其他种类的票据相混淆。但英美法系各国则不要求必须注明汇票字样。

**2. 汇票必须是无条件的支付命令**

汇票的付款必须是无条件的。如果在汇票上规定收款人必须完成某种行为或履行其某项义务后，付款人才予以付款，例如，如果在汇票上规定，“须于交付合格的货物后才付款”，那就是有条件的，这样的证券就不是汇票，不起汇票作用。按照英国票据法的规定，如果汇票上指定必须在某项特定的资金内付款（Payment Out of A Particular Fund），例如，如果在汇票上规定，“在出售某批纺织品所得收入中支付某甲 5 万英镑”，这种记载就表明付款是有条件的，因而这种汇票也是无效的。因为如果这批纺织品卖不出去，或者出售所得不足 5 万英镑，收款人就将得不到汇票上所规定的金额。

**3. 汇票上所载明的金额必须是确定的**

汇票是以金钱的支付为标的的债权证券，因而汇票的金额必须确定。按照英国票据法的规定，如果在汇票上载有利息条款、分期付款条款、汇率条款，或在分期付款的情况下规定，如果有一期不按时付款则全部金额应视为立即到期，都不影响汇票金额的确定性，都是有效的。

如果汇票上的金额以文字和数字来记载，而二者金额不符的，按照英国和日内瓦公约的规定，应以文字记载的金额为准。日内瓦公约还规定，如果汇票以文字和数字记载在一次以上而先后有不符时，则应以较小的数额为付款数额。我国票据法则规定，票据金额以中文大写和数字同时记载，二者必须一致，二者不一致，则票据无效。

**4. 必须载明付款人的名称**

由于付款人对汇票承兑后就成为汇票的第一债务人，负有到期付款的法律责任，因此，多数国家的票据法都规定付款人的名称为汇票的绝对必要记载事项。出票人可以指定银行或其他受托人为付款人，也可以以自己为付款人。

当出票人以自己为付款人时，这种汇票称为“对己汇票”。对于“对己汇票”性质，各国有不同的看法。英美法认为，对于这种票据，执票人有权选择把它作为本票或作为汇票处理。其他国家的法律有的把它视为本票，有的则把它视为汇票。

**5. 汇票的收款人**

汇票是否必须载明收款人的姓名，各国法律有不同的规定。英美法认为，汇票上可以指定收款人，也可以不指定收款人，而仅填写付给持有人字样（To Bearer），这种汇票称为无记名汇票或称来人式汇票，谁持有汇票就有权要求付款人支付票据上所记载的金额。但日内瓦公约则要求在汇票上记载收款人的姓名，原则上不承认无记名式的汇票。

按照英国的票据法，汇票上的收款人可以有限制性抬头、指示式抬头和来人式抬头三种写法。

（1）限制性抬头。例如，汇票上载明“仅付给 A 公司”或“付给 A 公司，不准转让”。此种汇票不能以背书的方式转让。

（2）指示式抬头。例如，汇票上载明“付给 A 公司或指定的人”。这种指示式抬头的汇票可以经过背书转让。

（3）来人式抬头。汇票上不载明收款人的姓名，而只写明“付给持有人”字样，这种汇票可以流通转让，而且在转让时无须由执票人背书，仅凭交付票据本身即可实现转让的目的。

汇票上的收款人通常都是出票人以外的人，但各国法律都允许出票人与收款人兼为同一个人。这种汇票称为“指己汇票”，在转让时须由出票人背书。

**6. 汇票的出票日期及地点**

日内瓦公约规定，汇票应当记载出票日期及地点，否则不得记为有效，但有一个例外，如果汇票上没有载明出票地点，则以出票人姓名旁的地点为出票地点。英美法各国则认为出票日期和地点并不是汇票必须记载的事项。如果汇票上没有填写出票日期，汇票仍然有效。

出票的时间和地点在法律上具有重大意义。出票日期对于出票日后定期付款的汇票具有确定付款日期的作用；而对于见票后定期付款的汇票则起着确定承兑提示期限的作用。按照一些国家的票据法的规定，付款提示和承兑提示都有一定的期限，这个期限是以出票之日起开始计算的。因此，如果汇票上没有载明出票日期，上述提示的期限就无法确定。

出票地点常和出票日期一起写在汇票的右上方。汇票如未载明出票地点，日内瓦统一法规定以出票人姓名旁的地点为出票地，英美法和中国台湾票据法则以出票人的营业所、住所或居住地为出票地。

汇票上宜写明出票地。因为国际贸易中使用的票据，出票地和付款地通常涉及两个国家，需要确定依据哪个国家法律来判定汇票的应记载事项，从而确定汇票的有效性。各国票据法多采用“出票地法”原则，即如依出票地法，票据已具备应记载的事项，则在付款地、背书地也应认为有效。我国《票据法》第九十八条对此也作了规定。

**7. 汇票的到期日**

汇票的到期日就是汇票所载金额的支付日期。按照英美等国的法律，到期日并不是汇票的法定条件，如果汇票上未载明到期日则作为见票据即付的汇票处理。日内瓦公约虽然规定汇票应载明付款的时间，但允许有例外，如未载明付款时间者，可视为见票即付。换言之，汇票即使没有载明付款时间，其效力亦不受影响。按照各国的法律，如汇票上的到期日适遇公休节日或假日，可顺延至下一个营业日。

汇票的到期日有以下四种方式。

（1）定日付款。即在出票时订明在某个日期付款。

（2）见票即付。即要求付款人在执票人向其提示汇票时付款。

（3）出票日后定期付款。即从出票日起算，于出票日后的一定期间内付款。

（4）见票后定期付款。即从执票人提示汇票后起算，于见票后的一定期间内付款。

按照英国票据法的规定，汇票的到期日可以是确定的期限或日期，也可以把将来肯定会发生但不能预先确定其发生确切日期的时间作为汇票的到期日。

**8. 汇票的付款地点**

在汇票的付款地点上，各国法律的规定有所不同。英国票据法认为，票据上不一定要载明付款地点，不管付款人在什么地方，只要执票人能找到他，就可以向他提示汇票要求付款。日内瓦公约则要求在汇票上应记载付款地点，但是，如果没有记载的地点，得以付款人姓名旁的地点视为付款地。

**9. 必须由付款人在汇票上签名**

按照票据法的原则，只有在票据上签名的人，才对票据承担责任。因此，各国票据法都规定，汇票上必须要有出票人的签名才能生效，欠缺出票人签名的汇票在法律上是无效的。

出票人的责任有两项：第一，担保其汇票将获得承兑。如果汇票的付款人拒绝承兑执票人可以做成拒绝证书，向出票人行使追索权，请求其清偿票款。第二，担保其汇票将得到付款，如果汇票到期日不能得到付款，出票人应对执票人承担清偿的责任。

以上是汇票所应载明的事项，其中有些事项是汇票的法定要件，缺一不可，有些事项则不是法定的要件，即使没有记载也不影响汇票的效力。

## 四、汇票的背书

### （一）背书的概念和作用

背书是持票人在汇票背面签名，把票据权利转让给他人的票据行为。在汇票背面签名的人称为背书人（Endorser），接受经过背书汇票的人称为被背书人（Endorsee）。按照各国法律的规定，除无记名式汇票仅凭交付而转让外，记名式汇票和指示式汇票都必须以背书的方式进行转让。

背书的作用有两个：一是背书人通过背书将汇票上的权利转让给被背书人；二是背书人对该汇票的承兑或付款，向包括被背书人在内的所有后手负担保责任，如该汇票的承兑人拒绝承兑或付款人拒绝付款，任何后手都可以向背书人行使追索权。

### （二）背书的方式

背书的方式主要有两种：一种是记名背书；另一种是空白背书。

**1. 记名背书（Special Endorsment）**

记名背书又称完全背书、正式背书或特别背书，即持票人在背书时，在汇票背面记载被背书人的姓名或商号，并签名。记名背书的被背书人可以通过背书方式把汇票再行转让，由此形成票据的流通。至于背书的年月日，法国、比利时、荷兰等国的法律要求背书必须记载日期；英美法系国家则认为日期是任意记载事项。我国《票据法》第二十九条规定："背书未记载日期的，视为在汇票到期日前背书。"

**2. 空白背书（Blank Endorsement）**

空白背书又称无记名背书或略式背书。背书人仅在汇票背面签上自己的名字，而不填写被背书人的姓名或商号名称。经空白背书后的汇票可仅凭交付而转让，其结果同来人式汇票（To Bearer）相同。

空白背书可以转变为记名背书，记名背书也可以转变为空白背书。例如，取得空白背书的汇票的执票人，可以将自己的名字加在背书人签名之后，这就将空白背书转变为记名背书。同样，取得记名背书的汇票的被背书人，在将该汇票再度转让时，可以签上自己的名字而不记载受让人的名字，从而使该汇票成为空白背书的汇票。

现在世界各国票据法都承认空白背书是有效的。法国早期的票据法禁止采用空白背书，但从 18 世纪以后已承认空白背书有效。

### （三）背书的种类

背书的种类，以背书的目的不同，可以分为以下几种。

**1. 转让背书**

转让背书是指以转让汇票上的权利为目的所作的背书，其受让人（受背书人）可取得该汇票的所有权。除执票人在背书时另有记载外，通常的背书多属于此类。按照各国票据法的规定，执票人在背书转让票据时，须把汇票上的全部金额同时转让给同一个人，而不能只转让汇票金额的一部分，或把汇票金额分别转让给几个不同的人。这就是所谓的“背书的不可分割性”。

**2. 有特殊记载的背书**

有特殊记载的背书是指执票人在背书时，除签名外，还附加了某种特殊的文句，以此限制自身的责任，限制汇票的再度转让或附加其他条件等，主要有以下几种类型。

（1）限制转让背书（Restrictive Endorsement）。背书人在背书时加注限制转让的文句。如注明“不得转让”“只需付给某甲”等。按照英国的法律，如背书人在背书时作了限制或禁止转让的记载，则该汇票的受背书人只能取得凭汇票要求付款的权利和对汇票上有关当事人起诉的权利，但无权将该汇票再次转让，除非另有授权。按照某些大陆法国家的法律，如果出票人在出票时做出禁止转让的记载，则该汇票就不能以背书方式转让，而只能以一般债权让与的方式转让；但是，如果是由背书人做出不得转让的记载，则该汇票仍然可以背书方式转让，但该背书人仅对其直接的受背书人负责，倘若该受背书人再以背书方式将该汇票转让给其他人，背书人对于在其做出禁止背书记载之后，再依背书取得该汇票的其他人，即可不负责任，可以拒绝其他人的追索，但是，按照美国统一商法典的规定，限制转让背书一般不能限制票据的转让流通。

（2）限制背书人责任的背书（Qualitied Endorsement）又称无担保背书，指背书人在背书时载明不负任何担保责任的背书。通常是背书时加注“免于追索”等文句，免除担保承兑或付款的义务。如果日后汇票遭到拒付，起到使背书人免除其由于在汇票上签名背书而产生的责任的作用。如日后该汇票遭到拒付，执票人在向前手追索时，就不能向该背书人追索，而只能越过他而向其他背书人或出票人追索。但是，按照英国票据法的规定，加注了“免予追索”字样的背书人的地位，同仅凭交付票据而转让的无记名汇票的出让人的地位是相类似的，即他们虽然对间接的受让人可以免受追索，但如有下列情况则仍须对支付了对价的受让人（Immediate Transferee for Value）负责：（1）汇票曾被伪造；（2）背书人在转让汇票时已经知道该汇票将遭到拒付；（3）出让人的权利有瑕疵（如无权出让汇票）。

**3. 非转让背书**

非转让背书是指背书人作背书的目的不是为了转让票据上的权利，而是另有目的。非转让背书主要有以下两种。

（1）委托取款背书（Endorsement for Collection），又称委托背书。自背书人在背书时写明背书目的是为了委托被背书人代为取款，而不是转让票据的所有权，这种背书通常都注明委托取款或委托代收等字样。按照日内瓦统一法公约的规定，委托收款背书的受背书人得享有以下两项权利：① 行使汇票上的一切权利，包括请求承兑或付款的权利，在遭到拒绝时行使追索权，以及对有关当事人提起诉讼的权利等；② 以代理人的资格，为了取款的目的，将汇票再度背书给第三人，从而将其代理权转移于第三人，让后者代为取款，但不得作其他背书（如转让背书）。同时，在委托取款背书的情况下，由于该汇票的权利并未转让给受背书人，而仍为背书人所拥有，因此，在受背书人行使汇票上的权利时，该汇票债务人所提出的抗辩，也仅以能用对抗背书人者为限，而不能以该债务人得以对抗受背书人的抗辩，用于对抗受背书人。

（2）设质背书（Endorsement of Pledge），又称质权背书，是指以设定质权为目的所作的背书。此种背书的受背书人得以质权人的资格行使汇票上的权利，如要求承兑或付款的权利，行使追索的权利等。质权背书通常都注有“基于担保”或“出质”字样。按照日内瓦统一法公约的规定，汇票的债务人不得以其自己对设质背书人的抗辩来对抗设质背书的受背书人，但如果后者在接受汇票时明知损害债务人而接受者则不在此限。我国《票据法》第三十五条第二款规定，汇票可以设定质押；质押时应当以背书记载“质押”字样。被背书人依法实现其质权时，可以行使汇票权利。

### （四）背书的连续性

背书的连续性是票据的一项重要原则，对此，各国票据法都有明确的规定。按照日内瓦统一法公约和许多国家票据法的规定，汇票的执票人应以背书的连续性来证明权利的成立。所称背书连续，是指在票据转让中，转让汇票的背书人与受让汇票的被背书人在汇票的签章依次前后衔接。即第一次背书的被背书人是第二次背书的背书人，第二次背书的被背书人又是第三次背书的背书人，依此类推，背书的形式上相互衔接，没有间断。票据权利也依次由收款人（第一背书人）转移到最后的持票人（最后被背书人）。只要背书是连续的，持票人无须出具其他任何证明，就可以行使其票据权利，而债务人如认为连续背书的持票人不是真正的权利人，则应负举证责任。

### （五）背书人与被背书人的权利与义务

依据票据法的规定，凡是在票据上签名的人，都是票据的债务人，都要对票据负责。因此，背书人一旦在汇票上签名背书，他就成为该汇票的债务人，应对该汇票负责。根据英国票据法的规定，背书的责任有以下三项。

（1）保证该汇票在提示时将会获得承兑和付款。如果遭到拒付，背书人应对执票人或被迫对汇票付了款的任何其他背书人予以补偿，只要他们已对拒付一事履行了必要的程序（如已做成拒付证书或已通知有关当事人等）。

（2）对正当执票人不得否认出票人及一切前手背书人的签名的真实性。

（3）对其直接的或后来的受背书人不得否认该汇票在其背书时是有效的，并且不得否认他对该汇票享有正当的权利。

受背书人是汇票的受让人，他因背书而取得汇票上的一切权利，从而成为汇票的债权人。受背书人可以用自己的名义要求付款人承兑或付款；也可以再为背书将汇票转让给其他受让人；当汇票遭到拒绝承兑或付款时，受背书人有权向一切前受背书人以及包括出票人在内的一切曾经在汇票上签名的人进行追索，必要时还可以对他们提起诉讼。不仅如此，受背书人还可以取得由于背书人的权利，付款人一般不得以其得以对抗出票人或前手背书人的抗辩事由来对抗善意并付了对价的受背书人。这是票据法的一项基本原则，是为了保护善意的受让人，使汇票得以顺利流通。各国票据法都承认这一原则。

## 五、汇票的提示（Presentment）

提示是持票人向付款人出示汇票，请求付款人承兑或付款的行为。

汇票按付款期限不同，分为远期汇票和即期汇票。远期汇票，包括定日付款的汇票、出票后定期付款的汇票和见票后定期付款的汇票，一般由持票人先向付款人作承兑提示，然后再在到期日作付款提示；即期汇票，包括写明“见票即付”的汇票，以及汇票上未写明但依法推定为见票即付的汇票，只须作付款提示。

提示必须在汇票上记载的期限内或法定期限内进行。各国法律对提示的期限有不同的规定。《日内瓦统一汇票本票法》第 23 条规定，见票后定期付款的汇票应在出票日起 1 年内提示承兑，出票人可以缩短或延长提示期限，背书人只能缩短而不能延长提示期限。英美法规定提示应在“合理期间”内进行。如果执票人不在规定期间内做出承兑提示或付款提示，他就将丧失对前手背书人和出票人的追索权。因此，及时做出相应的提示，乃是执票人保全其权利的一种必要的程序。但是，汇票承兑人不得以执票人未按时为付款提示而解除其对汇票的责任，因为他是汇票的主债务人，负有绝对的付款义务。因此，执票人即使因未及时提示而丧失了对其前手的追索权，但仍有权向承兑人要求付款。如果承兑人拒付，执票人可向他起诉。但此项诉讼必须在法定期限内提出。各国法律对诉讼时效的规定有所不同，日内瓦统一法公约规定为三年，英国票据法规定为六年。超过诉讼时效，执票人将丧失汇票上的一切权利。

## 六、汇票承兑（Acceptance）

### （一）承兑的概念

承兑是指汇票的付款人承诺在汇票到期日支付汇票金额的票据行为。

关于是否要求付款人承兑，这是执票人的一项自由权，他可以在汇票到期日前向付款人提示承兑，也可以等待到期日来临时向付款人要求付款。实际中，在某些情况下，执票人必须向付款人提示承兑，而在另一些情况下，则无须或不能向付款人提示承兑。主要有以下几种情况。

（1）凡属见票后定期付款的汇票（After Sight），执票人必须向付款人提示承兑，否则就无法确定付款的到期日。

（2）凡汇票上载明必须提示承兑的汇票，执票人必须按汇票上的规定提示承兑。

（3）凡汇票上规定必须在付款人的营业地或住所地以外的其他地点付款者，执票人亦必须向付款人提示承兑，以便付款人做好付款准备。

（4）凡是见票即付的汇票（On Demand，At Sight）无须提示承兑。

（5）凡汇票上载有“不得承兑”条款的汇票，执票人不得向付款人要求承兑。

承兑有重要的法律意义。汇票在付款人未承兑前，出票人是汇票的主债务人；汇票经付款人承兑后，付款人就成为主债务人（出票人和其他背书人为从债务人），负有到期支付足额汇票金额的义务，而持票人则获得请求承兑人（付款人）到期付款的权利。对此，《日内瓦统一汇票本票法》第 28 条《英国汇票法》第 17 条、《美国统一商法典》第 3410 条都作了明确规定。我国《票据法》第四十四条规定，付款人承兑汇票后，应当承担到期付款的责任。

### （二）承兑的种类

承兑依是否有限制，分为普通承兑和限制承兑。承兑通常都是普通承兑，限制承兑属于例外情况。

**1. 普通承兑（General Acceptance）**

普通承兑又称单纯承兑，是指按照票据上记载的文义进行的承兑。

**2. 限制承兑（Qualified Acceptance）**

限制承兑又称非单纯承兑，是指对汇票上的文义加以限制或变更而进行的承兑。这主要有以下几种情况。

（1）部分承兑，即只对汇票金额的一部分承兑付款。有些国家如英国和日本的票据法允许部分承兑。

（2）有条件的承兑，即承兑人的付款取决于承兑所附条件的履行。如付款人在承兑时注明“收到货物后付款”“以提交装运单据为付款条件”等。

（3）变更汇票上记载事项的承兑。即付款人在承兑时对汇票上记载的事项进行变更，如变更汇票上记载的到期日或付款地；或者当汇票有数名付款人时，限定其中一人或几人担当付款人。

对于上述附有限制条件的承兑的效力，各国法律有不同的规定。按照英国票据法的规定，执票人可以拒绝接受附有限制条件的承兑，并可认为这是付款人拒绝承兑的行为。但如果执票人接受附有条件的承兑，他必须征得出票人和背书人的同意，否则，出票人和背书人都可以解除对汇票所承担的义务。按照日内瓦统一法公约的规定，承兑应当是无条件的。但承兑人得限制其所承兑的数额，承兑的仅是承兑汇票金额的一部分。换言之，部分承兑是允许的，执票人应当接受，因为这对双方都有利。

### （三）参加承兑

#### 1. 参加承兑的概念

参加承兑是指当汇票不能获得承兑，或付款人、承兑人死亡、逃避或其他原因，无法向其作承兑提示，或付款人、承兑人被宣告破产时，为了防止追索权的行使，由第三人以参加承兑人的身份加入票据关系的行为。所以，参加承兑行为须以不获承兑，并作成拒绝证书为前提。参加承兑制度的目的，在于防止执票人在汇票到期日前，因不获承兑而行使追索权，以维护出票人和背书人的信誉。

参加承兑的人称为参加承兑人，因参加承兑行为而直接享受其利益的人，成为被参加承兑人。根据日内瓦统一法的规定，参加承兑人有两种：一是预备付款人。出票人或背书人都可以在付款人之外，指定一人为预备付款人，以代替付款人承兑或付款。二是票据债务人以外的第三人。第三人参加承兑须经持票人同意，这一点与预备付款人不同。

《日内瓦统一汇票本票法》第 57 条对参加承兑的方式作了规定，参加承兑应在汇票上表明，有参加人签名，并注明被参加人姓名，如无该项记载，应视出票人为参加承兑人。

参加承兑人的作用在于：一是维护汇票的信用，防止持票人行使追索权；二是持票人因获得承兑而免受损失。

#### 2. 参加承兑与承兑的区别

参加承兑与承兑的主要区别有以下几方面。

（1）目的不同。参加承兑的目的是为了防止执票人在汇票到期日前行使追索权，而承兑的目的则是为了确定付款人的责任。

（2）责任不同。承兑人是汇票的第一债务人，承担绝对的付款义务；而参加承兑人是汇票的第二债务人，只有在付款人拒绝付款时才承担付款义务。

（3）效力不同。承兑人是主债务人，如果承兑人对汇票付款，汇票上的权利即归于消灭，汇票也失去效力；而参加汇票人付款，则只是代被参加承兑人偿还了债务，参加承兑人仍可作为执票人，要求被参加承兑人及其前手偿还票据金额，在这种情况下，汇票的权利并不消灭，因而汇票并不失去效力。

## 七、汇票的保证（Guaranty）

### （一）汇票保证的概念

汇票的保证是指由汇票债务人以外的第三人，以担保票据债务的履行为目的的附属票据行为。保证是汇票、本票和支票共有的制度，因此汇票保证也称为票据保证。为票据债务人提供保证的第三人称为保证人。

保证人可以为出票人或背书人、承兑人提供保证。由于有第三者为票据的债务人提供保证，票据的信用将有所增强，对票据的流通有利，因此，日内瓦统一法公约及某些国家的票据法都对票据保证作了较详细的规定，但英美诸国的票据法则没有具体的规定。

### （二）票据保证的特点

票据保证与民事保证都属于人的担保，但票据保证又是一种票据行为，与民事保证相比票据保证有以下特点。

（1）汇票保证是一种要式行为。汇票保证应在汇票上或粘单上做出，注明“保证”或类似字句，并有保证人签名。按照日内瓦统一法公约的规定，保证人在做出保证时，可在汇票上记载被保证人的姓名。如果没有记载即视为为出票人提供保证。

（2）汇票保证具有独立性，不因被保证债务无效而无效。根据《日内瓦统一票据法》第32条和我国《票据法》第四十九条的规定，在票据保证中，被保证的主债务只要在形式上有效成立，即使它在实质上无效（如被保证人无票据行为能力，被保证人的签名是伪造的等），保证人仍须负清偿义务，而民事保证以主债务为转移，如主债务无效，保证债务也随之无效。

（3）汇票保证人不得享有先诉抗辩权。汇票保证与民法保证是有区别的。按照民法的一般原则，保证人是第二债务人，在债权上对主债务人的财产强制执行而没有效果之前，保证人得拒绝清偿。这就是所谓保证人的先诉抗辩权。但是在汇票保证中，保证人与被保证人负有同一责任，汇票到期后得不到付款的情况下，汇票的执票人可以不先向被保证人请求付款或追索，而直接向保证人提出付款请求或追索。

### （三）保证人的权利与义务

**1. 保证人的义务**

（1）保证人与被保证人负同一责任。保证人与被保证人负有完全相同的责任，被保证人根据汇票应承担的各种义务，保证人也应承担。

（2）当有一个以上的保证人为同一汇票债务提供保证时，保证人之间承担连带责任。

（3）保证人当其担保的汇票债务因某种理由无效时，保证人仍然应承担责任，但因汇票记载事项欠缺而无效的例外。

**2. 保证人的权利**

保证人在清偿汇票债务后，即取得汇票持票人的资格，有权对被保证人及其他票据债务人行使追索权。这种追索权是依法独立产生的，被追索的债务人不得以其与原持票人之间的抗辩理由对抗保证人。

## 八、汇票的付款（Payment）

汇票的付款是汇票的付款人向持票人支付汇票金额以消灭票据关系的清偿行为。票据的付款涉及以下几个环节。

### （一）提示付款的时间

提示是付款的前提。持票人必须在法定时间内向付款人作付款提示。关于付款提示的时间，各国法律有不同的规定。按照英国票据法的规定，凡是见票即付的汇票，执票人必须在“合理时间”内向付款人作付款提示；其他汇票，如出票后定期付款或见票后定期付款的汇票，则必须在到期日向付款人作付款提示，否则，执票人即丧失对出票人及前手背书人的追索权。但按照日内瓦统一法公约的规定，见票即付的汇票，执票人应于出票后一年内向付款人作付款提示，至于定期付款或出票后定期付款或见票后定期付款的汇票，执票人应于到期日或其后的两个营业日内作付款提示。

持票人依法提示付款后，产生两方面的效力：对持票人而言，提示产生保全追索权的效力。持票人如不在规定期限内提示，就丧失对前手的追索权。对付款人而言，付款人不按时付款，应负债务延迟履行的责任。

### （二）付款人付款的时间

当持票人在汇票的到期日向付款人提示付款时，付款人是否必须于当天付款，有无一定的宽限期，各国法律规定不一，英国票据法规定，远期付款的汇票，允许有 3 天的宽限日期。日内瓦统一法公约则没有宽限期的规定。

### （三）付款人付款的效力

汇票一旦由付款人按票面金额全部付清之后，汇票上的债权关系就随之消灭。付款人在付款时须要求持票人在汇票上签名注明“收讫”字样，并把汇票交给付款人。

汇票如被伪造背书转让，善意的、无重大过失的付款人向持票人付款后，是否就免除其汇票责任？对此，大陆法与英美法的规定不同。根据《日内瓦统一法公约》第 40 条规定，付款人只负背书连续合格之责，而不负辨认背书签名真伪之责。因此，不论汇票上的签名真实与否，善意的、无重大过失的付款人，在核对背书上留有真实签名的出票人、承兑人、保证人等仍应对汇票付款，从而使汇票善意受让人（合法持票人）的利益受到保护。但是，按照英国的法律，付款人即使是善意地向伪造背书后支付了对价取得汇票的持票人支付了汇票规定的金额，也不能解除其责任，在这种情况下，汇票的真正所有人仍有权要求付款人再向他付一次款。付款人如向该汇票的真正所有人再次付款，他可以向上述执票人要求返还他所付的金额。

### （四）参加付款

参加付款是指当付款人或承兑人不向持票人付款时，由付款人以外的人代为付款的行为，参加付款与参加承兑有许多共同之处，其目的都是为了保全票据债务人的信用，防止持票人行使追索权。因为在付款人拒付时，如有第三人参加付款，执票人就不必行使追索权。从而使票据执票人的信用得以保全。因此，英国票据法称之为“荣誉付款”（Payment for Bonour）。参加付款与正常付款有所不同。在正常付款的情况下，汇票的付款人支付了汇票全部金额，票据关系即告消灭。但在参加付款的情况下，参加付款人付款后，票据上的债权债务关系并不因之而消灭，而是由参加付款人取得了持票人的权利，他可以向被参加付款人及其前手要求偿还，但不得将该汇票再行背书转让。

参加付款人可以是参加承兑人、预备付款人或任何第三人。由于参加付款对执票人和汇票债务人都有好处，因此，只要参加付款人同意支付汇票全部金额，持票人就不得拒绝参加付款，否则，他就将对由于此种付款而得以解除责任的任何当事人丧失其追索权。

## 九、汇票的拒付和追索权（Dishonour of Bill & Right of Recourse）

### （一）汇票的拒付

拒付又称退票，包括拒绝承兑和拒绝付款两种情况。当持票人把远期汇票向付款人提示承兑时，如果付款人拒绝承兑，持票人即可行使追索权，而无须等待远期汇票到期时再向付款人作付款提示并遭到拒付时，才行使追索权。除拒绝承兑和拒绝付款外，拒付还包括付款人死亡、逃匿或被依法宣告破产等情形，因为在这种情况下，持票人已无法从付款人那里得到汇票金额。

### （二）汇票的追索权

当汇票遭到拒付时，为了保护持票人的利益，各国法律都认为持票人有权向前手背书人及汇票的出票人请求偿还汇票上的金额，这项权利在票据法上称为追索权。

**1. 行使追索权的条件**

按照各国票据法的规定，执票人在行使追索权时必须具备以下条件。

（1）汇票遭到拒绝承兑或拒绝付款。

（2）已在法定期限内向付款人作承兑提示或付款提示。但是，由于付款人或承兑人死亡、逃避或其他原因，无法向其提示时，或付款人、承兑人宣告破产时，则无须作上述承兑提示或付款提示。

（3）必须在汇票遭到拒付后的法定期间内做成拒绝证书。所谓拒绝证书，是一种有付款地的公证人或其他依法有权做出这种证书的机构，如法院、银行公证人等所做成的证明付款人拒付的书面文件。

按照大多数国家的法律，除出票人已在汇票上注明不必做出拒绝证书外，一切汇票在遭到拒付时都必须做成拒绝证书，如持票人未按法定时间做成拒绝证书则丧失对其前手背书和出票人的追索权。

**2. 行使追索权的程序**

（1）原有汇票的提示。持票人行使追索权，必须先向付款人提示汇票，请求承兑或付款。

（2）做成拒绝证书。持票人在请求公证人做成拒绝证书时，应把汇票交给公证人，由公证人再向付款人提示一次，如遭到拒付或拒绝承兑，即按一定格式写成一张证明书，连同汇票交给持票人，由持票人据此向其前手进行追索。

拒绝证书应在法定期限内做成。《日内瓦统一票据法》第 44 条规定，拒绝承兑证书，应于规定提示承兑期内做成；拒绝付款证书，应在汇票到期日后的两个营业日内做成。《英国票据法》第 51 条规定，国内汇票遭到拒付，可以不做成拒绝证书；国外汇票遭到拒付，应及时做出拒绝付款证书，否则出票人和背书人可解除责任，但承兑人仍应对汇票负责。

（3）通知拒付事实。必须在汇票遭到拒付后的法定期间内将拒付事实通知其前手。英国票据法对拒付通知的要求十分严格。按照英国票据法的规定，持票人必须将拒付事实通知其直接背书人以及任何他准备对之追索的前手，如果他只通知其直接背书人，则后者在接到通知后也必须立即通知他拟对之进行追索的前手，依次通知直至出票人。此项拒付通知必须在合理时间内做出，否则持票人就将丧失其对前手和出票人的追索权。

## 第三节　本票与支票

### 一、本票（Promissory Note）

#### （一）本票的概念和特征

本票又称期票、是出票人约定于见票时或于一定日期，向收款人或其指定人支付一定金额的无条件的书面允诺。

本票具有以下特征。

**1. 本票是一种票据**

本票与汇票、支票一样，都是流通票据，它们有许多共同之处。汇票法中有关出票、背书、付款、拒绝证书以及追索权等规定，基本上都可以适用于本票。因此，世界各国除个别国家的票据法是以本票为中心外，绝大多数的国家均以汇票为中心，它们在票据法中对汇票作了详细、具体的规定，而对本票则只有几条特别规定，其余事项均可使用汇票有关规定。

**2. 本票是出票人无条件的支付承诺**

本票的出票人必须承诺无条件支付给收款人或者持票人确定的金额。这与汇票不同，汇票是由出票人委托他人支付票据的金额。

**3. 本票是由出票人自己付款的票据**

本票的当事人只有两个，一个是出票人，另一个是收款人。没有付款人，由出票人自己担负绝对的付款责任。因此，本票属于自付证券，而汇票和支票则属于委托证券。

#### （二）本票的种类

依据不同的标准，可以把本票分为不同的种类。

**1. 以出票人为标准可以把本票分为银行本票和商业本票**

银行本票是指由银行签发的本票；商业本票是指银行以外的单位和个人签发的本票。将本票划分为银行本票和商业本票，是我国实践中的做法，票据法沿用了这一标准，并将调整对象限定为银行本票，排除了商业本票的适用。

**2. 以签发和付款的地域为标准可以把本票划分为国内本票或国外本票**

这是英美票据法上的分类，国内本票即在一国境内签发和付款的本票；国外本票则是指出票地和付款地不在同一国家的本票。

我国票据法所称的涉外票据（包括涉外本票）与英美票据法的国外本票稍有不同，它是指出票、背书、承兑、保证、付款等行为中，既有发生在我国境内又有发生在我国境外的票据。

**3. 以本票上是否记载本票的权利人为标准可把本票分为记名本票和无记名本票**

记名本票是指记载收款人的名称或姓名的本票；无记名本票是指不记载收款人的名称或姓名的本票。

根据我国票据法的规定，我国不允许签发无记名本票，只允许签发记名本票。

**4．以本票上记载的到期日的方式为标准可把本票分为即期本票和远期本票**

即期本票是指见票即付的本票；远期本票是指在本票上记载了一定的付款日期，在该日期到来之前，不得请求付款的本票。

我国票据法上的本票都是见票即付的本票。

### （三）本票的出票

**1．出票的款式**

本票出票的款式，也就是本票的出票人在签发本票时应记载的事项。依据我国《票据法》第三十六条的规定，本票必须记载下列事项。

（1）表明“本票”的字样。

（2）无条件支付的承诺。

（3）确定的金额。

（4）收款人的名称。

（5）出票日期。

（6）出票人签章。

以上六项是我国法律规定的绝对应记载的事项。英美法不要求在本票上标明“本票”字样，也不要求注明收款人名称，这一点与我国票据法和日内瓦统一票据法不同。

**2．出票的效力**

本票出票的效力，也就是出票人的责任。根据各国票据法的规定，本票出票人的责任与汇票承兑人相同。这就是说，本票出票人已经签发本票，即成为本票的主债务人，对本票所载金额负有绝对的付款责任。这一责任免除的唯一原因是消灭实效的完成。

### （四）本票的见票制度

**1．见票的概念**

本票的见票，是指本票的持票人按照规定的期限，向出票人提示本票，由出票人在本票上记载“见票”字样、见票日期并签章的行为。

见票是本票的特有的制度，类似于汇票的承兑，其目的在于确定到期日的起算点。二者不同之处是，承兑是由汇票的付款人所为的行为，见票则是本票的出票人所为的行为；承兑除了确定汇票的到期日的起算点，并不确定出票人的付款责任。

由于本票的到期日与汇票一样，也有定日付款、出票后定期付款、见票后定期付款以及见票即付四种，其中定日付款、出票后定期付款和见票即付三种本票的到期日确定没有问题，唯有见票后定期付款的本票，只有持票人向出票人提示见票，才能确定其到期日。因此，所谓见票制度，主要是针对见票后定期付款的本票而言。

**2．见票的程序和款式**

（1）见票的当事人。本票见票行为中的双方当事人，一方为提示人，即本票的持票人及其代理人；另一方为被提示人，通常指出票人及其代理人。

（2）见票提示期限。见票首先应由持票人提示，持票人的见票提示应在提示期限内进行。关于见票提示期限，大陆法系国家的票据法的规定与见票后定期付款汇票的承兑提示期限相同，均为1年，且出票人可以延长或缩短该期限，背书人也可以缩短；而英美票据法则规定为："一定的合理期间内"，该合理期间应根据本票的性质、类似本票交易的惯例以及个别案件的事实情况决定。

（3）见票的款式。一般来讲，持票人提示见票时，出票人应在本票上签章或拒绝签章。如果出票人在本票上签章，同时应记载"见票"字样及日期，这样见票程序即告结束。如果出票人拒绝签章，持票人应在提示见票期内，请求作成拒绝证书，拒绝证书作成后，持票人可直接向其前手行使追索权。

**3. 见票的效力**

本票见票的效力主要表现在以下两个方面。

（1）具有确定见票后定期付款本票的到期日的效力。出票人如果在到期日时拒绝付款，持票人有权请求作成拒绝证书，借以行使追索权。

（2）持票人如果不在规定的期限内进行见票提示或作成拒绝证书，则对于出票人以外的前手，丧失追索权。

## 二、支票（Cheque）

### （一）支票的概念

支票是以银行为付款人的、即期支付一定金额的支付证券。英国票据法把支票作为汇票的一种，认为支票是以银行为付款人的即期付款汇票。

### （二）支票的特征

支票和汇票一样，都有三个当事人：出票人、付款人和收款人。但支票与汇票相比，又有下面的不同之处。

（1）支票的付款人限于银行，汇票的付款人不以银行为限。

（2）支票都是见票即付，签发支票以在银行有存款为条件；汇票不限于见票即付，远期汇票只要到期有资金即可。

（3）支票无须承兑，而承兑是汇票特有的制度；支票的主债务人是出票人，而汇票的主债务人是承兑人。

（4）支票是支付工具，汇票除作为支付手段外，远期汇票还有信用手段的作用。

### （三）支票的出票

**1. 出票的款式**

支票出票的款式，即出票人在签发支票时所应记载的事项。根据我国票据法第 85 条规定，支票必须记载下列事项。

（1）表明"支票"的字样。

（2）无条件支付的委托。

（3）确定的金额。

（4）付款人名称。

（5）出票日期。

（6）出票人签章。

以上六项为法定的绝对应记载事项，支票上不记载上述六项之一的，该支票即属无效。日内瓦统一支票法也将上述事项列为支票应包含的内容。

**2. 出票的效力**

支票出票的效力主要表现在以下三个方面。

（1）对出票人的效力。支票的出票人必须按照签发的支票金额承担保证向持票人付款的责任。出票人的这种担保付款的责任属第二次票据责任，即偿还责任。由于支票为见票即付证券，没有承兑制度，支票的付款人又不承担绝对的付款责任，持票人在付款人处提示付款遭拒绝后，可以请求出票人承担责任，因此，支票出票人的担保付款责任与汇票的承兑人、本票的出票人的责任相同，是绝对的、最终的。

（2）对付款人的效力。支票的出票行为对付款人而言，没有强制性的效力，付款人并不因此而负担票据债务。如出票人在付款人处的存款不足以支付支票金额、出票人的签章与其预留本名的签名式样或者印鉴不符时，付款人可以拒付。但是，如果出票人在付款人处有足够的资金，并且持票人请求付款程序符合法律规定，则付款人必须当日足额付款。总之，支票的出票行为不能拘束付款人，但在一定条件下（即有资金关系情况下），又有约束力，付款人必须付款。

（3）对收款人的效力。支票的出票人一经完成出票行为，收款人便取得向付款人请求付款的权利。由于出票行为对付款人是否有约束力，付款人是否付款，收款人无从而知，因此，收款人的付款请求权只是一种期待权。收款人除享有付款请求权外，在条件成就时，也可行使追索权。

### （四）支票的提示及付款

**1. 支票的提示**

支票为提示证券，持票人在行使票据上的权利时，必须进行付款的提示。

（1）提示期限。关于支票的提示期限，各国票据法的规定不大相同，但都较汇票提示期限短。根据我国《票据法》第九十二条的规定，出票地与付款地在同一地的支票，持票人提示付款的期限应为自出票日起 10 日；出票地与付款地不在同一地的支票，授权中国人民银行对其提示付款的期限另作具体规定。

（2）提示方式。对于支票付款提示的方式，我国票据法未作规定。依美国《统一商法典》的规定，付款提示可采用的方式有以下三种：① 邮件提示，在此情况下，提示时间以收到邮件的时间为准；② 通过票据交换所提示；③ 在约定的付款地点直接向付款人提示，没有记载付款地的，以付款人的营业所或居所为准。

（3）提示的效力。持票人在法定提示期限内为付款提示的，付款人即应按照法律规定，对背书是否连续进行审查，审查无误的，付款人应当在当日足额付款。如果付款人拒付，持票人有权向其前手行使追索权；超过付款提示期限的，付款人可以不予付款。付款人不予付款的，出票人仍应当对持票人承担票据责任。

**2. 支票的付款**

（1）付款的时间。支票限于见票即付，各国票据法对此均无延期付款的规定，也无支票到期日的规定。原则上只要持票人提示支票，付款人即应付款，而不管该提示是否超过付款期限。

（2）付款人的责任与权利。支票的付款人本不负票据上的付款责任，但由于支票为支付证券、注重资金关系，因而当出票人在付款处的存款足以支付支票金额时，付款人则应当在当日足额付款。付款人当日足额付款后，有权要求持票人在支票上记载“收讫”字样，并交出支票。

（3）付款的效力。依我国票据法的规定，付款人依法支付支票金额后，对出票人不再承担委托付款的责任，对持票人不再承担付款的责任。但是，付款人以恶意或有重大过失付款的除外。所谓“恶意”是指付款人明知背书或其他签名是伪造的，或明知持票人为非票据权利人，仍予付款。所谓“重大过失”是指付款人应当审查绝对必要记载事项是否记载完全，而不审查，对绝对必要记载事项未记载完全的无效支票仍予以付款，或者不核对签名或印鉴，而对签有与预留的签名式样不符或者对盖有非预留印鉴支票进行付款。对于支票付款人以恶意或者重大过失付款的，不能解除其对真正的出票人所承担的受委托付款的责任，也不能解除其对真正的持票人所承担的付款责任，其所进行的付款应自负其责。

### （五）支票的资金关系与空头支票

支票的资金关系表现为出票人和付款人之间的支票合同和透支合同。出票人将一定款项存入银行，约定由自己签发支票，银行则按照支票上记载的金额从存款中付款，这种约定称为支票合同。支票合同是出票人签发支票和银行付款的前提条件。此外，出票人还可以与银行订立透支合同，约定在出票人的存款不足支付支票金额时，银行在一定限额内垫付，事后再由出票人偿还。

为了防止出票人明知没有存款，或者未经银行同意透支而对银行滥发支票，各国法律都对开立空头支票的恶意出票人规定有处罚方法，有的科以罚金，情节严重者还要负刑事责任。

但是，银行也有义务了解客户的资信情况，并随时核对客户的账目。按照英国的法律，如果银行由于疏忽对客户出立的支票进行付款，而事后发现客户的存款或财产不足以抵偿这一金额，银行不能向收款人要求偿还这笔款项。因为这虽然属于错付，但这不是银行与收款人交易中发现的问题，而是银行与客户往来交易中发生的问题，因此，银行只能向客户要求索赔。

### （六）支票的停付和确认

有些国家的法律允许支票的出票人在出票后、付款前将其支票撤回，或通知付款银行停付。所谓撤回等于支票的出票人解除了他原先在支票中对银行所做出的支付指令。遇到这种情况时，支票的持票人不能对付款银行起诉，而只能要求出票人按其开出的支票付款或向其前手追索。因为支票的债务人是出票人，而不是付款银行。

为了防止支票的出票人由于停付给收款人带来的损失，支票的收款人可以要求付款银行对支票予以确认。一旦付款银行在支票上签字盖章予以确认以后，付款银行对该支票就承担了绝对的付款业务，成为该支票的唯一债务人，从而该支票的出票人、背书人等均可因之而解除责任。因此，经过付款银行确认的支票其效力较之汇票的承兑更为有力。

### （七）划线支票、转账支票和保付支票

#### 1. 划线支票（Crossed Cheque）

即在支票正面由出票人、背书人或持票人划有两道平行线的支票。这种支票只能通过银行收款人入账，而不把现金付给持票人，因而使用比较安全。划线支票起源于英国，后来欧美各国也相继采用。英国票据法和日内瓦统一票法都对划线支票作了规定。划线支票依其制作格式不同，又有普通划线支票和特别划线支票之分。支票平行线中间不写字或仅写“银行”字样的，为普通划线支票；支票平行线中间写明特定银行名称的，为特别划线支票，支票上

的付款人只向平行线中指定的银行付款。

**2. 转账支票（"Payable in Account" Cheque）**

即不得以现金支付，仅以记入收款人账户的方式支付的支票。《日内瓦统一支票法》第39条规定，支票的出票人或持票人于支票的正面横写"转账支付"一词或相同词语以禁止用现金支付。我国《票据法》第84条也规定，支票可以支取现金，也可以转账，用于转账时，应当在支票正面注明；支票中专门用于转账的，可以另行制作转账支票，转账支票只能用于转账，不得支取现金。

转账支票便于查明票款流向，以免支票因被冒领而无法查究。我国没有划线支票，但转账支票的功能与划线支票相似。

**3. 保付支票（Certified Cheque）**

即由付款银行在支票上记载"保付"或"照付"字样并签名盖章的支票。支票一经保付，保付银行就成为唯一债务人，出票人、背书人则因此免除责任。保付支票与承兑后的汇票相似，但其信用程度比承兑后的汇票更高。

## 第四节　联合国国际汇票和国际本票公约

由于日内瓦《汇票和期票统一法公约》并没有能够达到统一各国票据法的目的，英美法系各国的票据法同日内瓦公约在许多问题上一直存在着重大分歧。为了解决这个问题，促进各国票据法的协调和统一，联合国国际贸易委员会从1971年起决定着手起草一项适用于国际汇票的统一法公约，并于1973年提出了一项《统一国际汇票法（草案）》。但由于各国在许多问题上的分歧很难统一，该草案迟迟未能通过，1979年又将其改名为《国际汇票和国际本票公约（草案）》，以后又进行了多次修改，直到1987年8月在维也纳召开的联合国国际贸易法委员会第二十届会议上才正式获得通过，但尚未生效。

### 一、公约的适用范围

根据公约第1条规定，该公约仅适用于载有"国际汇票……公约"和"国际本票……公约"标题的国际汇票和国际本票。对于国际汇票，公约还要求在下列五个地点中至少要有两个地点要表明他们是处于不同的国家。

（1）出票地点。

（2）出票人签名旁所示地点。

（3）受票人姓名旁所示地点。

（4）收款人姓名旁所示地点。

（5）付款地点。

只有符合上述要求的汇票，才是国际汇票，才具备适用该公约的条件，但不要求上述地点必须位于公约的缔约国。

### 二、公约在协调英美法系与日内瓦公约体系分歧方面所取得的主要成果

国际汇票和国际本票公约的主要目的是使世界上不同法律体系的国家普遍接受一项统一

的国际公约。公约在以下几个问题上取得了统一。

**（一）关于票据的形式要求**

英美法系与日内瓦公约体系的一个重要分歧是，对票据的形式要求的严格程度。日内瓦公约对票据的形式要求相当严格，相对而言，英美法系对票据的形式要求则比较灵活。按照日内瓦公约，汇票上必须注明汇票字样，必须载明出票日期，不得开立无记名汇票，出票人不得在票据上记载免除或限制其对持票人责任的条款，有些汇票不得规定利息条款等。而英美法则没有这些限制。在这个问题上，联合国国际汇票和国际本票公约基本上采纳了英美法的原则。

**（二）关于对执票人的法律保护及票据的抗辩问题**

为了使票据具有流通性，各国票据法对善意或合法的持票人都给予有力的保护，认为他可以享有优于其前手的权利。但各国法律对善意或合法的持票人所要求的条件不完全相同。英国汇票法把执票人分为执票人、付了代价的执票人和正当执票人三种。所谓的执票人是指票据的收款人或被背书人，或空白汇票的持有人。所谓付了代价的执票人是指任何时候曾对票据付了代价的持票人，这里所指的代价包括一切能使简式合同有约束力的代价。所谓的正当执票人是指在票据完整、正常，在没有过期的情况下，出于诚信，不知悉票据曾经遭到拒付，不知悉出让人的权利有任何瑕疵，并且付了对价而取得票据的持票人。英国法给予正当持票人以充分的保护，他可以享受优于前手的权利，不受其前手对票据的任何瑕疵的影响，也不受其他人对票据可能享有的平衡权益的影响。

日内瓦公约对“合法持票人”的条件作了规定。按照该公约第 16 条和第 17 条的规定，合法持票人是指通过一系列不间断的背书证明其对票据的所有权的持票人。日内瓦体系各国的法律都没有“对价”的概念，也不以是否支付了代价或对价作为合法持票人的必要条件。持票人能否享受法律给予合法执票人的各种保障主要是依持票人对其前手的权利瑕疵是否知情，但不以实际知悉为限，也就是说，即使票据的受让人实际上并不知道其背书人的权利有瑕疵，但如果根据客观情况能推定其应当知道背书人的权利有瑕疵，则该受让人就不能成为票据的合法持票人。

联合国国际汇票和国际本票公约把持票人分为持票人和受保护的持票人两种。根据该公约第 30 条规定，受保护的持票人必须具备下列条件。

（1）持票人在取得票据时，该票据是完整的。

（2）他在成为持票人时对有关票据责任的抗辩不知情。

（3）他对任何人对该票据的有效请求权不知情。

（4）他对该票据曾遭拒付的事实不知情。

（5）该票据未超过提示付款的期限。

（6）他没有以欺诈、盗窃手段取得票据或参加与票据有关的欺诈或盗窃行为。

这些条件同英国法对正当持票人的要求有许多地方是相似的，其主要区别是，公约对受保护的持票人不以支付代价为条件。这一点同大陆法的原则是一致的。

公约对受保护的持票人给予强有力的保护，其具体表现是限制对受保护的持票人可能提出的抗辩。并且，受保护的持票人的权利不受任何第三人对该票据的任何请求的限制，除非这种请求权是由于他本人同提出请求权的人之间的基础交易所引起的。公约的这些规定，对于保障交易安全，促进票据在国际范围内的流通是十分必要的。

### （三）关于伪造背书的后果

按照日内瓦公约的规定，尽管票据曾发生过遗失、被窃或其中有一个签名被伪造等情况，但对于善意而且没有重大过失的、通过一系列没有间断的背书而取得该票据的人来说，这项背书仍然是有效的，他仍可享受票据上的权利，凡在票据上有真实签名的人仍需对其负责。如果付款人已对这张被伪造背书的汇票进行付款，他也可以解除责任。但有一个例外，即如果付款人是在票据到期以前支付了款项，他就必须自己承担不当付款的风险。按照日内瓦公约的上述规定，伪造背书的风险最终是由票据的所有人来承担，他可能是丢失票据的出票人、收款人或背书的受让人。其目的是保护善意的持票人，使他放心地接受票据。从而有利于票据的流通转让。而英美法虽然承认票据的正当持票人享有优于其前手的权利，即使其前手把属于别人的汇票偷来转让给他，只要他对此不知情并付了对价，他也可以取得票据上的权利，要求汇票上的付款人向他付款或向汇票上的前手进行追索。但这项原则有一个重要的例外，就是任何人不能通过伪造签名的背书而取得票据上的权利。因为按照英美法的规定，伪造的背书是不起任何作用的，取得这种汇票的人也不能成为持票人，他不能取得票据上的权利，因此，即使付款人向这种人付款，也不能认为是向汇票的持票人付款，所以也就不能解除其对该汇票的真正所有人的付款义务。这样做的目的是为了保护票据的真正所有人。

联合国国际汇票和国际本票公约试图用折中的办法来调和两大法系的这一分歧。公约第16条规定，凡是拥有经过背书转让给他或前手的背书为空白背书的票据，并且票据上有一系列连续的背书的人，即使其中任何一次背书是伪造的，只要他对此不知情，就应当认为他是票据的持票人而受到保护。同时公约第26条规定，如果背书是伪造的，则被伪造其背书人或者在伪造发生之前签署了票据的当事人有权对因受伪造背书所遭到的损失向伪造人、从伪造人手中直接受让票据的人以及向伪造人直接支付了票据款项的当事人或受票人索取赔偿。但是，向伪造人直接支付票据款项的当事人或受票人如果在付款时对伪造背书不知情，则可不承担上述赔偿责任。除非这种不知情是由于他未依诚信原则或未尽适当注意所致。前一项规定是为了保护善意的受让人，它反映了日内瓦公约的原则，后一项规定是倾向于保护真正的所有人，它反映了英美法的要求。按照公约的规定，伪造背书风险最终是由伪造者负责，如果伪造者逃匿不获或破产则由从伪造者手中取得票据的人负责。

## 本章小结

票据的作用：汇兑作用、信用工具的作用、支付工具的作用、结算手段的作用、融资手段的作用。

票据的法律原则：票据应以迅速简便的方式转让、票据关系与基础关系相分离、强调保护善意第三人、票据是一种要式的证券。

西方各国票据法的编制体例及其体系。

国际票据统一法：《国际汇票公约》《国际本票公约》

汇票的特征：汇票是一种委托他人付款的证券、汇票是一种无条件的支付命令、汇票的金额必须明确、汇票须于规定的到期日无条件地付款。

汇票出票包括两个内容：由出票人制作汇票，并在其上签名；将票据交付给收款人。

汇票的背书：背书的方式、背书的种类、背书的连续性。

汇票承兑：汇票的付款人承诺在汇票到期日支付汇票金额的票据行为。

汇票保证的特征：汇票保证是一种要式行为，汇票保证具有独立性，不因被保证债务无效而无效，汇票保证人不得享有先诉抗辩权。

汇票的付款：提示付款的时间、付款人付款的时间、付款人付款的效力、参见付款。

本票的特征、本票的种类、本票的出票、本票的建票制度。

支票的特征。

联合国国际汇票和国际本票公约：关于票据的形式要求、关于对执票人的法律保护及票据的抗辩问题、关于伪造背书的后果。

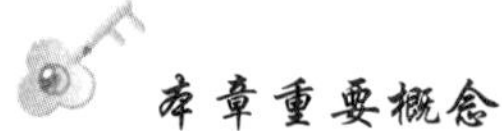

## 本章重要概念

票据　　票据关系　　汇票　　汇票出票　　汇票背书　　汇票承兑
汇票保证　　本票　　银行本票　　商业本票　　见票

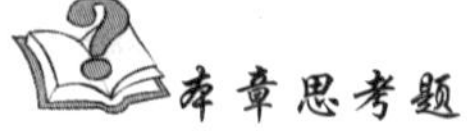

## 本章思考题

1. 简述票据的作用。
2. 简述票据的法律原则。
3. 简述汇票的特征。
4. 简述汇票出票的款式。
5. 简述汇票背书的方式。
6. 简述参加承兑与承兑的区别。
7. 简述票据保证的特征。
8. 简述本票的特征。
9. 简述支票的特征。
10. 何谓正当持票人？各国法律对正当持票人是如何保护的？
11. 对于伪造背书的法律后果，英美法和日内瓦公约及联合国国际汇票和国际本票公约之间有何差异？

## 案例分析

### 【案例一】　不可撤销信用证的法律责任

原告Power Curber International Ltd. Salisbury，North Carolina，U. S. A.是美国一家机械出口商，对中东地区通过科威特的哈默地商行（Hammoudeh & Al Fulaij）销售其产品。2005年7月，原告同意按CIF价自美国装运一批机械到科威特。由哈默地开出以其为受益人的信用证，交单时先凭单证相符的单据支付25%的货款，其余75%于装运日起一年内付清。

同年9月6日，科威特国民银行（本案被告）接受哈默地申请开立一张不可撤销信用证，经美国迈阿密的美洲银行通知，再经北卡罗来纳国民银行转给受益人。同年12月26日货物运出，价款为101 059.28美元，其中25%已凭提交的出口单据付讫。75%计75 794.46美元则由哈默地出具汇票于2006年12月26日到期，并经开证银行承兑，承兑通知也以书面寄给北卡罗来纳银行。2006年11月，哈默地向科威特法院另一案件投诉原告（美商），要求索赔50 000第纳尔（约合18万美元）。索赔原因大致是原告（美商）应付其佣金而未付，故要求法院对被告银行（科威特国民银行）在信用证下应付款项予以临时冻结。科法院于11月5日发出临时禁付令给开证银行，开证行不同意而上诉，科上诉法院维持原令。

汇票到期，原告收不着款，先在北卡罗来纳后到英国向英高等法院投诉，控告被告银行，即科威特国民银行，因该行在伦敦设有注册分行，要求偿还75 794.46美元。2007年3月27日派克法官判定原告胜诉，但不作立即执行，等候进一步命令。原告对延期执行一点再向上诉法院上诉。同时被告银行不服败诉的判决，也提出反诉，其理由是适用的合同法应是科威特法律，按照该法律，被告再作支付将是非法行为。另外，被告申辩称债务的法律地点是在科威特，即科法院做出了禁付令，其他国家应予尊重执行。可是，经过英国上诉法院的终审判决，该案以原告的彻底胜诉，即被告立即偿付过期的货款，被告反诉被驳回而终结。

**分析与思考：**

（1）英国上诉法院的终审判决的法律依据是什么？

（2）从英国上诉法院的判决看，有哪些方面需要我们注意的？

案例来源：http://3y.uu456.com/bp_1951k8hrgx9da6a52iww_2.html

**【案例二】　　票据结算所产生的纠纷**

高某、葛某、姜某均系个体经营者，高某因从葛某处进货而拖欠3万余元货款，葛某又因借贷而拖欠姜某3万元，现离借款到期日还有4个月，葛某在征得姜某、高某同意后，决定以汇票结清他们之间的债权债务关系，葛某做出票人，高某做付款人，姜某做收款人，票据金额3万元，出票后4个月付款。高某与葛某之间汇票结算后的尾数使用现金了结，姜某拿到汇票后为了便于流通便找高某进行承兑。此后，姜某在从某铝厂进货时，将汇票背书转让给了铝厂。铝厂接收汇票时距到期日期还有近3个月，遂又决定用该汇票采购铝材，采购员冀某携带已在票据背面书写栏签有本单位章的汇票外出时不慎丢失，冀某将丢失汇票的情况反映给铝厂，铝厂立即向高某办理了挂失止付的手续，但未采取其他措施。该丢失汇票被赵某捡到，赵某发现票据背面的最后一次背书未记载被背书人，便喜出望外地签了名，然后持汇票到某掌上电脑公司购置了一台价值3万元的掌上电脑，并将汇票背书后交给了掌上电脑公司。掌上电脑公司未进行票据的转让，汇票到期：掌上电脑公司持汇票请求高某付款，高某以汇票已经挂失止付为由拒绝付款。掌上电脑公司只好追索并对所有前手发出通知，铝厂接到通知后提出自己是票据权利人，掌上电脑公司的票据权利有缺陷，请求返还票据，双方发生争议，诉至法院。

**分析与思考：**

（1）掌上电脑公司有无票据权利？为什么？

（2）掌上电脑公司对所有前手发出追索通知的做法是否妥当？为什么？

（3）高某作为承兑人能否以挂失止付为由拒绝付款？为什么？

案例来源：http://m.diyifanwen.com/jigekaoshi/sifa/0651302383439491.htm

## 学生课后参考阅读文献

[1] 秦雷，陈元刚. 经济法[M]. 北京：清华大学出版社，2010.
[2] 王伯平，郑煜，等. 经济法[M]. 北京：北京交通大学出版社，2013.
[3] 党伟. 国际商法[M]. 大连：东北财经大学出版社，2015.
[4] 董新明，孙爽. 国际商法[M]. 北京：对外经贸大学出版社，2015.
[5] 孙南申. 国际商法[M]. 杭州：浙江大学出版社，2010.
[6] 陈芳. 票据法[M]. 厦门：厦门大学出版社，2012.
[7] 刘心稳. 票据法[M]. 北京：中国政法大学出版社，2015.
[8] 谢冬慧，张明霞. 票据法典型案例评析[M]. 南京：南京大学出版社，2014.

# 第九章　知识产权保护法

学习目的与要求

知识产权法是保护知识产权拥有者的利益和权利的有效工具，也是国际经济新秩序的重要保障。通过本章的学习，要求了解知识产权的概念、知识产权的特征、著作权法；掌握商标法的基本含义、商标的注册与审批、注册商标的续展、转让和使用许可、商标管理及对注册商标的保护，专利权与专利法、专利的申请、审批制度、专利的实施和保护；了解世界知识产权的组织公约、保护工业产权巴黎公约、保护文学艺术作品伯尔尼公约、与贸易有关的知识产权协定。

开篇案例

【案情】　百度 MP3 搜索著作权纠纷案

环球唱片有限公司、华纳唱片有限公司、索尼音乐娱乐香港有限公司与北京百度网讯科技有限公司侵害录音制作者权纠纷上诉案【北京市高级人民法院（2010）高民终字第 1694 号、1700 号、1699 号民事调解书】

环球唱片有限公司（以下简称环球公司）、华纳唱片有限公司（以下简称华纳公司）、索尼音乐娱乐香港有限公司（以下简称索尼公司）发现其享有录音制作者权的 128 首歌曲在北京百度网讯科技有限公司（以下简称百度公司）的百度网站 MP3 栏目中通过搜索框、榜单等模式，提供了链接以及相应的在线试听和下载服务。环球公司、华纳公司、索尼公司认为百度公司的上述行为侵犯了其对上述歌曲录音制品享有的信息网络传播权，请求法院判决赔偿其经济损失和合理费用共计 6 350 万元。

北京市第一中级人民法院一审认为，百度公司是根据网络用户的指令进行搜索、建立临时链接，基于这种服务的技术、自动和被动等性质，即使百度公司施予与其能力相当的注意，也难以知道其所提供服务涉及的信息是否侵权。因此，百度公司设置搜索框供网络用户输入关键词搜索歌曲的行为以及设置榜单等模式，均不能证明其明知或者应知所链接的录音制品侵权，故不构成对三大唱片公司信息网络传播权的侵犯，判决驳回三大唱片公司的诉讼请求。三大唱片公司不服，提起了上诉。

二审审理中，合议庭在两次公开开庭审理、准确查明案情的基础上，在中国互联网协会调解中心的协助下，经过多次调解，最终使双方在达成根本版权许可协议的基础上，就涉案纠纷达成和解协议。该和解协议确认双方共同致力于互联网音乐作品的运营模式创新以及互联网音乐作品著作权保护模式创新，就此展开全面合作，并就全面合作的具体方式及内容签订了合作协议和反盗版协议。百度公司与三大唱片公司另达成协议，百度公司支付版税，三大唱片公司将授权百度公司上传其全部完整歌曲目录及即将推出的新歌曲目录；网络用户可以直接从百度网站免费在线播放及下载相关歌曲。至此，百度公司与三大唱片公司多年的版权纷争得以彻底化解，亿万网民可以在百度网站获得更多正版歌曲。

【案例评价】

随着网络技术和网络产业的飞速发展，在线试听和下载音乐作品已经成为人们欣赏音乐作品的主要途径。但互联网上还存在不少未经权利人许可传播作品的现象。本案的成功调解，不仅使纠纷得以妥善处理，而且使权利人和作品的使用者达成长期合作，有效遏制了“网络盗版”的传播，从根本上维护了权利人的合法权益，激发了他们进行创作的积极性，同时又使网民得以欣赏到正版音乐作品，实现了权利人与社会公众利益的平衡，促进了文化产业和互联网产业商业模式的创新。

案例来源：百度 MP3 搜索著作权纠纷案[EB/OL]. (2012-06-24). http://wenku.baidu.com/view/fdb0d995daef5ef7ba0d3c4c.html?re=view.

## 第一节　国际技术贸易与知识产权保护

### 一、国际技术贸易概念及其特点

在《中华人民共和国技术进口合同管理条例》（以下简称《技术进口合同管理条例》）第二条中，明确规定了国际技术贸易的定义和内容：“本条例所称技术进出口，是指中华人民共和国境外向中华人民共和国境内，或者从中华人民共和国境内向中华人民共和国境外，通过贸易、投资或者经济技术合作的方式转移技术的行为。”

当代国际技术贸易发展存在以下特点。

**1. 国际技术贸易的规模不断扩大**

据联合国有关资料统计，国际技术贸易额在 20 世纪 60 年代中期为 25 亿美元，20 世纪 70 年代中期为 120 亿美元，20 世纪 80 年代中期为 500 亿美元，20 世纪 90 年代中期为 2 600 亿美元，平均每五年翻一番，其发展速度远远大于国际商品贸易的发展速度。

国际技术贸易规模迅速发展的重要动力是技术已成为国际市场竞争的主要手段。科学技术作为第一生产力，已成为推动经济发展和社会进步的强大动力。先进、实用的技术能降低生产成本、提高产品质量，并在一定的阶段内形成垄断的竞争优势，拥有技术是企业在竞争激烈的国际市场上立于不败之地的关键因素。

**2. 国际技术贸易向多极化发展，但不平衡**

20 世纪 80 年代以后，主要来自亚洲和拉美的一些发展中国家积极参与国际技术贸易，国际技术贸易呈多极化发展；但在国际技术贸易总额中，发达国家所占比重较大，约为国际技术贸易总额的 80%以上，发达国家与发展中国家之间的技术贸易额占国际技术贸易总额的 10%，发展中国家之间的贸易额不足 10%。由于各国经济水平、科技力量不同，国际技术贸易主要在发达国家之间进行，发达国家在技术贸易中处于优势地位。发达国家中又以跨国公司的技术转让最为活跃。

**3. 技术贸易成为开拓国际市场的一种手段**

当前国际市场竞争激烈，各国贸易保护主义日益盛行，直接出口商品会遇到各种各样的贸易壁垒。因此，许多企业通过输出技术，以经济技术合作的方式来带动商品的出口。

**4. 技术贸易成为传播技术的主要方式**

技术的日新月异、技术对经济发展的重要性、现代化的传输手段、专利制度的日趋完善，这一切因素使技术贸易成为传播技术的主要方式成为可能。那种主要靠“人的流动”来实现技术的转移已成为历史；同时非商业性技术转让所占比重越来越小。

**5. 技术转让逐渐以软件技术、关键设备为主**

过去技术贸易的标的主要为硬件产品，即技术含量较多的成套设备，如化工设备、水（火）电站设备等及其他一些复杂的机械设备。为了使用这些设备，必须购买相应的技术资料，提供相应的技术服务和技术培训。随着经济的发展、科技的进步，现在人们更多地转向购买软件技术，如技术资料、专利等，或购买一些自己不能生产的关键设备。

## 二、知识产权概念及其发展

知识产权是个人或组织对其在科学、技术与文学艺术等领域里创造的精神财富，即对其智力创造性活动成果所享有的一种专有权。根据《成立世界知识产权组织公约》第 2 条第 8 款的规定，知识产权包括以下八项权利：（1）关于文学、艺术和科学作品的权利；（2）关于表演艺术家的演出、录音与广播的权利；（3）关于人们努力在一切活动领域中的发明的权利；（4）关于科学发现的权利；（5）关于工业品式样的权利；（6）关于商标、服务商标、厂商名称与标记的权利；（7）关于制止不正当竞争的权利；（8）关于在工业、科学、文化或艺术领域里一切其他来自知识活动的权利。

传统的知识产权可以分为工业产权（商标与专利）与著作权（版权）两类。根据《保护工业产权巴黎公约》第 1 条第 2 款的规定，工业产权的保护包括九项内容：“工业产权的保护以发明专利、实用新型、工业品外观设计、商标、服务商标、商店名称、产地标记或原产地名称以及制止不正当的竞争作为对象。”著作权也称为版权或作者权。它是指作者对其创作的作品享有的人身权与财产权。人身权包括发表权、署名权、修改权与保护作品完整权等；财产权包括作品的使用权与获得报酬权，即以复制、表演、播放、展览、发行、摄制电影、电视、录像或者改编、翻译、注释、编辑等方式使用作品的权利，以及许可他人以上述方式使用作品并由此获得报酬的权利。此外，计算机软件与集成电路布图设计也被中国与大多数国家列为作品，成为著作权的客体内容。在内容的选取与编排上有独创性的数据库，许多国家将其视为编辑作品，也受著作权法保护。

在世界贸易组织的《与贸易有关的知识产权协定》（TRIPs）第一部分第 1 条所规定的知识产权范围中，还包括“未披露过的信息专有权”，这主要是指工商业经营者所拥有的经营秘密与技术诀窍（Know-How）等商业秘密。此外，该协定还把“集成电路布图设计权”列为知识产权的范围。

上述内容是有关国际公约规定的知识产权的保护对象。随着科学技术的迅速发展，知识产权保护对象的范围不断扩大，不断涌现新型的智力成果，如计算机软件、生物工程技术、遗传基因技术、植物新品种等，也是当今世界各国所公认的知识产权的保护对象。

## 三、知识产权的特征

知识产权作为一种特殊的财产权利，具有不同于普通物质财产的显著的法律特征。

**1. 知识产权客体的无形性**

知识产权是基于科技成果及其规律的特殊规定形成的一种无形财产权，其客体具有无形的特征。即其客体并不占有物理上的空间，虽然客体是以一定的物理形式表现出来的，但这种物理形式只是知识产权客体的载体，并非知识产权的客体本身。知识产权的客体是指受法律保护的智力劳动成果。

**2. 法定性**

知识产权是民事主体对其创造的智力成果享有的权利，但并非所有的智力成果都可享有知识产权。哪种智力成果可以作为知识产权的客体，必须有法律明确规定，这是由其无形性所决定的。智力成果没有形体、不占据空间，容易脱离所有者的控制而为许多人所用；使用智力成果不会引起全部或部分消失、损耗，也不限于一定场合为一定主体实际使用；处理智力成果也不像有形财产那样需要交付实物，只要公布于众，就为广泛的第三者所获得。因此，知识产权所有者想正常地按自己意愿行使对其知识产权的占有、使用和处分权，就必须通过国家主管机构授权或认可，以得到国家法律的保护。另外，有的知识产权的取得还需履行相应的法律手续，经国家主管机关的依法批准，如商标权、专利权的取得都需经过国家主管机关批准。对知识产权进行审查、注册，也可把一些不符合创新性等法定标准的智力成果排除在保护范围之外。注册时对知识产权人、法律保护期、具体知识产权内容进行明确记录，也有利于知识产权侵权纠纷的解决。

**3. 专有性**

知识产权的专有性主要表现在两个方面：第一，知识财产为权利人所独占，权利人垄断这种专有权利并受到严格保护，没有法律规定或未经权利人许可，任何人不得使用权利人的知识产品；第二，对同一项知识产品，不允许有两个或两个以上同一属性的知识产权并存。例如，两个相同的发明物，根据法律程序只能将专利权授予其中的一个，而以后的发明与已有的技术相比，如无突出的实质性特点和显著的进步，也不能取得相应权利。

知识产权与所有权在专有性效力方面也是有区别的：首先，所有权的排他性表现为所有人排斥非所有人对其所有物进行不法侵占、妨害或毁损，而知识产权的排他性则主要是排斥非专有人对知识产品进行不法仿制、假冒或剽窃；其次，所有权的独占性是绝对的，即所有人行使对物的权利，既不允许他人干涉，也不需要他人积极协助，在所有物为所有人控制的情况下，且无地域和时间的限制。而知识产权的独占性则是相对的，这种垄断性权利往往要受到权能方面的限制（如著作权中的合理使用、专利权中的临时过境使用、商标权中的先用权人使用等），同时，该项权利的独占性只有在一定空间地域和有效期限内才发生效力。

**4. 地域性**

知识产权作为一种专有权，在空间上的效力并不是无限的，它受到地域的限制，即具有严格的领土性，其效力只限于本国境内。由于知识产品的非物质性，权利人无法进行实质性占有，因而无法像有形财产那样因占有而适用“权利推定”，从而使知识产权在域外得到保护。因此，除签有国际公约或双边互惠协定的以外，知识产权没有域外效力，其他国家对这种权利没有保护的义务，任何人均可在自己的国家内自由使用该知识产品，既无须取得权利人的同意，也不必向权利人支付报酬。

知识产品的国际性需求与知识产权的地域性限制之间出现了巨大的矛盾。为了解决这一矛盾，各国先后签订了一些保护知识产权的国际公约，成立了一些全球性或区域性的国际组织，在世界范围内建立了一套知识产权国际保护制度。国际公约关于国民待遇原则的规定，是对知识产权地域性限制的重要补充和协调。由于这一原则，使得一国承认或授予的知识产权，根据国际公约在缔约国发生域外效力成为可能。但是，知识产权的地域性特点没有动摇，是否授予权利，如何保护权利，仍须由各缔约国按照其国内法来决定。

**5. 时间性**

知识产权既不是无限空间的绝对垄断权利，也不是没有时间限制的永恒权利。知识产权时间性的特点表明，这种权利仅在法律规定的期限内受到保护，一旦超过法律规定的有效期限，这一权利就自行消灭，相关知识产品即成为整个社会的共同财富，为全人类所共同使用。

知识产权的时间限制性规定，反映了社会需要和公众利益。根据各类知识产权的性质、特征及本国实际情况，各国法律对著作权、专利权、商标权都规定了长短不一的保护期。著作权的保护期限，主要是对著作财产权而言的，即著作权人只能在一定期限内享有对作品的专有使用权和获得报酬权。关于著作人身权，即作者独享的非财产权利，有的国家规定为无限期永远存在（如法国），有的国家则规定其人身权与财产权保护期相同（如德国）。关于专利权的保护期限，各国专利法都作了长短不一的具体规定，其规定依据主要有两个：一是社会利益与权利人利益的协调；二是发明技术价值的寿命。专利权期限的长短直接涉及当事人及社会公众等各方面的利益。保护期间长，有利于鼓励和吸引长远技术和重大发明的投资，但限制了公众尽早地自由使用发明。相反，保护期间短，公众可以较早地自由使用发明，但不利于鼓励发明创造和吸收耗资巨大的复杂先进技术。关于商标权的保护期，各国也规定有不同的有效期间。在知识产权的时间性特点中，商标权与著作权、专利权有所不同，它在有效期届满后可以续展，通过不断的续展，商标权可以延长实际有效期。法律之所以这样规定，就在于文学艺术作品和发明创造对于社会科学文化事业的发展有着更加重要的意义，因此必须规定一定的保护期限，使知识产品从个人的专有财产适时地变为人类公有的精神财富。

## 第二节　知识产权的国际保护

### 一、知识产权国际保护的目标与途径

随着科学技术和文化的迅速发展和国际交流的日益频繁，大量的智力成果突破国界的限制而进入他国。由于知识产权具有地域性的特点，使得已按照国内法律取得知识产权保护的智力成果在国外一般不能当然地获得保护。而智力成果缺乏国际保护，势必会影响甚至阻碍国际经济与科技文化的正常交流。为了减小甚至消除这种障碍，有必要进行相应的法律调整，建立知识产权国际保护的机制。

#### （一）知识产权国际保护的目标

**1. 减少国际贸易中的扭曲和障碍**

所谓贸易扭曲，是指在国际贸易中存在大量的假冒商品和仿制商品，以致贸易方向变成

由假冒者或者仿制者流向消费者，从而大大地损害了商品原设计者或发明者的经济利益。

国际贸易中因各国知识产权的规定不同及保护水平的差异，知识产权的贸易摩擦不断增加，使得知识产权贸易不能顺利进行。为此《知识产权协定》不同于以往的关贸总协定以及其他知识产权国际条约，对各国知识产权保护的实体法和程序法制定了统一的最低标准，从而在很大程度上减少了因知识产权的规定而导致的贸易妨碍。

**2. 有效和充分保护知识产权**

长期以来，知识经济较发达国家的与知识产权有关的贸易在世界贸易中的比重逐年增长，但在相对落后的国家其知识产权没有受到有力的保护，与贸易有关的知识产权侵权行为变得日益严重，全球因知识产权侵权所造成的损失每年达 800 亿美元，侵权货物贸易占世界贸易总量的 5%～8%。鉴于已有的知识产权国际公约缺乏相应的力度和规定，以美国为首的发达国家坚决将知识产权纳入世界贸易的范围，并在规则的制定中直接吸收了欧美和日本工业界代表的意见。因此，《知识产权协定》虽然是 WTO 成员的最低保护标准，但这些标准完全以发达国家的标准为根据，对发达国家的知识产权给予了有效和充分的保护，超越了许多发展中国家的科学技术水平以及目前对知识产权保护的实际情况，许多发展中国家迫于各种压力而接受了《知识产权协定》。

**3. 确保知识产权的实施和程序不对合法贸易构成壁垒**

《知识产权协定》不仅对各国知识产权的实体法提出最低标准，而且在第三部分有关知识产权国内执法程序中对程序也提出了原则要求，即各国的执法程序应公平合理，不对合法货物贸易构成阻碍。公平合理程序的具体要求是：不应收费过高；不应包含不合理的时间限制；不应无保障地拖延；书面通知有关当事人；保护当事人的商业秘密等。

### （二）知识产权国际保护的途径

**1. 根据互惠或对等原则**

许多国家的法律都规定，如果他国给本国国民的智力成果以知识产权法律保护，则本国也给该国国民的智力成果以知识产权法律保护。这就是所谓的按互惠或对等原则来保护外国的知识产权。我国现行《专利法》第十八条、《商标法》第十七条也有这样的规定。

**2. 签订双边协议**

国与国之间，可以通过签订双边协议的方式，规定相互给予对方国民的智力成果以知识产权保护。我国在加入有关知识产权国际公约之前，曾与一些国家签订过这类双边协议。我国现行《专利法》第十八条、《商标法》第十七条和《著作权法》第二条对此均有专门的规定。

这类双边协议，有的比较概括，有的则比较详细具体；有的属于保护知识产权方面的专门协议，如 1992 年 1 月 17 日签订的《中美知识产权谅解备忘录》；有的则包含在贸易与文化交流协议中，如 1979 年签订的《中美贸易协定》，其中第 6 条第 5 款就规定“缔约双方同意应采取适当措施，以保证根据各自的法律和规章并适当考虑国际做法，给予对方法人或自然人的版权保护，应与对方给予自己的此类保护相适应”。

**3. 签订多边国际条约**

通过签订双边协议来保护外国国民的知识产权，有明显的局限性，即双边协议仅对缔约双方有约束力，对第三国无效。如要对第三国有约束力，则缔约双方得与第三国也分别签订双边协议。考虑到国家数量更多的情况，则每两个国家都一一签订双边协议，不仅非常麻烦，而且会产生不同双边协议的差别，给知识产权国际保护带来新的问题。而按互惠或对等原则来保护外国的知识产权，适用面窄，现在已很少依这种方式进行知识产权国际保护。

知识产权国际保护的主要途径，是签订或加入多边国际条约。我国现行专利法、商标法和著作权法对此均有明确的规定。下面介绍的主要是我国已加入的知识产权国际公约。

## 二、《建立世界知识产权组织公约》

### （一）世界知识产权组织概述

世界知识产权组织（World Intellectual Property Organization，WIPO）为一政府间国际组织，总部设在瑞士的日内瓦。其前身是由《保护工业产权巴黎公约》和《保护文学和艺术作品伯尔尼公约》这两个公约的管理机构合并而成的“保护知识产权联合国际局”。1967 年，该联合国际局提议成立世界知识产权组织。同年 7 月 14 日，51 个国家的代表在瑞典首都斯德哥尔摩签署了《建立世界知识产权组织公约》。该公约于 1970 年 4 月 26 日生效，从而宣告了世界知识产权组织的正式诞生。1974 年 12 月，世界知识产权组织成为联合国组织系统的第 15 个专门机构。我国于 1980 年 6 月 3 日加入该组织。

### （二）《建立世界知识产权组织公约》的主要内容

《建立世界知识产权组织公约》列举了知识产权的范围，规定了世界知识产权组织的宗旨、主要职责及设立的机构等。

**1. 知识产权的范围**

根据该公约第 2 条的规定，知识产权包括基于下列各项的权利：文学、艺术和科学作品，表演艺术家的表演、录音和广播节目，人类一切活动领域的发明，科学发现，工业品外观设计，商标、服务标记、厂商名称和标记，制止不正当竞争，以及在工业、科学、文学或艺术领域内来自智力活动的一切其他权利。

归纳起来，上述权利可分为两大类，即工业产权和版权。但对于将科学发现列入知识产权范围，知识产权界存在一些异议，理由是没有任何国家的法律或国际条约对科学发现授予财产权。

**2. 世界知识产权组织的宗旨**

其宗旨是：（1）通过国与国之间的合作，并在适当情况下与其他国际组织进行协作，促进全世界范围内的知识产权保护；（2）保证各知识产权联盟（包括保护工业产权巴黎联盟和保护文学艺术作品伯尔尼联盟等）间的行政合作。

**3. 世界知识产权组织的职责**

其主要职责是：促进世界各国对知识产权的保护，协调各国在这方面的立法，鼓励各有关国家缔结促进保护知识产权的国际协定；收集并传播有关保护知识产权的情报，从事和促进这方面的研究工作，并公布研究成果；在知识产权方面给成员国提供法律上和技术上的帮助与合作；执行保护工业产权巴黎联盟及其有关专门联盟和保护文学艺术作品伯尔尼联盟的行政任务，担任或参加其他旨在促进知识产权保护的国际协定的行政事务。

**4. 世界知识产权组织的组织机构**

世界知识产权组织设立四个机构：（1）大会（General Assembly），由成员国中参加了巴黎联盟或伯尔尼联盟等任一联盟的国家组成，为该组织的最高权力机构。其职责是：根据协调委员会的提名，任命总干事；审议、批准协调委员会的报告与活动以及总干事的报告；通过各联盟共同的 3 年开支预算和该组织的财务条例；邀请未加入任何联盟的国家加入该公约，决定参加其会议的观察员资格；批准总干事提出的关于担任或参加其他旨在促进知识产权保护的国际协定的行政管理措施；参照联合国惯例，决定秘书处的工作语言；行使其他适合于该公约的适当职权。（2）成员国会议（the Conference），由该公约全体成员国组成，不论其是否参加了巴黎联盟或伯尔尼联盟等任一联盟。其职责是：讨论知识产权领域普遍关心的问题，在尊重各联盟权限和自主的条件下，可就这些问题通过建议；通过成员国会议的 3 年预算，并在该预算限度内制定法律与技术援助计划；通过对该公约的修订；决定参加其会议的观察员资格；行使其他适合于该公约的适当职权。（3）协调委员会，由担任巴黎联盟或伯尔尼联盟或兼任该两联盟的执行委员会委员的该公约成员国组成，是为保证各联盟之间的合作而设立的机构，其职责之一是就两个或两个以上联盟共同有关的，或者一个或一个以上的联盟与该组织共同有关的一切有关行政、财务等事项，向各联盟的机构、该组织的成员国大会、成员国会议和总干事提出意见等。（4）国际局，为世界知识产权组织的常设办事机构，即秘书处，其行政首脑为总干事，另设两名或两名以上的副总干事。

## 三、《保护工业产权巴黎公约》

### （一）《保护工业产权巴黎公约》概述

《保护工业产权巴黎公约》（Paris Convention for the Protection of Industrial Property，简称《巴黎公约》）是保护工业产权方面最重要的一项国际公约。有的工业产权条约或协定如《专利合作条约》《商标国际注册马德里协定》等明文规定，只有《巴黎公约》的缔约国才能加入这些条约或协定。该公约于 1883 年 3 月 20 日在巴黎签订，并于 1884 年 7 月 7 日正式生效。我国于 1985 年 3 月 19 日加入该公约，并声明对该公约第 28 条第 1 款提出保留，即主张成员国之间有关公约的解释或公约的适用的争议，不提交国际法院解决。另外，根据“一国两制”的原则和我国有关特别行政区基本法以及《巴黎公约》第 24 条第 1 款的规定，我国政府还先后于 1997 年 6 月和 1999 年 11 月通知世界知识产权组织总干事，将《巴黎公约》于 1997 年 7 月 1 日适用于我国香港特别行政区，于 1999 年 12 月 20 日适用于我国澳门特别行政区。

### （二）《保护工业产权巴黎公约》的主要内容

根据《巴黎公约》第 1 条的有关规定，工业产权的保护对象有（发明）专利、实用新型、工业品外观设计、商标、服务标记、厂商名称、货源标记或原产地名称以及制止不正当竞争；由缔约国组成保护工业产权联盟（即巴黎联盟）。《巴黎公约》的实质性条款主要体现在具体规定了国民待遇原则、优先权原则和专利与商标独立原则。

**1. 国民待遇原则**

根据该公约第 2 条、第 3 条的规定，在保护工业产权方面，每一个缔约国必须将其法律现在给予或将来可能给予本国国民（包括自然人和法人）的保护同等地给予其他缔约国国民；非缔约国的国民，如果在缔约国内有住所或有真实、有效的工商业营业所，应享有与缔约国国民同样的待遇。

应当指出，根据该公约第 2 条第 3 款，缔约国的工业产权法可以规定，在国内没有住所或营业所的人（当然包括其他缔约国国民）必须选择送达地址或委托一个代理人以利于有关程序的进行。因此，我国《专利法》第十九条有关在中国国内没有住所或营业所的外国人在中国申请专利等必须委托代理机构办理的规定，是符合《巴黎公约》国民待遇原则的。

国民待遇原则并不排斥缔约国给予其他缔约国国民以高于本国国民的待遇，即“超国民待遇”。另一方面，做出这样规定的缔约国国民一般不能根据《巴黎公约》国民待遇原则要求在本国享有这种“超国民待遇”，除非该缔约国另有专门的规定。

**2. 优先权原则**

即在任一缔约国提出正规专利申请或商标注册申请（不论该申请以后是否批准）的申请人或其合法继承人，可以享有在一定期限内就同样的发明创造或商标标识向其他缔约国提出申请的优先权，即以其首次申请的日期作为以后再申请的日期来判断申请的先后。该优先权的期限，发明和实用新型专利申请为 12 个月，外观设计专利申请和商标注册申请为 6 个月。

优先权原则使得申请人首次提出申请后，不必过多担心其同一发明创造在其他缔约国丧失新颖性或同一商标标识在其他缔约国被他人抢先申请注册，从而有一定的时间仔细考虑该向哪些国家提出申请。

**3. 专利权与商标权独立原则**

即缔约国国民在各缔约国就同一发明创造所取得的专利权或就同一商标标识所取得的商标权是相互独立的。也就是说，一个缔约国批准、驳回了一项专利申请或商标注册申请，其他缔约国并不必然也批准、驳回基于同一发明创造的专利申请或基于同一商标标识的商标注册申请；一个缔约国宣告了一项专利权无效或撤销了一项商标权，其他缔约国并不必然也宣告基于同一发明创造的专利权无效或撤销基于同一商标标识的商标权。

## 四、《保护文学和艺术作品伯尔尼公约》

### （一）《保护文学和艺术作品伯尔尼公约》概述

《保护文学和艺术作品伯尔尼公约》（Berne Convention for Protection of Literary and Artistic Works，简称《伯尔尼公约》)，是世界上第一个保护版权的国际公约，于 1886 年 9 月 9 日在瑞士首都伯尔尼签订，1887 年 12 月 5 日生效，由缔约国组成伯尔尼联盟。之后该公约经过多次修订与修正，其最新文本是 1971 年的巴黎修订本。我国于 1992 年 10 月 15 日正式成为该公约的成员国，同时我国政府声明，根据该公约附件的有关规定，中国享有在一定条件下颁发翻译权和复制权强制许可证的权利。

### （二）《伯尔尼公约》的基本原则

**1. 国民待遇原则**

即任何缔约国国民的作品，或者非缔约国国民首先在缔约国出版的作品，在其他缔约国所受到的保护，应当与该缔约国法律现在给予和今后可能给予本国国民作品的保护相同。

按《伯尔尼公约》规定，只要是缔约国国民的作品，不论是否出版，如果出版也不论是在何地出版，均可按国民待遇原则得到保护；如果是在缔约国有惯常居所的非缔约国国民，其作品按缔约国国民的作品得到保护；如果是在缔约国无惯常居所的非缔约国国民，只要其作品首先在缔约国出版，或者在一个缔约国和一个非缔约国同时出版（包括作品在非缔约国首次出版后 30 天内又在缔约国内出版），也可按国民待遇原则得到保护。

**2. 自动保护原则**

即有权依照该公约享有和行使国民待遇所提供的有关保护的作品，不需要履行任何手续，便在一切缔约国中受到保护。因此，根据自动保护原则，作品完成即自动享有著作权，无须登记注册，无须交存样本，也无须在作品上加注标记。

**3. 独立保护原则**

即各缔约国所提供的著作权保护，不受作品在起源国受保护状况的影响，在满足公约规定最低保护要求前提下，作品在其他缔约国受保护的程度完全由该国法律决定，即作品在起源国受到的保护和在其他缔约国受到的保护是相互独立的。

这表明，公约虽然规定了自动保护原则，但承认各国保护水平的差异。因此，自动保护原则并没有打破著作权的地域性限制。

### （三）受《伯尔尼公约》保护的作品

文学、科学和艺术领域内的一切作品，不论其表现形式或方式如何，只要其以某种物质形式固定下来便受该公约保护。包括：

（1）书籍、小册子和其他文字作品。

（2）讲课、演讲、讲道和其他同类性质作品。

（3）戏剧或音乐戏剧作品。

（4）舞蹈艺术作品和哑剧。

（5）配词或未配词的乐曲。

（6）电影作品以及使用类似摄制电影的方法表现的作品。

（7）图画、油画、建筑、雕塑、雕刻和版画作品。

（8）摄影作品和以类似摄影的方法表现的作品。

（9）实用艺术作品。

（10）与地理、地形、建筑或科学有关的示意图、地图、设计图、草图和立体作品。

公约规定，在不损害原作品著作权的情况下，翻译作品、改编作品、改编乐曲以及某件文学或艺术作品的其他改变应得到与原著同等的保护。

文学或艺术作品的汇集，如百科全书和选集，凡由于对材料的选择和编排而构成智力创作的，应得到相应的保护，但不得损害该汇集本内各作品的著作权。

公约把日常新闻或纯属报刊消息性质的社会新闻报道排除在外。对立法、行政或司法性质的官方文件及其正式译本，以及政治演说和诉讼过程中发表的言论是否保护，由各缔约国国内法确定。

### （四）受《伯尔尼公约》保护的权利

受《伯尔尼公约》保护的权利包括经济权利和精神权利。缔约国至少应授予作者下列经济权利。

**1. 翻译权**

即作者在对原作享有权利的整个保护期内，享有翻译和授权翻译其作品的专有权利。

**2. 复制权**

即作者享有授权以任何方式和采取任何形式复制（包括录音和录像）其作品的专有权利。

**3. 表演权**

即戏剧作品、音乐戏剧作品和音乐作品的作者享有授权以各种手段和方式公开表演和演奏其作品，以及授权用各种手段公开播送其作品的表演和演奏的专有权利。

**4. 广播权**

即作者享有授权通过无线或有线传播或转播等传送符号、声音或图像的方法向公众传播其作品的专有权利。

**5. 朗诵权**

即作者享有授权以各种手段或方式公开朗诵其作品、授权以各种手段公开播送其作品的朗诵的专有权利。

**6. 改编权**

即作者享有授权对其作品进行改编、音乐改编和其他变动的专有权利。

**7. 制片权**

即作者享有授权将其作品改编和复制成电影及发行经过如此改编或复制的作品、以及授权公开表演、演奏及向公众有线传播经过如此改编或复制的作品的专有权利。

另外,《伯尔尼公约》还规定了追续权，即对于艺术作品原件和文字、音乐作品手稿的第一次转让之后的任何出售，作者有权从中按一定比例分享利益。但追续权不是该公约要求缔约国必须规定的经济权利，而是允许缔约国自行规定。

《伯尔尼公约》规定的作者精神权利包括作者身份权、修改权、保护作品完整权，并规定这些权利不受作者经济权利的影响，甚至在上述经济权利转让之后，作者仍享有这些精神权利。

### （五）《伯尔尼公约》规定的最低保护期限

公约规定经济权利的最低保护期限，一般作品为作者有生之年及其死后 50 年，匿名或假名作品为该作品合法公开之日起 50 年，合作作品为最后去世的作者去世后 50 年；电影作品为在作者同意下公映后 50 年，如自作品摄制完成后 50 年内尚未公映则为自作品摄制完成后 50 年；摄影作品及作为艺术品加以保护的实用美术作品不少于自该作品完成时算起 25 年。

根据该公约的规定，精神权利的保护期限至少不得低于经济权利的保护期限。

### （六）合理使用的情况及对发展中国家的优惠条款

公约规定了属于合理使用的一些情况，如在不损害作品正常使用也不致无故侵害作者合法利益的前提下，在某些特殊情况下的复制、为教学目的以解说方式引用和使用作品、为报道时事目的复制报纸或类似文章以及使用作品、暂时录制等，可以不经许可也不需要支付报酬。

根据公约附件的规定，按照联合国大会确认的惯例被认为是发展中国家的国家，在一定条件下可以颁发翻译权和复制权的非排他和不得转让的强制许可证。复制权强制许可证只授予与系统教学活动有关的使用，翻译权强制许可证只能用于教学、学术研究目的，而且这样的复制品和译本只能在该国境内发行。

### （七）追溯力

公约适用于在该公约开始生效时尚未因保护期满而在其起源国进入公有领域的所有作品，即不仅适用于一个国家参加公约之后来源于其他缔约国的受保护作品，而且适用于在该国参加公约之前已经存在于其他缔约国并且在其来源国尚未进入公有领域的作品。

# 第三节 《与贸易有关的知识产权协定》的主要内容

## 一、《与贸易有关的知识产权协定》概述

世界贸易组织（WTO）的《与贸易有关的知识产权协定》（Agreement on Trade-Related Aspects of Intellectual Property Rights，简称 TRIPs 协议）于 1993 年 12 月 15 日通过，世界贸易组织成立一年后，即 1996 年 1 月 1 日开始生效。与《建立世界知识产权组织公约》和《保护工业产权巴黎公约》不同，该协议的成员既可以是主权国家，也可以是单独关税区政府。我国于 2001 年 12 月 11 日加入 WTO，随后我国台湾地区也以"单独关税区"身份加入 WTO。此前，我国香港、澳门特别行政区以"单独关税区"身份并以"中国香港""中国澳门"的名义参加世界贸易组织，从而成为该组织的创始成员。因此，在 TRIPs 协议方面，我国存在"一国四席"的情况。这在我国加入的知识产权国际协议中是绝无仅有的现象。

## 二、《与贸易有关的知识产权协定》的产生

《与贸易有关的知识产权协定》（TRIPs）的产生，有其深刻的历史背景。乌拉圭回合将与贸易有关的知识产权列入多边谈判的议题，被认为是对多边贸易体制的重大发展。

20 世纪 70 年代末期，美国政府认为本国连续出现的巨额贸易赤字是由于世界范围的盗版与假冒行为导致的，美国的知识产权无法得到应有的保护，使美国处于绝对领先地位的高科技优势难以有效发挥，因此给美国经济造成重大损失，美国政府需要将贸易和知识产权联系起来，以便增加在研发中的回报，防止模仿行为。这一动因推动美国政府启动和推进了 TRIPs 协定的谈判。

在关贸总协定第 7 轮谈判，即东京回合谈判时，以美国为首的一些发达国家便提出将知识产权保护纳入正式谈判议题，但未获得通过。1986 年 9 月关贸总协定第 8 轮谈判，即乌拉圭回合谈判时，瑞士等 20 多个国家就正式提出议案，要求把知识产权作为一个新的议题纳入谈判，在美国等发达国家的强烈要求下，第一次把与贸易有关的知识产权问题纳入了谈判议程，并且在关贸总协定总干事邓克尔的组织下，组成了由 10 个发达国家和 10 个发展中国家的代表组成的谈判组来起草、协商、制定 TRIPs 协定。在 TRIPs 谈判之初，谈判组并不想制定一个全面保护知识产权的公约，主要是针对打击假冒商品贸易进行协商，知识产权保护范围涉及面很窄。但在发达国家的强调和坚持之下，1988 年 12 月，在加拿大的蒙特利尔举行的关贸总协定部长会议中期评审会上，成员国达成协议，强调对知识产权问题的讨论，将不再局限在个别问题上，而是制定全面的知识产权协议，这样就使 TRIPs 协议的形成奠定了基础。1989 年 4 月，TRIPs 的框架协议初步形成，1991 年 12 月，在关贸总协定总干事邓克尔的主持下，20 个国家的代表在日内瓦通过了邓克尔文本，形成了 TRIPs 草案的框架文件。1993 年 12 月 15 日 TRIPs 协议获得通过，1994 年 12 月 15 日正式签署，1995 年 1 月 1 日起，正式生效，形成了当今范围最为广泛的知识产权保护的国际协定。

## 三、《与贸易有关的知识产权协定》的特征

### （一）TRIPs 协定不是一部完全独立的公约

作为 WTO 协定附件的 TRIPs 协定，不是一部孤立的或者独立的协定。这种不独立性表现为两个方面，即：既不独立于其他有关知识产权公约，又与 WTO 协定的有关条款和其他的附属协定密切相关，特别是与 WTO 争端解决机制连为一体。因此，有人说，“TRIPs 协定只是一个框架或者壳，它是将其他条约引进过来，没有其他条约也就不会完全。TRIPs 协定的运作还受确立 WTO 协定、争端解决机制谅解乃至 WTO 与世界知识产权保护组织之间缔结的合作协定的直接影响。”

### （二）TRIPs 协定是一部最低标准法

TRIPs 协定并不是可以由成员直接引进本国国内知识产权保护法的示范法，而是确定最低标准的法律。它为 WTO 成员的国内知识产权立法提供了一个最低衡量标准，所有 WTO 成员在其国内法中必须对这些标准做出反应。也就是说，WTO 成员的国内法对知识产权的保护程度最低也要达到 TRIPs 协定所要求的标准，但它并不限制成员在其国内法中对知识产权规定更为严格或者标准更高的保护，只要这种保护规定与 TRIPs 协定不相抵触即可。

### （三）提升保护水准和统一保护制度的意图

TRIPs 协定是一项内容最为广泛的国际知识产权协定，它几乎涉及所有类型的知识产权，它将以往世界知识产权保护的国际公约的大部分规定吸收到 WTO 的贸易体制中来，由此大大地强化了其执法机制。其主要目标是促使所有成员地立法统一化，从而在全球贸易制度中使所有成员在知识产权保护上都达到以前只是在发达国家存在的保护水准。

### （四）规定了详尽的执法措施

与此前存在的其他知识产权公约相比，这是 TRIPs 协定的一大特色和重大革新。它规定了有关行政和司法程序的具体义务，特别是对证据、禁令、损害赔偿、反假冒的边境措施和侵权行为的惩罚做出了规定。

### （五）规定了不遵守最低标准的争端解决机制

如果成员对于不遵守最低标准的问题发生争议，应当按照争端解决机制进入多边程序。一旦确定存在着违反最低标准的行为，受影响的国家就可以在世贸组织范围内，在 WTO 协定所包含的任何领域内，对违反义务的国家实施交叉报复。这种多边争端解决机制，其目的在于防止单方报复行为。

## 四、《与贸易有关的知识产权协定》的基本原则

TRIPs 将有形商品的国际贸易原则引入到知识产权领域，提出了知识产权保护的一些新原则，主要有以下几项。

**1. 最惠国待遇原则**

即除该协议另有规定的情况外，就知识产权的保护而言，任一个成员向另一成员的国民所给予的任何利益、优待、特权或豁免都应立即和无条件地适用于所有其他成员的国民。

**2. 国民待遇原则**

TRIPs 第 3 条规定，“对于知识产权保护，每个成员方应给予其他成员方国民以在优惠上不低于给予本国国民的待遇，但巴黎公约、伯尔尼公约、罗马公约或者对集成电路知识产权条约中已另有规定者例外。”

**3. 透明度原则**

即任何成员制定的与 TRIPs 协议内容有关的法律规则，以及具有普遍适用性的终局司法判决和行政决定都应以该成员的官方语言公开发表，或者在无法实现这样的公开发表时，使之为公众所能获得，从而使各成员政府和权利人能够了解其内容；一成员政府或政府机构与另一成员政府或政府机构之间生效的任何与 TRIPs 协议内容有关的协定也应公开发表。

**4. 争端解决原则**

TRIPs 协议确认关税与贸易总协定（GATT）解决贸易争端的原则适用于解决知识产权争端，即引入解决贸易争端的规范程序和多边方式预防和解决各成员在执行 TRIPs 协议过程中所引起的知识产权争端，这样可以利用贸易手段甚至交叉报复手段确保成员间的争端有效、快捷解决，确保 TRIPs 协议得以执行。

**5. 行政终局决定的司法审查原则**

即有关获得和维持知识产权的程序，以及由一些成员的法律所规定的行政撤销程序和诸如异议、无效和取消的双方当事人程序等有关程序的行政终局决定，都应能够接受司法或准司法部门的复审。

**6. 其他原则**

知识产权保护的目标，是促进技术的革新、技术的转让与技术的传播，以有利于社会及经济福利的方式去促进生产者与技术知识使用者互利，并促进权利与义务的平衡；成员可在其国内法律和条例的制定或修订中，采取必要措施以保护公众的健康与发展，以增加对其社会经济与技术发展至关紧要的领域中的公益；成员可采取适当措施防止权利持有人滥用知识产权，防止借助国际技术转让中的不合理的限制贸易的行为。

## 五、TRIPs 协议保护的知识产权

### （一）TRIPs 协定对版权及邻接权的保护

**1. 版权及邻接权的概念及范畴**

版权，又称著作权，是指文学、艺术和科学作品的作者依版权法及相关法律所享有的权利。版权所包含的内涵有狭义和广义之分。狭义的版权包括著作人身权与著作财产权；广义的版权包括著作人身权、著作财产权、著作邻接权。著作人身权主要包括著作者的发表权、署名权、作品修改权与保护作品完整权。著作财产权是指著作权人依著作权法及相关法律，通过各种合法形式利用其作品而获得经济利益的权利。邻接权是指与版权相邻近的权利。主要包括唱片制造者对其录制的唱片、表演者对其表演的节目、广播电视组织对其广播的节目所享有的权利。

在知识产权保护的国际公约中，是通过缔结《伯尔尼公约》和《罗马公约》而分别对版权和邻接权加以保护，而 TRIPs 协定通过有效地将版权和邻接权纳入到同一协定中来，置二者于同样的保护地位，使这种区分具有了重要的意义。

**2. 关于版权和邻接权保护的三原则**

（1）国民待遇原则。此处规定的国民待遇原则与 TRIPs 协定基本原则中的国民待遇原则相同。

（2）自动保护原则。版权与邻接权的取得和存续，不要求任何手续或程序，同时不依赖于作品在来源国受到的保护。

（3）独立性保护原则。世贸组织成员版权及邻接权受保护程度及为保护作者权利而提供保护的方式，完全适用提供保护的那个国家的法律。但是，任何成员国不能以“独立性原则”为理由，提出自己的国内版权法没有为本国国民提供某种保护，而不愿为其他成员国国民提供类似保护。

**3. TRIPs 协定关于版权保护的对象**

TRIPs 协定规定，“版权保护扩展到表述，而不适用于思想、程序、操作方法或者数学概念”，也就是说，TRIPs 协定不保护作者的精神权利。思想与表述是版权保护所涉及的一对重要范畴。版权只保护表述思想的形式，或者说作者和艺术家的创造性表述，例如对词语、音符、色彩、形状之类的选择和安排中的创造性活动，而不保护思想或思想活动本身，这是普遍公认的版权保护原则。这表明，版权并不是对特定作品的内容确立一种垄断权，它允许以不同的形式加以表达。

**4. 关于计算机程序和数据汇编的保护**

由于保护文学和艺术作品的《伯尔尼公约》并没有对计算机程序加以保护，因此需要有新的具体规则对此予以保护。TRIPs 协定规定，“计算机程序，无论源代码还是目标代码，应当按照《伯尔尼公约》（1971）规定的文学作品进行保护。”据此，版权被确立为保护计算机程序的主要方式，因而将其置于与《伯尔尼公约》所保护的文学作品相同的地位。但是，作为文学作品保护的计算机程序，其保护期限仅仅为 25 年。

在数据库和汇编资料，例如，百科全书和选集的保护方面，TRIPs 协定规定，“数据汇编或者其他资料，无论机器可读还是其他形式，在其因内容选取或者编排而构成智力成果时，应当受到版权保护。”之所以需要保护数据库和汇编资料，是因为其作者在选择和编排资料中付出了创造性劳动，付出了智力上的努力。因此，是否付出创造性劳动或者智力努力，就成为衡量数据库和汇编资料是否符合保护要求的标准。即使以很高的代价收集了大量的资料，但并未由一个“作者”进行选择和编排，并不足以构成受保护的客体。

**5. 出租权**

出租一般认为是作者或著作权人发行作品的一种方式。TRIPs 协定规定了出租权，即“至少就计算机程序和电影作品而言，成员应当赋予作者及其合法继承人授权或者禁止向公众商业性出租其版权作品原件或者复制件的权利。”按照上述规定，TRIPs 协定赋予作者及其合法继承人授权或者禁止对其受版权保护的作品的原件或者复制件的商业性出租的权利，而这些作品至少是计算机程序和电影作品。

在有限的作品类型上设定出租权，这在多边条约上还是第一次，之所以仅对该有限的作品适用出租权，主要是由这些作品的特殊性决定的，即这些客体的任意出租可以导致泛滥的复制，从而严重地损害复制的专有权。例如，计算机程序的商业出租业已导致复制的泛滥，因为大多数程序可以复制到使用者的硬盘上。

**6. 版权的保护期**

对于版权的保护期，TRIPs 协定规定，不同于摄影作品和实用艺术作品（以自然人的生命为计算依据），作品的保护期为经授权出版之年年底起至少不少于 50 年。如果作品制作后 50 年内没出版，则为作品创作完成那年年底开始计算，保护期为 50 年。

**7. 邻接权**

（1）TRIPs 协定关于邻接权的保护范围。TRIPs 协定对表演者、唱片制作者和广播组织做了分别处理，具体规定：

第一，表演者可以禁止下列未经其授权的行为：录制其未曾录制的表演并翻录这些录制品，以无线方式广播和向公众播出其现场表演。

第二，唱片作者有权授权或禁止他人复制发行并获得报酬的权利。

第三，广播组织有权禁止未经其授权的下列行为：录制其广播复制其广播作品通过无线方式重播或广播原样向公众播送电视广播。

第四，唱片制作者享有出租权。

（2）有关邻接权的保护期限。TRIPs 协定规定，对于唱片表演者和制作者的有效保护期为录制或节目表演当年年底开始起算至少 50 年。对广播组织的保护，保护期限一般为广播开始那一年年底起至少 20 年。

### （二）TRIPs 协定对专利的保护

**1. 可获专利的标的物**

TRIPs 协定规定了可以获得专利权的智力成果和不能获得专利权的成果，及可获得专利的智力成果的“三性”要求，同时对预获得专利权的成果提出了条件。

TRIPs 协定采纳了各国对授予权利的智力成果的“三性”要求，即新颖性、创造性、实用性。但对三性要求的具体规定与各国专利法的规定有一定的差异。

（1）新颖性。各国专利法在具体实施时对绝对新颖性的要求存在差异，有的规定较为严格，有的衡量标准较为宽松，从而出现了所谓的“绝对新颖性标准”“相对新颖性标准”“混合新颖性标准”。

正是由于这些差异，TRIPs 协定在新颖性方面没有作任何强制性的规定，不同成员可以以本国法为基础，自由选择采用上述三种标准中的任何一种。

（2）创造性。对申请专利的创造性要求是各国专利法授予专利的重要要求。但具体什么样的发明符合创造性要求，什么样的发明不符合创造性要求，各国专利法的规定存在一定的差异。例如，欧洲专利公约和美国的《专利法》就将创造性规定为“非显而易见性”。TRIPs 协定认为创造性与两者意义相同，是同义语。

（3）实用性。许多国家专利法规定，一项发明要获得专利权，则该项发明必须能在工业或某些产业中加以使用。TRIPs 协定认为，“可付诸工业应用”与“实用性”是同义语。

总之，授予发明、实用新型专利权须具备新颖性、创造性、实用性三个条件，这是 TRIPs 协定对各国专利法的基本认同和对可获得专利的发明、实用新型的要求，这三个条件是统一的整体，缺一不可。对具备以上三个条件而获得专利的发明或实用新型实施不少于自提交申请之日起 20 年的保护期。

**2. 不可授予专利的客体**

（1）公共秩序和道德。按照 TRIPs 协定第 27 条第 2 项规定，成员可将违反公共秩序和道德的发明从专利中排除出去，其内容如下："如果在其领土内防止发明的商业利用是为了保护公共秩序或者道德，包括保护人类、动物或者植物的生命、健康或者避免对环境造成严重损害所必要，成员可以拒绝对发明授予专利，只要这种拒绝并非仅仅因为这种利用为法律所禁止。"

实际上，大多数国家的专利法都是以违反公共秩序和道德或者类似理由将特定的发明排除于授予专利权之外的。

（2）人和动物的治疗方法。按照TRIPs协定第27条第3项第1目，下列客体也可以排除在可授予专利权的范围之外，即"人或者动物的诊断、治疗和外科手术方法"。在大多数欧洲和拉美国家，治疗方法都是不允许授予专利的。事实上，只有美国、奥地利和澳大利亚等少数国家允许授予其专利。这方面的专利迄今也是很少的。

（3）植物和动物。TRIPs协定第27条第3项第2目规定如下："微生物以外的植物和动物，以及非生物和微生物外的生产植物和动物的主要生物方法，但是，成员应当通过专利、一套行之有效的专门制度或者兼用两种方法，保护植物品种。"此项规定中包含两方面的含义：一是指以生物学方法培养出来的动植物新品种，不可获得专利。TRIPs协定对其做出规定的目的就是限制对传统的繁殖方法的可获取专利性的排斥，但对一些微生物方法，如基于细胞控制的开发、转基因和生物技术的进步仍维持获取专利的可能性。二是对于动物和植物品种是自然生产的有生命的物体，不是以工业方法生产出来的，不具有专利法意义上的创造性和使用性，因而不能授予专利权。但是该规定泛泛地提到了"植物和动物"，而没有具体地提到哪一种植物和动物。在欧洲国家以及其他一些国家的立法中，都规定了具体的动植物品种的例外。

### （三）TRIPs协定规定的专利权范围

TRIPs协定第28条规定一项专利应当授予其所有人下列专有权利。

（1）对于发明专利，专利所有权人有权禁止第三方未经其许可从事制造、使用、提供销售、销售或为这些目的而进口专利产品。此外，明确了专利所有权人的"进口权"。"进口权"指专利权人有权制止他人未经其许可进口其享受产品专利的专利产品，或进口依其享有方法专利的方法生产的产品。

（2）对于方法专利，权利人有权禁止他人使用该方法，及从事使用、提供销售、销售或为这些目的而进口至少是由方法专利直接获得的产品。无论是发明专利，还是方法专利的所有权人都有"进口权"。

（3）除了上述专利所有权人的独占权外，专利所有权人应有权转让或通过继承方式转移专利权、签订许可合同。这主要明确了专利权可作为财产权加以继承、转移，专利权人可通过订立许可合同获得报酬。

### （四）对专利申请人的信息披露要求

授予专利的发明的披露是专利法的一项基本原则。TRIPs协定第29条对此做出以下规定。

（1）以清晰、完整的方式公开其发明，以便本专业领域的技术人员能按专利文件实施该专利。这为发展中国家成员在引进专利技术并加以实施带来了方便和一定程度的保障。

（2）成员可以要求申请人"在申请之日，或者在要求优先权的情况下，在申请的优先权日，指明发明人所知的实施该发明的最佳方式。"此项规定在于进一步强调专利技术的实用性、可实施性。其目的不但是确保利用现有的原材料，只要有一定技术水平的普通技术人员便可顺利地将专利技术付诸实践，而且防止在具体内容上欺骗公众。

（3）成员可以要求申请人或者专利权人提供在外国申请或者授权专利的情况，即“成员可以要求专利申请人提供关于申请人相应的国外申请和授权情况的信息”。此项规定可以便利对专利申请的审查以及对专利的无效或者可撤销的最终决定。对于发展中国家的专利主管机关和法院而言，获取其他地方的相关决定可能是很重要的，因为他们通常缺少从事这方面工作的人员和资源。

### （五）强制许可

某专利的拟使用者已以合理的商业条款和条件争取权利人的授权，但在合理的期限内该争取未获成功，或者专利持有人通过要求不合理的条件而拒绝给予使用发明专利许可时，政府出于公众利益考虑可授权有兴趣的制造商使用该项专利，同时要求使用者支付合理的使用费，即是专利的强制许可。

强制许可既不是强迫专利权人许可使用专利权，也不是第三人可以随意使用，协定对实施强制许可的条件作了较为严格的规定，强制许可的条件包括以下几方面。

（1）满足国内需求原则：即任何强制许可的使用主要是为满足使用该强制许可的成员的国内市场的供应。

（2）情势还原原则：即在充分保护被授权人合法权益的前提下，如果导致强制许可的事由不复存在或者不可能再次出现，此种使用授权应当有责任终止。

（3）不超越性原则：即强制许可使用的范围和期限应当限于其被授权的目的，如果是半导体技术，只能用于非商业公共使用，如政府机关为完成使命而使用受保护的专利的情况，或者针对滥用知识产权的垄断行为，补救经司法或行政程序确定的知识产权的反竞争行为。

（4）非专有性原则：即实施强制许可不应有独占使用权。

（5）合理付酬原则：即在每种情况下，应当基于授权的经济价值，向专利持有人支付充分的补偿。

（6）允许上诉原则：专利持有人有权对实施强制许可的决定或经济补偿决定提出上诉。

### （六）对商标权的保护

#### 1. 商标的界定

按照 TRIPs 协定的界定，商标是指能够将一个企业的商品或服务与其他企业的商品或服务区别开来的任何标识或者标识的组合。这类标识是由一个或多个特殊的单词、字母、名称、数码、数字符号和颜色混合而成的。

该界定强调的是商标要具有“显著性”，也就是说，商标必须能够区别商品或者服务，否则标识无法作为商标获得保护，因此，成员可将商标的注册条件限制为视觉上可感知的标识。同时，该界定又列举了一组可以具有显著性的标识，它包括单词、字母、名称、数码、数字符号和颜色混合。

由于商标的基本目的是区别，因此受保护的商标必须有两个目的：一是帮助商标所有人通过鼓励对其名牌的信任促销其产品；二是帮助消费者在几种可能中做出选择，以鼓励商标所有人维护或改善该商标所代表的产品质量。

**2. 商标获得保护以“注册在先”为条件**

协定对商标的获得提出了“注册条件”要求。即世贸组织成员对其成员的商标提供保护必须以其成员国或地区的国民对其商品或服务提出“注册申请”为获得商标的前提条件，没有采取一些国家所采取的“使用在先”原则。

**3. 授予商标所有权人的权利和限制**

TRIPs 协定规定了商标所有权人“应当享有独占权，以防止第三方未经其授权在相同或相似的商品或服务的交易过程中使用相同或相似的已获商标注册的标记并使公众造成混淆”。这突出了世贸组织成员之间因商品和服务交换扩大而带来的商标保护问题。

世贸组织对注册商标所有权人的上述权利作了相应的限制，即商标所有权人在行使上述权利时不应损害任何已有的在先权，也不应影响各成员在使用的基础上获得权利可能性。协定没有规定“在先权”包括哪些权利。一般认为至少应包括以下几个方面的权利。

（1）已获保护的商号权。

（2）已获保护的工业品外观设计专有权。

（3）版权。

（4）已获保护的原产地地理标志名称权。

（5）姓名权。

**4. 对驰名商标的保护**

驰名商标的保护是商标保护国内法律及国际和地区性公约保护的重要组成部分。世贸组织要求各成员的国内立法都必须禁止使用与成员中的任何驰名商标相同或近似的标记，并拒绝这种标记的商标注册申请。如果已获得注册，则应当予以撤销。对应特别保护的驰名商标，不论是已注册的，还是未注册的，都应加以保护。

**5. 关于商标使用的要求**

TRIPs 协定规定如果以使用维持商标注册，只有在连续 3 年的期限内没有使用，才可以取消该项商标的注册。但是如果商标所有权人有正当理由说明其不使用是合理的，则不能取消其注册。此处“正当理由”主要指“出现不为商标所有权人意愿所控制的情况而构成对商标使用的障碍”。一般认为“正当理由”应包括以下几项。

（1）不可抗力。

（2）政府禁令。

（3）政府性的其他要求。如对使用特定商标的农业食品或者药品在上市时需经批准，而该批准过程所造成的商标使用的延期。

在关于使用的要求中，协定认为商标所有权的使用应是属于符合法律规定的使用。如果商标所有权人本身没有使用，却授权他人使用该商标，则这种出于所有权人实际控制的商标使用仍应认为是商标所有权人在使用该商标，不能认为此注册商标的使用中断了。这一规定为商标所有权的使用提供了良好的环境，有利于维持商标专有权。

**6. 商标的许可与转让**

TRIPs 协定对商标的许可与转让做出了与版权不相同的处理。由于版权转让许可方式的多样性及各国法律的差异性较大，在协定中没有对版权的许可与转让做出具体规定。由于商标的许可与转让在经贸实践中极为普遍，也是权利人获得利益的最重要的手段。因此，针对在一些国家出现的商标的转让要求连同企业的业务一起转让的现象，TRIPs 协定对商标的许可与转让做出了单独规定：

（1）在商标转让中商标所有人有权决定连同或不连同商标所属的企业的业务同时转移。即商标所有权人有权选择将注册商标所属的商品或服务的一部分业务或全部业务转让给他人使用。

（2）商标的许可与转让不能采用商标强制许可制度。

（3）各成员可以对商标许可使用与转让合同依国内立法自行确定条件。

### （七）对地理标志的保护

#### 1. 地理标志的定义及与原产地名称的区别

地理标志是指一个地方的标志，而且该商品的一种特定质量、声誉或其他的特性本质上可以归于这一地理来源。“地理标志”包含三种可能的标志方式：一是缔约方领土，如“法国香水”；二是该领土的一个地区，如“中国东北大米”；三是该领土的某地区内的一个地方，如“庐山云雾茶”。原产地名称指生产国的标志，如“Made in China”就是一个原产地标志，因此，地理标志与原产地名称的区别，一方面在于地理标志有可能包括用国名标示的标志，标示方法较原产地名称更多；另一方面，原产地名称仅仅是用于标识产品或者服务产于某个国家，而地理标志除表明产品或者服务产于某个国家、地区或者特定地点外，还表明该地域的地理环境，包括自然的、人文的以及两者兼而有之的因素，造就了其独有的或者基本的特殊质量，也就是说，地理标志与该商品的一种特定质量、信誉和其他特性具有本质上的联系，这是与原产地名称的根本区别。

#### 2. 对地理标志的侵权及侵权形式

由于地理标志与产品的质量、信誉和其他性能有本质上的联系，因此，滥用或者利用足以使人产生误解的手法就形成对“地理标志”的侵权。首先表现为对原产地名称的侵权方面，例如，非“中国制造”却滥用“Made in China”便形成这一侵权行为。同时，由于地理标志具有 3 个来源，不是某一地域而乱用、不是某一地方来源而滥用的行为同样属于此种侵权行为。

#### 3. 对地理标志侵权行为的救济

救济手段中，可以分为两种方式：一是依照一利益方的请求，对具有地理标志侵权行为的商标拒绝注册申请或撤销已进行了的注册；二是一成员可以主动依照职权，只要国内法律允许，对具有地理标志侵权行为的商标进行处理。

对地理标志侵权行为的商标施加处理的机关既可以是法院，又可以是行政机关。另外，行政机关可以主动依照职权对上述行为加以处理，也就是说，在利益方没有提出诉讼的情况下，行政机关一样可以对地理标志的侵权行为加以处理，行政机关的主动介入在知识产权保护中是必要的。当然，必须排斥其介入对保护知识产权的削弱行为。

#### 4. 加强对酒类地理标志的保护

协定规定了葡萄酒或烈性酒使用并非真实产地地理标志属侵权行为，应受到处罚，权利人可提请保护。除上述规定外，协定还提出要加强国际合作以保护地理标志。

### （八）对工业品外观设计的保护

#### 1. 获得工业品外观设计保护的条件

一般认为，工业品外观设计是指用于物品的装饰特征，包括形状、构造、式样、装潢或者其组合。TRIPs 协定第 25 条第 1 款规定，世贸组织成员必须对工业品外观设计提供保护，并规定了要想获得工业品外观设计保护，则此工业品外观设计要满足的条件有：独立创作的，具有新颖性，具有原创性。

**2. 重在保护“外观设计”而非功能本身**

各国对工业品外观设计保护立法的中心都在于其“外观设计”而非“产品”的功能及技术方面的保护。产品的功能及技术因素对产品质量及给消费者带来的消费满足固然重要，但却不是工业品外观设计保护重点解决的问题，它们可以通过《专利法》或其他工业产权法加以保护。因此，TRIPs 协定第 25 条规定各成员“必须”保护工业品外观设计，这是强制性的规定，是必须履行的义务要求。然而，对于外观设计的保护，各成员没有义务将保护延伸至主要由技术因素或功能因素构成的设计。

**3. 对纺织品外观设计保护问题的处理**

TRIPs 协定规定各成员应确保其对纺织品外观设计提供保护的规定，特别是在成本、审查或公开方面的规定，不得无理地损害寻求和获得该保护的机会。

**4. 工业品外观设计权利人的权利**

TRIPs 协定赋予了工业品外观设计的所有权人生产制造权、销售权及进口权。其中生产制造权、销售权是工业产权中权利人应享有权利的基本内容。

**5. 工业品外观设计的保护期**

TRIPs 协定规定工业品外观设计的保护期不少于 10 年。这是对工业品外观设计的最短时间，是最起码的保护要求。但这并不排斥一些国家可以签订协议尽快推动对工业品外观设计实行较长时间的保护期。

### （九）对未公开信息及集成电路布图设计的保护

**1. 对未公开信息的保护**

未公开信息实际上就是我们通常所说的商业秘密。TRIPs 协定第一次用国际公法的形式明确要求未公开的信息应受到保护。协定规定了未公开信息受到保护的要件，具体如下。

（1）秘密性：即其作为一个整体或作为其各部分的具体构造或组合，不为通常触及此种信息领域内的人们普遍知悉或者容易获得。

（2）商业价值性：因为秘密的信息而具有商业价值。

（3）保密措施：即合法控制该信息的人根据情况采取了合理的保密措施。

协定对商标、专利、版权等知识产权的保护，是以承认这类知识产权的私有性为基础，作为私有财产权而加以保护的，但协定并未要求未公开的信息应作为一种财产形式来处理，但它确实规定，合法支配这一信息的人必须拥有在没有征得其同意时阻止他人违背诚实商业做法而要求公开、获得或使用该信息的可能性。而且协定还对有关政府提供未公开信息的检验数据和其他数据并以此作为医药或产品销售条件的问题作了规定。

成员政府必须保护这类数据以防不公正的商业应用。

**2. 对集成电路布图设计的保护**

布图设计被应用于大量的产品之中，例如，电视机、洗衣机、汽车、手表等日常用品。集成电路的布图设计通常是巨额投资的结果，但复制起来却简单得多，无须太多的投资。防止这种复制就是通过立法保护布图设计的主要原因。协定要求成员按照《集成电路知识产权华盛顿条约》的有关条款对集成电路的布图设计提供保护。协定这方面的其他条款规定在没有获得正当权利人授权时，进口或销售含有受保护的集成电路是违法的行为。

**3. 对“不知者不视为侵权”的规定**

“不知者不视为侵权”一般又可以称为“无辜侵权人”，是指在不知道所使用或销售的产品或信息含有侵权的成分时，使用者对该产品或信息的使用不构成侵权行为。“不知者不视为侵权”的适用范围，一般仅适用于集成电路的布图设计和商业秘密。前者是因为它极为复杂，又很微小，难以分辨，后者是由于持有人采取了保密措施，普通人无法知晓。当“不知者”变为“已知者”后，就应该立即停止这种侵权行为，并向权利持有人支付合理的费用，否则就要承担相应的侵权损害赔偿责任。

## 六、知识产权的执法

TRIPs 为协调各成员方的知识产权政策，制定了统一规则，这比 GATT 和 GATs 前进了一大步。在要求各成员方强制执行 TRIPs 各项规定上，除在第 1 条第一句话明确宣布“各成员方应执行本协定的规定”外，还规定了一整套保证执法的规则。

**1. 总义务**

各成员方应确保在其国内法中使用本部分规定的执法程序，以有效打击任何侵犯受本协定保护的知识产权的行为。这些程序的应用应避免造成合法贸易的障碍。知识产权的执法程序应公平合理，不得过于复杂或花费过高，或包含不合理的时效或无休止的拖延。就各案的是非做出的裁决，最好采用书面形式，并应说明判决的理由。有关判决应及时送达诉讼当事各方。对各案是非的裁决应仅仅根据证据，应向当事各方就该证据提供陈述机会。对于行政的终局决定，以及对案件是非的初审司法判决中的法律问题，诉讼当事人应有机会提交司法复审。但是，TRIPs 并没有要求在国内法中给保护知识产权执法程序上以特殊地位。

**2. 民事、行政与刑事程序**

（1）公平和公正的程序。协定第 42 条规定，各成员应提供知识产权执法的民事司法程序。被告应有权得到及时及足够详细的书面通知，包括权利主张的根据，可由独立的法律顾问代表出庭。

（2）证据。协定第 43 条规定，如果一方当事人已提供合理得到的并足以支持其主张的证据，但表明有关证实其主张的证据处于对方控制之下，则司法机关应在信息机密受到保护的条件下，责令对方提交证据。如果诉讼一方当事人无正当理由拒绝查阅必要的信息或在合理期限内不提供必要的信息或明显阻碍与执法诉讼有关的程序，则可由各成员授权司法机关做出肯定的或否定的、初步的或终局的决定。

（3）强制令。协定第 44 条规定，司法机关有权命令当事人停止侵权，在海关放行后制止侵犯知识产权的进口商品进入商业渠道。

（4）损害赔偿。协定第 45 条规定，如侵权人明知或有合理根据知其进行了侵权活动，则司法机关有权责令侵权人向权利持有人支付足以补偿后者由于侵犯其知识产权所受损失的赔偿金。司法机关还有权责令侵权人向权利持有人支付所花费的费用，包括律师费。即使侵权人并非明知或有合理根据应知其进行了侵权活动，各成员仍可授权司法机关责令返还利润和（或）支付法律预先规定的损害赔偿金。

（5）其他救济。协定第 46 条规定，司法机关应有权责令将正处于授权状态的商品清除出商业渠道或予以销毁，而不给予任何补偿。司法机关还有权责令将主要用于制作侵权产品的材料和工具清除出商业渠道而不给予补偿。对假冒商标的商品，仅除去非法附在商品上的商标，尚不足以制止假冒商品进入商业渠道。

（6）信息权。协定第 47 条规定，司法机关应有权责令侵权人将参与生产和销售侵权商品或服务的第三方的身份及其销售渠道告知权利持有人。

（7）对被告的赔偿。协定第 48 条规定，如果请求采取措施的一方滥用执法程序，司法机关应有权责令该当事人向由于这种滥用而遭受损害的另一方提供足够的补偿。司法机关还有权责令申请人向被告支付所花费的费用，包括律师费。只有在采取和拟采取的行为属于善意时，各成员才应免除政府机关和官员由于采取适当的救济措施而应承担的责任。

（8）行政程序。协定第 49 条规定，在行政程序就案件是非处理的结果而能采取民事救济的限度内，这些程序也应符合本节规定实质上相同的原则。

### 3. 临时措施和海关措施

采取必要的临时措施或海关措施，把侵权活动制止于初发阶段，可以有效制止侵犯知识产权的货物流入市场。

司法当局有权采取迅速有效的临时措施以达到阻止任何侵犯知识产权的事件发生；制止侵权货物流入市场，或经海关检查扣留制止其进口或出口；保护侵权诉讼的证据的目的。首先当事方要提出申请，为此还需证明申请人的身份是受侵知识产权的权利人，以及侵权行为已经或马上就会发生的证据，提供诉讼保证金（作一旦未诉或败诉时赔偿之用）以及供司法当局辨认侵权行为的必要资料。在司法当局据之采取了临时措施以后，若申请人在规定期限（20 个工作日或 31 天）没有起诉，司法当局可撤销临时措施。若在此过程中发现申请人所指控侵权不实，则司法当局有权责令申请人向被告做出赔偿。

当权利持有人有正当理由怀疑有假冒商标或盗版品进口时，得向行政或司法当局提出“书面申请”，要求海关当局暂停放行。当然，这种申请不限于假冒商标或盗版品，各成员方可自行规定对其他侵犯知识产权行为是否可提出申请。暂停放行时限为 10 天，必要时可再延长 10 天。其他应遵守则程序与采取临时措施办法基本相同。

与临时措施不同的是，若主管当局根据所获初步证据发现有正在侵权货物过关时，有权不需权利人申请，自行主动采取行动。若后来证明情况不实，只要采取行动是出自善意，即并非滥用职权者可免除公共当局及其官员的赔偿责任。

### 4. 刑事程序

各成员至少应对故意的具有商业规模的假冒商标和盗版案件规定刑事程序和处罚，包括监禁、罚金、扣押、没收、销毁侵权货物以及销毁主要用于犯罪的材料和工具。

### 5. 争端解决与防止

（1）透明度。透明度是防止争端的重要因素。协定第 63 条规定，各成员已经生效的、与本协定内容有关的法律和规章以及普遍适用的终审司法判决和终局行政决定，均应以本国语言公布。如果公布实际上不可行，则应以本国语言使公众可以得到，以便各成员政府和权利持有人能够知悉。一个成员政府或政府机构同另一个成员政府或政府机构之间有效的、有关本协定内容的协定，也应予以公布。

各成员应将上述法律和规章通知与贸易有关的知识产权理事会，以便协助理事会审查本协定的实施情况。一个成员应响应另一成员的书面要求，应提供上面所述的信息。任何成员如果有理由相信另一成员在知识领域存在一项特殊的司法判决、行政判决或双边协定影响其在本协定下的权利，也可以以书面请求该另一成员提供查阅或告知该司法判决、行政判决或双边协定的足够详细的内容。

上述各项规定不要求各成员公开那些会妨碍法律执行或违反公共利益的机密信息，或损害特定的公有或私有企业的合法商业利益的机密信息。

（2）争端的解决。根据本协定，除协定另有规定的以外，有关本协定的争端均应按照1994年《关贸总协定》第22条和第33条的规定予以解决。

总协定的这两项规定，在乌拉圭回合谈判中关于解释和适用而达成了《关于争端解决规则和程序的谅解》。

## 七、过渡协议、机构安排与最后条款

协定第65条规定，发达国家成员应在世贸组织协定生效之日后1年开始适用本规定。发展中国家适用本协定的时间应推迟4年，但国民待遇、最惠国待遇及本协定第5条的规定除外。从计划经济向市场经济转变中的成员，以及正在进行知识产权制度结构改革并在制定和实施知识产权法律和规章中面临特殊困难的成员，也可享受给予发展中国家延迟期限的利益。享受延期实施的成员，应保证在此期间内，对其法律、规章和做法上的改变不会降低其与本协定规定相符的程度。

协定第67条规定，鉴于最不发达国家成员的特殊需要和要求，其经济、财政和管理压力以及需要灵活性以创立有活力的技术基础等因素的考虑，不应要求这些成员在本协定生效后11年内适用协定。但国民待遇、最惠国待遇和第5条的规定除外。

协定第71条规定，设立的与贸易有关的知识产权理事会，应监督本协定的实施，尤其应监督各成员对本协定义务的随行，并向各成员提供机会，就与贸易有关的知识产权事项提供协商。该理事会应在本协定生效之日起经过5年的过渡期，即对本协定的实施情况进行审查。其后每两年，理事会应根据协定实施情况对协定定期审查。

协定第72条规定，未经其他成员同意，不得对本协定的任何规定提出保留。

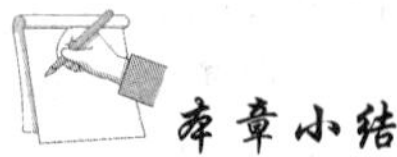

## 本章小结

知识产权的特征：知识产权客体的无形性、法定性、专有性、地域性、时间性。

商标法注册的原则：自愿注册与强行注册相结合的原则、申请在先原则、优先权原则。

注册商标的续展、转让和使用许可。

商标管理及对注册商标的保护。

专利权的主体和客体。

授予发明、实用新型、外观设计专利权的条件、专利的申请、审批制度、专利权人的专利和义务、法律权的实施和保护。

著作权的主体和客体。

著作权的内容：著作人身权、著作财产权、著作权的取得、著作权的保护。

知识产权的国际保护法：《建立世界知识产权组织公约》《保护工业产权巴黎公约》《保护文学和艺术作品的伯尔尼公约》、世界贸易组织的《与贸易有关的知识产权协定》。

其他国家的知识产权保护法：美国知识产权保护制度、欧洲知识产权保护制度、日本知识产权保护制度、中国知识产权保护制度。

《TRIPs 协定》的基本原则。

## 本章重要概念

知识产权　商标　商标注册　注册商标的续展　注册商标转让　注册商标的使用许可　专利　专利权　专利法　专利权的主体　专利权的客体实质审查　强制许可实施　著作人身权　著作财产权

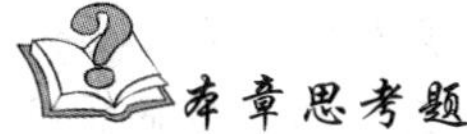

## 本章思考题

1. 简述《与贸易有关的知识产权协定》的产生背景和产生过程。
2.《与贸易有关的知识产权协定》的一般义务与基本原则有哪些？
3. 知识产权的保护范围包括哪些内容？

## 案例分析

### 【案例一】　“开心网”不正当竞争纠纷案

北京开心人信息技术有限公司与北京千橡互联科技发展有限公司、北京千橡网景科技发展有限公司不正当竞争纠纷上诉案【北京市高级人民法院（2011 高民终字第 846 号民事判决书】

北京开心人信息技术有限公司（简称开心人公司）在第 42 类计算机出租、陪伴、婚姻介绍所等服务上拥有“开心”注册商标，2008 年 3 月开始经营一家提供社会性网络服务的网站——“开心网”（kaixin001.com）。2008 年 10 月 16 日，千橡互联公司受让取得“kaixin.com”域名。北京千橡互联科技发展有限公司（简称千橡互联公司）和北京千橡网景科技发展有限公司（简称千橡网景公司）也开办了一家提供社会性网络服务的网站——“开心网”（kaixin.com）。开心人公司认为其“开心网”（kaixin001.com）系知名网站，千橡互联公司和千橡网景公司使用“开心”作为网站名称、使用“kaixin.com”域名的行为侵犯了其注册商标专用权，同时构成对其知名服务特有名称“开心网”的仿冒，构成不正当竞争；在网站首页使用苹果笑脸与“开心网”文字组合标志，构成对“开心网”（kaixin001.com）网站首页星形笑脸及“开心网”文字组合标志这一知名服务特有装潢的仿冒，也构成不正当竞争。北京市第二中级人民法院一审判决千橡互联公司、千橡网景公司不得在提供社会性网络服务中使用与开心人公司知名服务的特有名称“开心网”相同或近似的名称，并赔偿开心人公司 40 万元。

**分析与思考：**

（1）作为开心人公司向法院提起诉讼的依据是什么？

（2）作为法院，可能做出怎样的裁决？其法律依据是什么？

（3）作为千橡互联公司和千橡网景公司，可能会提出怎样的抗辩？

案例来源：http://www.lawinfochina.com/display.aspx?lib=case&id=964

**【案例二】 娃哈哈商标争议案件**

1989年，杭州娃哈哈营养食品厂在饮料食品上获准注册“娃哈哈”商标，并很快成为驰名商标。其后，杭州云峰化妆品厂在化妆品商品上获准注册“娃哈哈”商标。

1991年，杭州娃哈哈营养食品厂对杭州云峰化妆品厂提出注册商标争议。杭州娃哈哈营养食品厂提出的争议理由为：本厂与杭州云峰化妆品厂属于同一地区，使用同一注册商标，容易使消费者误认该厂商品是本厂系列产品。“娃哈哈”属于本厂在全国首创的该类型产品的注册商标，已具有较高知名度，“娃哈哈”商标指定使用商品虽然属于儿童营养液，亦具有美容效果，所以，杭州云峰化妆品厂侵犯了本厂的注册商标专用权，欺骗了消费者。被争议人杭州云峰化妆品厂认为：我厂注册的“娃哈哈”商标的指定商品为商品分类表中的第3类化妆品，这与商品分类表中第32类的营养食品在性能、用途、制造技术等方面都截然不同，根本谈不上“类似商品”，也就无所谓侵犯杭州娃哈哈营养食品厂注册商标专用权的问题。

**分析与思考：**

（1）你认为杭州娃哈哈营养食品厂提出的属于什么争议？

（2）本案中，你支持谁的观点？

案例来源：http://www.tceic.com/ll31k6j428kg81i758l578h3.html

**【案例三】 专利权的归属**

某药品生产单位委托甲科研所开发一项新的药品生产工艺，双方未就开发过程中完成的发明创造的归属做出过约定。研究员A受科研所指派去该单位攻关。A利用了该单位按约定提供的研究设备和技术资料完成了新工艺的开发，并发明了一种新的生产方法。A欲就该项发明创造提出专利申请。药品生产单位提出异议，认为该项发明创造使用了本单位的设备和资料，所以应与A共同享有专利申请权；授予专利权后，专利权归双方共同享有。A提出专利是一种无形资产，新生产方法是其头脑中的构思，专利申请权和专利权当然归其本人所有。

**分析与思考：**

（1）该项发明创造的专利申请权和专利权应当归谁？为什么？

（2）该生产方法被授予专利权后，A有什么权利？

**【案例四】 苹果公司诉讼深圳唯冠索要iPad内地商标权**

2000年，唯冠国际旗下唯冠台北公司在多个国家与地区注册了iPad商标，2001年，深圳唯冠在中国内地注册了iPad商标。2009年，苹果通过IP公司以3.5万英镑的价格购得台北唯冠的iPad全球商标。但因大陆iPad商标的所有权并不在台北唯冠，而是在深圳唯冠的手中，随着苹果iPad进军大陆市场，双方纠纷产生。

2011年12月5日，苹果公司诉深圳唯冠索要iPad内地商标权案一审判决，深圳市中院一审驳回苹果全部诉讼请求。2012年1月5日，苹果向广东省高级人民法院提出上诉；2月6日，深圳唯冠在上海向法院提出申请，要求对苹果iPad执行禁止令；2月17日，惠州市中级人民法院判当地苹果经销商构成侵权，禁止其销售苹果iPad相关产品。

**分析与思考：**

（1）苹果公司的行为是否构成对深圳唯冠的侵权？并说明理由。

（2）此案应如何处理？

案例来源：http://wiki.mbalib.com/wiki/苹果 iPad陷商标门

**【案例五】　甲公司与乙公司签订技术转让合同**

2011 年 10 月 5 日，甲公司与乙公司签订技术转让合同。该合同约定：甲公司将“智能垃圾预处理机”发明专利权转让给乙公司，转让款为 200 万元；乙公司在合同签订后三个工作日内付 40 万元，在办理完转让登记手续后三个月内付 160 万元。同时，甲公司告知乙公司，甲公司曾于 2010 年 11 月以普通许可方式将该项专利授权丙公司使用，期限为 2 年。甲公司收到乙公司支付的首笔 40 万元转让款后，即与乙公司于 2011 年 10 月 8 日共同到国家专利行政部门办理了转让登记，专利公报于 2011 年 12 月 5 日公告了上述转让事项。2012 年 1 月 5 日，乙公司与丁银行签订借款合同及质押合同，以该专利权为质押标的，向丁银行贷款 200 万元。2012 年 1 月 10 日，双方办理了质押登记。2012 年 2 月 10 日，乙公司未经丁银行同意，与戊公司订立专利许可合同，以每年 20 万元的价格许可戊公司使用该专利技术生产相关设备。

2012 年 4 月，甲公司催促乙公司支付剩余专利转让款，乙公司告知甲公司：因庚公司欠其 200 万元贷款到期不还，乙公司又无其他财产用来支付欠款，故无法支付剩余专利转让款。经查，乙公司虽多次催告庚公司履行付款义务，庚公司一直未予理会，乙公司也未提起诉讼。

**分析与思考：**

（1）乙公司何时取得“智能垃圾预处理机”的专利权？并说明理由。

（2）丙公司对于甲公司转让的专利权是否享有优先购买权？并说明理由。

（3）公司转让专利权后，丙公司与甲公司订立的专利实施许可合同是否继续有效？并说明理由。

（4）乙公司与丁银行签订的质押合同何时生效？质押权何时成立？并分别说明理由。

（5）乙公司与戊公司订立的专利权许可合同是否有效？并说明理由。

（6）甲公司为追索乙公司所欠剩余的专利转让款，能否以自己的名义起诉乙公司的债务？并说明理由。

（7）乙公司没有按约定支付专利转让价款，甲公司能否主张专利转让合同无效？

案例来源：中国注册会计师协会．经济法[M]．北京：中国财政经济出版社，2014.

**【案例六】　发明专利权的运用**

2005 年 1 月 12 日，成都全兴酒厂获得了“带装饰的酒瓶及制作工艺”发明专利权。当月 15 日，全兴酒厂与成都水井坊公司（原告）签订协议，许可原告独占实施该专利，期限至 2021 年 2 月，前三年的独占实施许可费为每年 260 万元，从 2008 年 1 月 16 日起每年的独占实施许可费不低于 300 万元。2005 年春季全国糖酒会上，原告发现成都水井窖酒业公司（被告）携侵权产品参会，并且在全国范围内以多种方式大量销售、许诺销售侵权产品“水井香”“香水井”酒，原告认为对其享有独占实施权的专利产品“水井坊”酒的生产、销售产生了极大影响，造成巨大的经济损失。原告诉请法院判令被告停止侵权，赔偿 200 万元及支付的合理费用 15 万元。

**分析与思考：**

（1）大陆法法院将做出怎样的裁决？

（2）英美普通法法院将做出怎样的裁决？

案例来源：http://www.lawtime.cn/info/zhuanli/zllawxglaw/2010121149935.html

**【案例七】　注册商标专用权的运用**

衣念公司（上海）享有第1326011号注册商标“Teenie Weenie”、第1545520号注册商标卡通小熊图案的独占许可使用权，两商标注册使用的商品为服装。杜国发在淘宝网上销售的服装上卡通小熊的图案与衣念公司的注册商标高度近似。衣念公司认为杜国发的上述行为侵犯了其注册商标专用权，曾于2009年9月开始，7次发函给淘宝公司，要求其删除杜国发发布的侵权商品信息。淘宝公司对衣念公司举报的侵权信息予以删除，但未采取其他制止侵权行为的措施。衣念公司认为淘宝公司故意为侵犯他人注册商标专用权的行为提供了便利条件，纵容、帮助杜国发实施侵权行为，故请求法院判令：杜国发、淘宝公司共同赔偿衣念公司经济损失及合理费用84 900元，并登报道歉。

**分析与思考：**

（1）杜国发的行为是否违法？并说明理由。

（2）本案中淘宝公司是否应承担责任？并说明理由。

（3）本案法院应如何审理？

案例来源：http://shzcfy.hshfy.sh.cn/zcfy/detail.jhtml?id=281609

## 学生课后参考阅读文献

[1] 秦雷，陈元刚．经济法[M]．北京：清华大学出版社，2010.

[2] 王伯平，郑煜，等．经济法[M]．北京：北京交通大学出版社，2013.

[3] 姜作利．国际商法[M]．北京：法律出版社，2013.

[4] 韩玉军．国际商法[M]．北京：中国人民大学出版社，2012.

[5] 党伟．国际商法[M]．大连：东北财经大学出版社，2015.

[6] 董新明，孙爽．国际商法[M]．北京：对外经济贸易大学出版社，2015.

# 参 考 文 献


1. 司玉琢. 海商法[M]. 北京：法律出版社，2012.
2. 张学森. 国际商法[M]. 上海：上海财经大学出版社，2015.
3. 周新军，刘晓蔚. 国际商法[M]. 北京：清华大学出版社，2014.
4. 沈四宝. 国际商法[M]. 北京：对外经济贸易大学出版社，2014.
5. 周黎明. 国际商法：理论与实务[M]. 北京：北京大学出版社，2014.
6. 沈四宝，刘刚仿. 国际商法[M]. 北京：中国人民大学出版社，2015.
7. 马平，丁玉书. 国际商法[M]. 北京：清华大学出版社，2015.
8. 沈四宝，王军. 国际商法论丛[M]. 北京：法律出版社，2014.
9. 吴兴光. 国际商法[M]. 北京：清华大学出版社，2014.
10. 陈迎. 国际商法：实务与案例[M]. 北京：北京大学出版社，2012.
11. 胡晓红. 国际商法理论与案例[M]. 北京：清华大学出版社，2012.
12. 王邵燕. 国际商法实务[M]. 北京：对外经济贸易大学出版社，2010.
13. 左思聪. 国际商法[M]. 北京：法律出版社，2013.
14. 田东文. 国际商法[M]. 北京：机械工业出版社，2013.
15. 姜作利. 国际商法[M]. 北京：法律出版社，2013.
16. 韩玉军. 国际商法[M]. 北京：中国人民大学出版社，2012.
17. 党伟. 国际商法[M]. 大连：东北财经大学出版社，2015.
18. 董新明，孙爽. 国际商法[M]. 北京：对外经贸大学出版社，2015.
19. 孙南申. 国际商法[M]. 杭州：浙江大学出版社，2010.
20. 吴光光，黄丽萍. 国际商法[M]. 广州：中山大学出版社，2013.
21. 陈芳. 票据法[M]. 厦门：厦门大学出版社，2012.
22. 刘心稳. 票据法[M]. 北京：中国政法大学出版社，2015.
23. 谢冬慧，张明霞. 票据法典型案例评析[M]. 南京：南京大学出版社，2014.